lonely planet

Mallorca

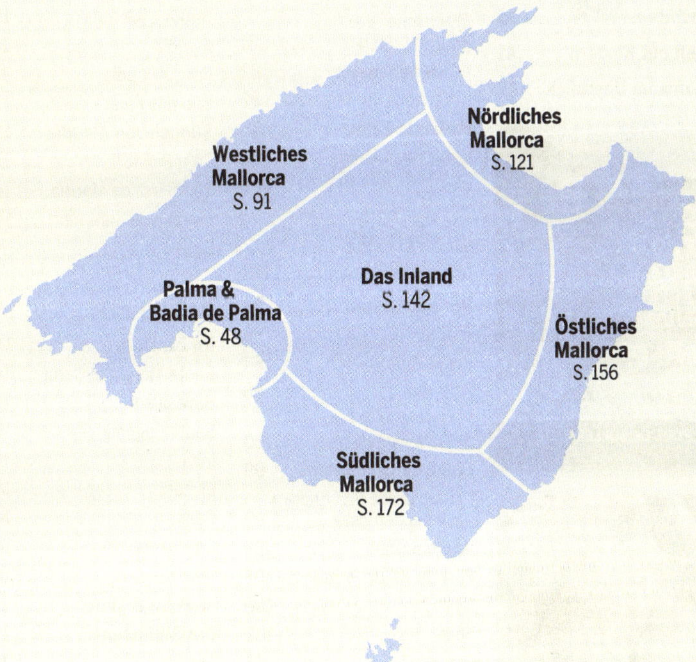

Hugh McNaughtan, Damian Harper

REISEPLANUNG

BORIS STROUJKO/SHUTTERSTOCK ©

PORT DE SÓLLER S.112

ALVARO GERMAN VILELA/SHUTTERSTOCK ©

SOBRASSADA (ROHWURST) S.34

REISEZIELE AUF MALLORCA

Inhalt

SÓLLER S. 108

Willkommen auf Mallorca

Der ewige Star des Mittelmeers hat ein strahlend sonniges Gemüt und wartet mit traumhaften Stränden, azurblauem Meer, einem abgeschiedenen Hochland und atmosphärischen Bergdörfern auf.

Faszinierende Landschaften

Miró verzauberte das pure mediterrane Licht. Wanderer und Radfahrer begeistern die großartigen Kalksteintürme und Klippen der Serra de Tramuntana. Andere genießen Eindrücke wie von Mandelblüte weiß gefärbte Wiesen oder in herbstlichem Gold leuchtende Weinberge im Landesinneren. Egal, wo es hingeht: Mallorca verführt jeden. Bei der Fahrt entlang der Küste bietet sich ein Ausblick, der jedes Postkartenidyll wie eine billige Imitation aussehen lässt. Selbst in der Hauptsaison stößt man auf idyllische Fleckchen – einfach zu einem Bergkloster wandern, durch beigefarbene Dörfer radeln, unter dem Nachthimmel sitzen und Mallorcas unvergessliche Landschaften erleben.

Zurück zur Tradition

Über Jahrzehnte stand Mallorcas Kultur im Schatten der Strände, doch das ändert sich zunehmend. Überall auf der Insel entdecken Einheimische ihre Wurzeln und verwandeln alte Gutshäuser, ländliche Anwesen und verlassene Fincas in paradiesische Ruheoasen. Wer ein paar friedliche Momente inmitten Oliven-, Johannisbrot- und Mandelhainen verbringt, verfällt schnell dem Charme des mallorquinischen Hinterlands. Der Sommer ist eine einzige Party, und Dorf-*festes* gewähren anregende Einblicke ins Inselleben.

Küstenkultur

Mallorca zählt aus vielen Gründen zu den beliebtesten Reisezielen Europas, aber seine wunderschöne Küste dürfte der wichtigste sein. Jenseits der Urlaubsresorts säumen Buchten die Insel und locken mit traumhaften Strandlandschaften. Im Westen warten imposante Felsen und saphirblaues Meer, und im Norden Wanderwege zu mit Pinien gespickten Buchten. Im Osten lassen sich verlassene Buchten erkunden, im Süden Tauchspots vor weißen Stränden. Ein Zimmer mit Meerblick, abendliche Strandspaziergänge mit zirpenden Zikaden und ein Mahl unter freiem Himmel: Der entspannte Rhythmus der Küste nimmt Besucher schnell für sich ein.

Mediterrane Aromen

Nie war ein Restaurantbesuch in Palma spannender: Die Köche, gleichermaßen von ihren mallorquinischen Großmüttern und der mediterranen Nouvelle Cuisine inspiriert, verleihen der Küche Kreativität und Würze. Lokale im Landesinneren servieren herzhafte Gerichte, die munter machen, wie perfekt gebratenes Spanferkel und dazu auf der Insel angebaute Weine. An der Küste kommt vor der großartigen Meerkulisse fangfrischer, einfach zubereiteter Fisch auf den Tisch.

Warum ich Mallorca liebe

Von Damian Harper, Autor

Als ich vier Jahre alt war, kauften meine Eltern ein Haus in Fornalutx, und die Sommer dort waren ein Traum: mit Freunden zelten, von hohen Felsen in das Meer vor Port de Sóller springen, den Schritten der Esel auf dem Calle del Monte lauschen. Heute fasziniert mich besonders das, was ich damals als selbstverständlich ansah: der wunderschöne Nachthimmel, wie die Serra de Tramuntana beim Sonnenuntergang zu glühen scheint, die zeitlosen Terrakottatöne der Steinhäuser und das azurblaue Mittelmeer. Und bei jedem Besuch entdecke ich etwas anderes, das mich fesselt ...

Mehr zu unseren Autoren siehe S. 235

Cala Llombards, Südliches Mallorca (S. 180)

Mallorca

ENTFERNUNGEN (km)

Anmerkung: Angegeben sind ungefähre Entfernungen

Andratx	28					
Deià	33	47				
Pollença	55	80	60			
Inca	32	57	55	23		
Artà	73	102	98	41	46	
Santanyí	[illegible]	[illegible]	78	76	53	51
	Palma	Andratx	Deià	Pollença	Inca	Artà

0
20 km
3°0
3°30'0
Cala Figuera
Cap de Formentor
Illot del Colomer
Cases Velles
Ma2210
Moll des Patronet
Cap de Formentor
Atemberaubende Halbinsel hoch über dem Mittelmeer (S. 131)
Cala Sant Vicenç
Vall de Bóquer
Ca'n Es Faro
Serra de Tramuntana
Pollença
Port de Pollença
Badia de Pollença
Cap des Pinar
Platja des Coll Baix
Abgelegener toller wilder Strand (S. 138)
Sa Marina
Bonaire
Platja des Coll Baix
Ma2200
Mal Pas
Alcúdia
Alcanada
Cova de Sant Martí
Port d'Alcúdia
Badia d'Alcúdia
Pollença
Pilgerstadt mit mittelalterlichen Straßen (S. 124)
Platges de Mallorca
Cap Ferrutx
Campanet
Parc Natural de S'Albufera
Talaia Moreia (432 m)
Cala Fosca
S'Arenal et des Verger
Sa Pobla
Es Caló
Cala Matzoc
Moscari
Son Serra de Marina
Colònia de Sant Pere
Betlem
Ca'n Picafort
Cala Mesquida
Muro
Ma3410
Finca Pública de Son Real
Parc Natural de la Península de Llevant
Cala Agulla
Puig de Santa Magdalena (307 m)
S'Estanyol
Son Morell Vell
Cala Ratjada
Punta de Capdepera
Santa Margalida
Ses Pastoras
Capdepera
Llubí
Son Moll
Son Doblons
Ma12
Artà
Ma3551
Maria de la Salut
Son Figuera
Font de Sa Cala
Ma4041
Costitx
Coves d'Artà
Ma15
Sineu
Ariany
Ma4040
Canyamel
Son Servera
Cala Bona
Costa de los Pinos
Sant Llorenç d'es Cardassa
Badia de Son Servera
Sant Joan
Petra
Ma4030
Lloret de Vistalegre
Son Moro
Els Calderers
Son Carrio
Cala Millor
Ma3220
S'Illot
Cala Moreia
Montuïri
Coves dels Hams
Cala Moranda
Vilafranca de Bonany
Manacor
Ma4020
Ma5017
Ma4015
Porto Cristo
Cala Ratjada
Einsame Strände (S. 162)
Coves del Drac
Porto Cristo Novo
Cala Romàntica
39°30'N
Porrerres
Ma14
Cova del Pilar
Cala Varques
Ma5020
Cala Sequer
Artà
Festung mit Ausblick und großartigem Essen (S. 158)
Felanitx
Ma4010
Cales de Mallorca
Ma5120
Ca'n Roig
Cala Murada
Campos
Ca's Concos des Cavallers
Portocolom
Sa Punta
MITTELMEER
Ma6030
S'Horta
Calonge
Caló d'en Marçal
Ma14
Ma19
S'Alqueria Blanca
Cala Mitjana
Parc Natural de S'Albufera
Paradies für Vogelfans (S. 139)
Cala d'Or
Portopetro
Ses Salines
Santanyí
Cala Mondragó
Llombards
Cala Figuera
Cala Santanyí
Colònia de Sant Jordi
Cova de Sa Plana
Cala Llombards
Ma6110
Caló des Màrmols
Cala en Tugores
Reserva Marina del Migjorn de Mallorca
HÖHE
1000 m
700 m
500 m
300 m
200 m
100 m
0
Cap de Ses Salines
Illa de Cabrera
Unberührte Insel mit herrlichen Buchten (S. 179)
Illa des Conills
Illa de Cabrera
3°0
3°30'0

Mallorcas Top 17

1

Kathedrale von Palma

1 Palmas Catedral (S. 51), das architektonische Highlight der Insel, dominiert die Skyline wie ein riesiges am Stadtrand vertäutes Schiff. Auf der dem Wasser zugewandten Seite versetzen einen Strebebogen in Staunen, während Buntglasfenster und Arbeiten von Gaudí sowie Miquel Barcelós Interpretation eines Bibelgleichnisses das Innere schmücken. Wahrscheinlich wird man häufiger an diesen Ort zurückkehren, weil er sich als Orientierungspunkt anbietet oder um den Bau aus jedem Winkel zu bewundern.

Mittelalterliches Artà

2 Artà (S. 159) liegt ein Stück abseits der Ostküste, an der im Sommer der Teufel los ist. Hier drängen sich Steingebäude in schmalen mittelalterlichen Gassen aneinander, die langsam einen Hügel erklimmen und schließlich steil zu einem der ungewöhnlichsten Gebäudekomplexe der Insel hinaufführen: einer Kombination aus Burg und Kirche. In der hübschen Stadt erwarten einen tolle Restaurants, Hotels und eine verträumt-verschlafene Atmosphäre. Dies ist die perfekte Basis für Erkundungstouren, etwa in den Parc Natural de la Península de Llevant.

VULCANO/SHUTTERSTOCK ©

2

KAREL FUNDA/SHUTTERSTOCK ©

Die Straße nach Sa Calobra

3 Sogar Einheimische bekreuzigen sich, bevor sie die wilde Straße nach Sa Calobra (S. 118) angehen. „Die Schlange" windet sich über zwölf aufregende, die Bremsen beanspruchende Kilometer voll atemberaubender Aussichten über die Klippen. Schon mit dem Auto sind die Serpentinen eine Herausforderung, doch es nehmen sich tatsächlich auch Mountainbiker die Strecke vor und wagen sich gefährlich nah an den Abgrund, um einen Blick auf die Schlucht zu werfen, die sich zwischen den blanken Gipfeln der Tramuntana zum tiefblauen Meer erstreckt.

Urlaub auf einer Finca

4 In den idyllischen Fincas (Landhäusern) in Mallorcas Hinterland – gefühlte Lichtjahre von den betriebsamen Küstenorten entfernt – kann man fast schon eine Olive auf den Boden fallen hören. Ob rustikal-charmant oder modernisiert-schick: Auf Anwesen wie dem Ca N'Aí (S. 19) erwarten Gäste tolle Einblicke in das ländliche Mallorca. Hier locken entspannte Tage mit faulen Morgenstunden am Pool, Spaziergängen durch Olivenhaine und Zitronengärten sowie Abendessen unter den Sternen mit dem Zirpen der Zikaden und dem Bimmeln von Ziegenglocken im Hintergrund.

3

4

VULCANO/SHUTTERSTOCK ©

ALDORADO/SHUTTERSTOCK ©

Deià

5 Die Berge der Serra de Tramuntana erheben sich imposant über Deià (S. 106), das wie ein Vogelnest über dem Mittelmeer thront. Mit diesen goldfarbenen Häusern an einem pyramidenförmigen Hügel, die in der Abenddämmerung wie Honig leuchten, kann es kaum ein Städtchen auf Mallorca aufnehmen. Schon lange inspiriert Deià Künstler und Schriftsteller, u. a. den Dichter Robert Graves.
In der Nähe bietet Son Marroig, einstiges Domizil eines österreichischen Erzherzogs, eine herrliche Aussicht auf das bei Sonnenuntergang rot leuchtende Meer.

Son Marroig (S. 103)

Valldemossa

6 Bei einem Wettbewerb um das schönste balearische Dorf ist Valldemossa (S. 102) definitiv ein Kandidat – wenn nicht gar der Sieger. An den östlichen Ausläufern der Serra de Tramuntana gelegen, bietet es die inseltypischen Kopfsteinpflastergassen und Blumentöpfe sowie schöne Kirchen und Steingebäude. In Valldemossa steht außerdem ein altes Kloster, in dem einst Frédéric Chopin und George Sand residierten, was den Anwohnern nicht nur dauerhaft Stoff für Tratsch und Klatsch lieferte, sondern auch eine der besten Musikveranstaltungen Mallorcas hervorbrachte: das Festival Chopin.

Palmas Kunstmuseen

7 Mallorca zog im 20. Jh. viele europäische Maler an. Besonders mit der Insel in Verbindung gebracht werden Joan Miró und der hier geborene Miquel Barceló. In Mirós ehemaligem Wohnhaus, der Fundació Pilar i Joan Miró (S. 87), kann man zahlreiche Werke des Meisters bewundern, während einige von Barcelós Arbeiten die Kathedrale in Palma schmücken. Die Galerien der Hauptstadt, etwa das Es Baluard, der Palau March oder das Museu Fundació Juan March zeigen Werke von Picasso und Dalí.

Es Baluard (S. 65)

FCG/SHUTTERSTOCK ©

Küstentour am Cap de Formentor

8 Die schmale Halbinsel Formentor (S. 131) besticht durch eine der faszinierendsten Berglandschaften Südeuropas. Hier schießen Gipfel wie schartige Festungswälle einer monumentalen mediterranen Festung in die Höhe und Aleppokiefern bedecken die Abschnitte zwischen nackten Klippen, die steil zu ein paar herrlichen einsamen Stränden und Buchten abfallen. Egal, wie man sich auf der Straße zum Kap fortbewegt, hinter jeder Kurve warten dramatische Fotomotive.

Pollenças heilige Stätten

9 Von allen Städten im Inselinneren sticht Pollença besonders hervor. In den Bergen überblicken zwei Klöster und Pilgerstätten mittelalterliche Dächer aus Stein und Terrakotta. Die 365 Stufen zum Calvari (S. 124) und der von Steineichen und Pinien gesäumte Weg zum Santuari de la Mare de Déu des Puig (S. 124) bieten eine herrliche Aussicht. Unten warten ein Gewirr aus Gassen, der sonntägliche Markt und Straßencafés an der Plaça Major mit Blick auf das geruhsame Treiben.

Calvari (S. 124)

Ausflug zur Illa de Cabrera

10 Die Illa de Cabrera gilt als absolutes Highlight des einzigen Nationalparks der Balearen, des Parc Nacional Marítim-Terrestre de l'Arxipèlag de Cabrera (S. 179). Die größte der 19 unbewohnten Inseln des Meeresschutzgebiets ist traumhaft unberührt und mit rauen Landzungen sowie einsamen Stränden gesegnet. Dank einer gesetzlichen Regelung ist hier nur eine begrenzte Besucherzahl pro Tag zugelassen. Bootsfahrten nach Cabrera ab Colònia de Sant Jordi machen in Sa Cova Blava Halt, einer bildschönen Meeresbucht mit tiefblauem Wasser.

Radfahren in der Serra de Tramuntana

11 Die gewundenen, steil ansteigenden Straßen der Serra de Tramuntana (S. 99) sind größtenteils asphaltiert, womit sie ein Paradies für Fahrradfahrer sind. Auch Profis bereiten sich hier gerne auf die Tour de France vor. Die wilde Berglandschaft aus Serpentinen und Klippen vor einer Mittelmeerkulisse ist das anspruchsvollste Terrain der Insel. Zu den besten Strecken zählen die 55 km lange Route zwischen Pollença und dem Monestir de Lluc und – für Trainierte – der grandiose 12 km lange Anstieg ab Sa Calobra.

Strände von Cala Ratjada

12 Bettenburgen verschandeln einen Großteil des Ostens, doch traumhafte Buchten und sichelförmige Strände erinnern daran, warum die Menschen seit jeher in Scharen herbeiströmen. Die Buchten direkt bei Cala Ratjada (S. 162), vor allem die Cala Mesquida, Cala Mitjana und Cala Matzoc, gehören zu den malerischsten der Insel – dafür sorgen perlenweißer Sand und türkisfarbenes Wasser vor der Kulisse von Pinien und Dünen.

Cala Mesquida (S. 164)

Bummelbahn nach Sóller

13 Mit der alten Holzbahn (S. 83), die zwischen den attraktiven Städten Palma und Sóller verkehrt, begeben sich Passagiere auf eine Reise in die Vergangenheit. Ausschnitte des ländlichen Mallorcas fliegen vorbei, während sich der Zug seinen Weg durch fruchtbare Täler bahnt und langsam in die Ausläufer der Serra de Tramuntana vordringt. Die unvergessliche Fahrt durch Tunnel und enge Senken bis ins hübsche Sóller beweist auf eindrucksvolle Weise, dass manchmal der Weg das Ziel ist.

Wassersport

14 Ein Blick auf Mallorcas blaues Meer lässt Wasserratten in ihren Neoprenanzug oder auf das nächste Surfbrett hüpfen. Taucher sind in den Höhlen von Formentor und rund um die südlichen Inseln Illa de Sa Dragonera (S. 98) und Illa de Cabrera (Tauchgenehmigung erforderlich) mit ihren Wracks, Gewölben und Wasserwirbeln und den Rochen, Kraken sowie Pfeilhechten in ihrem Element. Im Norden warten Küstenklettertouren, Kajakfahrten und Klippensprünge, während die Winde vor der Badia de Pollença Kitesurfer anlocken.

Cala Llombards (S. 180)

13

14

ALDORADO/SHUTTERSTOCK ©

TOLO BALAGUER/AGEFOTOSTOCK ©

Vogelbeobachtung im Parc Natural de S'Albufera

15 Ornithologen aufgepasst: Im idyllischen Parc Natural de S'Albufera (S. 139), einer der Topadressen im Mittelmeer zur Vogelbeobachtung, leben 300 Arten, von denen 64 hier auch brüten. Die Wege durch das geschützte Sumpfland sind am besten zu Fuß oder mit dem Rad zu erkunden. Von den im Schilf versteckten Aussichtsdecks lassen sich Reiher und Fischadler erspähen und mit einem Fernglas stehen die Chancen gut, Wasservögel in den Sümpfen zu sichten.

Europäischer Bienenfresser

Platja des Coll Baix

16 Abgeschiedene Buchten gehören zu den Highlights der Insel, doch nur wenige können es mit der Platja des Coll Baix (S. 138) aufnehmen. Der weiße sichelförmige Traumstrand ist nur zu Fuß durch duftende Wälder oder auf dem Wasserweg zu erreichen und versteckt sich auf der mit Pinien gespickten Landzunge Cap des Pinar. Die Kulisse der Klippen und des in Blau- und Türkistönen schimmernden Meeres ist genauso einzigartig wie der Soundtrack: plätschernde Wellen, Vogelgezwitscher und, bei richtigem Timing, absolute Stille.

Kellerrestaurants in Inca

17 Das Spanferkel dreht sich am Spieß, angeregte Unterhaltungen mischen sich mit dem Geräusch klappernder Pfannen, umherwuselnde Kellner tragen großzügige Portionen *conill amb ceba* (Kaninchen mit Zwiebeln), *frit mallorquí* (gebratene Lamminnereien) und *llom amb col* (in Kohlblätter gewickelte Schweinelende) an die Tische. In Incas *celler*-Restaurants (S. 147) genießt man herzhafte Küche und jede Menge lokale Weine unter Balken und neben riesigen Fässern – hier erlebt man das wahre kulinarische Mallorca!

Celler Ca'n Ripoll (S. 147)

Gut zu wissen

Weitere Informationen siehe S. 212

Währung
Euro (€)

Sprachen
Spanisch, Mallorquinisch (Dialekt des Katalanischen)

Einreise
Deutsche, Österreicher und Schweizer benötigen lediglich einen gültigen Personalausweis oder einen Reisepass

Geld
Geldautomaten sind weithin verfügbar. Kreditkarten werden in den meisten Hotels, Restaurants und Geschäften akzeptiert

Handys
In Spanien bekommt man problemlos SIM-Karten und kann diese in europäischen Handys nutzen

Zeit
Mitteleuropäische Zeit.

Reisezeit

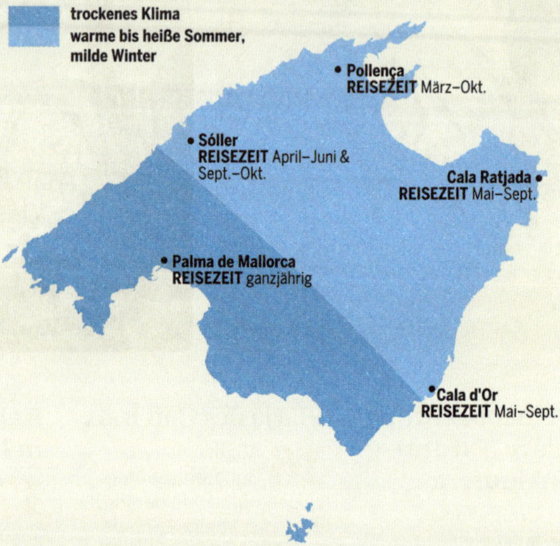

Hauptsaison (Juli–Aug.)

- Blauer Himmel, sonnige Tage, warmes Wasser.
- Mit den Temperaturen steigen auch die Zimmerpreise. Im Voraus buchen oder auf ein Last-minute-Angebot hoffen.
- Fiesta-Zeit in den Inselorten! Partys, Paraden und Musikfestivals.

Zwischensaison (Ostern–Juni, Sept. & Okt.)

- Hotels und Restaurants öffnen von Ostern bis Oktober.
- Tagsüber ist es meist noch mild und es sind keine Touristenmassen unterwegs.
- Ideal zum Wandern, Klettern, Mountainbiken und Canyoning.

Nachsaison (Nov.–Ostern)

- Viele Hotels und Restaurants schließen. Palma ist die Ausnahme.
- Wärmende Kleidung für eventuelle kühle Abende einpacken.
- Besucher haben die Inselpfade, Strände und Sehenswürdigkeiten ganz für sich allein.

Nützliche Websites

LonelyPlanet (www.lonelyplanet.de) Informationen zu Reisezielen, Hotelbuchungen, Reiseforum und mehr.

ABC Mallorca (www.abc-mallorca.de) Lifestyleportal für Einheimische und Touristen.

Balearsnatura.com (www.balearsnatura.com/de) Exzellente Quelle für die Nationalparks der Balearen.

Consell de Mallorca (www.infomallorca.net) Mallorcas offizielles Tourismusportal.

TIB (www.tib.org) Preise und Fahrpläne der öffentlichen Verkehrsmittel auf der Insel.

Top Fincas (www.topfincas.com) Buchungsservice für ländliche Unterkünfte.

Wichtige Telefonnummern

Internationaler Zugangscode	✆00
Landesvorwahl	✆34
Internationale Auskunft	✆11825
Notruf	✆112
Policía Nacional	✆91

Wechselkurse

Schweiz	1 SFr	0.93 €

Aktuelle Wechselkurse siehe unter www.xe.com.

Tagesbudget

Günstig: unter 100 €

- Schlichtes Zimmer in einem Hostel oder einer Pension oder ein Last-minute-Angebot: 45–60 €
- Frühstück im Hotel, dreigängiges *menú del día* zum Mittagessen: 15–20 €
- Busfahrt zu nahe gelegenen Orten und Stränden: 2–5 €

Mittelteuer: 100–250 €

- Doppelzimmer in einem Mittelklassehotel: 75–150 €
- Mittagessen im Café, Abendessen in einem Restaurant: 30–40 €
- Mietwagen: ab 30 € pro Tag

Teuer: mehr als 250 €

- Doppelzimmer in einem Luxushotel: ab 150 €
- Mittag- und Abendessen in erstklassigen Restaurants: 80–100 €
- Bootstour oder geführte Aktivität: etwa 50 €

Öffnungszeiten

Wir nennen in diesem Reiseführer die Geschäftszeiten während der Hauptsaison. In der Zwischen- und Nachsaison werden diese meist verkürzt. Viele Resortlokale und -hotels schließen von November bis März.

Banken Mo–Fr 8.30–14 Uhr; manche auch Do 16–19 und Sa 9–13 Uhr

Bars 19–3 Uhr

Cafés 11–1 Uhr

Clubs 24–6 Uhr

Geschäfte Mo–Sa 10–14 & 16.30–19.30 oder 17–20 Uhr; große Supermärkte und Kaufhäuser im Allgemeinen Mo–Sa 10–21 Uhr

Postämter Mo–Fr 8.30–21.30, Sa 8.30–14 Uhr

Restaurants Mittagessen 13–15.30 Uhr, Abendessen 19.30–23 Uhr

Ankunft auf Mallorca

Flughafen Palma de Mallorca (PMI) Bus 1 fährt alle 15 Minuten vom Flughafen (vor der Ankunftshalle im Erdgeschoss) zur Plaça d'Espanya im Zentrum von Palma (3 €, 15 Min.); Tickets bekommt man beim Fahrer. Mit dem Taxi zahlt man für die gleiche Strecke vom Stadtzentrum aus zwischen 18 und 22 €. Einige Hotels können den Transport arrangieren.

Fährhafen, Palma Bus 1 (der Flughafenbus) verkehrt alle 15 Minuten vom Fährhafen (Estació Marítima) zur Plaça d'Espanya. Tickets kosten 1,50 € und die Fahrt dauert zehn bis 15 Minuten. Wer ein Taxi zum Stadtzentrum nimmt, muss mit 10 bis 12 € rechnen.

Leitungswasser

Leitungswasser kann auf der ganzen Insel bedenkenlos getrunken werden. Es ist wegen des hohen Natrium- und Chlorgehalts allerdings oft ungenießbar; Trinkwasser in Flaschen ist günstig.

Mehr zum Thema **Unterwegs vor Ort** siehe S. 219

Unterkunft

Wo übernachten?

Hotels & Hostales

Ein *hostal* (manchmal auch *pensión*) genannt, ist ein kleines, oft familiengeführtes Budgethotel. Die besseren Häuser sind freundlich, blitzsauber und haben viel Atmosphäre. Hotels decken die ganze Bandbreite von schlichten, schnörkellosen Bleiben bis zu von Designern gestalteten Boutique- und Luxushotels ab.

Bei den Budgetunterkünften richtet sich der Preis vor allem danach, ob das Zimmer nur mit einem *lavabo* (Waschbecken), einer *ducha* (Dusche) oder einem *baño completo* (Badewanne/Dusche, Waschbecken und Toilette) ausgestattet ist. Im oberen Preissegment zahlt man mehr für Zimmer mit *balcón* (Balkon), Meerblick oder den zusätzlichen Komfort einer Suite.

Refugis

Einfache Wanderhütten, oder *refugis*, befinden sich vor allem in der Serra de Tramuntana und sind preiswerte Optionen für Wanderer. Viele werden von der **Umweltabteilung des Consell de Mallorca** (www.conselldemallorca.net/refugis) betrieben, andere vom **Institut Balear de la Natura** (http://ibanat.caib.es). Ein Bett im Schlafsaal kostet in der Regel etwa 12 €, teilweise gibt's auch ein paar Doppelzimmer. Wer in einer solchen Hütte unterkommen möchte, sollte unbedingt vorher anrufen; wenn man ohne Anmeldung vor der Tür steht, findet man diese oft verschlossen vor.

Klöster

Auf der Suche nach einem meditativen Refugium? Auf Mallorca gibt es mehrere Klöster (eigentlich Einsiedeleien, denn die Bewohner waren Einsiedler, keine Mönche), die einfache Quartiere in umgewandelten Klosterzellen, wunderbare Ruhe, oftmals spektakuläre Aussichten und hervorragende Wandermöglichkeiten bieten. Vier besonders schöne:

Santuari de la Mare de Déu des Puig (☎971 18 41 32; EZ/DZ/3BZ 14/22/30 €) Von dieser faszinierenden Einsiedelei auf einer Bergkuppe, wo morgens statt des Weckers die Glocken der Ziegen klingen, bietet sich ein weiter Blick auf die Nordküste. Ein Aufenthalt hier ist ein asketisches, friedliches Erlebnis. Die Zimmer im ersten Stock sind die besseren. Gäste können das Refektorium und Grillbereiche nutzen oder Essen bestellen (die Paella ist großartig).

Petit Hotel Hostatgería Sant Salvador (www.santsalvadorhotel.com; DZ/Suite 75/115 €) Die Mönche von Sant Salvador, einer festungsartigen Eremitage aus dem Jahr 1348 hoch über der Ebene von Felanitx, verließen 1992 ihr Zuhause und machten damit Platz für dessen Umwandlung in ein außergewöhnliches Hotel. Ihre ehemaligen Zellen sind heute einfache Räume mit viel Fichtenholz, jeweils mit eigenem Badezimmer und unglaublicher Aussicht.

Hospedería del Santuari de Lluc (www.lluc.net; EZ ab 34€, DZ ab 41 €, Apt. ab 84 €) Das Santuari de Lluc, das sich bei Schulgruppen, Wanderern und Pilgern großer Beliebtheit erfreut, bietet 81 Zimmer und 39 Zwei- und Dreibett-Apartments (mit Küche) in unterschiedlicher Größe und Ausstattung, einige davon mit Blick auf den Innenhof. Wir empfehlen die Zimmer mit Bergblick und raten von den dunklen Räumen im Erdgeschoss ab. Ein magischer Ort in der Tramuntana, bei dem man auch Frühstück hinzubuchen kann.

La Victoria Petit Hotel Hostatgeria (www.lavictoriahotel.com; EZ/DZ 50/60 €) Östlich der Bucht von S'Illot schlängelt sich eine Seitenstraße hinauf zu einem großartigen Aussichtspunkt und der Ermita de La Victòria, einer Einsiedelei aus dem Jahr 1400. Die 13 renovierten, weiß gestrichenen Zimmer wirken frisch und verfügen über cremefarbene Bettwäsche, hölzerne Fensterläden sowie Deckenbalken. Massive Steinwände und Terrakottaböden sorgen für das mediterrane Flair, außerdem ist die Lage einfach perfekt. Wunderschöne Wege führen in die Hügel oder an der Küste entlang, die Unterkunft ist also für Wanderer sehr gut geeignet.

Fincas (Ländliche Anwesen)

Ob eine friedliche Finca (Landgut), ein B&B in einem Herrenhaus hoch oben in der Tramuntana oder eine Villa mit Meerblick – die ländlichen Anwesen Mallorcas bieten zweifellos die stimmungsvollsten Unterkünfte. Viele von ihnen sind historische stilvolle Landsitze, die mit jeder Menge Annehmlichkeiten wie einem Pool, romantischen Restaurants und organisierten Ausflügen aufwarten.

Die Fremdenverkehrsämter teilen sie in drei Kategorien: *agroturisme* (Unterkunft auf bewirtschafteten Bauernhöfen), *turisme de interior* (in Boutique-Hotels verwandelte Herrenhäuser) und *hotel rural* (Landgüter, die zu Luxushotels umgebaut wurden).

Unterkunft buchen

Es ist immer ratsam, im Voraus zu buchen, besonders in der Hauptsaison (Mai bis September). Palma wird immer beliebter für Wochenendtrips, sodass man selbst in der Nebensaison besser vorher anfragt. In der Hochsaison steigen die Preise oft rapide (auf das Doppelte und manchmal sogar das Dreifache), dafür gibt's in der Nebensaison tolle Schnäppchen.

Preise

Die folgenden Preiskategorien beziehen sich auf ein Doppelzimmer mit eigenem Bad:

$ unter 75 €

$$ 75–200 €

$$$ über 200 €

Top-Tipps

Schön übernachten

➡ **Can Cera** (http://cancerahotel.com; DZ/Suite 352/418 €)

➡ **Es Petit Hotel de Valldemossa** (www.espetithotel-valldemossa.com; EZ 117-162 €, DZ 150-180 €)

➡ **Can Busquets** (http://hostalcanbusquets.com; EZ 75 €, DZ 86-104 €, Suite 98-116 €)

➡ **Hotel Barceló** Formentor (www.barcelo.com; DZ 225-525 €, Suite 575-900 €)

➡ **Hotel Cap Rocat** (www.caprocat.com; Suite ab 843 €)

Die besten Landhotels

➡ **Cases de Son Barbassa** (www.sonbarbassa.com; EZ/DZ/Suite 181/242/312 €)

➡ **Ca N'Aí** (www.canai.com; Suite ab 165 €)

➡ **Alqueria Blanca** (www.alqueria-blanca.com; EZ 135-145 €, DZ 155-165 €, Suite 185-205 €)

➡ **Es Castell** (www.fincaescastell.com; EZ/DZ/Suite 120/165/210 €)

➡ **Sa Torre** (www.sa-torre.com; Apt. 140 €)

Die besten Budgetunterkünfte

➡ **Hostal Dragonera** (http://hostaldragonera.es; EZ 55-65 €, DZ 70-80 €)

➡ **Hostal Nadal** (☎971 63 11 80; EZ/DZ 30/44 €, ohne Badezimmer 24/35 €)

➡ **Hostal Villaverde** (www.hostalvillaverde.com; EZ/DZ 60/79 €)

➡ **Hostal Pons** (www.hostalpons.com; DZ 75 €)

Die besten Familienunterkünfte

➡ **HPC Hostal Porto Colom** (www.hostalportocolom.com; EZ/DZ 70/115 €)

➡ **Hotel Casal d'Artà** (www.casaldarta.de; EZ/DZ/4BZ 60/96/160 €)

➡ **Hotel Cala Gat** (www.hotelcalagat.com; EZ/DZ 93/146 €)

➡ **Hotel Barceló Formentor** (www.barcelo.com; DZ 225-525 €, Suite 575-900 €)

➡ **Pension Bellavista** (www.pensionbellavista.com; EZ 35-45 €, DZ 55-65 €, 3BZ 65-75 €, 4BZ 70-80 €)

Mallorca für Einsteiger

Weitere Informationen siehe S. 212

Checkliste

- Unterkünfte, Restaurants, Tickets für Busse und Eisenbahn etc. sowie Touren gegebenenfalls vorab buchen
- Auslandskrankenversicherung abschließen
- Herausfinden, was man benötigt, um einen Wagen zu mieten (inkl. Infos zur Versicherung mit Selbstbehalt)

Ins Gepäck

- Sonnenmilch mit hohem Lichtschutzfaktor
- Insektenschutzmittel
- Flip-Flops
- Wanderschuhe für Tramuntana-Touren
- Ladegerät fürs Handy
- Sonnenhut und Sonnenbrille
- Strandhandtuch
- Badesachen
- Wasserfeste Tasche
- Spanisch-/Mallorquín-Wörterbuch

Top-Tipps für die Reise

- Abseits der Touristenroute locken bukolische Landschaften, gemütliche Fincas (Landhäuser) und menschenleere Strände.
- Die beste Aussicht hat man von den Klöstern, Festungen und Burgen, die sich an zahlreiche Hügel klammern. Mit dem richtigen Timing kann man glühendrote Sonnenuntergänge aufs Foto bannen.
- Es dauert, von A nach B zu gelangen. Der Blick auf die Karte ist irreführend, denn Mallorca ist zwar eine recht kompakte Insel, doch die Serpentinenstraßen ziehen die Reisezeiten in die Länge.
- Zu einem Kloster pilgern, auf Kopfsteinpflaster durch ein Altstadtviertel laufen oder zu einer versteckten Bucht wandern – viele der schönsten Sehenswürdigkeiten Mallorcas kann man nur zu Fuß richtig erleben.
- Mallorca ist perfekt für Radtouren: viele professionelle Radteams absolvieren hier ihr Wintertraining, und es eignet sich toll für einen Ausflug zu Weinkellereien und *fincas*.

Kleidung

Die meisten Traveller packen zu viel ein, besonders für Strand- bzw. Pool-Urlaube – man braucht nicht viel mehr als Badesachen, ein paar kurze Hosen und T-Shirts. Auch wer abends ausgeht, kann Schlips und Jacketts ruhig zu Hause lassen.

Im Sommer wird es sehr heiß, für den Rest des Jahres empfehlen wir das altbewährte „Zwiebelsystem" mit mehreren Kleiderschichten. Hohe Hacken werden einem keine Freude bereiten. Das Kopfsteinpflaster der Bergdörfer bewältigt man am besten mit flachen Schuhen.

Schlafen

Wer in der Hauptsaison (Juli und August) nach Mallorca reist, sollte die Unterkünfte mindestens zwei Monate im Voraus buchen.

Zwischen November und Ostern schließen die meisten Hotels in den Küstenorten. In Palma kommt man hingegen das ganze Jahr lang unter, und auch in Orten wie Pollença und Sóller gibt's Unterkünfte, die nicht geschlossen haben. Mehr Infos im Kapitel Unterkunft (S. 18).

Feilschen

Auf Märkten kann man von seinen Fähigkeiten zum Feilschen Gebrauch machen, überall sonst ist es unangebracht. Wer etwas kaufen möchte, sollte auch bereits sein, den angegebenen Preis zu zahlen.

Trinkgeld

➡ **Hotels** Nach Ermessen: Portiers bekommen rund 1 € pro Koffer und Reinigungskräfte 2 € pro Tag.

➡ **Cafés und Bars** Nicht üblich, aber guten Service kann man durch Aufrunden auf den (über-)nächsten Euro honorieren.

➡ **Restaurants** Das Trinkgeld ist bereits im Rechnungsbetrag inbegriffen, außer anders angegeben (*servicio no incluido*). Viele Gäste zahlen trotzdem etwa 5 % mehr.

➡ **Taxis** Nicht üblich, doch man kann natürlich den Fahrpreis aufrunden oder dem Fahrer etwas Geld zustecken, vor allem bei längeren Strecken.

SPRACHE

Auf Mallorca finden sich auch Reisende ohne jegliche Spanisch- bzw. Mallorquín-Kenntnisse zurecht, aber wer sich die Mühe macht, ein paar Brocken zu lernen, wird die Herzen der Einheimischen im Sturm erobern. In den Badeorten und Städten spricht fast jeder Englisch oder Deutsch, im „Hinterland" und in kleinen Dörfern können ein paar einfache Sätze Spanisch/Mallorquinisch sehr nützlich sein. Außerdem macht es Spaß, mit den Leuten in ihrer Sprache zu kommunizieren!

Etikette

Mallorquinos sind ein angenehm lockeres Völkchen, und an Gäste aus den unterschiedlichsten Ländern gewöhnt, aber sie freuen sich immer, wenn man sich Mühe gibt.

➡ **Kennenlernen** Beim ersten Treffen wird die Hand geschüttelt, dazu heißt es *bon dia* (Guten Tag) oder *bona tarda* (Guten Abend). In ungezwungenerem Umfeld gibt's zwei Wangenküsse (rechts anfangen).

➡ **Unters Volk mischen** Auf Mallorca geht's meist gesellig zu. Wer den rasanten Gesprächen folgen kann, sollte sich ruhig einklinken. Achtung: Der Mallorquiner an sich hält nicht unbedingt großzügigen Gesprächsabstand.

➡ **Essen & Trinken** Bei Einheimischen geladen? Dann ist ein kleines Geschenk angebracht, wie eine Flasche Wein, Blumen oder Schokolade. Wenn der Gastgeber bon profit! (Guten Appetit!) sagt, darf zugelangt werden. Brot in die Suppe zu tunken gehört sich nicht, davon abgesehen geht es beim Essen aber sehr entspannt zu. Beim Anstoßen erhebt man das Glas und sagt *salut*!

Wie wär's mit ...

Kunst & Kultur

Bei einer Pause vom Sonnenbaden kann man Mallorcas kulturelle Seite kennenlernen, mit Kathedralen, Galerien und schönnen Bergdörfern.

Catedral Ein Wunder gotischer Baukunst an Palmas Promenade mit Buntglasfenstern in allen Regenbogenfarben. (S. 51)

Museu Fundación Juan March Picasso, Miró, Dalí, Juan Gris und der Mallorquiner Miquel Barceló. (S. 64)

Deià Der Dichter Robert Graves fand in diesem verträumten Bergdorf seine Muse. (S. 106)

Real Cartuja de Valldemossa Könige nutzten das Kartäuserkloster als Wohnsitz, aber auch Chopin lebte einst hier. (S. 102)

Ca'n Prunera Modernistisches Herrschaftshaus mit Werken von Toulouse-Lautrec, Gauguin und Klimt. (S. 108)

Fundació Pilar i Joan Miró Mirós früheres Zuhause ist randvoll mit seinen Werken – und seinem Geist. (S. 87)

Malerische Auto- & Motorradrouten

Steile Küsten und Berge voller Haarnadelkurven gebieten ein gemäßigtes Reisetempo. Autofahrer dürfen sich auf fröhliches Gängewechseln einstellen (Radfahrer auf konstant hohen Puls).

Von Andratx zum Monestir de Lluc Mallorcas schönste Autostrecke durch die spektakuläre Serra de Tramuntana hoch über dem Mittelmeer. (S. 96)

Sa Calobra „Die Schlange" klingt nach einer Achterbahn, und eine Fahrt auf dieser Straße, die zu einer einsamen Bucht führt, fühlt sich tatsächlich so an. (S. 118)

Cap de Formentor Die 18 km lange Route entlang der Klippen offenbart einen einzigartigen Ausblick aufs Meer. (S. 131)

Von Artà nach Ermita de Betlem Auf der 9 km langen Strecke warten Pinienwälder, großartige Ausblickspunkte und eine friedliche Einsiedelei. (S. 141)

Von Orient nach Alaró Gemütliche Strecke durch Gebirgsausläufer, Olivenhaine und ruhige Dörfer. (S. 117)

Familienabenteuer

All die Aktivitäten, Traumstrände, Burgen, Aquarien und Spaßbäder bringen Kinderaugen zum Leuchten.

Palma Aquarium Zeigt Mallorcas Unterwasserwelt und bietet für Mutige auch Übernachtungen „mit den Haien" an. (S. 86)

Coves del Drac Mit Taschenlampe und Helm die Stalaktiten in den magischsten Höhlen der Insel erforschen. (S. 167)

Castell d'Alaró Wie kann sich diese mittelalterliche Burg bloß am Hang halten? (S. 117)

Aqualand Eins der größten Spaßbäder Europas mit wilden, aufregenden Rutschpartien. (S. 87)

Parc Natural de S'Albufera Das vogelreiche Feuchtgebiet lädt zu Streifzügen ein. (S. 139)

Nordküste Höhlen- und Küstenwanderungen, Sprünge von meterhohen Felsen sowie Tauchgänge begeistern größere Kinder. (S. 121)

Geschichte

Mallorca hat eine reiche Geschichte und viele Überbleibsel davon existieren noch heute. Megalithen aus der Bronzezeit, römische Ruinen, mittelalterliche Bergdörfer und stattliche Paläste erwecken die Vergangenheit zum Leben.

Zugfahrt von Palma nach Sóller In einer alten Bimmelbahn geht's auf die nostalgische Fahrt durch die schönen Täler und Berge der Tramuntana. (S. 83)

Pollèntia Eine riesige römische Ruine mit einem Theater zwischen Bäumen und zahlreichen anderen Überresten. (S. 132)

Oben: Kathedrale von Palma (S. 51)
Unten: Port d'Andratx, Westliches Mallorca (S. 94)

Ses Païsses Die *talayots* (Wachtürme) aus der Bronzezeit sind mysteriöse Schönheiten. (S. 158)

Palmas *patis* In diesen Höfen bekommt man einen Eindruck davon, wie die Elite Mallorcas einst lebte. (S. 49)

Alcúdia Mauern aus dem Mittelalter umschließen ruhige Straßen, traditionsreiche Villen und alte Steinhäuser. (S. 132)

Festes de la Patrona Bei diesem Event wird die Schlacht zwischen Mauren und Christen bei Pollença im Jahr 1550 nachgespielt. (S. 125)

Küstenwanderungen

Das Mittelmeer bildet ein traumhaftes türkisfarbenes Panorama, während man auf Klippen entlangspaziert, von Bucht zu Bucht wandert oder Mallorcas Silhouette von einem Berg aus in Augenschein nimmt.

Von Ermita de la Victòria nach Penya Rotja Von dieser Halbinsel im „Kiefernmantel" hat man die gesamte Nordküste im Blick. (S. 134)

Cap de Formentor Atemberaubender Nordzipfel der Serra de Tramuntana. (S. 135)

Parc Natural de la Península de Llevant Leise Pfade verbinden Strände und kiefernbestandene Täler. (S. 169)

Cap de Ses Salines to Colònia de Sant Jordi Gilt als eindrucksvoller Beweis, dass nicht der ganze Süden von Beton bedeckt ist. (S. 176)

Finca Can Roig to Cala Magraner Vier schöne, einsame Buchten bestaunen. (S. 168)

Monat für Monat

TOP-EVENTS

Sa Fira, Mai

Es Firó, Mai

Nit de Sant Joan, Juni

Festes de la Patrona, August

Festes de la Verema, September

Januar

Es kehrt Ruhe auf der Insel ein. Das Wetter ist teils mild, teils kühl, die Strandorte sind im Winterschlaf und viele Hotels und Restaurants geschlossen. Einzige Ausnahme: Palma.

Three Kings

Einen Tag vor dem Dreikönigsfest am 6. Januar bringen die drei Könige (*tres reis*) Gold, Weihrauch und Myrrhe. Sie stehen im Mittelpunkt eines prächtigen Umzugs in Palma.

Festes de Sant Antoni Abat

Die Festes de Sant Antoni Abat (16. und 17. Januar) werden mit Konzerten, Tanz, stolzierenden Dämonen, riesigen Scheiterhaufen, Feuerwerk und der Segnung von Tieren begangen. Besonders eindrucksvoll sind die Feierlichkeiten in Sa Pobla und Artà.

Sant Sebastià

Am Vorabend des Ehrentags seines Stadtpatrons (20. Januar) lässt es Palma mit Livemusik, Feuerwerk und Partystimmung auf den Plätzen krachen.

Februar

Blühende Mandelbäume lassen die Landschaft weiß erstrahlen. Ausgelassene Karnevalisten rütteln die Insel vor der Fastenzeit mit Festen und Umzügen wach. Vieles ist noch geschlossen.

Karneval

Die Karnevalszeit wird mit Umzügen auf der ganzen Insel gefeiert. In Palma sind bei Sa Rueta zunächst die Kinder an der Reihe. Die Version für Erwachsene, Sa Rua, lockt mit lauter Musik, schrillen Kostümen und bunten Wagen.

März

Ein toller Monat! Feierliche Osterumzüge, blühende Wildblumen und beste Bedingungen für die Sichtung von Vögeln im Parc Natural de S'Albufera.

Semana Santa

In der Karwoche finden allerorts Prozessionen statt. Besonders eindrucksvoll sind die abendlichen Feierlichkeiten am Gründonnerstag in Palma, das bewegende Davallament (Abnahme vom Kreuz) in Pollença am Karfreitag und Montuïris S'Encuentro am Ostersonntag.

April

Allmählich nimmt der Hotel- und Restaurantbetrieb Fahrt auf und die Urlaubsorte füllen sich. Das milde Wetter eignet sich perfekt zum Wandern und Mountainbiken.

Fira del Vi

Ende April stößt Pollença in der Fira del Vi (Weinmesse) im Convent de Sant Domingo auf regionale Weine an.

Mai

Voller Elan erwachen die Urlaubsorte an Mallorcas Küste zum Leben.

Sa Fira

Schon seit 1318 wird in Sineu immer am ersten Maisonntag die Sa Fira abgehalten, Mallorcas größter und authentischster Markt für Vieh, Obst und Gemüse.

Es Firó

Am zweiten Maiwochenende findet in Sóller das Es Firó statt. Höhepunkt ist die Darstellung eines Angriffs maurischer Piraten im Jahr 1561, der von Einheimischen unter der Führung der „Tapferen Frauen" abgewehrt wurde.

Fronleichnam

Fronleichnam, der Donnerstag der neunten Woche nach Ostern, wird in Palma groß gefeiert. In dieser Zeit gibt's Konzerte in den barocken Höfen der Stadt.

Juni

Mallorca läuft zur absoluten Hochform auf. Die Namenstage der Schutzheiligen, bei denen religiöse und heidnische Traditionen vermischt werden, bieten perfekte Gelegenheiten für ausgelassene Feste.

Nit de Sant Joan

In der Johannisnacht (vom 23. auf den 24. Juni) steigt auf der Insel eine ausgelassene Feier namens Nit de Sant Joan. Palma lockt mit *correfocs* (Feuerläufe), Konzerten und Strandfeten bis zum Morgengrauen.

Juli

Kaum etwas unterbricht die faulen Strandtage und feuchtfröhlichen Nächte.

Festa de la Verge del Carme

Am 16. Juli finden in vielen Küstenstädten Prozessionen anlässlich der Festa de la Verge del Carme, der Schutzheiligen der Fischer und Seefahrer, statt.

Festa de Sant Jaume

Zur Festa de Sant Jaume am 25. Juli bieten *cossiers* auf den Straßen Algaidas im Landesinneren traditionelle Tänze dar. Sechs Männer und eine Frau tanzen neben einem Dämon, der sich zuletzt befreien kann.

August

Heißes Wetter, jede Menge Veranstaltungen und Hochbetrieb in den Hotels und an den Stränden.

Festes de la Patrona

In Pollença wird eines der buntesten Feste gefeiert. Das Highlight der einwöchigen Festes de la Patrona ist eine inszenierte Schlacht zwischen Städtern und maurischen Piraten.

Chopin-Festival

Valldemossa erinnert im August mit großartigen Klassikkonzerten in der prächtigen Real Cartuja de Valldemossa an den Komponisten und Stadtbewohner Frédéric Chopin.

Jazz-Festival

Jeden August richtet Sa Pobla eines der besten Jazz Festivals im Mittelmeerraum aus. Auf dem Programm stehen einige große Namen des Genres.

September

Zeit für den letzten genussvollen Drink vor der Katerstimmung. Der Herbst eignet sich bestens für das Beobachten von Zugvögeln im Parc Natural de S'Albufera, Küstenwanderungen, Radtouren und Wassersport.

Festes de la Verema

Ende September wird im Landesinneren mit den Festes de la Verema die Weinernte gefeiert. Binissalem veranstaltet aus diesem Anlass eine wild-klebrige Traubenschlacht.

Oktober

Letzte Runde! In den Resorts verabschieden sich Besucher von ihren Urlaubsbekanntschaften.

Stadtfest in Alcúdia

Am ersten Oktoberwochenende sorgen Konzerte, Lebensmittelmärkte, Musik und Umzüge in Alcúdia für Abwechslung.

November

Die Temperaturen sinken und die meisten Hotels und Restaurants schließen für den Winter. Auf Herbstmärkten werden Wein sowie frisch geerntete Oliven und Pilze verkauft.

Dezember

Die meisten Unterkünfte und Häfen sind geschlossen. Auf dem Puig de Massanella, dem Puig Major und in anderen hohen Lagen der Serra de Tramuntana fällt wahrscheinlich Schnee, der die Bergdörfer einhüllt.

Reiserouten

1 Woche

Die große Tour

Die große Tour deckt den überwiegenden Teil der Insel ab. Sie umfasst Palmas historische Attraktionen, die Steilküste der Serra de Tramuntana, charmante Bergdörfer, Buchten und Wanderungen am Meer. Schlusspunkt sind die wunderschönen Höhlen der Illa de Cabrera.

Nach ein paar Tagen in **Palma** mit der imposanten Kathedrale, atmosphärischen Gassen und eindrucksvollen Galerien und Palästen geht's nach Norden in die Berge und ins faszinierende **Valldemossa**. Dann folgt man der Küstenstraße nach Osten in den ruhigen Künstlerort **Deià** und ins idyllisch-abgeschiedene **Fornalutx**. Hat man die epischen Serpentinen hinunter nach **Sa Calobra** bewältigt, findet man im **Monestir de Lluc** spirituellen Ausgleich. Nächste Stationen sind das hübsche **Pollença** und die historischen Sehenswürdigkeiten des ummauerten **Alcúdia**. Aufs Kulturprogramm folgt dann eine belebende Wanderung entlang dem wunderschönen **Cap des Pinar**. Die alte Siedlung **Artà** im Süden ist eine gute Ausgangsbasis, um die herausragende Landschaft des **Parc Natural de la Península de Llevant** zu erkunden. Danach locken das charmante **Santanyí** und das nahe gelegene **Cala Mondragó**, bevor die Tour mit einem Abstecher zum wunderschönen Archipel **Illa de Cabrera** endet.

1 Woche – Von Palma nach Pollença

Die Tour startet in der Inselhauptstadt und lädt zu einer höhepunktreichen Reise zu vielen Topattraktionen Mallorcas ein.

Am Anfang stehen ein bis zwei Tage in **Palma** auf dem Programm, bevor es südwestlich zu der Strandschönheit **Ses Illetes,** der Hafenstadt **Port d'Andratx** und ins ruhige **Sant Elm** geht. Nach einem Abstecher zur **Illa de Sa Dragonera** locken nordöstlich von **Andratx** Ausblicke auf Klippen und Berge in den verwinkelten Orten **Estellencs** und **Banyalbufar** sowie im Bergdorf **Valldemossa**. Nördlich erstreckt sich das malerische **Deià** über einen Hang, östlich davon liegt das Dörfchen Lluc Alcari. Dann wartet im Norden **Sóller** mit Spaziergängen, modernistischen Schätzen, Picasso und Miró. Lohnenswert ist auch ein Abstecher zu den hübschen Bergdörfern **Orient, Biniaraix** und **Fornalutx,** alternativ geht's mit der Bummelbahn nach **Port de Sóller.** Auf der Ma 10 gen Landesinneres folgt man nun der abenteuerlichen Straße nach **Sa Calobra** zur Pilgerstätte **Monestir de Lluc**, bevor die ehrfurchtgebietenden Gipfel der Tramuntana den Weg nach **Pollença** freigeben, der mallorquinischen Stadt schlechthin.

10 Tage – Von Artà zur Illa de Cabrera

Die Tour verbindet Strände und Buchten mit Orten von historischem Charme, Weingütern im Landesinneren und ländlicher Idylle.

Auf einen Tag in **Artà** und seiner Festung folgt ein Besuch des abgeschiedenen **Parc Natural de la Península de Llevant** an der Küste. Von Artà aus führt ein Abstecher nach **Capdepera** und hinauf zu seiner imposanten Burg. Nach einem Schlenker zu den sichelförmigen Traumbuchten der Ostküste wie Cala Mesquida nahe **Cala Ratjada** warten im Süden die Coves d'Artà und der mittelalterliche Torre de Canyamel bei der **Platja de Canyamel**. Weiter Richtung Süden locken die Tiefen der Coves del Drac in **Porto Cristo,** während im Landesinneren die Weindörfer **Petra** und **Sineu** sowie auf dem Weg dorthin ein paar Kellereien warten. Die Route zurück zur Küste führt am stattlichen mallorquinischen Anwesen **Els Calderers** vorbei, nach **Santanyí** mit seinem Boheme-Charme und zum Hafen von **Cala Figuera**. Danach geht's ins Künstlerdorf **Ses Salines** und zu ein paar Stränden. Den Abschluss bildet ein Ausflug zur **Colònia de Sant Jordi** samt Besuch der Inseln des **Parc Nacional Marítim Terrestre de l'Arxipèlag de Cabrera**.

Abseits der üblichen Pfade auf Mallorca

BANYALBUFAR

Deià und Valldemossa sind bereits abgehakt, wie wäre es jetzt mit Banyalbufar? Über jahrhundertealte Terrassen geht's hinab zum aufgewühlten Meer – das Dorf bietet echte Postkartenidylle. (S. 100)

SA FORADADA

Die Felsnase ragt am Fuß des Son Marroig ins Mittelmeer. Durch mit Schafen gespickte Olivenhaine führt ein Weg zum Wasser, in dem sich der Sonnenuntergang spiegelt. (S. 102)

CALA BLANCA

Eine kurze Fahrt von Port d'Andratx entfernt versteckt sich die ruhige, wenig besuchte Cala Blanca. Von der Kieselsteinbucht hat man einen tollen Blick übers Meer zu zwei Landzungen und zu vor Anker liegenden Booten an der Küste. (S. 94)

ILLA DE SA DRAGONERA

Die Felsinsel ruht wie ein schlummernder Drache vor dem Westzipfel Mallorcas. Durch das Naturschutzgebiet gelangt man zu ruhigen Kaps, weit vom Trubel der Strände entfernt. (S. 98)

PUIG D'ALARÓ

Nur wenige erklimmen den Felsgipfel. Nach einer anstrengenden zweistündigen Wanderung erreicht man die geheimnisvollen Überreste einer maurischen Burg, wobei die Hälfte des Weges mit dem Auto zurückgelegt werden kann. (S. 117)

TALAIA D'ALCÚDIA

Eine halbstündige Wanderung führt vom Ermita de la Victoria hoch zu diesem tollen Aussichtspunkt. Den Rundumblick über die Halbinsel und das Meer muss man sich oft nur mit Schneeziegen teilen (S. 138)

SANTUARI DE LA MARE DE DÉU DES PUIG

Stille liegt über den Höfen und der Kapelle des ehemaligen Nonnenklosters oberhalb von Pollença. Der Ausblick über die gesamte Nordküste zieht jeden Besucher in seinen Bann. (S. 124)

CALES DE MALLORCA

Die winzigen Buchten an der Küste nördlich von Cales de Mallorca sind nur zu Fuß erreichbar. Dort hat man das glitzernde Meer dann aber oft für sich allein. (S. 168)

PLATJA DES TRENC

Der 3 km lange schneeweiße und von Dünen gesäumte Sandstreifen an der Südküste wird von aquamarinblauem Wasser umspült. FKKler sind willkommen und sogar im August ist es nicht allzu voll. (S. 175)

Reiseplanung

Essen & Trinken auf Mallorca

Sich hinzusetzen und in Ruhe zu schlemmen gehört zu den Höhepunkten eines Mallorca-Urlaubs. Hier ist Essen mehr als eine bloße Notwendigkeit. Die Mallorquiner essen zwar später, als es die meisten Traveller gewohnt sind, aber wegen der vielen ausländischen Inselbewohner öffnen zahlreiche Restaurants mindestens eine Stunde früher als auf dem Festland.

Essen im Wechsel der Jahreszeiten

Frühling

Wilder Rosmarin und Thymian verleihen *anyell de llet* (Baby-Lamm) eine besondere Note und auf vielen Karten stehen *espàrrecs* (Spargel) und *cargols* (Schnecken).

Sommer

Fonoll marí (Meerfenchel), ein Küstenkraut, das mariniert eine beliebte Salatzutat ist, sprießt und gedeiht. Märkte (und Speisekarten) strotzen nur so vor frischem Obst, Gemüse und Fisch.

Herbst

Auf den Hügeln suchen die Einheimischen nach *esclata-sang*, einem Reizker-Pilz. Die Traubenernte und die Weinfeste Ende September machen Laune, insbesondere die „Traubenschlacht" in Binissalem.

Winter

Tierische Stars wie *sobrassada* (gepökelte Schweinswurst mit Paprikageschmack), *llom amb col* (Schwein mit Pinienkernen und Rosinen im Kohlmantel) und *lechona asada* (Spanferkelbraten) dominieren die Speisekarten.

Kulinarische Highlights

Unvergessliche Gerichte

- **Marc Fosh** (S. 72) Das Flaggschiff-Restaurant des mit einem Michelin-Stern ausgezeichneten Kochs Marc Fosh liegt im schick umgestalteten Speisesaal eines Klosters.
- **Es Verger** (S. 117) Unglaublich zartes, langsam gegartes Lamm gibt's an der langen, gewundenen Straße hinauf zum Castell d'Alaró.
- **Es Racó d'es Teix** (S. 108) Mit Michelin-Stern ausgezeichnetes Fusionsmenü und von der Terrasse ein traumhafter Blick auf die Berge.
- **Béns d'Avall** (S. 111) Erstklassiger Fisch und Meeresfrüchte in äußerst romantischem Ambiente.
- **Celler Ca'n Amer** (S. 147) Rustikaler Charme und eine großartige mallorquinische Speisekarte.
- **Cases de Son Barbassa** (S. 162) Auf der ruhigen, romantischen *finca* (Landgut) mit schöner Aussicht wird Steinbutt in Schaumwein mit Muscheln und Austern serviert.

Günstig schlemmen

- In den **forns oder confiteries (Bäckereien)** bekommt man oft für weniger als 5 € frische Backwaren.

- **Ensaïmades** Mit Puderzucker bestreute knusprige Hefeschnecken mit oder ohne Cremefüllung.
- **Empanades** Teigtaschen mit herzhafter Füllung.
- **Cocarrois** Eine größere Variante von *empanades*.
- **Tapas und pintxos (Mini Tapas)** Toll, um den ersten Hunger zu stillen, gleichzeitig sind sie ein Stück mallorquinischer Alltag. Dienstag- und Mittwochabends gibt's ein Getränk und eine Tapa auf der Ruta Martiana in Palma für nur 2 €.

Für Waghalsige

- **Cargols** Schnecken werden in einem Knoblauch-und-Kräuter-Sud gekocht oder in einem kräftigen Eintopf serviert.
- **Arròs brut** Der Name „schmutziger Reis" klingt nicht so charmant, dabei schmeckt dieses suppenartige Gericht mit Schwein, Kaninchen und Gemüse einfach himmlisch.
- **Botifarró** Die Blutwurst ist erstaunlich lecker.
- **Percebes** Entenmuscheln: wie Klauen geformte, an den Felsen „klebende" Krustentiere – sehen scheußlich aus, sind aber köstlich als Snack.
- **Frit Mallorquí** Gebratene Lamminnereien mit Gemüse, klassisches „Arme-Leute-Essen".

Kochkurse

Kochkurse sind auf Mallorca erst seit Kurzem im Kommen, dennoch bieten Restaurants und Fincas gelegentlich Anfängerunterricht an. Cooking Holidays Mallorca (S. 183) hält Kurse im Yacht Club Cala d'Or ab (von eintägigen Tapas-Seminaren bis zu Gourmeturlauben mit sieben Übernachtungen). Wie man Tapas und Paella zubereitet, lernt man auch in dreistündigen Crash-Kursen von Mallorca Cuisine (S. 102) nordwestlich von Palma. Hier werden auch Besuche von Weingütern und Märkten angeboten.

Typisch mallorquinisch

Angesichts der langen Küste liegt die Vermutung nahe, dass auf der Speisekarte vor allem Fisch steht. Die traditionelle Küche ist aber sehr bodenständig und überraschend fleischlastig, insbesondere im Landesinneren. Schweinefleisch ist eine sehr beliebte Zutat, Bestandteil vieler Würste, Eintöpfe und Suppen und sogar in ein paar Gemüsegerichten sowie Desserts enthalten. Nach Jahrhunderten des Hungers wissen Mallorquiner jedes Teil des Tieres zu schätzen und verarbeiten einfach alles.

Ein Großteil der Fische, die in Mallorcas Kochtöpfen landen, wird eingeflogen, trotzdem gibt's rund um die Insel immer noch viele Arten. *Besugo* (Meerbrasse) und *rape* (Seeteufel) gehen mit am häufigsten ins Netz. Großer Beliebtheit erfreut sich zudem der *cap roig;* dieser hässliche rote Fisch tummelt sich meistens in der Nähe der Illa de Cabrera.

Fisch und Meeresfrüchte werden zwar in verschiedenen Soßen gekocht, doch das ist vor allem ein Zugeständnis an die Essgewohnheiten der Ausländer. Mallorquiner wissen nämlich seit Langem, dass die frischen Köstlichkeiten am besten nur mit etwas Salz und Zitrone gegrillt werden. *A la sal* (in Salzkruste gebacken) ist eine andere köstliche Zubereitungsart.
Die Paella kommt zwar ursprünglich aus Valencia, doch die Mallorquiner haben dieses und andere Reisgerichte so ins Herz geschlossen, dass auf ihrer Insel einige der leckersten Varianten zu finden sind.

Wein

Schon zur Zeit der alten Römer wurde auf Mallorca Wein angebaut, und Mitte des 19. Jhs. florierte die Weinbauindustrie. Ende der 1880er-Jahre jedoch wütete die aus Amerika eingeschleppte "Weinpest" Phylloxera, eine Reblaus, die praktisch

MITBRINGSEL

Wer den Geschmack Mallorcas mitnehmen will, kann von Hand geerntetes Salz aus d'es Trenc, Feigenbrot, *sobrassada* (gepökelte Schweinswurst mit Paprikageschmack), Oliven, Mandeln, Wein, Kräuterlikör (licor de hierbas) und Orangenmarmelade aus Sóller kaufen, z. B. hier:

- **Enseñat** (S. 128)
- **Típika** (S. 80)
- **Flor de Sal d'es Trenc** (S. 136)
- **Fet a Sóller** (S. 112)
- **Colmado Santo Domingo** (S. 79)
- **Malvasia de Banyalbufar** (S. 101)

über Nacht sämtliche Weinreben zerstörte. Erst seit ein paar Jahrzehnten genießt mallorquinischer Wein wieder weltweites Ansehen. 30 Weingüter mit insgesamt 2500 ha Anbaufläche produzieren eine eher bescheidene Menge, die größtenteils in Mallorcas Restaurants und Hotels weggebechert wird. Sie befinden sich vor allem in den beiden DOs (Denominaciones de Orígen): in Binissalem und einem Gebiet im Inselinneren, zu dem Manacor, Felantix und Llucmajor gehören. Hier gedeiht der Wein optimal. Internationale Reben wie Cabernet Sauvignon wachsen neben einheimischen Sorten wie Manto Negro, Fogoneu und Callet. Zu den mallorquinischen Weißweinen zählen Prensal Blanc und Giró Blanc. Sie werden mit katalanischen Trauben wie Parellada, Macabeo und Moscatel oder internationalen Rebsorten wie Chardonnay veredelt.

Auch an den zum Meer liegenden Hängen der Serra de Tramuntana wird Wein angebaut, besonders rund um Banyalbufar, wo die Sorte Malvasia ein Comeback erlebt.

Die Touristeninformationen haben Listen mit örtlichen Weingütern.

Essen wie die Einheimischen

Speisekarten in englischer oder deutscher Sprache sind Standard in den Ferienorten, nicht jedoch in kleineren Dörfern und auf dem Lande. Es findet sich aber fast immer ein Kellner, der bereit ist zu übersetzen. Dennoch empfiehlt es sich, ein paar Brocken Mallorquín zu lernen, um die Karte auch allein entschlüsseln zu können. Gewöhnlich wird Mineralwasser *(aigua mineral)* in Flaschen serviert, nach Wunsch entweder mit *(amb)* oder ohne *(sense)* Kohlensäure.

Glückspilze, die zum Abendessen bei jemandem zu Hause eingeladen werden, bringen am besten ein kleines Gastgeschenk wie Wein oder Pralinen mit und machen sich auf ein Festmahl gefasst, denn mallorquinische Gastgeber legen sich schwer ins Zeug. Mittagessen im Kreis der Familie sind häufig ebenfalls ein riesiges Event. Auch wenn es nicht leichtfällt, sollte man versuchen, gegen den Lärmpegel anzukämpfen und mitzureden! *Bon profit* heißt „guten Appetit“ und *salut* „Prost“.

Wer ins Restaurant eingeladen hat, zahlt gewöhnlich die Rechnung. Der Service ist in der Endsumme inbegriffen, einem netten Kellner kann man aber ein zusätzliches Trinkgeld in Höhe von 5 % geben.

Wann gegessen wird

Die meisten Mallorquiner starten mit *cafè* (schwarzem Kaffee) in den Tag und gönnen sich am späten Vormittag ein *esmorzar* („Frühstück“ auf Katalanisch) im Café. Das ist die ideale Zeit, um eine leichte, lockere *ensaïmada* (mallorquinische Hefeschnecke) mit Puderzucker zu probieren. Dazu passt sehr gut ein *cafè amb llet* (Espresso mit Milch) oder ein köstlicher *suc de taronja natural* (frisch gepresster Orangensaft).

Das Mittagessen ist die wichtigste Mahlzeit. Sonntags im Familienkreis kann es sich bis in den späten Nachmittag hinziehen. Auch gesellige Abendessen werden von den Appetithäppchen bis zum Verdauungsschnaps voll ausgekostet. Wenn die Mallorquiner am Mittag kein *menú* bestellen, verputzen sie dennoch meist zwei Gänge und einen Nachtisch.

Der an mallorquinische Esszeiten gewöhnte Magen beginnt gegen 19 Uhr zu knurren. Dann ist Tapas-Zeit! Als Import vom Festland sind diese zwar nicht so allgegenwärtig wie im restlichen Spanien, trotzdem bieten viele Bars und Cafés eine kleine Auswahl an. Oliven und *ametllas* (Mandeln) eignen sich perfekt als Snack zu einer *caña* (Bier).

Die meisten Einheimischen essen gegen 21 Uhr. Zumeist startet das Abendessen mit *pa moreno* (Bauernbrot) und manchmal mit *pica pica* (ein Berg Appetithäppchen auf einem großen Gemeinschaftsteller). Als Nächstes folgt der *primer plato* (Vorspeise), z. B. Salat, Pasta, gegrilltes Gemüse oder etwas Einfallsreicheres. Zum Nachtisch gibt's oft einfach ein Eis, Pudding oder Obst.

Wohin zum Essen

- **Celler** Weingüter auf dem Lande mit Restaurant. Die Spezialität ist solide Hausmannskost. Viele einheimische Gäste, entspanntes Flair.
- **Café** Hier gibt's alles vom Morgenkaffee bis zu Tapas und alkoholischen Getränken am Abend, auch leichte Mahlzeiten wie Salate und *pa amb oli* (Brot mit Öl).
- **Chiringuito** Eine Strandbude, in der man neben Getränken und Snacks manchmal auch Tapas und Meeresfrüchtegerichte bekommt.

Oben: *Ensaïmada* (Mallorquinisches Gebäck)

Unten: Mallorquinische Tapas

PREISE

Die Preiskategorien in diesem Reiseführer beziehen sich auf ein Hauptgericht.

€ unter 10 €

€€ 10–20 €

€€€ über 20 €

➡ **Confiteria** Die Bäckereien werden z. T. auch als *forn* oder *pastelería* bezeichnet. Hier gibt's die besten *ensaïmades (Hefeschnecken).*

➡ **Gelateria** Eissalons, oft mit Gelato wie aus Italien.

➡ **Marisquería** Spezialisiert auf Fisch und Meeresfrüchte. Es gibt auch die Bezeichnung *restaurant de marisc.*

➡ **Restaurant** Von schlicht bis edel ist alles dabei. Ist ein „ca'n" oder „ca's" im Namen enthalten, darf man sich auf traditionelle Küche in familiärer Atmosphäre freuen.

➡ **Tabernas** Rustikale „Tavernen", die Tapas und vollwertige Mahlzeiten servieren. *Tascas* sind ähnlich aufgemacht.

Vegetarier & Veganer

Es gibt immer mehr Restaurants und Cafés für Vegetarier und Veganer. Die Köche bedienen sich großzügig aus Mallorcas Gemüse-Schatztruhe, die vor Fava-Bohnen, Paprika, Auberginen, Artischocken, Blumenkohl und Spargel förmlich überquillt. Auch Feigen, Aprikosen und Orangen gibt es in Hülle und Fülle (vor allem rund um Sóller).

Steht einem der Sinn nach etwas Leichtem, ist vielleicht *trempó* das Richtige: ein erfrischender mallorquinischer Salat aus gehackten Tomaten, Paprika und Zwiebeln mit ein paar Spritzern Olivenöl. Ebenfalls empfehlenswert sind *pa amb oli* und *tumbet* (mallorquinische Ratatouille). Spanischer *gazpacho* (eine kalte Tomatensuppe mit Knoblauch) und Tortillas – dicke Omeletts aus Kartoffeln oder Gemüse – sind weitere Klassiker.

Vorsicht: In zahlreiche traditionelle Gemüsegerichte haben sich gepökeltes Schweinefleisch, Fleischbrühe oder Speck eingeschlichen. Um ein tatsächlich vegetarisches Gericht zu bekommen, sollte man den Kellnern sagen, dass man Vegetarier ist: *Soy vegetariano/a* (Ich bin Vegetarier/in) oder *no como carne* (Ich esse kein Fleisch).

Was steht auf der Karte?

Arròs bogavante – Saftiger Hummerreis.

Arròs brut – Wörtlich „schmutziger Reis", ein Suppengericht mit Schwein, Kaninchen und Gemüse.

Arròs negre – „Schwarzer Reis", mit Tintenfischtinte gefärbt und manchmal mit Schalentieren serviert. Eine regionale Paella-Variante.

Botifarra – Die Schweinswurst mit viel Geschmack ist eine der leckersten Wurstspezialitäten der Insel.

Botiffarón – Eine längere Version der *botifarra*

Cocas de patata – Zuckerbestäubtes brotähnliches Gebäck. Besonders beliebt in Valldemossa.

Conill amb ceba – Kaninchen mit Zwiebeln.

Ensaïmada – Das mallorquinische Gebäck schlechthin ist eine mit Puderzucker bestreute süße Hefeschnecke, manchmal mit Creme, Schokolade oder *cabell d'àngel* (Kürbispaste) gefüllt.

Gató Mallorquí – Ein mächtiger Mandelkuchen.

Lechona – Spanferkel, oft an einem Spieß über offenem Feuer gegart.

Llom amb col – Schweinelende im Kohlmantel, mit Knoblauch, Tomaten, *sobrassada*, Petersilie, Rosinen und Pinienkernen.

Marisquada – Eine riesige Schüssel voller gedünsteter Schalentiere, ideal zum Teilen.

Pa amb oli – Wörtlich „Brot mit Öl". Traditionell wird *pa moreno* (Roggenbrot) mit gehackten Tomaten oder anderen Belägen serviert. Manche Portionen sind wie eine Hauptmahlzeit.

Sobrassada – Pikante gepökelte Schweinswurst, gewürzt mit Paprika und Meersalz.

Suquet – Eintopf mit Fisch oder Meeresfrüchten, in einem reichhaltigen Fischfond gekocht.

Trempó – Erfrischender Salat aus klein gehackten Tomaten, Paprika und Zwiebeln.

Tumbet – Erinnert an ein französisches Ratatouille mit Auberginen, Zucchini, Kartoffeln, Knoblauch und Tomaten. Dazu bestellt man knuspriges Brot.

Reiseplanung

Aktivitäten

Wanderungen über zerklüftete Felskuppen an der Nordküste, Mountainbike-Touren durch die wilde Kalksteinlandschaft der Tramuntana oder Kajakfahrten zu einsamen Buchten, die auf keiner Karte eingezeichnet sind: Mallorca ist ein Paradies für Aktivurlauber. Hier warten Berge, Schluchten und eine 550 km lange Küste darauf, entdeckt zu werden.

Reiseplanung

Reisezeit

Aufgrund des recht milden Winters und der viel beworbenen 300 Sonnentage eignet sich Mallorca theoretisch das ganze Jahr über für Outdoor-Aktivitäten. Viele werden allerdings nur von etwa Ostern bis Oktober angeboten, vor allem im Bereich Wassersport.

Die idealen Jahreszeiten für die meisten Aktivitäten, besonders Wandern und Radfahren, sind Frühling und Herbst. Im Sommer wird es tagsüber oft sehr heiß, außerdem bremst der starke Verkehr auf den Straßen das Radelvergnügen. Teilweise entschädigt einen dafür jedoch die Tatsache, dass es lange hell bleibt.

Was man mitbringen sollte

Fast alle Tourveranstalter stellen die entsprechende Ausrüstung zur Verfügung, darüber hinaus kann man sich auf der ganzen Insel hochwertige Räder leihen. Professionelle Standardausrüstung für Wanderer ist zwar erhältlich, aber eigene Schuhe gehören trotzdem ins Gepäck. Die Wege durch die Serra de Tramuntana sind für das Einlaufen von neuem Schuhwerk gänzlich ungeeignet!

Die besten Outdooraktivitäten

Canyoning

Die Serra de Tramuntana ist mit Schluchten durchzogen. Besonders dramatisch sind der Gorg Blau Sa Fosca und der Torrent d'es Pareis.

Radfahren

Mountainbiker und Radfahrer sind in den Höhen der Serra de Tramuntana mit steilen Anstiegen, beeindruckenden Abfahrten und wunderschönen Serpentinen in ihrem Element.

Tauchen

Der Süden Mallorcas ist ein Tauchermekka, denn um die Illa de Sa Dragonera und die Illa de Cabrera (nur mit schriftlicher Erlaubnis) finden sich Wracks, steile Höhlen und klares Wasser mit Rochen, Tintenfischen und Pfeilhechten.

Wandern

Die Halbinseln Cap de Formentor und Cap des Pinar laden mit ihren pinienbewachsenen, steil ins tiefblaue Meer abfallenden Klippen zu großartigen Küstenwanderungen ein.

Wind- & Kitesurfen

Die Winde, die vor der Küste Sa Marinas in der Badia de Pollença wehen, bieten perfekte Bedingungen für Wind- und Kitesurfen.

An Land

Canyoning

Diese Abenteuersportart, bei der man sich in Schluchten stürzt und durch Canyons und Wasserläufe kraxelt, sorgt für den ultimativen Adrenalinkick. Bei einer Tour geht's Felsen hinab, Klippen hinauf und in eiskalte kristallblaue Felsbecken hinein.

Ein professioneller Guide ist unerlässlich. Empfehlenswert sind Món d'Aventura (S. 125), Rock and Ride (S. 37), Tramuntana Tours (S. 219) und Experience Mallorca (S. 140), die Touren aller Schwierigkeitsgrade anbieten.

Routen

Die zentrale Serra de Tramuntana zwischen Valldemossa und Sa Calobra eignet sich am besten fürs Canyoning. Hier liegen auch zwei unserer Lieblingsspots:

- **Gorg Blau-Sa Fosca** Schwierige 2,5 km lange Route mit 300 m hohen Wänden, 40 cm breiten Spalten und 400 m kompletter Dunkelheit.
- **Torrent de Pareis** Moderate 8 km lange Route mit Felsen und grandioser Kalksteinlandschaft samt Klippen, Höhlen und dergleichen.

Coasteering

Coasteering ist eine sommerliche Alternative zum Canyoning, bei der man dem kühlen Nass noch ein ganz klein bisschen näher ist. Dabei können Abenteuerlustige schwimmen, klettern, sich abseilen, von Klippen springen, Felsen horizontal passieren und sich notfalls ins Wasser fallen lassen. Routen gibt's ab Bonaire nahe Alcúdia im Norden bis nach Peguera im Südwesten. Die Veranstalter versorgen Teilnehmer mit der nötigen Ausrüstung wie Helme und Rettungswesten. Mon d'Aventura (S. 125) bietet zwei Schwierigkeitsgrade; der einfachere eignet sich für Kinder. Halbtagestouren von **Experience Mallorca** (S. 140) richten sich an alle über zwölf Jahre. Skualo (S. 162) bietet ebenfalls Coasteering rund um das Cap Pinar an (ab 39 € pro Person).

Golf

Palma ist aufgrund des angenehmen mediterranen Klimas und der hübschen Naturkulisse ein beliebtes Ziel für Golfer. Nach letzter Zählung gibt's auf der Insel 22 Golfplätze; zu den besten gehören die rund um Capdepera und Artà im Osten. Für die Runde auf einem 18-Loch-Platz zahlt man von 30 bis zu 130 €, im Durchschnitt aber zwischen 40 und 75 €. Die Miete für einen Golfwagen kostet weitere 30 bis 45 €. Im Sommer wird's billiger, denn dann ist es meistens zu heiß zum Golfen. Im Frühling und Herbst hingegen steigen die Preise.

Infoquellen

Mehr zum Thema Golf auf Mallorca:

- Die Touristenbehörde **Consell de Mallorca** (www.infomallorca.net) veröffentlicht die Broschüre *Mallorca Golf* mit Kurzbeschreibungen aller 22 Plätze. Auf ihrer Website gibt's auch Links zu den jeweiligen Seiten: Einfach auf „Tourismusinformation", dann auf „Themen", „Sport" und schließlich auf „Golf" klicken.
- **Federació Balear de Golf** (Golfverband der Balearen; ☎971 72 27 53; www.fbgolf.com) Allgemeines zum Thema Golf.
- **Simply Mallorca Golf** (☎971 58 82 96; www.simplymallorcagolf.com) Infos zu allen Plätzen.

Höhlenwandern

Mallorcas zerklüftete Kalksteinlandschaft eignet sich perfekt für Höhlenwanderungen. Mit Stirnlampen geht's in die kühle Halbfinsternis der vielen Höhlensysteme unter den Klippen der Süd-, Nord- und Ostküste. Ein Guide ist sehr zu empfehlen.

GIPFELSAMMLER

Lust auf eine Herausforderung? Mallorcas höchster Gipfel, der Puig Major (1445 m), ist militärisches Sperrgebiet, doch der zweithöchste, der **Puig de Massanella** (1365 m), kann bestiegen werden. Für die Fünf-Stunden-Wanderung benötigt man genügend Proviant und eine anständige Karte. Wenn man die 11 km zum Gipfel zurückgelegt hat, wird man mit Panoramablick auf die zerklüftete Tramuntana bis zur Badia d'Alcúdia belohnt. An klaren Tagen sieht man sogar Menorca am Horizont. Weitere Details unter www.lluc.net.

Experience Mallorca (S. 140) bietet das ganze Jahr über halbtägige Touren. Dabei passieren Teilnehmer Kammern mit Stalaktiten, klettern durch enge Gänge und bestaunen ein kathedralenähnliches Gewölbe, in dem problemlos 30 Personen Platz finden. Nichts für Klaustrophobiker!

Klettern

Der Gedanke an Mallorcas erhabene Kalksteinwände lässt bei Sportkletterer die Herzen höher schlagen. Mit Hängen, Felsen und Klippen im Überfluss hat die Insel unter ihnen den Ruf als eines der besten Ziele Europas. Sie strömen vor allem in drei Regionen: den Südwesten mit Mehrseillängenrouten, den Nordwesten mit großartigen Felsen und den Osten mit Deep Water Soloing (DWS).

Als besonderes Highlight gilt Sa Gubia, ein riesiger Fels mit Mehrseillängenrouten. Beliebt sind außerdem die zerklüfteten Kalksteinfelsen der Halbinsel Formentor sowie die Buchten von Porto Cristo und Cala Barques im Osten der Insel.

Erfahrene Kletterer können allein losziehen. Rock and Ride (S. 37) bietet Mehrseillängentouren und Anfängerkurse. **Rockfax** (www.rockfax.com) veröffentlicht Kletterführer und Miniguides im PDF-Format.

Radfahren

Mallorcas Beliebtheit bei Mountainbikern und Radfahrern nimmt immer weiter zu, nicht zuletzt dank Profis wie dem Briten Bradley Wiggins, der in der Tramuntana für die Tour de France trainiert.

Fast die Hälfte des 1250 km langen Straßennetzes der Insel wurde radfahrerfreundlich gestaltet: von Ausschilderungen bis hin zu extra Radwegen. Für Bergregionen ist die Hauptsaison von März bis Mai bzw. Ende September bis November. Dann ist das Wetter am angenehmsten.

Auch Mountainbiker finden auf Mallorca zahlreiche Routen – von flachen, unbefestigten Strecken bis zu raueren, einspurigen Anstiegen. Vor jeder Tour sollte man sich unbedingt eine gute Straßen- oder Wanderkarte besorgen.

Überall auf der Insel gibt's Fahrradverleihe; bei örtlichen Touristeninformationen erhält man die entsprechenden Adressen. Preise schwanken zwischen 10 € pro Tag für ein einfaches Tourenrad bis zu 30 € für ein hochwertiges Mountainbike oder Rennrad. Auch Kinderräder und -sitze sind erhältlich.

Die besten Routen

Jede Region bietet schöne Strecken: Radwege überziehen die gesamte Insel, und je nach Fähigkeiten und Vorlieben sind überall großartige Touren möglich. Ein paar Favoriten haben wir natürlich trotzdem:

- **Von Palma nach Capocorb Vell** (Palma & Südliches Mallorca)
- **Von Andratx zum Monestir de Lluc** (Westliches Mallorca)
- **Parc Natural de la Península de Llevant** (Östliches Mallorca)
- **Cap de Formentor** (Nördliches Mallorca)
- **Port d'Alcúdia & Cap des Pinar** (Nördliches Mallorca)
- **Von Santa Maria nach Binibona, über Santa Eugenia, Binissalem, Lloseta und Caimari** (das Inselinnere)

Guides

Wer nichts gegen Begleitung hat, kann sich einer der großartigen Touren anschließen, deren Guides Mallorca wie ihre Westentasche kennen:

- **Bike & Kite** (S. 129) Der in Port de Pollença ansässige Veranstalter bietet Mountainbike-Touren durch den Norden, Mieträder und einen Shuttleservice bergabwärts.
- **Tramuntana Tours** (S. 219) Touren ins Herz der Tramuntana.
- **Rock and Ride** (☎0664 73 45 12; www.rockandride-mallorca.com) Veranstaltet Kurse und veröffentlicht eine exzellente Mountainbike-Broschüre (ca. 12 €) mit Karten und GPS-Daten.

Infoquellen

Die **Federació de Ciclisme de les Illes Balears** (www.webfcib.es) hat Adressen von lokalen Fahrradclubs. Immer mehr Hotels sind auf Radfahrer eingestellt und verfügen über Fahrradstellplätze sowie spezielle Nahrungsmittel für Sportler.

Mallorca Bike (www.mallorcabike.info) vertreibt eine sehr nützliche wasserfeste Fahrradkarte, mit Wegen, Verkehrsrankings, Angaben zur Steigung, Adressen von Radshops und vielem mehr. Sie kostet rund 7 € und ist in Touristenshops und bei Fahrradverleihern erhältlich.

Reiten

Mallorcas weites Netz von holprigen Pfaden quer durch das bergige Landesinnere und parallel zur Küste ist perfekt für Ausritte. In vielen Orten bieten Ställe Reitstunden (10–20 €) oder Ausritte an. Die erste Stunde kostet etwa 15 €, zwei-/fünfstündige Ausritte schlagen in der Regel mit rund 25/60 € pro Person zu Buche. Auch längere Ausflüge sind möglich. Zudem bieten manche Ställe Ponyritte für Kleinkinder an.

Routen

Großer Beliebtheit bei Reitern erfreuen sich Cala Ratjada, Colònia de Sant Jordi und Pollença; über den nächstgelegenen Stall kann man sich bei der jeweiligen Touristeninformation informieren. Von Cala Ratjada aus geht's einen größtenteils unberührten Küstenabschnitt entlang in Richtung Cala Mesquida. Der größte Stall von Cala Ratjada, Rancho Bonanza (S. 164) unter deutscher Leitung, bietet neben Ausritten aufs Land und an der Küste Ponyritte für Kinder.

Infoquellen

Mehr Infos erhält man bei **Federació Hipica de les Illes Baleares** (Reiterverband der Balearen; ☎971 75 67 54; www.fhbalear.com; Avinguda Uruguay). Auf der Website sind unter dem Link „Clubes Illes Balears" insgesamt 15 Gestüte überall auf Mallorca aufgeführt.

Wandern

Von kahlen, dramatischen Kalksteinbergen im Westen bis zu felsigen Küstenpfaden im Norden und Osten vor maritimer Kulisse: Mallorcas Wanderwege zählen zu den besten Europas. Mittlerweile kümmert sich der Consell de Mallorca (www.conselldemallorca.net) intensiv um die Beschilderung und Pflege der Routen, die jahrhundertelang von Lasttieren und reisenden Pilgern genutzt wurden, und die Routen sind deshalb meistens (wenn auch nicht immer) gut zu schaffen.

Die Tramuntana erreicht zwar nicht dieselben Höhen wie die Alpen, ihre rauen Gipfel, Felsen und Schluchten sollte man dennoch nicht unterschätzen. Sie bieten eine ebenso dramatische Kulisse und zudem ist die Wandersaison hier länger. Verschiedene *refugis* (Berghütten) sowie Bergklöster und Einsiedeleien bieten Unterkünfte für die Nacht.

Dank der kurzen Entfernungen zwischen den einzelnen Routen können Wanderer ohne großen Aufwand viele Kilometer bewältigen. Besonders entlegene Ausgangspunkte erreicht man am besten mit dem Auto. Dort angekommen, kann man den Weg dann aber auch ganz für sich allein genießen.

WEITERE AKTIVITÄTEN

Wenn man schon beim Radfahren, Wandern oder Schwimmen jeden Zentimeter der Insel inspiziert hat, dann gibt es immer noch die Möglichkeit, die Erkundungen in vertikaler Richtung fortzusetzen.

Mallorca von oben

Wenn man mit einem Heißluftballon über Mallorca schwebt, wirkt die Insel winzig. **Illes Balears Ballooning** (☎607 647647; www.ibballooning.net) bietet Ballontrips an; bei einer Fahrt lässt sich die ganze Insel aus der Vogelperspektive bestaunen. Rund um Port d'Alcúdia sind oft Paraglider am Himmel zu sehen. Wer es ihnen gleichtun möchte, wendet sich an **Tandem Mallorca** (S. 128). Neben Tandemflügen für Anfänger gehören ganzjährige Kurse für Anfänger und Fortgeschrittene zum Angebot.

Klippenspringen

Eigentlich klingt Klippenspringen eher nach Selbstmordabsicht als nach Strandurlaub, doch unter der Anleitung sachkundiger Guides ist das Unterfangen ungefährlich. Der Adrenalinkick ist etwa mit dem eines Bungee-Sprungs zu vergleichen. Die Klippen, von denen man sich ins Wasser hinabstürzt, sind zwischen 3 und 12 m hoch – das klingt zwar nicht so spektakulär, der Sprung mit anschließendem Eintauchen ist es jedoch zweifellos. In Cala Sant Vicenç an der Nordküste werden Einheimische bei ihren gekonnten Sprüngen und Überschlägen von euphorischen Zuschauern bejubelt.

Für jedes Alter und Fitnesslevel gibt's passende Wanderungen – mangelnde Ausdauer oder kleine Kinder sind keine Ausrede!

Die besten Tageswanderungen

Fast jede Touristeninformation hat Tipps zu Tageswanderungen in der Gegend und berät Besucher bei der Auswahl der geeigneten Route. Unsere fünf Favoriten:

- **Vom Cap de Ses Salines nach Colònia de Sant Jordi** (S. 168) Halbtägige Wanderung an der Südküste mit toller maritimer Landschaft und vielen Bademöglichkeiten.
- **Von der Finca Can Roig nach Cala Magraner** (S. 159) Tolle, entspannte Route von Bucht zu Bucht, abseits des touristischen Ostens.
- **Von Sóller zum Mirador de Ses Barques** (S. 105) Durch Olivenhaine zu einem Aussichtspunkt und zurück über den Bergort Fornalutx.
- **Von der Ermita de la Victòria nach Penya Rotja** (S. 130) Klippenwanderweg durch Pinienwälder mit Ausblick auf die Nordküste.
- **Von Cala en Gossalba nach Fumat** (S. 125) Formentors dramatischster Küstenpfad beginnt sanft und endet mit spektakulärer Aussicht vom 334 m hohen Fumat.

Mehrtägige Wanderungen

Mallorcas zwei bedeutende Fernwanderwege (GR-Wege) sind wie auch überall sonst in Spanien rot-weiß markiert.

- Fitte Wanderer können sich die vier- bis siebentägige **Ruta de Pedra en Sec** (Trockenmauerroute, GR221; www.gr221.info) vornehmen, die über die Serra de Tramuntana von Port d'Andratx nach Pollença führt. Auf dem Weg findet man Unterschlupf in mehreren *refugis de muntanya* (rustikale Berghütten).
- Die **Ruta Artà-Lluc** (GR222) wird derzeit ausgeschildert – allerdings recht langsam.

Karten & Guides

Gute Wanderkarten wie *Tramuntana Central, Tramuntana Norte* und *Tramuntana Sur* von Editorial Alpina im Maßstab 1:25 000 (www.editorialalpina.com). *Mallorca* von Kompass (1:75 000) und *Wandern auf Mallorca* von DuMont mit Touren und vielen Karten sind ebenfalls zu empfehlen.

Wer mehr als eine Karte braucht, wendet sich an einen sachkundigen Guide:

- **Tramuntana Tours** (S. 219) Der renommierte Anbieter mit Sitz in Sóller und Port de Sóller hat sich auf die Serra de Tramuntana spezialisiert.
- **Mon d'Aventura** (S. 125) Der Abenteuerspezialist in Pollença organisiert Wanderungen verschiedener Schwierigkeitsgrade, etwa entlang der Ruta de Pedra en Sec.
- **Mallorca Muntanya** (www.mallorcamuntanya.com) Die beiden zertifizierten Führer Salvador und David bieten sechs unterschiedliche Tageswanderungen sowie individuell geführte Touren an.

Infoquellen

Consell de Mallorca veröffentlicht zwei ausgezeichnete Broschüren, die bei der **Touristeninformation Consell de Mallorca** (S. 217) in Palma sowie der Zweigstelle am Flughafen von Palma erhältlich sind. Die Karten in beiden Broschüren dienen lediglich der Orientierung, deshalb benötigt man unbedingt zusätzlich detaillierte Wanderkarten:

- **Rutes per Mallorca (Routen durch Mallorca)** Sechs Routen zwischen 33,2 und 113,5 km.
- **Caminar per Mallorca (Wandern auf Mallorca)** Zwölf Tageswanderungen zwischen 4,5 und 14 km.

Wassersport

Kajakfahren

Mallorcas zerklüftete Küste ist mit reizvollen Buchten gespickt, von denen viele nur per Boot erreichbar sind. Mit dem Kajak lassen sich zum gemächlichen Rhythmus des Meeres Felsformationen, Höhlen und ruhige Strände erkunden. Oftmals sieht man Falken, Kormorane und Wildgänse sowie vielleicht sogar Delfine oder fliegende Fische. Die Buchten im Parc Natural de la Península de Llevant, die man nur vom Meer aus erreicht, sind ein Paradies aus perfektem Wasser, löchrigen Felsen und einer lebendigen Tierwelt. Rund um Sóller im Westen, Porto Cristo im Osten und Port de Pollença im Norden laden die Küsten zu Kajaktouren ein.

Segeln

In vielen von Mallorcas 35 Marinas kann man Jachten chartern, Jollen mieten und Segelkurse buchen. Palma, Port de Pollença und andere Ferienorte haben große Segelschulen. Ein zweitägiger Kurs kostet zwischen 400 und 500 €; die Sea School (S. 68) in Palma ist der professionellste Anbieter.

Llaüts (S. 95) in Port d'Andratx verleiht Jachten ab 160 € pro Tag. Mezzo Magic (S. 113) in Port de Sóller ist ebenfalls ein empfehlenswerter Anbieter.

Routen

Wer eine Jacht chartert oder sein eigenes Boot mitbringt, kann sich über Spitzenmöglichkeiten zum Segeln freuen. Besonders beliebte Törns:

➡ **Von Palma zur Illa de Cabrera** Für einen Besuch des Nationalparks muss vorher eine Genehmigung eingeholt werden.

➡ **Von Port d'Andratx nach Port de Sóller** Eindeutig der schönste Küstenabschnitt der Serra de Tramuntana.

➡ **Von Cala Sant Vicenç nach Port d'Alcúdia** Eine Tour rund um das Cap de Formentor.

Infoquellen

Der Segelsport hat auf der Insel einen hohen Stellenwert und viele Organisationen fördern den Sport, informieren über ihn und sorgen dafür, dass der Umwelt nicht geschadet wird.

➡ **Harbours & Marinas Guide** Informiert über Ankerplätze und Häfen, wird jährlich von Tallers de Molí herausgegeben und liegt kostenlos in Touristeninformationen sowie Häfen aus.

➡ **Conselleria de Medi Ambient** (S. 82) Erteilt Auskünfte über die Richtlinien zum Schutz des Meeresbodens, die beim Ankern im offenen Gewässer beachtet werden müssen.

➡ **Federación Balear de Vela** (www.federacionbalearvela.org) Eine weitere gute Infoquelle.

Tauchen & Schnorcheln

Mallorca gehört zu den besten Tauch- und Schnorchelrevieren Südeuropas. Dank des kristallklaren Wassers und der professionellen Tauchzentren eignet sich die Insel perfekt für einen entspannten Tauchgang sowie für PADI-Kurse im offenen Meer. Von Mai bis Oktober sind die Bedingungen am besten.

Mallorca Diving (www.mallorcadiving.com) führt sieben renommierte Tauchschulen auf. Ein-Tank-Tauchgänge kosten rund 45 €, zweistündige Einführungskurse etwa 80 €. Wer weitere bucht, erhält Rabatt. Weil Ausrüstung und Versicherung nicht unbedingt im angegebenen Preis inbegriffen sind, sollte man immer danach fragen. Die Preise fürs Schnorcheln beginnen bei 15 € pro Stunde.

Tauch- & Schnorchelspots

Vor der Küste Mallorcas gibt's unzählige Möglichkeiten, von Port d'Andratx im Südwesten bis nach Formentor an der Nordspitze der Insel. Vier beliebte Stellen sind:

➡ **Badia de Pollença** (S. 129) Erfahrene Taucher bezeichnen die Bucht entlang der Südwand der Halbinsel Cap de Formentor bzw. am Südende des Cap des Pinar mit ihren Höhlen und dem ansprechenden Unterwasserleben als schönsten Spot der Insel.

➡ **Parc Nacional Marítim-Terrestre de l'Arxipèlag de Cabrera** (S. 179) Hier benötigen Taucher eine Sondergenehmigung. Schnorchler finden großartige Bedingungen vor.

➡ **Illa de Sa Dragonera** (S. 98) Vor der Südwestküste ist die Unterwassersicht am besten.

➡ **Palma Bay** (S. 86) Erfahrene Taucher können hier Wracks und Höhlen erforschen.

Wind- & Kitesurfen

Da es hier zu wenig Wind und Wellen gibt, ist Mallorca kein echter Hotspot für Wind- und Kitesurfer. Ausnahmen sind die Badia de Pollença und Port d'Alcúdia. Dreitägige Windsurfkurse für Anfänger kosten mindestens 145 €, die Leihausrüstung erhält man ab 16 € pro Stunde. Kitesurfen ist teurer – die Ausrüstung kann man für rund 120 € pro Tag mieten, ein dreitägiger Kurs schlägt mit rund 390 € zu Buche.

➡ **Bike & Kite** (S. 129) Kitesurfkurse und Ausrüstungsverleih in Port de Pollença.

➡ **Sail & Surf Pollença** (S. 130) Segel- und Windsurfkurse sowie Ausrüstungsverleih in Port de Pollença.

Reiseplanung

Reisen mit Kindern

Mallorca ist ein Bilderbuchziel für einen aufregenden, aber stressfreien Familienurlaub. Zweifellos ein Spielplatz für Erwachsene, hat es auch für die Kleinen jede Menge Abwechslung zu bieten: Sie können Burgen erobern, im warmen Meer und in Wasserparks planschen, Höhlen erforschen und sich an den tollen Stränden austoben.

Mallorca für Kinder

Strandorte erstrecken sich entlang der Küsten und sind mit ihren gepflegten Uferpromenaden, Spielplätzen, Pools, Freizeitangeboten sowie kinderfreundlichen Hotels und Restaurants ideal für Familien. Die Mallorquiner sind ganz verrückt nach Kindern: Diese sind nicht nur willkommen, sondern werden mit Aufmerksamkeit geradezu überschüttet.

Besondere Highlights sind oft Kleinigkeiten: schneckenförmige *ensaïmadas* zum Frühstück essen, Sandburgen bauen und auf einer abenteuerlichen Straße die Küste entlang nach Sa Calobra oder mit einem klapprigen Zug nach Sóller fahren.

Auch ältere Kinder kommen voll auf ihre Kosten: Mountainbiking, Tauchen, Höhlentauchen und sogar Cliffjumping – auf jeden Fall haben sie nach dem Urlaub jede Menge zu erzählen.

Beste Regionen für Kinder

Nördliches Mallorca

Alcúdia und Port de Pollença sind mit ihren riesigen angenehmen Buchten super für Familien und lange Strandtage. Der Hidropark (S. 137) lockt mit Wasserrutschen, der Parc Natural de S'Albufera (S. 139) lädt zu einfachen Radtouren und Vogelbeobachtung ein. Für Teenies ist das Programm von Kajakfahren bis hin zu Höhlentouren nahezu unendlich.

Östliches Mallorca

Ostmallorca wartet mit zahlreichen riesigen Höhlen mit glitzernden Innenräumen auf. Doch keine ist so beeindruckend wie die Coves del Drac (S. 167). Dort regen Burgen die Fantasie an, man kann Ponyreiten, Bootsausflüge und Safaritrips unternehmen. Außerdem liegen an der Ostküste schöne ruhige Buchten.

Palma & Badia de Palma

In der Hauptstadt fühlt man sich regelrecht in der Zeit zurückversetzt, etwa durch die Wasserspeier an der Kathedrale (S. 51) oder das geschichtsträchtige Castell de Bellver (S. 67). Riesige Wasserparks und ein Aquarium mit furchteinflößenden Haien befinden sich ganz in der Nähe.

Highlights für Kinder

Austoben

➡ **Wasser marsch!** Kinder lieben es, die aufregenden Wasserrutschen der Themenparks Aqualand (S. 87) und Western Water Park (S. 89) hinunterzusausen, während sich der kinderfreundliche Hidropark (S. 137) vor allem für die Hotels im Norden Mallorcas anbietet.

➡ **Zurück zur Natur** Naturparks wie die Península de Llevant (S. 160) and Cala Mondragó (S. 183) sind im Prinzip nichts anderes als riesige Abenteuerspielplätze voller geheimer Höhlen, alter Felstürme und knopfäugiger Ziegen.

➡ **In die Pedale treten** Entspannte Radtouren entlang der Küste und durch die vogelreichen Sumpfgebiete des Parc Natural de S'Albufera (S. 139). Aktive Teenies können in der Tramuntana Mountainbike fahren.

➡ **Bereit zum Entern** Je ein Erwachsener und ein Kind können sich in ein Tandemkajak setzen und die Höhlen und Buchten rund um Port de Sóller (S. 112) erkunden.

Tierische Begegnungen

➡ **Artestruz** (S. 174) In diesem einzigartigen Park bei Ses Salines kann man Strauße streicheln, füttern und beim Rennen beobachten.

➡ **Palma Aquarium** (S. 86) Rund 8000 Meeresbewohner, darunter auch Haie, tummeln sich in den Aquarien.

➡ **Safari-Zoo** (S. 166) Im Osten der Insel hat man die seltene Gelegenheit, von einem Safarizug aus Giraffen, Emus und Löwen zu sehen.

Naturwunder

➡ **Coves del Drac** (S. 167) Wasserreiche Höhlen voller jahrtausendealter Stalaktiten erkunden.

➡ **Serra de Tramuntana** (S. 98) In den seltsam verwitterten Berggipfeln der Gebirgskette Gesichter und eigenartige Formationen erkennen.

➡ **Sa Calobra** (S. 118) Auf der Serpentinenstraße hinab nach Sa Calobra mit Blick auf imposante Felsklippen und Schluchten sein Herz klopfen hören.

➡ **Coves d'Artà** (S. 165) Eine magische Höhle voller Formationen, darunter die „Königin der Säulen" und die „Höllenkammer" bestaunen.

➡ **Blaue Höhle** (S. 176) Bei einer Bootsfahrt zur Illa de Cabrera, die Teil von Mallorcas einzigem Nationalpark ist, das unwirklich blaue Meer auf sich wirken lassen.

➡ **Parc Natural de S'Albufera** (S. 139) Fernglas mitbringen und watende Vögel, Schildkröten und sogar Wasserbüffel im von Schilf gesäumten Naturpark beobachten.

Familienstrände

➡ **Platja de Muro** (S. 135) Traumhafter weicher Strand und flaches türkisfarbenes Meer in der Badia d'Alcúdia im Norden, die an den Parc Natural de S'Albufera angrenzt.

➡ **Cala Mondragó** (S. 183) Die südliche mit blauer Flagge ausgezeichnete Bucht im Parc Natural de Mondragó mit kristallklarem Wasser und feinem Sandstrand ist wunderschön. Ideal zum Schnorcheln.

➡ **Cala Agulla** (Karte S. 163; Cala Agulla) Malerische sichelförmige Bucht vor Pinien und Dünen, ebenfalls mit blauer Flagge, unmittelbar nördlich von Capdepera. Toll zum Paddeln.

➡ **Platja de Formentor** (S. 131) Mit dem Boot oder über die kurvige Küstenstraße an den

ESSEN GEHEN

Mit dem Nachwuchs ins Restaurant zu gehen ist auf Mallorca ein Klacks. Große Familienessen gehören zur Lebenskultur. Im Lokal umherlaufende Sprösslinge ernten in der Regel freundliche Blicke, solange sie keine Weinflaschen kaputt machen oder andere Gäste stören.

In vielen Strandorten werden günstige Kindermenüs angeboten, etwa einfaches Grillfleisch, Pommes, Spaghetti oder Tortilla; zum Nachtisch dann ein Eis. Gibt es keine spezielle Karte, wird meist trotzdem etwas für die Kleinen gezaubert und in kleineren Portionen serviert. Neugierige Kids probieren vielleicht sogar *pa amb oli* (Tomatenbrot mit Knoblauch und verschiedenen Aufstrichen) und Paella. Das Orangeneis von Sóller schmeckt aber allen.

Viele, aber nicht alle Restaurants haben Hochstühle. Wer einen ergattern möchte, sollte früh da sein. Besser noch hat man seinen eigenen im Gepäck. Wickeltische gehören nicht zum Standard. Windeln, Babynahrung und Milchpulver bekommt man vielerorts in Supermärkten und in der Apotheke.

TOP-TIPPS ZUM REISEN MIT KINDERN

➡ In Bars und Restaurants für kleine Leckermäuler nach Extra-Tapas wie Oliven und Karottensticks fragen.

➡ Die Kinder so schnell wie möglich an den spanischen Lebensrhythmus (d.h. an lange Abende) gewöhnen, damit sie nicht die Hälfte verpassen.

➡ Wer mit den Kindern im selben Bett schläft, zahlt keinen Aufpreis; Extrabetten kosten dagegen 20 bis 30€ extra.

➡ In den örtlichen Touristeninformationen erhält man Auskunft zu nahe gelegenen Spielplätzen.

ruhigen, piniengesäumten Strand zu fahren ist an sich schon ein Vergnügen.

➡ **Cala Mesquida** (S. 164) Die traumhafte leicht abfallende Cala Mesquida an der Ostküste mit glasklarem Wasser, kräftigem Wind und tollen Wellen eignet sich eher für größere Kinder.

Zurück in die Vergangenheit

➡ **Castell de Bellver** (S. 67) Von der mächtigen runden Burg aus die Badia de Palma im Miniaturformat bewundern.

➡ **Ferrocarril de Sóller** (S. 82) Der klapprige alte Zug von Palma nach Sóller ist ein herrliches Relikt – und ein Hit bei Groß und Klein.

➡ **Santuari de Sant Salvador** (S. 158) Über die Befestigungsmauern der Burg auf einem Hügel oberhalb von Artà schlendern.

➡ **Mittelalterliche Mauer** (S. 132) In Alcúdia einen Rundgang über die alte Stadtmauer machen.

➡ **Torre des Verger** (S. 100) In diesem Wachturm in gewagter Lage über dem Meer bei Estellencs Pirat spielen.

Planung

Reisezeit

Viele der Sehenswürdigkeiten und Aktivitäten für Kinder haben nur von April bis Oktober geöffnet. Die passende Reisezeit hängt davon ab, was man sehen und tun möchte. Frühling und Herbst sind trocken, warm und bestens zum Klettern, Radfahren und für anderen Sport geeignet. Familien (auch einheimische) fallen in den Sommerferien in Scharen an der Küste ein, sodass man sich zu dieser Zeit lieber einen ruhigeren Ort oder eine Finca (Landgasthaus) im Inland sucht.

Unterkunft

Ob Apartment für Selbstversorger, ein Urlaubsort am Strand oder Landgasthaus mit Ziegen und Eseln zum Streicheln – wir empfehlen zahlreiche familienfreundliche Optionen.

Viele Hotels in Badeorten bieten Apartments, die groß genug für Familien sind. Andere sind mit Schlafzimmer, kleiner Sitzecke und Schlafsofa ausgestattet. In die meisten darf man kostenlos ein Babybett oder gegen einen kleinen Aufpreis ein Kinderbett stellen – dies sollte man jedoch bereits bei der Buchung angeben.

Die All-inclusive-Resorts, die an der Süd-, der Ost- und zum Teil auch an der Nordküste weit verbreitet sind, haben einen Vorteil: Animateure organisieren hier Aktivitäten für Kinder, von Spielen über Disco und Bastelworkshops bis hin zu Exkursionen im Freien.

Babyausstattung

In der Regel transportieren Fluglinien – u.a. Ryanair und easyJet – einen Buggy umsonst (er bekommt beim Check-in oder bei der Gepäckaufgabe ein Schild). Zusätzliche Gegenstände wie Sitzerhöhungen und Reisebetten kosten oftmals einen Aufschlag (10 € bei Onlinebuchung, 20 € am Flughafen). Babynahrung, Milch und sterilisiertes Wasser darf man im Handgepäck mitführen.

INFOS IM INTERNET

Neben dem Lonely Planet Ratgeber *Travel with Children* bieten folgende Websites allgemeine Infos für Reisen mit Kindern

➡ www.reisen-mit-kindern.info

➡ www.fernweh-mit-kids.de

Alternativ vermieten z. B. Multi-Hire (www.multi-hire.com) und Baby Equipment Hire Mallorca (www.babyequipment hiremajorca.co.uk) die wichtigste Ausstattung. Oft ist dies die günstigere Alternative.

Babynahrung

Babynahrung (auch zum Anrühren) sowie Mittel zum Sterilisieren von Fläschchen bekommt man in *farmacias* (Apotheken). Wegwerfwindeln sind in den meisten Supermärkten und *farmacias* erhältlich. Frische Milch, in Kartons oder Plastikflaschen, gibt's in Supermärkten der größeren Städte, während in kleineren Ortschaften H-Milch oft die einzige Option ist.

Wer im Restaurant Babynahrung dabeihat, kann nachfragen, ob die Küche diese aufwärmt. Meist ist das kein Problem.

Betreuung

Einige gehobene Hotels können Kinderbetreuer zu Stundensätzen organisieren. Auf der Website Canguroencasa (www.canguroencasa.com) findet man Deutsch sprechende Babysitter *(canguros);* einfach auf „Canguros Baleares" klicken. Der Service kostet zwischen 5 und 10 € pro Stunde.

ERMÄSSIGUNGEN

Bei öffentlichen Transportmitteln gelten für Kinder (meist unter zwölf Jahren) ermäßigte Preise. Kleine unter fünf Jahren fahren umsonst. Bei Sehenswürdigkeiten werden oft starke Ermäßigungen gegeben, wobei die Altersgrenze für freien Eintritt zwischen 0 und 16 Jahren schwankt. Generell zahlen Kids unter vier Jahren nichts und unter 12 den halben Eintrittspreis. Für Jugendliche gibt es Ermäßigungen. Bei den meisten Touren (z.B. Bootsausflügen) bekommen Kinder 50 % Rabatt.

Kindersitze

Viele Autovermietungen verleihen Baby- und Kindersitze (meist wird die Gebühr pro Tag abgerechnet), allerdings sollten diese im Voraus reserviert werden. Die meisten Wagen der Kompaktklasse bieten nur wenig Platz und oft wird es zwischen Gepäck und Buggy eng im Kofferraum. Genaue Maße des Autos überprüfen oder ein größeres Modell in Erwägung ziehen.

Mallorca im Überblick

Palma & die Badia de Palma

Architektur
Galerien
Essen

Mittelalterliche Architektur

Palma ist wie ein 3D-Lehrbuch zu mediterraner Architekturgeschichte. Das Prunkstück ist die gotische Kathedrale, daneben warten die Gassen der Altstadt mit Meisterwerken der Modernisten, mittelalterlichen Villen sowie barocken *patis* (Patios) auf.

Miró, Barceló, Picasso & Dalí

Viele bedeutende spanische Künstler des 20. Jhs. hatten ein Faible für Palma. Mirós verspieltes Erbe prägt die ganze Stadt, Miquel Barceló kam aus dem nahe gelegenen Felanitx, und Werke von Picasso und Dalí schmücken die Galerien.

Mallorquinische Küche

Die Hauptstadt ist der kulinarische Star Mallorcas, dafür sorgen die besten Fischlokale der Insel, die exklusiven Restaurants des Promikochs Marc Fosh, intime Tapasbars rund um die Plaça Major und unwiderstehliche Konditoreien.

S. 48

Westliches Mallorca

Dörfer
Landschaft
Wandern

Bergdörfer

Die honigfarbenen Bergdörfer im Westen Mallorcas sind idyllische Fleckchen in einem atemberaubenden Panorama. Dörfer wie Valldemossa, Deià, Fornalutx, Binaraix und Orient verzaubern einfach jeden.

Mallorcas Rückgrat

Ein Highlight der einzigartigen mallorquinischen Natur ist die Serra de Tramuntana mit ihren wilden Kalksteingipfeln, steilen Klippen und der maritimen Kulisse.

Bergwanderungen

Die mehrtägige Ruta de Pedra en Sec durch die Tramuntana ist ein unvergleichliches Erlebnis. Daneben locken Touren auf den Puig de Massanella, durch Sóllers Zitronenhaine oder zur Pilgerstätte Monestir de Lluc.

S. 91

Nördliches Mallorca

Landschaft
Dörfer
Strände

Cap de Formentor

Schwindelerregende Berggipfel und steile Klippen über abgelegenen Buchten machen diese Halbinsel zum Höhepunkt der Serra de Tramuntana.

Pollença & Alcúdia

Im nördlichen Küstenhinterland liegen das traumhafte Pollença mit seinen 365 Stufen zum Calvari und das traditionsreiche Alcúdia mit römischen Ruinen und Festungsmauern.

Traumhafte Sandstrände

Der breite Sandstrand und das kristallklare Wasser der Badia de Pollença und der Badia d'Alcúdia im Norden ziehen Besucher scharenweise an. Ruhigere Buchten bieten Cala Sant Vicenç, das Cap de Formentor und das Cap des Pinar.

S. 121

Das Inland

Weine
Essen
Architektur

Wein & Bodegas

Mallorcas Anbaugebiete verteilen sich über das gesamte Inselgebiet. Weingüter verkaufen ihre Erzeugnisse meist direkt vor Ort, manche veranstalten auch Führungen.

Herzhafte Regionalküche

Ob in einem *celler*-Restaurants in Inca oder Sineu oder in den ländlichen *finca*-Hotels und Restaurants – im Inland gibt's viele Gelegenheiten, authentische Küche wie *lechona* (Spanferkel) oder *tumbet* (Gemüseratatouille) zu probieren.

Klöster & mittelalterliche Städte

Fast jede Bergstadt im Inland war einst Sitz eines Klosters. Von ihnen bieten sich faszinierende Ausblicke. Städte wie Sineu und Petra besitzen einen stillen Charme.

S.142

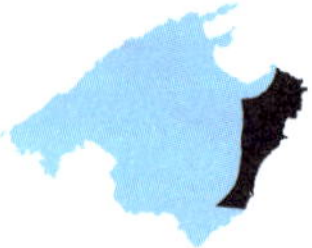

Östliches Mallorca

Strände
Höhlen
Natur

Abgeschiedene Strände & Buchten

Die wilden abgeschiedenen Strände nordwestlich von Cala Ratjada sind absolut hinreißend. Als ebenso schön gelten die idyllischen *cales* (Buchten) südlich von Porto Cristo.

Unterirdische Kathedralen

Zu Mallorcas beeindruckendsten Naturphänomenen gehören die gewaltigen Formationen und Stalaktitenwälder der Höhlen im Osten, z. B. der Coves del Drac, Coves d'Artà und Coves dels Hams.

Península de Llevant

Der Parc Natural de la Península de Llevant im Norden Artàs lockt Vogelfreunde und Wanderer an. An seinem Ende liegt Cap Ferrutx. Die Ermita de Betlem berührt die Seele.

S.156

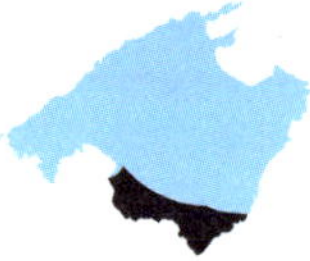

Südliches Mallorca

Strände
Natur
Archäologie

Unberührter Sand

Der Süden ist mit großartigen Stränden und klarem Wasser ideal für Taucher. Zudem kann man sich an der endlosen Platja des Trenc erholen, oder die Küstenschönheiten Cala Pi, Cala Llombards und Parc Natural de Mondragó besuchen.

Küstenbollwerke

Die hohen Klippen an der Küste haben den Süden vor der allgemeinen Bauwut geschützt, vor allem zwischen dem Cap Blanc und dem Cap de Ses Salines. Auf der Illa de Cabrera ist es besonders schön.

Talayot-Stätten

Mallorcas Urgeschichte liegt noch weitgehend im Dunkeln. Talayot-Stätten wie Capocorb Vell und das nahe Ses Salines bieten Einblicke in diese Epoche.

S.172

Reiseziele auf Mallorca

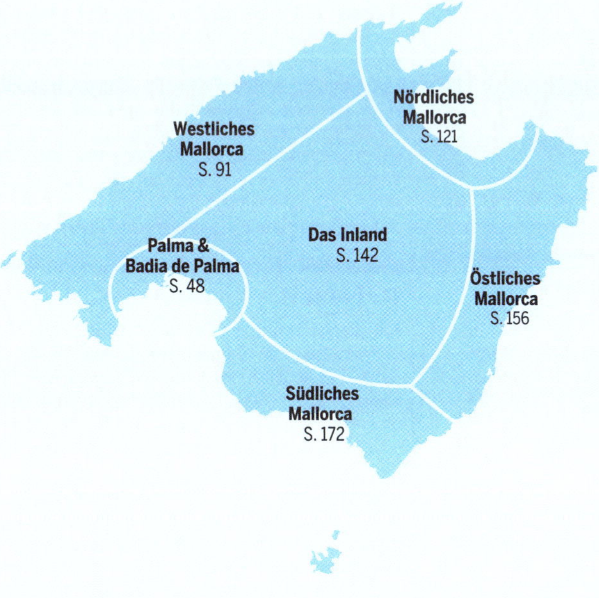

Palma & Badia de Palma

Inhalt ➡

Gut essen

- Marc Fosh (S. 72)
- Can Cera Gastro-Bar (S. 71)
- Es Mollet (S. 75)
- Toque (S. 74)
- Bon Lloc (S. 73)

Die besten Bars

- Bar Flexas (S. 76)
- Ca La Seu (S. 76)
- La Vinya de Santa Clara (S. 76)
- Idem Café (S. 77)
- Atlantico Café (S. 77)

Auf nach Palma

Herausragende Ästhetik, kulturelle Vielfahlt, eine faszinierende Geschichte und eine Traumlage: Palma verdient es, zu Europas Topzielen gezählt zu werden. Natürlich ist die Stadt eine Spielwiese für die High Society, trotzdem kommen hier wirklich alle Besucher auf ihre Kosten. Dafür sorgen verwinkelte mittelalterliche Straßen mit aristokratischen Villen, Galerien mit Werken renommierter Künstler, eine breite Bucht voll maritimer Reize, innovative Restaurants mit moderner spanischer Küche und ein riesiges Shoppingangebot.

Zu beiden Seiten Palmas, Mallorcas attraktiver Hauptstadt, erstreckt sich die Badia de Palma (Bucht von Palma). Im Osten ist sie flach, im Westen geben zerklüftete Berge einen Vorgeschmack auf die höchsten Gipfel der Insel im Westen. Die Gegend ist facettenreich: Während in einer *cala* (Bucht) die Superreichen vor Anker liegen, lockt die nächste scharenweise junge, partyverrückte Briten und Deutsche an.

Reisezeit

Anders als die übrigen Orte auf der Insel gibt Palma konstant Vollgas: Fast alle Sehenswürdigkeiten, Hotels und Restaurants sind 365 Tage im Jahr geöffnet. Von April bis Oktober, wenn es schön warm ist, verströmt die Stadt eine besonders unwiderstehliche Gute-Laune-Stimmung. Dann schaukeln unzählige Masten im Jachthafen hin und her und Segelregatten locken die Reichen und Schönen an.

Es vergeht kaum ein Monat ohne Festival, Markt oder Parade: Im Februar stehen Karnevalsumzüge auf dem Programm, im Juni Feuerwerk anlässlich des Nit de Foc und im Dezember wird der Weihnachtsmarkt aufgebaut. Im Winter sind die Strandresorts an der Badia de Palma geschlossen.

Was gibt's Neues?

➡ Mercado Gastronómico San Juan (S. 70) Der Markt öffnete 2015 in einem ehemaligen Schlachthof in Palmas nördlichem Außenbezirk, wurde schnell zu einem festen Bestandteil der sich stetig verändernden Gastroszene der Stadt und vereint die besten mallorquinischen Erzeugnisse unter einem Dach.

➡ Skybar im Hotel Hostal Cuba (S. 77) Auch dieser Neuzugang, eine kokette Hotelbar auf dem Dach, bietet einen Traumblick auf das fotogene Palma.

Palmas Höfe

Es gibt kaum ein schöneres Erlebnis, als sich durch die Gassen der Altstadt treiben zu lassen, die sich östlich der Kathedrale erstreckt. Hinter Eisentoren verstecken sich die *patis*: In diesen prächtigen Höfen empfingen einst Adelige ihre Gäste, die in Pferdekutschen anreisten. Sie waren die Schnittstelle zwischen öffentlichem und privatem Leben und mussten als solche natürlich repräsentativ sein – sie wurden geputzt, bis sie blinkten, und quollen über vor Blumen und anderem Grün.

In Palma gibt's immer noch 150 Patrizierhäuser mit *patis*, ein Großteil kann aber nur durch verschlossene schmiedeeiserne Tore betrachtet werden. Die Höfe demonstrieren unterschiedliche Baustile: Gotik, Renaissance, Barock, Modernisme ... Die anmutig geschwungenen Bogen und ionischen Säulen, die ausladenden Treppen mit den schmiedeeisernen Balustraden und Brunnen bzw. Zisternen finden sich aber in allen. Wer richtig auf Tuchfühlung gehen möchte, sollte eine Führung von Mallorca Rutes (S. 68) buchen.

Die besten Museen

➡ Museu Fundació Juan March (S. 64) Die Stars der modernen Kunstszene, darunter Miquel Barceló, ein Sohn der Insel.

➡ Es Baluard (S. 65) Picasso, Miró und ein toller Blick auf die Stadt. Das Museum ist Teil der Ufermauer aus der Renaissance.

➡ Fundació Pilar i Joan Miró (S. 87) Miró total mit mehr als 2500 seiner Arbeiten.

➡ Centre Cultural Contemporani Pelaires (S. 62) Das hübsche Gebäude aus dem 17. Jh. beherbergt Palmas erste ausgewiesene Galerie für zeitgenössische Kunst und erfreut sich auch weiterhin großer Beliebtheit.

➡ Palau March (S. 53) Ein exquisiter Palast beherbergt Gemälde Dalís und Skulpturen von Moore, Rodin und Chillida.

Gut zu wissen

➡ Viele von Palmas Hauptattraktionen bleiben montags geschlossen, auch die Fundació Pilar i Joan Miró (S. 87) und das Es Baluard (S. 65).

➡ Sonntags sind die Kathedrale (S. 51) und der Palau March (S. 53) geschlossen.

An- & Weiterreise

➡ Mallorcas internationaler Flughafen Son Sant Joan liegt in Ca'n Pastilla, nur 8 km von Palmas Zentrum entfernt. Eine Taxifahrt in die Innenstadt sollte nicht mehr als 20 € kosten. Zur östlichen Badia de Palma zahlt man weniger, nach Magaluf 40 € oder mehr.

➡ Bus 1 startet am Flughafen, umrundet Palma und fährt bis Porto Pi im Westen der Stadt. Bus 21 verkehrt nach S'Arenal im Osten. Beide Fahrten kosten 5 €.

Infos im Internet

➡ **Ajuntament de Palma** (www.palmademallorca.es) Die Website von Palmas Kommunalverwaltung bietet allgemeine Infos zur Stadt.

➡ **Consell de Mallorca** (www.infomallorca.net) Leicht zu bedienende, aktuelle und sehr informative Website der Touristeninformation.

➡ **Visit Calvia** (www.visitcalvia.com) Informiert über die Resorts westlich von Palma, von Magaluf bis Portals Nous.

➡ **EMT Palma** (www.emtpalma.es) Listet alle Routen und Tarife des öffentlichen Verkehrsnetzes EMT auf.

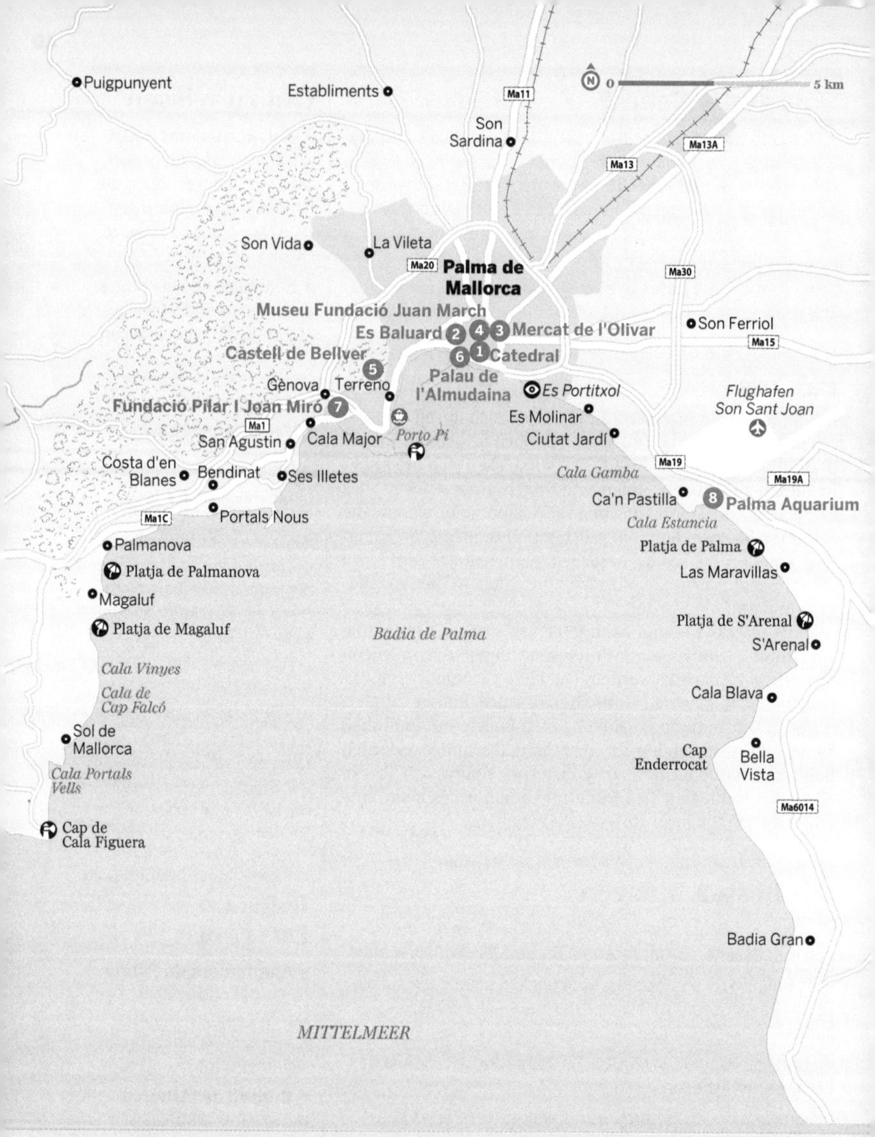

Highlights

1 Catedral (S. 51) Das eindrucksvolle Bauwerk bestaunen.

2 Es Baluard (S. 65) Entlang der Mauer des historischen Festungsmuseums spazieren.

3 Mercat de l'Olivar (S. 70) Auf Palmas größtem Lebensmittelmarkt die umfangreiche Auswahl kosten.

4 Museu Fundación Juan March (S. 64) Ohne Besuchergedränge mit Picasso, Miró und Dalí auf Tuchfühlung gehen.

5 Castell de Bellver (S. 67) Den Ausblick von dieser Festung aus dem 14. Jh. genießen.

6 Palau de l'Almudaina (S. 53) Auf den Fußspuren maurischer Herrscher und spanischer Könige wandeln.

7 Fundació Pilar i Joan Miró (S. 87) Sich in Mirós auf einem Hügel gelegenen Atelier inspirieren lassen.

8 Palma Aquarium (S. 86) Die Bewohner mediterraner Tiefen aus der Nähe betrachten.

PALMA DE MALLORCA

400 578 EW.

Palma ist ein echtes Highlight. Die altehrwürdige Stadt erhebt sich mit ihren honigfarbenen Steinbauten über der weitläufigen Badia de Palma. Sie geht auf die christliche Zurückeroberung der Insel im 13. Jh. zurück, zuvor hinterließen Mauren, Römer und die Talayot-Kultur ihre Spuren. Ein großer Reichtum an historischen Stätten sowie eine schier endlose Auswahl an Galerien, Restaurants, Kunstateliers und Bars machen Palma zur Topsehenswürdigkeit Mallorcas. Ein Spaziergang rund um die imposante gotische Kathedrale im geografischen und historischen Zentrum führt in mittelalterliche Gassen mit aristokratischen Stadthäusern, zu düsteren Barockkirchen, belebten öffentlichen Plätzen, dynamischen Künstlervierteln und Märkten mit der reichen Ernte der Insel. Selbst nach einem wochenlangen Aufenthalt ließe sich hier noch Neues entdecken!

Geschichte

Palma (bzw. Palmeria) wurde 123 v. Chr. von den Römern gegründet. Als Standort wählten sie das erhöhte Areal über der weiten Badia de Palma (Bucht von Palma), wo früher eine Talayot-Siedlung ansässig war. Später gab man die Stadt dem Verfall preis, bis die Ankunft der maurischen Herrscher im 10. Jh. für neue Impulse sorgte. Zwei Jahrhunderte später gehörte die sogenannte Medina Mayurka (Stadt von Mallorca) zu den florierendsten muslimischen Hauptstädten Europas. Die christliche Rückeroberung 1229 unterbrach das Wachstum nur kurz – im 14. Jh. war Ciutat de Mallorca oder Ciudad Capital (Hauptstadt) einer der reichsten Handelshäfen des westlichen Mittelmeers.

Im 16. Jh. versank sie samt dem Rest der Insel für eine ganze Weile in Apathie und litt unter Piratenangriffen. Die hohen Ufermauern, deren Überreste heute an der Dalt Murada zu sehen sind, entstanden weitgehend im 16. und 17. Jh. Damals leitete man auch den Lauf des Flusses Riera von seinem natürlichen Bett entlang des heutigen Passeig d'es Born in den Kanal westlich der Stadtmauern um. Mit der Altstadt ging es derweil immer weiter bergab. Ein Großteil der Ufermauern wurde Anfang des 20. Jhs. abgerissen, um Platz für die rasant wachsende Stadt zu schaffen. Seit der Tourismus in den 1960er-Jahren zur reichlich sprudelnden Einnahmequelle wurde, hat sich das Stadtzentrum zum Positiven verändert und ist kaum wiederzuerkennen. Anfang des 21. Jhs. offenbarte sich eine neue Phase des Reichtums und sorgte dafür, dass die Immobilien um Dalt Murada zu den teuersten in ganz Spanien gehören.

Sehenswertes

Altstadt

★Catedral KATHEDRALE

(La Seu; Karte S. 58; www.catedraldemallorca.org; Carrer del Palau Reial 9; Erw./Kind 7 €/frei; Juni–

PALMA IN ZWEI TAGEN

Lust auf eine Städtereise? Im großartigen Palma kann man an einem Wochenende jede Menge erleben. Los geht's mit den Topattraktionen, der imposanten gotischen **Catedral** und dem **Palau de l'Almudaina** (S. 53). Danach laden die verwinkelten Gassen der Altstadt zu einem ausgedehnten Spaziergang ein. Für erholsame Pausen bieten sich der **Jardí del Bisbe** (S. 60) und die **Banys Àrabs** (S. 60) an. Nach einem Mittagessen in der **Can Cera Gastro-Bar** (S. 71) hinter den gedrungenen Mauern aus dem 17. Jh. einer einstigen Adelsvilla, die heute das Boutiquehotel **Can Cera** (Karte S. 58; 971 71 50 12; http://cancerahotel.com; Carrer del Convent de Sant Francesc 8; DZ/Suite 352/418 €;) beherbergt, geht's zur **Basílica de Sant Francesc** (S. 56) und zum **Es Baluard** (S. 65), wo man einen Snack im Schatten der Stadtmauern verzehren kann. Zum Ausgehen empfiehlt sich Santa Catalina: Nach dem Abendessen im **Koh** (S. 74) und Drinks im **Idem Café** (S. 77) wird an der Passeig Marítim getanzt. Tags darauf verlässt man die Stadt in westlicher Richtung, um das **Castell de Bellver** (S. 67) und die **Fundació Pilar i Joan Miró** (S. 87) zu besuchen. Mittagessen (Reservieren!) gibt's im **Ca'n Eduardo** (S. 75). Der Nachmittag verfliegt im **Museu Fundació Juan March** (S. 64), bevor man im **Guinness House** (S. 76) einkehrt. Danach ist es Zeit für eine *ensaïmada* (süße Schnecke mit Puderzucker, manchmal mit Crème gefüllt) im **Ca'n Joan de S'Aigo** (S. 72), gefolgt vom Abendessen im **Marc Fosh** (S. 72) oder **La Bodeguilla** (S. 72). Und schließlich heißt es: hinein in die Bars von Sa Gerreria, etwa **L'Ambigú** (S. 71).

DIE SCHÄTZE DER KATHEDRALE

Besucher betreten die **Catedral** (S. 51) auf der Nordseite. Im Vorraum werden die Eintrittskarten verkauft, dahinter liegt die **Sakristei**. Sie beherbergt den Hauptbereich des kleinen **Museu Capitular** (Kapitelmuseum), in dessen Mitte eine gewaltige vergoldete Monstranz aus dem Jahr 1585 prangt, die bei der jährlich stattfindenden Fronleichnamsprozession zum Einsatz kommt. Zu den weiteren Exponaten gehört ein Reisealtar, der wahrscheinlich aus dem Besitz von Jaume I. stammt. Seine kleinen Fächer enthalten Heiligenreliquien. In einem der ausgestellten Reliquienschreine liegen angeblich drei Dornen von der Dornenkrone Christi.

An die Sakristei schließen sich ein **gotisches Kapitelhaus** von Guillem Sagrera und ein **barockes** an. Im gotischen sind vor allem das Grab von Bischof Gil Sánchez Muñoz (dem Gegenpapst Clemens VIII.), die *Tabla de l'Almoina* (Almosentafel) und zwei Gemälde des Meisters Monti-Sion – *El Calvario* (Der Kalvarienberg) und *Nuestra Señora de la Misericordia* (Unsere liebe Frau der Barmherzigkeit) – beachtenswert. Sie erinnern an eine furchtbare Flut 1403, die 5000 Menschen in Palma das Leben kostete. Das barocke Kapitelhaus mit seinen feinen Meißelarbeiten und dem mit Edelsteinen besetzten *relicario de la vera cruz* (Reliquiar des wahren Kreuzes) aus dem 16. Jh. ist ebenso beeindruckend, genau wie die beiden Silberkandelaber, die je 243 kg wiegen.

Durch eine der **Seitenkapellen** geht's in die eigentliche Kathedrale. Unwillkürlich wird der Blick nach oben zu den Kreuzgratgewölben gelenkt, die auf schlanken Achtecksäulen ruhen. Kapellen flankieren die Gänge und das breite **Mittelschiff**. Kaleidoskopartige „Vorhänge" aus Buntglas – darunter 87 Fenster und acht umwerfende Rosetten – lassen die Wände erstrahlen. Besonders prachtvoll ist das **oculus maior**, das „große Auge", das einen Davidstern zeigt. Es besteht aus 1115 Glasscheiben, leuchtet rubinrot, golden und saphirblau und ist die größte Fensterrosette der Welt. Wer morgens herkommt, kann das faszinierende Spiel aus buntem Licht und Schatten an der Westwand bewundern. Am schönsten ist dieses Spektakel am 2. Februar und 11. November um 8.30 Uhr, denn dann werden Farben und Formen der Hauptrosette überdimensional groß an die Wand unterhalb der anderen Rosette projiziert.

Die drei auffallend unterschiedlichen **Apsiden** der Kathedrale zeigen die Eucharistie in drei Teilen. In der linken Apsis erlebt man sein „goldenes Wunder" in Form des Fronleichnamsaltarbildes, eines überladenen barocken Traums von Jaume Blanquer (1626–1641). Es widmet sich der Eucharistie während des Letzten Abendmahls.

Von 1904 bis 1914 führte Antoni Gaudí Renovierungsarbeiten an der Kathedrale durch. Sein wichtigstes Werk war der merkwürdige **Baldachin** mit einem ausgefallenen Kruzifix, flankiert von Maria und Johannes, über dem Hauptaltar. Der Baldachin wirkt wie das klaffende Maul eines riesigen prähistorischen Hais, das in einem alten Naturkundemuseum von der Decke baumelt. Daran hängen 35 Lampen und darüber spannt sich etwas, das nach einem fliegenden Teppich aussieht. Damit gibt das Genie des Modernisme aus Barcelona dem Betrachter ein echtes Rätsel auf. Zu seiner Entschuldigung muss man sagen, dass die Installation nur als Provisorium gedacht war. Die endgültige Version wurde nie realisiert (typisch für Gaudí).

Als ob diese Absonderlichkeit noch nicht genügt hätte, beauftragte das Domkapitel den modernen mallorquinischen Künstler Miquel Barceló (einen Agnostiker), die **Capella del Santíssim i Sant Pere** im rechten Seitenschiff umzugestalten. Die Traumlandschaft aus 15 Tonnen Keramik, die das Wunder der Vermehrung von Brot und Fisch darstellt, wurde 2007 eingeweiht. Links brechen Fische und andere Meerestiere aus der Wand. Gegenüber verbreiten die Darstellungen von Brot und Früchten ein Dschungelfeeling. Zwischen den Fischen und Palmzweigen steht auf Totenköpfen eine leuchtende Gestalt, die Christus darstellen soll, aber vielmehr dem gedrungenen Künstler nachempfunden ist.

Im Inneren der Kathedrale sind neben der **gigantischen Orgel** von 1798 (kostenlose Vorführungen an jedem ersten Dienstag im Monat um 12 Uhr) noch die beiden Kanzeln bemerkenswert. Die kleinere wurde von Gaudí teilweise umgestaltet.

Sept. Mo–Fr 10–18.15 Uhr, April, Mai & Okt. bis 17.15 Uhr, Nov.–März bis 15.15 Uhr, ganzjährig Sa 10–14.15 Uhr) Die Kathedrale (auf Katalanisch „La Seu") ist das Wahrzeichen und prachtvollste Bauwerk Palmas. Ihre immensen Dimensionen, ihre Schönheit und die atemberaubende Innenarchitektur von Antoni Gaudí und dem bekannten zeitgenössischen Künstler Miquel Barceló machen sie einzigartig. Der Baustil ist gotisch, nur die ungewöhnliche Hauptfassade vereint verschiedene Stilrichtungen.

Die Kathedrale steht an der Stelle, an der sich einst die zentrale Moschee der Medina Mayurka befand. Diese war unter maurischer Herrschaft 300 Jahre lang Hauptstadt von Mallorca. Obwohl Jaume I. und seine marodierenden Mannen die Stadt bereits 1229 eroberten, begann der Bau der Kathedrale, einem der größten Bauwerke seiner Art in ganz Europa, erst um 1300. Zunächst wurde die alte Moschee als Kirche genutzt und der Jungfrau Maria geweiht. 1601 wurde das neue Gotteshaus fertiggestellt.

Zunächst war es gewissermaßen das Renaissance-Sahnehäubchen auf dem gotischen Kuchen, doch dann richtete ein Erdbeben 1851 erheblichen Schaden an. Statt die alte Fassade nachzubauen, verpasste man dem Ganzen mit verflochtenen Strebebogen und hoch aufragenden Türmchen einen Hauch neugotisches Flair. So entstand ein Mischwesen mit vielen Original-Renaissance-Elementen (vor allem am Hauptportal), ein Beispiel pseudogotischen Monumentalismus des 19. Jhs., das zuweilen recht künstlich anmutet. Die Zeiten für die Gottesdienste variieren, aber eine Messe findet stets um 9 Uhr statt.

★ Palau de l'Almudaina — PALAST

(Karte S. 58; www.patrimonionacional.es; Carrer del Palau Reial; Erw./Kind 7/4 €, Audioguide/Führung 3/4 €; ⏲ April–Sept. 10–20 Uhr, Okt.–März bis 18 Uhr) Ab Ende des 13. Jhs. diente die ehemalige islamische Festung gegenüber der Kathedrale als Wohnsitz der Königsfamilie. Noch heute ist dies, zumindest symbolisch, Juan Carlos' Sitz, doch die Königsfamilie hält sich außer zu feierlichen Anlässen nur selten in diesem Palast auf; sie verbringt den Sommer lieber im Palau Marivent (in Cala Major). Die höhlenartigen Zimmer mit Steinwänden und opulenter Ausstattung können besichtigt werden.

Angeblich errichteten die Römer ein *castrum* (Kastell) an dieser Stelle, an der es vermutlich schon eine prähistorische Siedlung gab. Die muslimischen Wālis (Emire) Mallorcas erweiterten und veränderten das römische Original und errichteten ihren eigenen *alcázar* (Festung), bevor Jaume I. und seine Nachfolger schließlich den maurischen Palast komplett umbauten, sodass kaum etwas davon übrig blieb.

Der erste kleine Raum, der zu besichtigen ist, hat eine schwarz-weiße Decke als Symbol für Tag und Nacht, Licht und Dunkel. Von dort geht's in eine Flucht aus drei Sälen. Hier fallen gotische Ziegelbogen auf, die auf halber Höhe wie abgeschnitten wirken. Ursprünglich waren diese drei Räume doppelt so hoch wie heute und bildeten einen einzigen Saal, der an die arabische Festung angebaut war. Dieser **Saló del Tinell** (vom italienischen *tinello* für „Essplatz") diente als riesiger Bankett- und Festsaal. Die Räume sind mit Stilmöbeln, Tapisserien und anderen Raritäten eingerichtet. Die sechs nächsten, leeren Räume und die Terrasse gehören zur ursprünglichen maurischen Zitadelle.

Im Haupthof, dem **Patio de Armas**, traten die Truppen zur Inspektion und Parade an, bevor sie in die Stadt marschierten. Der Löwenbrunnen in der Mitte ist eines der wenigen Relikte aus maurischer Zeit. Über die imposante Königstreppe gelangt man in die **Königsgemächer**. Herzstück der üppig ausgestatteten Räume – man beachte vor allem die herrliche Kassettendecke – ist der Saló Gòtic, die obere Hälfte des früheren Saló del Tinell. Hier kann man auch die gotischen Bogen bewundern. Neben den Königsgemächern liegt die königliche **Capella de Sant'Anna**. Der Eingang der Kapelle ist eines der wenigen spätromanischen Portale Mallorcas aus weißem und rosa Marmor.

Nach dem Tod Jaumes III. 1349 residierte hier kein König mehr auf Dauer.

An der Avinguda d'Antoni Maura liegt der S'Hort del Rei (Königsgarten).

★ Palau March — MUSEUM

(Karte S. 58; ☎ 971 71 11 22; www.fundacionbmarch.es; Carrer del Palau Reial 18; Erw./Kind 4,50 €/frei; ⏲ April–Okt. Mo–Fr 10–18.30 Uhr, Nov.–März bis 14 Uhr, ganzjährig Sa 10–14 Uhr) Dieses palastartige Gebäude war nur einer von mehreren Wohnsitzen der sagenhaft reichen Familie March. Auf der Terrasse tummeln sich Skulpturen bedeutender Künstler des 20. Jhs. (Henry Moore, Auguste Rodin, Barbara Hepworth, Eduardo Chillida & Co.). Das Innere birgt noch mehr Meisterwerke, hinter denen bekannte spanische Namen stehen, darunter Salvador Dalí und Barcelo-

Palma

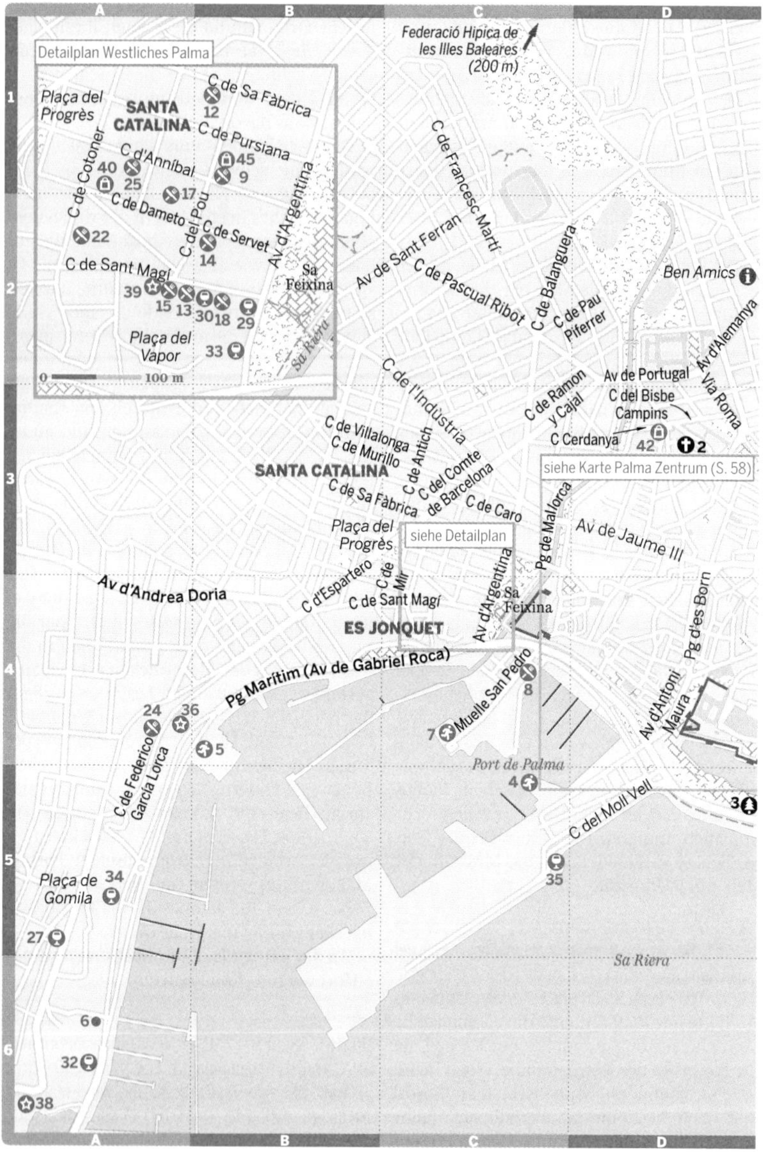

nas Josep Maria Sert und Xavier Corberó. Bemerkenswert sind die kunstvoll gefertigten Figuren einer neapolitanischen Krippe (*belén*) aus dem 18. Jh.

Der Zugang erfolgt über eine Außenterrasse mit modernen Skulpturen. Besonders eindrucksvoll sind Corberós imposante *Orgue del Mar* (1973) und Rodins *Torse de l'Homme qui Tombe* (1882).

Im Inneren ziehen einen mehr als 20 Gemälde Dalís zum Thema „Alchimie und Ewigkeit" in den Bann, außerdem die Krip-

pe mit über 1000 unglaublich detaillierten Figuren von Engeln, Königen und Hirten, Tieren und Marktszenen – eine einzigartige Darstellung der Geburt Christi.

Im Obergeschoss malte der Künstler Josep Maria Sert (1874–1945) das Hauptdeckengewölbe und die Decke des Musikzimmers aus. Das Deckengemälde im Gewölbe ist viergeteilt: Die drei ersten Felder stellen die drei Tugenden Tapferkeit, Klugheit und Inspiration dar, das vierte die Verkörperung dieser Eigenschaften in Gestalt des Auftrag-

Palma

Sehenswertes

1 Arabische Stadtmauer ... F4
2 Església de Sant Crist de la Sang ... D3
3 Parc de la Mar ... D5

Aktivitäten, Kurse & Touren

4 Cruceros Marco Polo ... C5
5 Magic Catamarans ... B4
6 Palma Sea School ... A6
7 Real Club Náutico ... C4

Essen

8 Ca'n Eduardo ... C4
El Náutico ... (siehe 7)
9 El Perrito ... B1
10 Es Mollet ... H6
11 Horno San Antonio ... F3
12 Hórreo Veinti3 ... B1
13 Japo Sushi Bar ... A2
14 Koh ... B2
15 La Baranda ... A2
16 Mercado Gastronómico San Juan ... E1
17 Mercat de Santa Catalina ... A2
18 Nola ... B2
19 Ola del Mar ... H6
20 Portixol ... H6
21 Restaurant Celler Sa Premsa ... E3
22 Room ... A2
23 Sa Roqueta ... H6
24 Toque ... A4
25 Trens ... A1

Ausgehen & Nachtleben

26 Anima Beach ... F5
27 Bar Michel ... A5
28 Dark Cruising Bar ... E1
29 Hotel Hostal Cuba ... B2
30 Idem Café ... B2
31 Nassau Beach ... G6
32 Pacha ... A6
33 Soho Bar ... B2
34 Tito's ... A5
35 Varadero ... C5

Unterhaltung

36 Auditòrium ... A4
37 Cine Ciutat ... E1
38 Garito Cafe ... A6
39 Novo Café Lisboa ... A2

Shoppen

40 B Connected Concept Store ... A1
41 El Corte Inglés ... F3
42 El Paladar ... D3
43 Flohmarkt ... F3
44 Mercat de Pere Garau ... G3
45 Trading Place ... B1

gebers Juan March (1917–1998). In einem Raum sind Karten des Mittelmeers ausgestellt, angefertigt von mallorquinischen Kartografen im Mittelalter und in der frühen Moderne.

Basílica de Sant Francesc KIRCHE

(Karte S. 58; Plaça de Sant Francesc 7; Spiritual-Mallorca-Ticket für sechs Attraktionen 5 €; ⌚ Mo–Sa 10–14 & 15–18 Uhr) Die franziskanische Basílica ist eine der ältesten Kirchen von Palma. 1281 begann der Bau im gotischen Stil, 1700 wurde die Barockfassade mit ihrem kunstvoll geschnitzten Eingang und der Fensterrose fertiggestellt. Die eleganten Säulen im wunderschönen gotischen Kreuzgang, einer zweigeschossigen trapezförmigen Konstruktion, deuten darauf hin, dass sich der Bau eine ganze Weile hinzog. Das hohe Deckengewölbe im Inneren ist klassisch gotisch, während der glitzernde Hochaltar als barockes Schmuckstück daherkommt, das allerdings dringend einmal aufpoliert werden müsste.

In der ersten Seitenkapelle (Nostra Senyora de la Consolació) links im Chorumgang befindet sich der ganze Stolz der Kirche: das Grab von Ramon Llull, dem Gelehrten und Mystiker aus dem 13. Jh. Der leidenschaftliche Prediger führte das Katalanische als Literatursprache ein und gilt als Mallorcas Lieblingssohn (vielleicht abgesehen von Tennisgenie Rafael Nadal). Llulls Alabastergrabmal befindet sich ganz oben rechts. Wer seine Heiligsprechung (bislang wurde er nur seliggesprochen) unterstützen will, kann ein paar Münzen einwerfen. Die Capilla de los Santos Mártires Gorkomienses rechts im Chorumgang ist 19 Katholiken geweiht, die 1572 in Holland als Märtyrer starben, darunter elf Franziskanermönche. Eine ziemlich verblichene Darstellung dieses Ereignisses zeigt, wie man sie erhängte, ihnen die Innereien herausriss und die Nasen abschnitt.

Església de Santa Eulàlia KIRCHE

(Karte S. 58; Plaça de Santa Eulàlia 2; ⌚ Mo–Sa 8–12.30, Mo–Fr 17.20–20. 30, Sa 20.15–20.30 Uhr, 4 Sonntagsmessen) Santa Eulàlia entstand als eine der ersten großen Kirchen nach der christlichen Eroberung der Insel 1229. Neben der Kathedrale ist das hoch aufstrebende gotische Gotteshaus mit neugotischer Fassade (nach dem Erdbeben 1851 zwischen 1894 und 1924 umfassend renoviert) die einzige dreischiffige Kirche Mallorcas. Der Barockaltar wirkt ziemlich mitgenommen, und die Kapellen im Chorraum sind nicht zugänglich.

Museu Diocesà MUSEUM

(Karte S. 58; www.catedraldemallorca.info; Carrer del Mirador 5; Erw./Kind 3 €/frei; ⌚ Juni–Sept. Mo–Fr 10–18.15 Uhr, April, Mai & Okt. bis 17.15 Uhr, Nov.–März bis 15.15 Uhr, ganzjährig Sa 10–14.15 Uhr) Seit 2007 ist das Museu Diocesà im prachtvollen Palau Episcopal (Bischofspalast; ein gotisch geprägter Bau aus dem 13. Jh.) untergebracht, hinter der Kathedrale Richtung Osten gelegen. Hier steht Mallorcas Geschichte christlicher Kunst im Mittelpunkt. Zu sehen sind neben Arbeiten von Antoni Gaudí, Francesc Comes und Pere Niçard ein aufrüttelndes *retaule* (Retabel, Altaraufsatz) mit der Passion Christi (um 1290–1305) aus dem Kloster Santa Clara.

Die Stationen der Passion sind in allen Details dargestellt: Palmsonntag, das Letzte Abendmahl, der Judaskuss. Bei der Geißelung wirkt Christus relativ unbeeindruckt, aber das Bild des Gekreuzigten ist verstörend. Rechts daneben hängt ein Meisterwerk von Francesc Comes: *St. Jaume de Compostela* (der hl. Jakobus ist bei den Spaniern als Maurenschlächter bekannt). Pere Niçards *Sant Jordi* (hl. Georg) entstand um 1468 bis 1470 und besticht durch seine Detailfülle. Georg tötet den Drachen vor dem Hintergrund der Ciutat de Mallorca (Palma).

ORIENTIERUNG

Die **Catedral** (S. 51) ist der ideale Kompass. Seit jeher waren das wichtigste Gotteshaus und der ehemalige Amtssitz der weltlichen Macht (der **Palau de l'Almudaina** (S. 53)) gegenüber das Zentrum der Altstadt (die Viertel **Sa Portella** und **Sa Calatrava**). Viele von Palmas Sehenswürdigkeiten liegen dicht gedrängt in diesem Gewirr enger Gassen und sonniger Plätze mit einer Fülle imposanter Kirchen und Patrizierhäuser. Das helle mediterrane Licht und das glitzernde Meer sind nie weit entfernt.

Im Norden liegt die **Plaça Major** (S. 65), ein typischer spanischer Marktplatz mit Arkaden, Geschäften und Cafés. So lebendig er sich tagsüber präsentiert, so gespenstisch still wirkt er nachts. Nach Osten führt der Carrer del Sindicat zu den Straßen, die Palmas Altstadt begrenzen, und folgt dem Zickzackmuster der heute baufälligen Mauern. Hier befindet sich das über Jahrzehnte verwahrloste und ehemals etwas zwielichtige **Sa Gerreria**, das gerade seine Wiedergeburt erlebt und sich zu einem Szeneviertel mit tollem Nachtleben mausert. Von der Plaça Major nach Norden erstreckt sich die Einkaufsmeile **Carrer de Sant Miquel** bis zur weitläufigen **Plaça d'Espanya**, dem wichtigsten Verkehrsknotenpunkt Palmas. Von der Plaça Major und dem Carrer de Sant Miquel fällt das Gelände nach Westen hin zum baumbestandenen **Passeig de la Rambla** ab.

Westlich der Kathedrale verläuft der **Passeig d'es Born**, eine typische Flaniermeile und eine der Hauptverkehrsadern der Stadt. Er grenzt an das historische Viertel **Es Puig de Sant Pere**, das im Westen bis an die Festungswälle des **Es Baluard** (S. 65) und im Norden an die Einkaufsstraße **Avinguda de Jaume II** reicht. Jenseits des Flusses **Sa Riera** liegt **Santa Catalina**. Die schachbrettartig angeordneten Straßen des Viertels, einst ein Seemannsbezirk, werden von traditionellen ein- oder zweigeschossigen Häusern gesäumt. Schon im 17. Jh. entstanden Windmühlen in der noch als **Es Jonquet** bezeichneten Gegend südlich des **Carrer de Sant Magí**, der ältesten Straße im *barri* (Viertel). Die letzten Jahre standen ganz im Zeichen der Gentrifizierung, und heute ist Santa Catalina ein alternatives Künstlerviertel voller Boutiquen, Galerien, Bars und Restaurants. Folgt man dem **Passeig Marítim** an der Küste weiter Richtung Westen, erreicht man den Fährhafen und die größte Attraktion in dieser Gegend: das **Castell de Bellver** (S. 67).

Im Osten führt ein 1 km langer Spaziergang vom im Zentrum gelegenen Ende der **Platja de Can Pere Antoni** nach **Es Portixol**. Der „kleine Hafen", ein einstiges Fischerdorf vor Palmas Stadttoren, ist heute ein attraktives Gastroziel mit einer Fülle von Sportbooten und ist vom Hinterland (in diskretem Abstand) durch die Autobahn getrennt. Vom Zentrum Palmas gelangt man gemütlich per *pedes*, mit dem Fahrrad oder Inlineskates auf dem **Passeig Marítim** dorthin. Von Portixol aus kann man um eine Landspitze herum nach **Es Molinar** laufen, einem schlichten „Küstenvorort" mit einfachen Fischerhäusern. Jenseits der Brücke erstreckt sich **Ciutat Jardí**, eine ruhige Wohngegend mit breitem Sandstrand.

Palma Zentrum

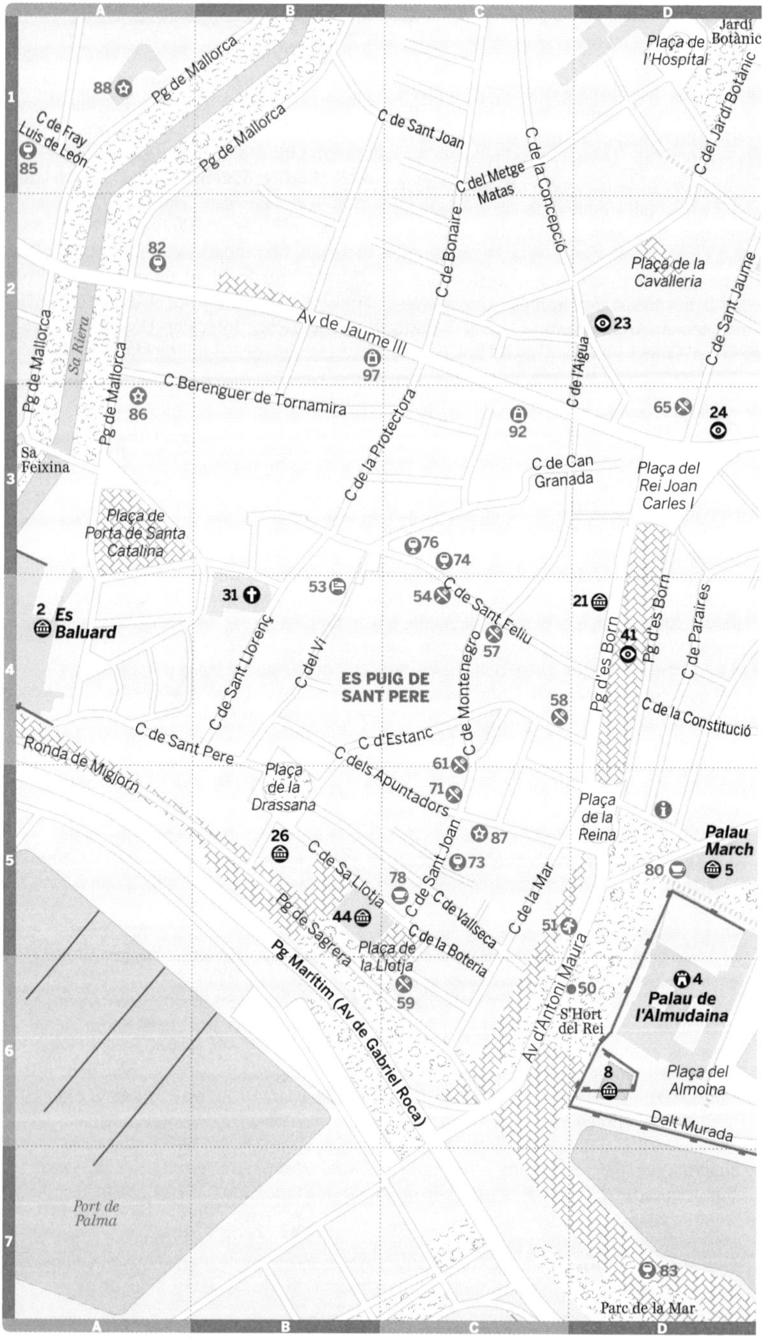

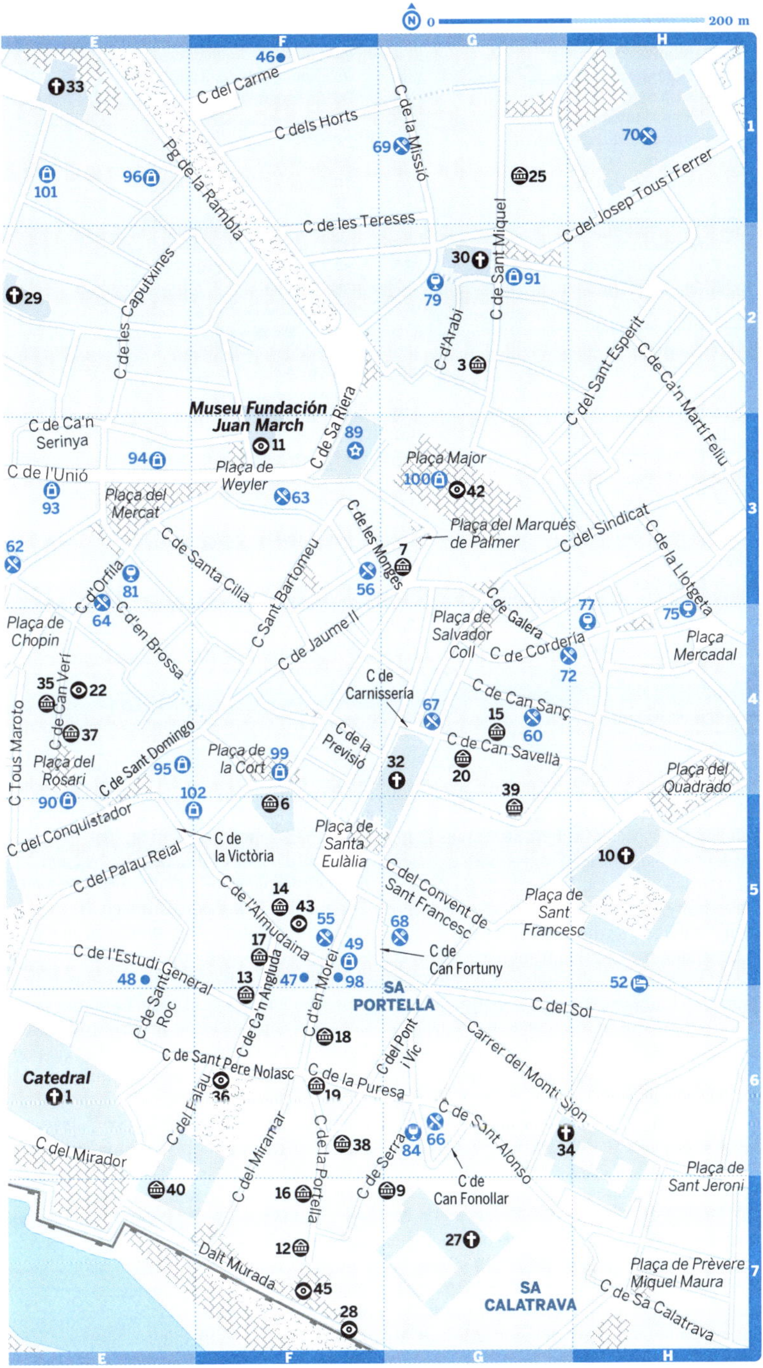

PALMA & BADIA DE PALMA PALMA ZENTRUM

Central Palma

Unter diesem Gemälde hängt ein Werk von Niçard und seinem Lehrer Rafel Mòger. Es zeigt die christliche Eroberung Palmas 1229. Im letzten Saal dieses Flügels befindet sich die gotische Kapelle Oratori de Sant Pau. Das Buntglasfenster war Gaudís Generalprobe für seine Kathedralenfenster.

In anderen Sälen kann man Werke mallorquinischer Künstler wie Pere Terrencs und Mateu López (Vater und Sohn) bewundern. Das Obergeschoss bietet eine spärliche Sammlung barocker Kunst, Keramiken und einen schönen Ausblick über die Bucht.

Jardí del Bisbe — GARTEN

(Karte S. 58; Carrer de Sant Pere Nolasc 6; Mo–Fr 7.30–13.30 Uhr) GRATIS Gleich neben dem Palau Episcopal erstreckt sich der Jardí del Bisbe. Der idyllische botanische Garten erfrischt nach einem heißen Sightseeing-Tag und lädt zu einem Spaziergang zwischen Palmen, Granatapfelbäumen, Wasserlilien, Thymian, Artischocken, Kumquats, Orangen- und Zitronenbäumen ein oder zu einer erholsamen Rast auf einer der Bänke.

Banys Àrabs — HISTORISCHES GEBÄUDE

(Karte S. 58; Carrer de Serra 7; Erw./Kind 2,50 €/frei; April–Nov. 9.30–19 Uhr, Dez.–März bis 17.30 Uhr) Die bescheidenen arabischen Bäder gelten als das bedeutendste Bauwerk, das aus der Zeit der arabischen Herrschaft erhalten ist. Übrig sind allerdings nur zwei unterirdische Kammern, von denen eine mit einer Kuppel aufwartet, die auf einem Dutzend Säulen ruht. Ein paar Kapitelle stammen aus abgerissenen römischen Bauten. Bei den kleinen Räumen handelt es sich um das Caldarium oder Heißbad und um das Tepidarium (Warmbad).

Früher gab es auch ein Kaltbad, das sogenannte Frigidarium. Wie schon die römischen Bezeichnungen andeuten, übernahmen die Araber auf Mallorca ebenso wie in der gesamten arabischen Welt die Idee zu ihren Bädern von den Römern. In diesem speziellen Fall handelte es sich wahrscheinlich nicht um ein öffentliches, sondern um ein privates Bad, das zu einem Herrenhaus gehörte. Es steht in einem hübschen Altstadtgarten, der zum Entspannen einlädt.

Museu de Mallorca MUSEUM
(Karte S. 58; http://museudemallorca.caib.es; Carrer de la Portella 5; Erw./Kind 2,40 €/frei; ⌚ Di–Fr 10–18, Sa & So 11–14 Uhr) Das kürzlich renovierte exzellente Stadtmuseum ist in einem weitläufigen Ensemble von Villen aus dem 17. Jh. entlang des Carrer de la Portella untergebracht. Neben archäologischen Artefakten und religiöser Kunst sind Antiquitäten und arabische Keramikwaren, talayotische Bronzen und fein gearbeiteter Almohaden-Goldschmuck zu sehen.

Dalt Murada HISTORISCHE STÄTTE
(Karte S. 58) Ende des 19. Jhs. riss man Palmas Mauern größtenteils ab, um die Ausdehnung der wachsenden Stadt zu erleichtern. Nur ein Teilstück der imposanten Renaissance-Ufermauer (erb. 1562–1801), die Dalt Murada, ist erhalten. Der hübsche angrenzende Parc de la Mar lädt im Sommer trotz der nahen Küstenstraße zu einer Erfrischung in einem der Terrassencafés ein. Von hier aus lässt sich die Kathedrale in all ihrer Pracht fotografieren.

Sa Portella TOR
(Karte S. 58; Dalt Murada) In der mittelalterlichen Mauer blieb ein Tor zum Meer erhalten.

Arabische Stadtmauer HISTORISCHE STÄTTE
(Karte S. 54; Carrer de Mateu Enric Lladó) Am Ostrand der Altstadt liegt hinter einem Teilstück der arabischen Stadtmauer (mit einigen Steinblöcken aus der römischen Mauer) ein Park. Er ist nach dem Stadttor benannt, das sich früher hier befand: Porta d'es Camp (Landtor). Die Mauren nannten es Bab al-Jadid (Neues Tor).

Església del Monti-Sion KIRCHE
(Karte S. 58; Carrer del Monti-Sion; ⌚ 17.15–19 Uhr) Seit ihrer Innen- und Außenrenovierung im 16. sowie im 17. Jh. verfügt die Església del Monti-Sion, eine ehemals gotische Synagoge, über ein sehr auffälliges barockes Aussehen. Heute gilt sie als eines der besten Beispiele für den Architekturstil auf der Insel. Die Spitzbogen vor den Kapellen, die Kreuzrippengewölbe und der niedrige, langgestreckte katalanische Bogen hinter dem Ein-

gangsbereich verraten noch die gotischen Ursprünge des Gebäudes.

Für Besucher schaltet ein Priester manchmal die Beleuchtung des kurven- und schnörkelreichen Barock-*retablo* (Altarbild) ein.

Ajuntament HISTORISCHES GEBÄUDE

(Rathaus; Karte S. 58; www.palma.ca; Plaça de la Cort 1) Früher war die Plaça de la Cort das städtische Machtzentrum von Palma. Über den Platz wacht das *ajuntament* (Rathaus). Hinter seiner 2016 restaurierten Barockfassade verbirgt sich eine lange Geschichte, denn das Rathaus war mal ein gotisches Hospital, das kurz nach der christlichen Eroberung der Insel gebaut wurde. Die Rathausuhr in der Fassade wird En Figuera genannt. Ihr heutiges Uhrwerk stammt von 1863 und kam aus Frankreich, aber auch schon Jahrhunderte davor befand sich hier eine Uhr.

Meistens ist nur das Foyer für die Öffentlichkeit zugänglich: eine gotische Eingangshalle mit schöner geschwungener Treppe und einem halben Dutzend *gegants* (riesige Figuren, die Könige, Königinnen und andere Prominente darstellen und bei festlichen Anlässen durch die Straßen getragen werden). Umfassendere Führungen werden jeden Sonntag zwischen 11 und 12 Uhr angeboten; Touren auf Englisch müssen vorab gebucht werden.

Parc de la Mar PARK

(Karte S. 54) Der Parc de la Mar (mit künstlichem See, Brunnen und Grünflächen) wurde 1984 eröffnet. In östlicher Richtung befindet sich ein Kinderspielplatz.

Museu de sa Jugueta MUSEUM

(Karte S. 58; ☎ 654 650780; www.museudesajugueta.es; Carrer de la Campana 7; Erw./Kind 3,50/2,50 €; ⌚ Di & Mi 9.30–17, Do–Sa bis 12.30 Uhr; 👪) 3000 Autos, Flugzeuge, Puppen, Roboter und andere hier ausgestellte Spielwaren sind nur ein kleiner Teil der über 7000 Stücke umfassenden Sammlung, die ein leidenschaftlicher Sammler aus Barcelona nach und nach zusammengetragen hat. Das angrenzende kleine schicke Bar-Restaurant (3 Gänge für 13 €) eignet sich auch für Erwachsene und verwandelt sich zwischen 17 und 20 Uhr in einen Kreativraum.

Can Bordils HISTORISCHES GEBÄUDE

(Karte S. 58; Carrer de l'Almudaina 9) GRATIS In der Villa aus dem 16. Jh. mit einem Innenhof aus dem 17. Jh. ist das Arxiu Municipal untergebracht, wo gelegentlich Ausstellungen stattfinden. Im Gegensatz zu vielen anderen historischen (Privat-)Häusern Palmas kann man dieses betreten und die Architektur bewundern.

Centre Maimó ben Faraig MUSEUM

(Karte S. 58; ☎ 971 22 55 99; Carrer de l'Almudaina 9A; ⌚ Mo–Fr 9.30–13.30 Uhr) GRATIS Palmas lange jüdische Geschichte wird in diesem kleinen ans Can Bordils angeschlossenen Museum beleuchtet. Illustrierte Infotafeln erwecken die Geschichte der jüdischen Stadtbewohner (natürlich auch die verschiedenen Verfolgungswellen) zum Leben, zudem zeigt es Mauerüberreste römischer Bauten, die hier einst standen.

Can Oms HISTORISCHES GEBÄUDE

(Karte S. 58; Carrer de l'Amudaina 7) Der barocke *pati* aus dem 18. Jh. dieses prachtvollen Hauses gehört zu den schönsten Palmas.

Porta de l'Almudaina TOR

(Karte S. 58; Carrer de l'Almudaina) Für Geschichtsfans ist der Torbogen über dem Carrer de l'Almudaina östlich des Can Bordils ein echter Leckerbissen. Angeblich war er von der Antike bis ins 13. Jh. Teil der Wehranlagen, von denen heute kaum noch etwas zu erkennen ist. Er sieht zwar sehr mittelalterlich aus, gehörte aber höchstwahrscheinlich schon zur römischen Stadtbefestigung.

Centre Cultural Contemporani Pelaires KULTURZENTRUM

(Karte S. 58; www.pelaires.com; Carrer de Can Verí 3; ⌚ Di–Fr 10–13.30 & 16.45–20, Sa 10–13.30 Uhr) Die Architektur des privaten Kulturzentrums, Palmas erster Einrichtung für zeitgenössische Kunst, ist mindestens genauso interessant wie die ständig wechselnden Kunstausstellungen. Eine Zeitlang beherbergte das schöne Stadthaus Can Verí aus dem 17. Jh. ein Kloster. Ein Jahr nach Gründung der Galerie 1969 zeigte sie Joan Mirós erste Einzelausstellung.

Convent de Santa Clara KONVENT

(Karte S. 58; Carrer de Can Fonollar 2; ⌚ Mo–Sa 9–12.30 & 16.15–17.30, So 9–11 & 16.15–18.45 Uhr) Nach der Rückeroberung Palmas 1229 gehörten die Klarissen zu den ersten Ordensgemeinschaften, die sich hier niederließen. 1260 wurde ihnen das Klostergelände zugesprochen, wobei der vom Barock und der Gotik geprägte Bau vor allem auf das 16. und 17. Jh. zurückgeht. Inzwischen steht nun schon die dritte Kirche an diesem Standort, die 2007 umfassend restauriert wurde. Die

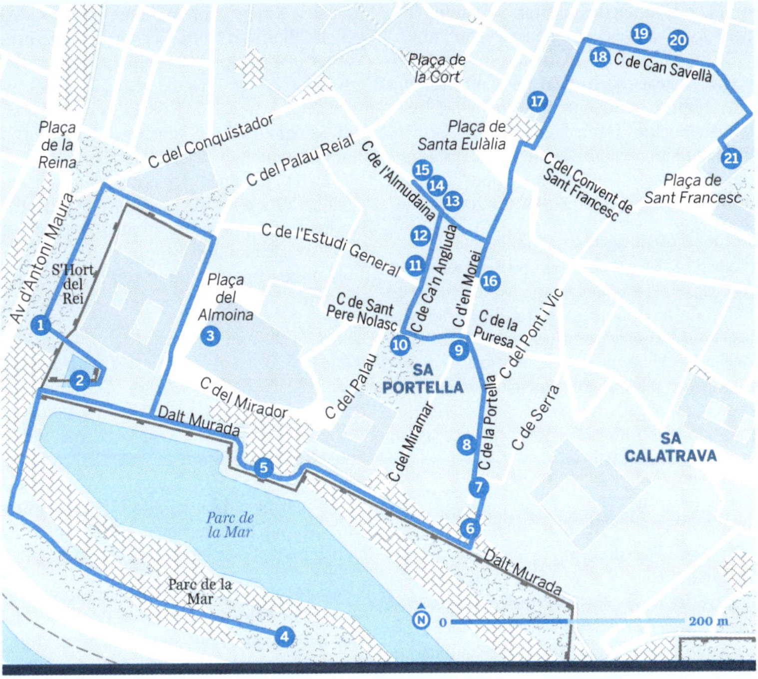

Stadtspaziergang
Historisches Palma & Versteckte Höfe

START S'HORT DEL REI
ZIEL BASÍLICA DE SANT FRANCESC
LÄNGE/DAUER 2,5 KM, 2–3 STD.

Vom 1 **S'Hort del Rei** (Königsgarten), in dem sich der 2 **Arc de sa Drassana** über einen Teich spannt, geht's zum „Ei", der Bronzeskulptur von Miró. Hinterm Palau March führen Stufen zur imposanten gotischen 3 **Catedral** (S. 51). Unterhalb erstreckt sich der 4 **Parc de la Mar** (S. 62) mit seinem See.

Auf der Renaissance-Ufermauer 5 **Dalt Murada** (S. 61) die Aussicht genießen, dann an dem mittelalterlichen Tor 6 **Sa Portella** (S. 61) links ab, wo der Carrer de la Portella mit vielen historischen Höfen aufwartet: Der 7 **Cal Marquès de la Torre** geht auf das 17. Jh. zurück, den 8 **Can Espanya-Serra** (19. Jh.) ziert eine neugotische Treppe. Links um die Ecke auf dem Carrer de la Puresa lockt einer von Palmas ältesten Höfen, der 9 **Can Salas**, mit verzierten Säulen, bildschöner Loggia und Wappen aus dem 13. Jh.

Der winzige 10 **Jardí del Bisbe** (S. 60) lädt zur Pause ein, oder man geht weiter nordwärts den Carrer de Ca'n Angluda hinauf zum 11 **Cal Poeta Colom**, benannt nach dem Dichter, der hier einst lebte. Ein Stück weiter steht die mittelalterliche Villa 12 **Can Marquès**.

Das mittelalterliche Tor 13 **Porta de l'Almudaina** auf dem Carrer de l'Almudaina war einst Teil der römischen Mauern. In der Nähe befinden sich der 14 **Can Bordils**, ein *patis* aus dem 17. Jh., und daneben der 15 **Can Oms** mit gotischem Portal. Auf dem nahen Carrer d'en Morei ist ein Barockpatio mit einer Loggia, ionischen Säulen, niedrigen Bogen und schmiedeeiserner Balustrade zu sehen, der 16 **Can Oleza**. Vorbei an der 17 **Església de Santa Eulàlia** (S. 56) geht's zum Carrer de Can Savellà, an dem der von korinthischen Säulen gesäumte 18 **Can Vivot** und der 19 **Can Catlar del Llorer**, einer der ältesten gotischen Höfe von Palma, zum Träumen einladen. Im Anschluss kann man sich mit einer heißen Schokolade im altmodischen 20 **Ca'n Joan de S'Aigo** (S. 72) stärken, bevor es zurück zur altehrwürdigen 21 **Basílica de Sant Francesc** (S. 56) geht.

wenigen Nonnen des Klosters verkaufen hier traditionell Süßes aus eigener Herstellung.

In ein Fenster ist ein *torno,* eine Art Drehkreuz, eingelassen. Auf ein Klingeln erscheint eine Nonne, bei der man bestellt, was man haben möchte. Dann legt man das Geld in das Drehkreuz und bekommt seine *bocaditos de almendra* (Mandelhappen) oder *rollitos de anís* (Anisröllchen) zu 4 € für 200 g.

Arc de sa Drassana HISTORISCHES GEBÄUDE

(Karte S. 58; abseits des S'Hort del Rei) Der große Arc de sa Drassana wird vom Palau de l'Almudaina dominiert und zählt zu den wenigen erhaltenen Zeugnissen aus arabischer Zeit. Als die Riera noch dort floss, wo sich heute der Passeig d'es Born erstreckt, und das Meer bis an die Stadtmauern reichte, befanden sich hier Werften und das Seetor zum arabischen Palas.

Plaça Major & Umgebung

★Museu Fundación Juan March KUNSTMUSEUM

(Karte S. 58; ☎ 91 435 42 40; www.march.es/arte/palma; Carrer de Sant Miquel 11; ⏲ Mo–Fr 10–18.30, Sa 10.30–14 Uhr) GRATIS Eine kleine, aber bemerkenswerte Sammlung an Gemälden und Skulpturen wartet im Can Gallard del Canya, einem Herrenhaus aus dem 17. Jh. mit ein paar modernistischen Elementen. Die aus rund 80 Stücken bestehende Dauerausstellung der Fundación Juan March umfasst die großen zeitgenössischen Künstler Spaniens, darunter Miró, Picasso, sein Zeitgenosse und Kubist Juan Gris, Dalí und die Bildhauer Eduardo Chillida und Julio González.

Hat man sich deren Arbeiten angeschaut, wird man mit verschiedenen Strömungen der spanischen Kunst vertraut gemacht, z. B. der Bewegung, die die Zeitschrift *Dau al Set* (1948–1953) unter Führung von Antoni Tàpies in Barcelona inspirierte. In Valencia schlugen Eusebio Sempere und Andreu Alfaro zur gleichen Zeit den Weg in die Abstraktion ein. Semperes *Las Cuatro Estaciones* (1980), eine Serie aus vier Bildtafeln, stellt mit verflochtenen Formen aus zarten Linien und subtilen Farbschattierungen die vier Jahreszeiten dar. Bemerkenswert sind auch die Werke von Manuel Millares, Fernando Zóbel und Miquel Barceló, von dem etwa das großformatige *La Flaque* (Der Teich; 1989) ausgestellt ist.

Església de Sant Miquel KIRCHE

(Sankt-Michaels-Kirche; Karte S. 58; Carrer de Sant Miquel 21; ⏲ 9.30–13.30 & 17–19.30 Uhr) Die Sankt-Michaels-Kirche zählt mit ihrem eindrucksvollen Stilmix zu Palmas ersten vier Kirchen. Vorher befand sich hier eine Moschee, in der am 31. Dezember 1229 die erste Messe der Insel gefeiert wurde. Die Fassade und das Portal mit seinem flachen, langgestreckten Bogen sind ein typisches Beispiel katalanischer Gotik des 14. Jhs. Auch der gedrungene siebenstöckige Glockenturm ist gotisch. Ansonsten ist die Kirche mit ihrem Tonnengewölbe fast durchgängig barockisiert.

Man beachte die Statue von Papst Johannes Paul II. (beim Betreten der Kirche rechts).

Claustre de Sant Antoniet GALERIE

(Karte S. 58; Carrer de Sant Miquel 30; ⏲ Mo–Fr 10–14 & 15.30–20, Sa 10–13.30 Uhr) GRATIS Ein Barockjuwel, das der Bank BBVA gehört. In dem zweigeschossigen ovalen Bau von 1768 finden heute Kunstausstellungen statt. Ursprünglich war es Teil der **Església de Sant Antoni de Viana** nebenan, nachdem Karl III. den Orden Sant Antoni 1788 verboten hatte, wurde es jedoch an den jetzigen Standort verlegt.

Almacenes El Águila HISTORISCHES GEBÄUDE

(Karte S. 58; Plaça del Marqués del Palmer 1) Gaspar Bennàssar (1869–1933), einer der einflussreichsten Architekten des modernen Palma, experimentierte während seiner langen Karriere mit verschiedenen Stilen, auch mit dem Modernisme. Davon zeugt schon die Hauptfassade der Almacenes El Águila, einem Kaufhaus von 1908 mit schmiedeeisernen Verzierungen. Die drei Stockwerke sind unterschiedlich gestaltet.

Círculo de Bellas Artes KULTURZENTRUM

(Karte S. 58; www.circulopalma.es; Carrer de l'Unió 3; ⏲ unterschiedliche Öffnungszeiten) Der „Zirkel schöner Künste" geht auf die Bürgerkriegszeit zurück und fördert Literatur und Kunst in Palma. Casal Balaguer, ein größtenteils barockes Herrenhaus, dessen Vorgänger aus dem 13. Jh. stammt, ist das hübsche Heim dieser renommierten Institution. Nach langen Jahren der Vernachlässigung wurde es umfassend renoviert und beherbergt heute Ausstellungsräume, ein Museum, eine Bibliothek und Performance-Bereiche.

CaixaForum KULTURZENTRUM

(Karte S. 58; ☎ 971 17 85 00; https://obrasociallacaixa.org/en/cultura/caixaforum-palma; Plaça de Weyler 3; Erw./Kind & La-Caixa-Mitglieder 4 €/frei; ⏲ Mo–Sa 10–20, So 11–14 Uhr) Spaniens größte Sparkasse, La Caixa, mit Sitz in Barcelona, betreibt dieses Kulturzentrum mit Galerie in einem wunderschönen Modernisme-Gebäude (dem ersten der Insel), und einstigem Standort des Grand Hotel. Die Sammlung an Gemälden von Hermenegildo Anglada Camarasa wird von Wechselausstellungen zu Themen wie römischen Frauenstatuen aus dem Louvre ergänzt. Außerdem gibt's ein nettes Café und einen exzellenten Buchladen.

Einst galt das Grand Hotel als ein Wahrzeichen der Stadt. Es wurde von dem katalanischen Architekten Lluís Domènech i Montaner von 1900 bis 1903 geschaffen und war das erste Gebäude Palmas, das elektrischen Strom und einen Aufzug besaß. Während des Bürgerkriegs wurde das Hotel geschlossen und konnte danach nie wieder zu alter Form zurückfinden. Außer Kunstausstellungen werden hier regelmäßig Vorträge, Workshops, Filmvorführungen, Konzerte u. Ä. veranstaltet.

Centre de Cultura Sa Nostra KULTURZENTRUM
(Karte S. 58; www.obrasocialsanostra.com; Carrer de la Concepció 12; ⌚ Mo–Fr 10.30–13.30 & 17–20 Uhr) GRATIS Die große balearische Sparkasse Sa Nostra unterhält diese Kulturstiftung im Can Castelló, die Ausstellungen, Performance-Kunst und Vorträge veranstaltet. Vor allem die gelegentlichen zeitgenössischen Ausstellungen sind meist einen Besuch wert. Das ursprüngliche Haus entstand im 17. Jh., die Modernista-Elemente gehen auf Renovierungsarbeiten von 1909 zurück. Sein hübscher Innenhof aus dem 18. Jh. mit stilvollem Café lohnt für sich genommen einen Abstecher.

Vor dem Zentrum steht der **Font del Sepulcre**: Das gotische Baptisterium ist ein Überbleibsel einer längst verschwundenen Kirche. Innen gibt's einen maurischen Brunnen aus dem 12. Jh. Der Carrer de la Concepció hieß früher Carrer de la Monederia, weil sich dort die Prägeanstalt des Königreichs Mallorca befand.

Església de Sant Jaume KIRCHE
(Karte S. 58; Carrer de Sant Jaume 10; ⌚ 11.30–13.30 & 17.30–20.30 Uhr) Trotz ihrer Barockfassade ist dies eine der ältesten gotischen Kirchen Palmas. Der graue, hoch aufragende Bau entstand als eine der vier ersten Pfarrkirchen ab 1327 „unter dem Schutz des Königshauses von Mallorca". Angeblich lebte die Familie Bonapart (später Bonaparte geschrieben) in dieser Gegend, bevor sie 1406 nach Korsika zog. Napoleon hätte also Mallorquiner sein können!

Plaça Major PLATZ
(Karte S. 58) Arkaden, Läden und Cafés säumen die Plaça Major, einen typisch spanischen Hauptplatz. Tagsüber herrscht viel Betrieb, abends wirkt sie hingegen gespenstisch still.

Nach Osten führt der Carrer del Sindicat zu den Straßen, die Palmas Altstadt begrenzen. Hier befindet sich das lange verwahrloste und ehemals etwas zwielichtige Sa Gerreria, das gerade seine Wiedergeburt erlebt und sich zu einem Szeneviertel mit tollem Nachtleben mausert. Jenseits der Plaça Major führt die Einkaufsmeile Carrer de Sant Miquel nordwärts zur weitläufigen Plaça d'Espanya. Das erhöhte Areal der Plaça Major und des Carrer de Sant Miquel fällt gen Westen zum schattigen Passeig de la Rambla ab.

Església de Santa Magdalena KIRCHE
(Karte S. 58; Plaça de Santa Magdalena; ⌚ 7.30–13.15 & 17.30–19.30 Uhr) Diese Kirche ist vor allem eine Pilgerstätte, denn hier ruht in einem gläsernen Sarg in einer Kapelle links vom Altar die hl. Catalina Thomàs aus Valldemossa. Der Legende nach saß Catalina eines Tages weinend an einem großen Stein, weil sie aufgrund ihrer Armut kein Kloster aufnehmen wollte.

Als ihr dann jemand sagte, sie sei im ehemaligen Kloster der Església de Santa Magdalena willkommen, war sie überglücklich. Inzwischen ist der betreffende Stein in der rückwärtigen Mauer der **Església de Sant Nicolau** aus dem 14. Jh. an der Plaça del Mercat eingemauert. Die Nonnen verkaufen Santa-Magdalena-Gebäck und andere selbstgemachte süße Leckereien.

Església de Sant Crist de la Sang KIRCHE
(Karte S. 54; Plaça de l'Hospital; ⌚ 7.30–13 & 16–20 Uhr) Im Hospital General (gegründet im 16. Jh.) kann man die gotische Fassade dieser Pilgerkirche bewundern. Der *paso* (ein Prozessionsbild) des „hl. Christus des Blutes" gilt als wundertätig. Gleich links vom Kircheneingang steht eine Krippe aus dem 15. Jh., die vermutlich aus Neapel stammt.

Es ist schon bewegend, während einer Messe zu beobachten, mit welcher Hingabe die Gläubigen das Bild des gekreuzigten Christus mit langem fließendem Echthaar und besticktem Lendentuch verehren.

Es Puig de Sant Pere

★ Es Baluard KUNSTMUSEUM
(Museu d'Art Modern i Contemporani; Karte S. 58; ☎ 971 90 82 00; www.esbaluard.org; Plaça de Porta de Santa Catalina 10; Erw./Wechselausstellungen/Kind 6/4 €/frei; ⌚ Di–Sa 10–20, So bis 15 Uhr) Ei-

ne der schönsten Galerien für moderne Kunst wurde in die Renaissance-Ufermauern hineingebaut. Die Wechselausstellungen können sich immer sehen lassen, das eigentliche Highlight ist aber die ständige Sammlung mit Arbeiten von Joan Miró, Miquel Barceló und Picasso. Freitags erfolgt der Eintritt gegen eine Spende; wer mit dem Fahrrad kommt, zahlt unabhängig vom Wochentag nur 2 €.

Geschickt fügt sich der Betonkomplex des 21. Jhs. zwischen die alten Wehranlagen mit den teilweise restaurierten Resten eines maurischen Turms aus dem 11. Jh. (vom Carrer de Sant Pere aus gleich rechts). Im Erdgeschoss werden die wichtigsten Stücke der Dauerausstellung gezeigt: mallorquinische Landschaften lokaler und ausländischer Künstler, darunter Namen wie Joaquín Sorolla aus Valencia, der Mallorquiner Miquel Barceló und der katalanische Modernista-Vertreter Santiago Rusiñol.

Ebenfalls im Erdgeschoss widmet sich ein Raum den Arbeiten von Joan Miró. Im Obergeschoss sind tolle Keramiken von Pablo Picasso zu sehen. Nachdem man diese bewundert hat, kann man auf die Befestigungsmauern hinaustreten und die Aussicht genießen. Insgesamt ist das Es Baluard beeindruckend, aber nicht unbedingt außergewöhnlich. Es lohnt sich jedoch, hier ein paar Stunden zu verbringen.

Sa Llotja HISTORISCHES GEBÄUDE

(Karte S. 58; Plaça de la Llotja 5; ⏲ Di–Sa 11–14 & 17–21, So 11–14 Uhr) GRATIS Der wunderschöne Sandsteinbau Sa Llotja aus dem 15. Jh. gegenüber dem Meeresufer wurde als Seehandelsbörse errichtet. Vom mallorquinischen Architekten Guillem Sagrera, der außerdem an der Kathedrale mitwirkte, entworfen und 1448 fertiggestellt, ist er der Höhepunkt gotischer Baukunst auf der Insel. Die Kaufmannsvergangenheit hat Sa Llotja lange hinter sich gelassen und beherbergt heute zeitgenössische Ausstellungen.

Im Inneren tragen sechs schlanke, gewundene Säulen die Pfeiler eines luftigen

PATIS & PALÄSTE

Generationen von Aristokratenfamilien haben der Altstadt Palmas ihren Stempel aufgedrückt. Ihr sichtbarstes Vermächtnis sind die imposanten *palaus* (Paläste oder Villen) und ihre herausgeputzten *patis* (Innenhöfe). Bei einem Spaziergang durch die alten mittelalterlichen Gassen stößt man immer wieder auf schmiedeeiserne Tore, die das faszinierende Erbe vor neugierigen Besuchern schützen. Fast alle *palaus* sind in Privatbesitz, deswegen trennen die mit Säulen versehenen Innenhöfe kunstvolle Metallgitter von der Straße. Das ungeschulte Auge mag kaum Unterschiede zwischen den elitären Bastionen erkennen, Eingeweihte wissen hingegen um die subtilen Zwischentöne und geheimnisvollen Geschichten.

Die Lage ist ein bestimmender Faktor für den Rang und den Ursprung der *palaus*. Alteingesessene Familien dominieren naturgemäß die älteren Stadtviertel. Die Elite bevorzugte den historischen Teil von Palma Alta rund um Sa Portella, das vor allem vom niederen Landadel geprägt war. Wohlhabende Kaufleute und Seefahrer, die durch Palmas Seehandel reich geworden waren, siedelten sich vorwiegend in Palma Baixa rund um Es Puig de Sant Pere an. Die dortigen *patis* zeugen von ihrem Lebenswandel: Sie zieren Motive wie Boote und Darstellungen Merkurs, dem Gott des Handels.

Aufmerksame Leser erkennen zudem romantische Details. An der Ecke des Carrer de la Portella entdeckt man die reptilienartige Figur **El Dra de Na Coca**. Der Drache soll im 17. Jh. in den Abwasserkanälen der Altstadt sein Unwesen getrieben haben. Wie so oft stellte sich auch dieser Bestie ein kühner Ritter entgegen: Er erledigte sie, als er gerade seiner Angebeteten den Hof machte. Über dem mittelalterlichen Tor **Porta de l'Almudaina** (S. 62) ist außerdem ein kleines Fenster zu sehen, das bei den höfischen Minneritualen eine wichtige Rolle spielte. Werbende Galane warteten darunter auf aufmunternde Zeichen ihrer Auserwählten.

Der wohl bemerkenswerteste Innenhof ist der des **Palau March** (S. 53), der einst dem reichen Geschäftsmann und Künstlermäzen Juan March gehörte. Im Gegensatz zu den meisten Patis, die trotz der bewussten Demonstration von Reichtum und Geschmack nicht zugänglich sind, hat der Palau March eine offene Loggia, die Blick auf Palmas eindrucksvolle **Catedral** (S. 51) und den **Palau de l'Almudaina** (S. 53) gewährt.

Kreuzgratgewölbes. An den vier Ecken des Gebäudes ragen achteckige Türme auf. Hohe Spitzbogen, feines Maßwerk und Wasserspeier mit gruseligen Fratzen prägen die Fassaden.

Consolat de Mar HISTORISCHES GEBÄUDE
(Karte S. 58; Passeig de Sagrera 7) 1326 wurde das „Meereskonsulat" als Seehandelsgericht gegründet, das sich um Rechtsstreitigkeiten zwischen Kaufleuten, Seeleuten und Kapitänen kümmerte. Das heutige Gebäude zählt (trotz des Stilmixes) zu Mallorcas wenigen Renaissance-Bauten, wurde 1669 fertiggestellt und grenzt an eine spätgotische Kapelle aus dem Jahre 1600, die für die Mitglieder von Sa Llotja gedacht war. Das Consolat de Mar ist heute Sitz der Regierung der Balearen.

Passeig d'es Born AREAL
(Karte S. 58) Der Passeig d'es Born, eine der Prachtstraßen von Palma, mündet in die **Plaça del Rei Joan Carles I.** (benannt nach dem ehemaligen König, vorher nach Papst Pius XII.). Die Einheimischen nennen diesen Kreisverkehr aber nur Plaça de les Tortugues, weil in der Mitte ein Obelisk auf vier Bronzeschildkröten steht. An der Ostseite der Straße findet man hoch oben am Eckhaus zum Carrer de Jovellanos den entstellten Steinkopf eines Mauren mit weißem Turban.

Dieser **Cap del Moro** stellt einen muslimischen Sklaven dar, der angeblich im Oktober 1731 seinen Herrn tötete. Der Sklave wurde hingerichtet und seine abgetrennte Hand an der Mauer des Hauses befestigt, in der das Verbrechen geschah. Chroniken behaupten, noch 1840 seien die Überreste der Hand hinter einem Gitter zu sehen gewesen. Unter Franco wurde der Passeig umbenannt, nach dem Tod des Diktators kehrte man jedoch wieder zum ursprünglichen Namen zurück.

Casal Solleric HISTORISCHES GEBÄUDE
(Karte S. 58; ☎ 971 72 96 04; Passeig d'es Born 27; ⏲ Di–Sa 11–14& 15.30–20.30, So 11–14.30 Uhr) GRATIS Hinter der großartigen Fassade des Barockpalais aus dem 18. Jh. wartet ein typischer mallorquinischer Innenhof mit anmutigen weiten Bogen und unregelmäßigem Pflaster. Es ist Kulturzentrum mit Wechselausstellungen, Buchhandlung und Touristeninformation in einem. Meistens muss man für die Ausstellung auf zwei Etagen keinen Eintritt zahlen. Der Teil gegenüber dem Passeig d'es Born war einst die Rückseite des ursprünglichen Baus von 1763. Erzherzog Ludwig Salvador bezeichnete den Innenhof als „ einen der schönsten Palmas".

GALERIENVIERTEL

Liebhaber moderner Kunst werden angesichts der Vielzahl von Galerien in den engen Gassen gleich östlich des Passeig d'es Born in Verzückung geraten.

➡ **La Caja Blanca** (Karte S. 58; www.lacajablanca.com; Carrer de Can Verí 9; ⏲ Mo–Fr 11–14 & 17–20, Sa 11.30–14 Uhr) GRATIS Jedes Jahr finden hier drei bis vier Ausstellungen mit Werken unangepasster mallorquinischer und internationaler Künstler in minimalistischem Ambiente statt.

➡ **Galeria K** (Karte S. 58; www.galeria-k.com; Carrer de Can Verí 10; ⏲ Mo–Fr 10.30–20, Sa 11–15 Uhr) GRATIS Die innovative kleine Galerie präsentiert spanische und internationale Maler und Bildhauer.

➡ **Centre Cultural Contemporani Pelaires** (S. 62) Palmas erste ausgewiesene Galerie für zeitgenössische Kunst ist in einem hübschen Gebäude aus dem 17. Jh. untergebracht.

Església de Santa Creu KIRCHE
(Karte S. 58; Carrer de Sant Llorenç 4) Mit dem Bau des gotischen Originals der Heilig-Kreuzkirche, einer der ersten Gemeindekirchen der Stadt, begann man 1335. Das Hauptportal (Carrer de Santa Creu 7) ist eine Ergänzung aus dem Barock des 18. Jhs. Als besonders interessant gilt die Cripta de Sant Llorenç (Krypta des hl. Laurenz), eine frühgotische Kapelle, die vermutlich aus dem späten 13. Jh. stammt. Im Inneren der Kirche sind einige Gemälde von Rafel Mòger und Francesc Comes zu sehen.

Passeig Marítim & Westliches Palma

Castell de Bellver BURG
(Burg von Bellver; ☎ 971 73 50 65; http://castelldebellver.palma.cat; Carrer de Camilo José Cela; Erw./Kind 4/2 €, So frei; ⏲ Mo 8.30–13, Di–Sa bis 20, So 10–20 Uhr) Die Rundfestung aus dem 14. Jh. (mit einem einzigartigen Rundturm) an einem bewaldeten Hang ist die einzige ihrer Art in Spanien. Jaume II. ließ sie um 1300 auf dem Berg Puig de Sa Mesquida errichten. Nach zehn Jahren Bauzeit war sie weitgehend fertiggestellt. Highlight eines Besuchs ist der tolle Blick über die Bäume

hinweg nach Palma, auf die Badia de Palma und das Meer.

In erster Linie war das Gebäude wohl als Königsschloss gedacht, erwies sich aber offenbar als eher lästiger Besitz. Nur König Sanç (1314) und Johann I. von Aragón (1395) verbrachten hier längere Zeit. Ab 1717 diente die Burg als Militärgefängnis, sowohl in den Napoleonischen Kriegen als auch im Spanischen Bürgerkrieg. Wer auf das Dach steigt, findet noch Inschriften Gefangener in den Stein geritzt.

Das **Museu d'Història de la Ciutat** (Museum für Stadtgeschichte) im Erdgeschoss erläutert die Entwicklung der Stadt von der prähistorischen Talayot-Kultur bis heute. Neben römischen und arabischen Keramiken sind Infotafeln, klassische Statuen aus der Despuig-Sammlung und andere Artefakte zu sehen. Im Obergeschoss kann man einige fast leere Zimmer und die Küche besichtigen.

Mit dem Bus (Linie 3, 46 oder 50) fährt man bis Plaça de Gomila und geht von dort 15 Minuten (1 km) den steilen Berg hinauf. Alternativ könnte man den Palma City-Sightseeing-Bus nehmen; die Festung liegt an dessen Route quer durch die Stadt.

Aktivitäten

Magic Catamarans BOOTSFAHRTEN
(Karte S. 54; ☎ 971 45 61 82; http://magic-catamarans.com/es; 1. OG, Passeig Marítim 8; Erw./Kind 49/24,50 €; ⏲ 10–15 & 15.30–20.30 Uhr) Der Veranstalter bietet von April bis Oktober täglich zwei fünfstündige Katamarantouren nach Cala Portals Vells oder Cala Vella (östlich der Badia de Palma) an. Mahlzeiten an Bord und Schnorchelausrüstungen sind im Preis inbegriffen, zudem gibt's einen Abholservice ab dem Hotel (Erw./Kind 10/5 €). Günstiger ist die 2½-stündige Tour nach Ses Illetes (16/8 € ohne Verpflegung).

Cruceros Marco Polo BOOTSFAHRTEN
(Karte S. 54; ☎ 647 843667; www.crucerosmarcopolo.com; abseits des Passeig Marítim; 1-stündige Fahrt 12 €; ⏲ März–Okt. Mo–Sa 11–16, So 14–16 Uhr stdl.) Marco Polo, einer der ersten Touranbieter in der Badia de Palma, veranstaltet bis zu sechsmal täglich eine Tour durch die Bucht mit der *Mar y Sol II*. Es gibt eine Bar an Bord, zudem kann man Palmas Attraktionen wunderbar vom Wasser aus fotografieren.

Real Club Náutico BOOTSFAHRTEN
(Karte S. 54; www.rcnp.es; Plaza de San Pedro 1) Palmas renommiertester Jachtclub wurde 1948 gegründet und organisiert mittlerweile das ganze Jahr über mehr als 20 Veranstaltungen

Kurse

Akzent SPRACHE
(Karte S. 58; ☎ 971 71 99 94; www.akzent-palma.com; Carrer del Carme 14; 2-wöchiger Kurs 395 €; ⏲ Mo–Fr 9.30–20.30, Sa 10–14 Uhr) Eigentlich ein Buchladen, der aber sehr gute zweiwöchige Intensivkurse anbietet. Der Unterricht dauert vier Stunden pro Tag und die Teilnehmerzahl ist auf zehn begrenzt.

Estudi Lul·lià de Mallorca SPRACHE
(Karte S. 58; ☎ 971 71 19 88; www.estudigeneral.com; Carrer de Sant Roc 4; 410 €) Seit seiner Gründung 1951 bietet das Institut Sommer-Intensivkurse (spanische Sprache und Kultur). Nach erfolgreicher Teilnahme erhält man ein Zertifikat im Fach Spanische Sprache und Hispanischen Studien von der Universität von Barcelona.

Die Akademie SPRACHE
(Karte S. 58; ☎ 971 71 82 90; www.dieakademie.com; Carrer d'en Morei 8; 1-wöchiger Kurs 198 €; ⏲ Mo–Fr 9–13.30 & 17–19.30 Uhr) Die Akademie ist in einer spätgotischen Villa aus dem 16. Jh. untergebracht und hat verschiedene Spanischkurse im Programm, die auf der „Superlearning"-Methode (klingt eindrucksvoll!) basieren. Der Standardunterricht findet jeden Morgen von 9.30 bis 13.30 Uhr statt.

Palma Sea School SEGELN
(Karte S. 54; ☎ 971 10 05 18; www.palmaseaschool.com; Passeig Marítim 38; 2-tägiger Segelkurs ab 500 €;) Ob blutiger Anfänger oder Wiederholungstäter: In dieser Segelschule, die zur Royal Yachting Association gehört, findet jeder den passenden Kurs (ob Segeln, Motor-, Rennboot- oder Jetski-Fahren).

Geführte Touren

★ **Mallorca Rutes** STADTFÜHRUNGEN
(Karte S. 58; ☎ 971 72 89 83; www.mallorcarutes.es; Carrer d'en Morei 7; 15–37 € pro Pers.) Mallorca Rutes bietet viele unterschiedliche Führungen durch Palma an, von einfachen Stadtspaziergängen zu den wichtigsten Sehenswürdigkeiten über Touren mit speziellem Motto (z. B. zu Palmas versteckten Höfen und Palästen). Darüber hinaus gibt's kulinarische Ausflüge (Weinproben, typisch mallorquinische Erzeugnisse etc.). Buchen kann man bei Típika neben der Plaça de Santa Eulàlia.

Palma City Sightseeing BUS
(Karte S. 58; ☎902 10 10 81; www.mallorcatour.com; Avinguda d'Antoni Maura; Erw./Kind Bus 16/8,50 €, Boot 12/6 €, Bus & Boot 25/15 €; ⏲9.30–22 Uhr, außerhalb des Sommers kürzer) Der Hop-on-Hop-off-Bus vom *ajuntament* (Rathaus) mit Audioguides in verschiedenen Sprachen fährt alle 20 Minuten von der Avinguda d'Antoni Maura ab. Auf seinem Rundkurs passiert er das Zentrum, den Hafen und das Castell de Bellver. Wer möchte, kann die Fahrt mit einer Bootstour durch die Bucht kombinieren.

Feste & Events

Cinema a la Fresca FILM
(⏲Juli–Sept.) Seit 1986 findet dieses Filmfestival jeden Sommer statt und ist damit fester Bestandteil von Palmas Veranstaltungskalender. Im Parc de la Mar unterhalb der Kathedrale gibt's kostenloses Open-Air-Kino. Die Filme starten um 21.30 oder 22 Uhr.

Copa del Rey SEGELN
(www.regatacopadelrey.com; ⏲Juli–Aug.) Ein Höhepunkt auf dem Segelkalender ist der „Königspokal" an acht Tagen im Juli und August. König Felipe und sein Vater Juan Carlos I. treten regelmäßig in konkurrierenden Booten gegeneinander an.

TaPalma ESSEN & TRINKEN
(www.tapalma.es; ⏲Ende Okt.) Sich einmal quer durch Palma essen – diese Möglichkeit besteht bei diesem Event, das die besten Tapas der Stadt zelebriert. Rund 40 Restaurants und Bars machen mit. Man folge den „Tapaspfaden" – eine Karte ist auf der Website erhältlich.

Trofeo Ciutat de Palma SEGELN
(www.trofeociutatdepalma.com; ⏲Dez.) Die riesige Veranstaltung für kleinere Boote unter Leitung des Real Club Náutico de Palma dauert vier Tage.

Nit de Foc LOKALTYPISCHES FEST
(⏲23. Juni) In Palma wird der Vorabend des Johannistags feurig gefeiert: Beim *correfoc* (Feuerlauf), der im Parc de la Mar startet, hüpfen und tanzen kostümierte Dämonen in einem teuflischen Umzug. Danach gibt's an den Stadtstränden Musik, Lagerfeuer und Partystimmung bis zum Morgengrauen.

Fiesta Sant Sebastiá MUSIK
(⏲18.–20. Jan.) Am Vorabend des Namenstags von Palmas Schutzheiligem finden auf den öffentlichen Plätzen Konzerte statt (alles von Funk bis Folk). Dann gibt's Freudenfeuer und das *aiguafoc*, ein Feuerwerk über der Bucht – trotz frösteliger Temperaturen eine Riesenparty!

Nit de l'Art KULTUR
(www.nitdelartartpalma.com; ⏲Sept.) An einem Samstagabend im September übernimmt die Kunst in Palmas historischem Zentrum das Zepter. Die vielen Galerien der Stadt öffnen ihre Tore und auf den Straßen gibt's Installationen, Ausstellungen und Live-Vorführungen.

Weihnachtsmarkt WEIHNACHTSMARKT
(Plaça Major; ⏲Ende Nov.–Anfang Jan. 10–21 Uhr) Beim Weihnachtsmarkt auf der Plaça Major, der Plaça d'Espanya und auf La Rambla gehören Kunsthandwerkerstände, Musik und verschiedene Weihnachtsmänner zum Programm.

PALMA FÜR KINDER

Palmas Strände, Parks, Wasseraktivitäten und zahlreiche Cafés und Eisdielen machen die Stadt zu einem Topziel für Familien. Welches Kind ist nicht verrückt nach Burgen? Das **Castell de Bellver** (S. 67) und das **Castell de Sant Carles** (www.museomilitarsancarlos.com; Carretera del Dic de l'Oest; ⏲Di–So 10–14 Uhr) GRATIS haben imposante Märchenbuchausmaße, während das **Es Baluard** (S. 65) in den Festungswällen gleichermaßen für Kunstfans und Entdecker geeignet ist. Das **Palma Aquarium** (S. 86) östlich von Palma ist ebenfalls ein Highlight für Kinder. Dort lässt sich gut und gern ein halber Tag verbringen – und die Kleinen können sogar über Nacht bleiben (bei speziellen „Haiübernachtungen" am Freitagabend). Weiteres Highlight ist das **Aqualand** (S. 86), der größte Wasserpark der Insel mit Rutschen, Becken, Speedballs und weiterem Wasserspaß.

Überall in der Stadt gibt's Kinderspielplätze, z. B. im Parc de les Estacions hinterm (Bus-)Bahnhof und im Park Sa Feixina nahe dem Es Baluard. Ein toller Abenteuerspielplatz ist zudem unweit der Befestigungsanlage gleich östlich des **Parc de la Mar** (S. 62).

ZUM MARKT

Ein Besuch der farbenfrohen Stände von Palmas Lebensmittelmärkten gewährt tolle Einblicke in die Aromen der Stadt. Hier gibt's alles, was man für ein Picknick braucht: von Käse und Wurst bis zu Obst und Gemüse. Der größte und beste ist der zentral gelegene Mercat de l'Olivar. Dort findet man die ganze Palette von dicken Oliven, fremd klingenden Gemüsesorten, fußballgroßen Melonen über an Schnüren aufgereihte *sobrassadas* (geräucherte Schweinswurst mit Paprikageschmack), große Stücke Serrano-Schinken bis hin zu genug Fisch, um einen kleinen Ozean zu füllen. So kann man sich problemlos den kompletten Morgen vertreiben und anschließend an den Ständen Tapas und Austern zum Mittagessen bestellen. Ähnlich betriebsam, aber weniger touristisch sind der **Mercat de Santa Catalina** und der **Mercat de Pere Garau** (Karte S. 54; ☎ 971 24 46 74; https://mercatperegarau.es; Plaça de Pere Garau; ⏲ Mo–Sa 7–15 Uhr). Gourmets sind auf dem **Mercado Gastronómico San Juan** (S. 70) richtig, der in einem umgebauten Schlachthof im Norden der Stadt verschiedene Feinkost verkauft.

Semana Santa RELIGIÖSES FEST

(Karwoche; ⏲ März–April) In der Karwoche werden zahlreiche Prozessionen abgehalten, die imposanteste am Gründonnerstag: Bei der Processó del Sant Crist de la Sang (Christus des Blutes) ziehen Angehörige der *confraries* (Bruderschaften) in langen Roben und Kapuzen mit einem *paso* (schweren Kruzifix) durch die Straßen. Die Prozession startet um 19 Uhr in der Església del Crist de la Sang.

Fronleichnam RELIGIÖSES FEST

(⏲ Mai–Juni) Fronleichnam ist zwar am neunten Donnerstag nach Ostern, aber die Hauptprozession beginnt am darauffolgenden Sonntag an der Kathedrale. Hier werden an diesem Tag Blumenteppiche ausgelegt. Konzerte (viele in den *patis* der Stadt) sorgen für den feierlichen Rahmen.

Sa Rueta & Sa Rua KARNEVAL

(⏲ Feb.–März) Palmas Karneval wird vor Beginn der Fastenzeit gefeiert. Ein Kinderumzug (Sa Rueta) macht den Anfang, anschließend folgt der größere Sa Rua mit Umzugswagen und allem, was dazugehört.

Essen

Palmas kulinarisches Angebot war schon immer beeindruckend – wie in den meisten größeren spanischen Städten – und wird ständig besser. Neben kühnen Experimenten mit traditionellen mallorquinischen Gerichten von innovativen jungen Köchen locken exzellente Tapas, spanische Klassiker und zunehmend auch sehr gute internationale Küche.

Mercado Gastronómico San Juan MARKT €

(Lebensmittelmarkt des hl. Johannes; Karte S. 54; ☎ 971 78 10 04; www.mercadosanjuanpalma.es; Carrer de l'Emperadriu Eugènia 6; ⏲ 12–24 Uhr) Ein korallenfarbenes Modernista-Gebäude im Kulturzentrum S'Escorxador, einem ehemaligen Schlachthof, beherbergt den Lebensmittelmarkt. Das Feinschmeckerparadies lockt mit einer Bar, einem Café, einer Terrasse und 17 Ständen, die *fideuá* (Paella mit dünnen Nudeln), gehaltvolle *croquetas*, erstklassigen *jamón* von Eichelschweinen, *sobrassada* (geräucherte Schweinswurst mit Paprikageschmack) und viele andere mallorquinische und spanische Köstlichkeiten verkaufen.

Mercat de l'Olivar MARKT €

(Karte S. 58; www.mercatolivar.com; Plaça de l'Olivar; ⏲ Mo–Do 7–14.30, Fr & Sa bis 20 Uhr) Palmas größter Einzelhandelsmarkt für Agrarerzeugnisse ist ein Wunderland mallorquinischer und spanischer Leckereien, darunter Käse, Fleisch, Fisch, Gemüse und fertige Speisen. Cafés und Tapas-Bars laden zum Verweilen ein.

Mercat de Santa Catalina MARKT €

(Karte S. 54; www.mercatdesantacatalina.com; Plaça de la Navegació; ⏲ Mo–Sa 7–17 Uhr) Hiesige Lebensmittelmärkte wie dieser sind das Lebenselixier von Palmas Stadtvierteln und die beste Adresse für frisches Obst und Gemüse, Fisch, Wurstwaren, Brot und Ähnliches. Drinnen bieten sich drei strategisch platzierte Tapas-Bars für eine Pause an.

Altstadt

Bar Bodega Morey TAPAS €

(Karte S. 58; ☎ 634 673351; Carrer d'en Morei 4; Tapas 3 €; ⏲ Mo–Fr 6–17 Uhr) Angesichts Palmas gastronomischer Entwicklung und den rollenden Touristeneuros tröstet es, dass es noch immer günstige Läden gibt, die Einheimische zu schätzen wissen. Die winzige weißgetünchte Bar mit Holzboden serviert leckere Klassiker wie Tortilla, *albondigas* (Fleischbällchen) und *pulpo* (Tintenfisch), außerdem guten Kaffee und Bier vom Fass.

Forn del Santo Cristo BÄCKEREI €
(Karte S. 58; www.hornosantocristo.com; Carrer de Paraires 2; ensaïmades ab 1,30 €; ⌚Mo–Sa 8–20.30, So 8.30–13 Uhr) Schon seit 1910 backt der „Ofen von Jesus Christus" *ensaïmades* (inseltypische luftige Schneckennudeln) und andere traditionelle Leckerbissen, z. B. *cocas de patata* (süße Kartoffelbrötchen).

★ **Can Cera Gastro-Bar** MEDITERRAN €€
(Karte S. 58; ☎971 71 50 12; www.cancerahotel.com; Carrer del Convent de Sant Francesc 8; Tapas 9–22 €; ⌚12.30–23 Uhr) Die Außentische des Restaurants befinden sich im hübschen Innenhof des Hotels Can Cera, das in einem *palau* aus dem 13. Jh. untergebracht ist. Unter Laternenlicht kommen hier kleine Gerichte wie *frito mallorquín* (gebratene Meeresfrüchte mit Kartoffeln und Kräutern), kantabrische Sardellen und Schweinerippchen mit Honig und Senf auf den Tisch. Der vertikale Garten erregt die Aufmerksamkeit der Passanten.

L'Ambigú MODERNE EUROPÄISCHE KÜCHE €€
(Karte S. 58; ☎971 57 21 51; http://elambigubar.com; Carrer de Carnisseria 1; Hauptgerichte 12–14 €; ⌚Mo–Sa 12–24 Uhr) Hinter der Església de Santa Eulàlia versteckt sich dieses unwiderstehliche kleine Bar-Restaurant, das Ceviche, Pasta und andere ausländische Klassiker auf spanische Art interpretiert. Die Atmosphäre sowie ein paar beliebte Tapas auf der Karte erinnern noch immer an die Tapas-Bar, die hier einst untergebracht war. Freitags und samstags geht's hier ziemlich gesellig und laut zu.

Las Olas MEDITERRAN, VIETNAMISCH €€
(Karte S. 58; ☎971 21 49 05; www.lasolasbistro.com; Carrer de Can Fortuny 5; Hauptgerichte 14–17 €, Tapas 2–9 €; ⌚Mi–Mo 12.30–16 & Mi–Sa 20.30–23.30 Uhr; 👪) Das irisch-kambodschanische Besitzerpärchen bietet zwei kulinarische Schwerpunkte: Mittags gibt's neu interpretierte französische Mittelmeerküche, z. B. Kabeljau mit Äpfeln und weichem Knoblauch, während abends vietnamesisch-kambodschanische Speisen mit frischen Kräuteraromen wie *bánh xèo* (vietnamesische Pfannkuchen mit Hühnchen und Garnelen) auf den Tisch kommen.

La Taberna del Caracol TAPAS €€
(Karte S. 58; ☎971 71 49 08; www.tabernacaracol.com; Carrer de Sant Alonso 2; Tapas 1,80–19 €, Tapas-Probierteller 16 €; ⌚Mo–Sa 12–15 & Di–Sa 19.30–23 Uhr) Drei Treppenstufen führen in den hohen gotischen Gewölbekeller, wo traditionelle Tapas wie gegrillte Artischocken, Schnecken, *jamón* (Räucherschinken) und Sardellen auf den Tisch kommen. Ein breiter Sandsteinbogen gibt den Blick auf den Küchenbereich im hinteren Teil frei. Der leckere Probierteller (4 Tapas für 16 €, 2–3 Pers.) ist eine vollständige Mahlzeit.

Fosh Kitchen MODERNE EUROPÄISCHE KÜCHE €€€
(Karte S. 58; ☎971 72 13 54; www.marcfosh.com; Carrer d'Orfila 4; Hauptgerichte 30–35 €; ⌚Di–So 12.30–15.30 & 19.30–22.30 Uhr; 📶) Fachmännisch verarbeitete, erstklassige Zutaten sind der Schwerpunkt dieses schicken, modernen Lokals, der informelleren Variante des Sternerestaurants von Marc Fosh. In dem eindrucksvollen Modernista-Gebäude, das einst Palmas Konditorei Confiteria Frasquet beherbergte, gibt's leckere Gerichte wie iberischen Speck mit Kartoffeln, Senfkörnern und Wasserkresse sowie Zackenbarsch nach mallorquinischer Art.

Plaça Major & Umgebung

Restaurant Celler Sa Premsa MALLORQUINISCH €
(Karte S. 54; ☎971 72 35 29; www.cellersapremsa.com; Plaça del Bisbe Berenguer de Palou 8; Hauptgerichte 9–14 €, menús 14 €; ⌚Sept.–Juni Mo–Sa

DIE PERFEKTE ENSAÏMADA

Die meisten Mallorquiner und fast jeder Inselbesucher haben einen kulinarischen Favoriten: die bescheidene *ensaïmada*, ein feines, luftig-leichtes, Croissant-ähnliches Gebäck, das mit Puderzucker bestäubt und manchmal mit Creme gefüllt wird. Bei der Frage, wo es die besten gibt, herrscht erstaunliche Einigkeit. Nach umfangreicher Recherche in den renommiertesten Bäckereien haben wir folgende als die besten Palmas und vielleicht sogar der gesamten Insel ausgemacht:

- **Horno San Antonio**
- **Ca'n Joan de S'Aigo**
- **Forn des Teatre**
- **Forn del Santo Cristo**

12.30–16 & 19.30–22.30 Uhr, Juli & Aug. Mo–Fr) Diese lokale Institution mit toller Atmosphäre, die seit 1958 erfolgreich betrieben wird, gehört zum Pflichtprogramm. Zwischen alten Weinfässern und verblichenen Stierkampfpostern werden mallorquinische Spezialitäten serviert. Restaurants dieser Art findet man en masse im Inselinneren, in Palma sind sie eine aussterbenden Gattung.

Zu empfehlen sind gut zubereitetes gebratenes Lamm, *tumbet* (mallorquinisches Gemüse-Ratatouille), *frito mallorquín*, Schweinefleisch mit Kohl oder Kaninchen mit Zwiebeln. Der Service ist exzellent und zurückhaltend, das eigentlich Bemerkenswerte ist jedoch die Atmosphäre.

Ca'n Joan de S'Aigo — BÄCKEREI €

(Karte S. 58; www.canjoandesaigo.webs-sites.com; Carrer de Can Sanç 10; Teilchen/Gebäck 1,30–3 €; ⌚ 8–21 Uhr) Verführt bereits seit 1700 mit allerlei süßen Leckereien. Das gesellige, geflieste Café ist *die* Adresse für eine dickflüssige heiße Schokolade (2 €) und Gebäck in wunderbar atmosphärischen Räumlichkeiten voller Antiquitäten. Kinder sind ganz verrückt nach der Spezialität des Hauses: *quart*, ein weicher Biskuitkuchen mit Mandeleis.

Horno San Antonio — BÄCKEREI €

(Karte S. 54; Plaça Sant Antoni 6; ensaïmades ab 1,30 €; ⌚ Di–Fr 8–20, Sa & So bis 14 Uhr) In der traditionellen alten Konditorei bekommt man den Aussagen von Einheimischen zufolge die besten *ensaïmades* überhaupt, und das in allen Größen und Spielarten: neben einfachen Schoko-*ensaïmades* auch Varianten mit Sahne- bzw. Aprikosenfüllung. Die Kuchen gibt's alle auch zum Mitnehmen, sie werden dafür äußerst hübsch verpackt.

Forn des Teatre — BÄCKEREI €

(Karte S. 58; www.forndesteatre.com; Plaça de Weyler 9; ensaïmades ab 1,30 €; ⌚ 8–1 Uhr) Mit ihren wunderschönen Modernista-Elementen ist diese Konditorei ein historisches Wahrzeichen. Sie verkauft herrlich leichte *ensaïmades* – die größeren Teigschnecken werden nach der Bestellung immer frisch zubereitet, die kleineren sind zum Mitnehmen zu haben und kosten ab 1,30 €. Auch den Mandelkuchen sollte man sich auf keinen Fall entgehen lassen.

Bar España — SPANISCH €€

(Karte S. 58; ☎ 971 72 42 34; Carrer de Ca'n Escurrac 12; Tapas-Menüs 12–22 €; ⌚ Mo–Fr 18.30–24, Sa 12.30–16.30 & 18.30–1 Uhr) Wer sich abends in diese Bar begibt, nachdem ringsum schon alle Läden dichtgemacht haben, glaubt fast, auf einen geheimen Ort gestoßen zu sein. Das Restaurant mit den Steinmauern ist extrem beliebt: Hier unterhalten sich die Gäste angeregt, während sie feine *pintxos* (baskische Tapas) verputzen.

Quina Creu — TAPAS €€

(Karte S. 58; ☎ 971 71 17 72; www.quinacreu.com; Carrer de Cordería 24; Hauptgerichte 17–23 €, Mittagsmenü werktags 13 €; ⌚ Mo–Sa 12–1 Uhr) Quina Creu ist die Königin des schäbig-schicken Looks. Dafür sorgt der Mischmasch aus Vintage-Möbeln, glitzernden Kronleuchtern wie aus einem Spukschloss und mit Postern „tapezierten" Wänden. Tiefe Sofas, eine von Tapas eingerahmte Bar und auf Tafeln angeschriebene Leckereien – wie wär's mit *sobrassada* an Wachtelei oder Kabeljau mit *gambas* (Garnelen) und *salsa verde*? – laden zu gemütlichen Aperitifs ein und es herrscht entspannte, fröhliche Atmosphäre.

★ Marc Fosh — MODERNE EUROPÄISCHE KÜCHE €€€

(Karte S. 58; ☎ 971 72 01 14; www.marcfosh.com; Carrer de la Missió 7A; Menüs 68–89 €, Mittagsmenüs 28–40 €; ⌚ 13–16.30 & 19.30–24 Uhr) Im umgebauten Refektorium eines Klosters aus dem 17. Jh. serviert das stilvolle Flaggschiff der aufstrebenden Flotte von Foshs Sternerestaurants in Palma altgediente mediterrane Gerichte und Zutaten mit einem innovativen Anstrich. Gerichte wie Foie gras, Ententerrine oder getrüffelte Pasta mit Burrata kann man beim wöchentlichen Mittagsmenü (3/5 Gänge 28/40 €) zu einem erschwinglichen Preis kosten.

Die Aromen sind geradlinig, die Zutaten saisonal unterschiedlich. Als Vorspeise bietet sich Tartar von roter Garnele und Skorpionfisch mit Plankton-Gelee und grüner Tomaten-Consommé an, gefolgt von wildem Seebrassen mit jungen Mandeln und Tintenfischtinte. Nur mit Reservierung.

La Bodeguilla — SPANISCH €€€

(Karte S. 58; ☎ 971 71 82 74; www.la-bodeguilla.com; Carrer de Sant Jaume 3; Hauptgerichte 20–28 €; ⌚ 12–23 Uhr) Das Gourmetrestaurant interpretiert spanische Gerichte in einem modernen Speiseraum voll Wein und Schinken neu. Empfehlenswert sind das *porc negre* (seltene Schweineart) aus Mallorca oder das *lechazo* (junges Lamm, nach Córdoba-Art mit Rosmarin gegart). Auch die Auswahl an Tapas ist verführerisch – der gegrillte Tintenfisch mit Kartoffelschaum ist eine perfekt zubereitete maritime Köstlichkeit.

Es Puig de Sant Pere

Bon Lloc VEGETARISCH €

(Karte S. 58; ☎ 971 71 86 17; www.bonllocrestaurant.com; Carrer de Sant Feliu 7; Hauptgerichte 9–10 €, Mittagsmenü 15 €; ⌚ Mo–Sa 13–16 & Do–Sa 20–23 Uhr; ✎) Ein beliebter Klassiker der gesundheitsbewussten Hipstergemeinde: Das rein vegetarische Restaurant – Palmas erstes seiner Art – weiß mit Bioprodukten umzugehen und ist außerdem hell, offen und stilvoll. Mittags gibt's ein Vier-Gänge-Menü (Saft oder Salat, Vorspeise, Hauptgericht und Dessert), während das Abendessen à la carte serviert wird. Wegen der großen Beliebtheit sollte man telefonisch reservieren.

13 % TAPAS €

(Karte S. 58; ☎ 971 42 51 87; www.13porciento.com; Carrer de Sant Feliu 13A; Tapas 5–9 €, Mittags-/Degustationsmenüs 11/20 €; ⌚ Mo–Sa 12.30–23.30, So ab 18 Uhr; ✎) Der L-förmige Laden ist Wein- und Tapas-Bar, Bistro und Feinkostladen in einem. Meist werden Bio-Produkte verwendet, und die Auswahl an vegetarischen Speisen ist groß. Neben Klassikern wie galizischem Tintenfisch gibt's auch experimentierfreudigere Speisen wie *bacallà* (Salzdorsch) mit Erbsenpüree und schwarzer Olivencreme sowie Salate, Carpaccios und Pasta. Das Mittagsmenü umfasst drei Tapas nach Wahl.

Forn de Sant Joan SPANISCH €€

(Karte S. 58; ☎ 971 72 84 22; www.forndesantjoan.com; Caller de Sant Joan 4; Menüs 18–22 €; ⌚ 13–16 & 19–24 Uhr; 📶) Ein weiteres Beispiel für Palmas progressive Gastroszene: Der „Ofen der hl. Johanna" serviert perfekt gemixte Cocktails und innovative mallorquinische/mediterrane Kost in einem Gebäude mit nacktem Backstein. Lokale Zutaten wie Goldmakrele oder Lamm werden hier international interpretiert, z. B. als marokkanische Tajine oder peruanisches Ceviche. Einen exzellenten Überblick gibt das Mittagsmenü mit drei Gängen.

Bruselas INTERNATIONAL €€

(Karte S. 58; ☎ 971 71 09 54; www.restaurantebruselas.com; Carrer d'Estanc 4; Hauptgerichte 13–20 €; ⌚ Mo–Sa 13–15.30 & 20–23.30 Uhr) Hier wird rotes Fleisch ansprechend in Szene gesetzt: Die argentinischen Steaks, darunter *solomillo con foie* (Steakfilet mit Gänsestopfleber), Gourmet-Hamburger und Kobe-Rind, werden in einem Keller mit Steingewölbe serviert, außerdem gibt's ein paar innovative Tapas und vegetarische Optionen. Dazu werden vollmundige mallorquinische Rotweine wie Son Bordils Negre gereicht.

Opio FUSIONSKÜCHE €€

(Karte S. 58; ☎ 971 28 28 72; www.purohotel.com; Puro Oasis Urbano, Carrer de Montenegro 12; Hauptgerichte 18–20 €; ⌚ Restaurant Mai–Sept. Di–So 20–23.30 Uhr, April & Okt.–Dez. Mi–So) Im pazifisch ausgerichteten Opio gibt's Asiatisches (Tempura-Garnelen) und Südamerikanisches (Ceviche), außerdem iberische Küche und die allgegenwärtigen Burger. Zum Programm gehören schicke Räumlichkeiten im Puro Hotel, DJs, Cocktails und herausgeputzte Kundschaft. Die angeschlossene Bar öffnet länger als das Restaurant (teils bis 4 Uhr).

Caballito de Mar FISCH & MEERESFRÜCHTE €€€

(Karte S. 58; ☎ 971 72 10 74; www.caballitodemar.info; Passeig de Sagrera 5; Hauptgerichte 19–34 €; ⌚ 13–24 Uhr) Eine kulinarische Institution in Palma und eine verlässliche Adresse für hochwertige Leckereien aus dem Meer. Das „Seepferdchen" serviert Seeteufelmedaillons, *sobrassada* und *butifarrón* (Blutwürste), in Kohlblätter gewickelt mit Nusssoße. Wer Lust auf etwas Traditionelleres hat, sollte Steinbutt mit Gemüse-Confit oder rote Krabben aus Sóller probieren.

Santa Catalina & Umgebung

El Perrito SCHWEDISCH €

(Karte S. 54; ☎ 971 45 59 16; Carrer d'Anníbal 20; Hauptgerichte 8–11 €; ⌚ Mo–Sa 8–17 Uhr) Seinen Namen verdankt das „Hündchen" den Schwarz-Weiß-Fotos der geliebten Vierbeiner der Kunden, die an der Wand hängen. Der Laden wird von Schweden betrieben und ist wahnsinnig niedlich, mit einer angenehm relaxten Atmosphäre und Bohemien-Flair. Die Karte bietet Bagel, hausgemachte Kuchen, frische Säfte und herzhafte Tagesgerichte wie Gulasch, Fleischbällchen mit Preiselbeeren und „Janssons Verführung" (cremiger Kartoffelauflauf mit Sardellen).

Japo Sushi Bar SUSHI €

(Karte S. 54; ☎ 971 73 83 21; www.ilovejapo.com; Carrer de Sant Magí 25; Sushi/Sashimi 1,50/6 €; ⌚ 13.30–16 & 19–23.30 Uhr) Mit ihrem pinken Dekor und den herabhängenden Kamelien ist diese ausgefallene Sushibar in Santa Catalina nicht zu übersehen. Papierlampions zieren den weißgetünchten Essbereich, in dem man sich an frischem Sushi laben kann. Maki, Sashimi und Nigiri – alles da. Das zweigängige Mittagsmenü, u. a. mit warmen Varianten wie Gyoza und Frühlingsrollen, ist mit 9 € ein echtes Schnäppchen.

Koh SÜDOSTASIATISCH €€
(Karte S. 54; ☎971 28 70 39; Carrer de Servet 15; Hauptgerichte 13–15 €; ⏲Mo–Sa 19–23 Uhr) Das stilvolle, freundliche südostasiatische Restaurant in Santa Catalina serviert aromatische (vor allem thailändische) Currys, Suppen und Pfannengerichte. Alles schmeckt intensiv, von den saftigen Garnelen-Schnittlauch-Teigtaschen bis hin zu perfekt gewürztem gelbem Meeresfrüchte-Curry. Die Zutaten stammen vom benachbarten Markt von Santa Catalina und der hübsche Innenhof lädt bei schönem Wetter zu einem Ingwer-Mojito ein.

Trens MALLORQUINISCH €€
(Karte S. 54; ☎971 28 35 03; Carrer d'Annibal 21; Hauptgerichte 18–20 €; ⏲Mi–Sa 12.30–23.30, Di & So bis 16.30 Uhr) Eine Modelleisenbahn bringt den Gästen Vorspeisen und Desserts, überall hängen Bilder von Zügen und es gibt noch viele andere *ferrovial*-Anspielungen – zweifellos unterhaltsam, aber das Restaurant hat noch sehr viel mehr zu bieten. Die traditionelle mallorquinische und spanische Küche ist hervorragend: Neben experimentelleren Leckereien wie Leber und Schnecken gibt's Klassiker wie Paella und gegrillten Fisch.

Nola CAJUN-KÜCHE €€
(Karte S. 54; ☎971 66 70 06; www.disfrutadenola.com; Carrer de Sant Magí 13; Hauptgerichte 15–18 €; ⏲Mo–Sa 19.30–23 Uhr) Das flippige Santa Catalina ist die passende Umgebung für dieses auf kreolische Cajun-Küche ausgerichtete Restaurant, den ersten Außenposten von New Orleans in Palma. Bayou-Klassiker wie Jambalaya, Gumbo und Rippchen werden ein wenig verfeinert (ein Schuss Calvados-Jus hier, ein Tröpfchen Trüffelöl dort), ansonsten hält man sich streng an die Originalrezepte.

Room CAFÉ €€
(Karte S. 54; ☎971 28 15 36; www.theroom-catalina.com; Carrer de Cotoner 47; Hauptgerichte 10–12 €; ⏲Mo–Sa 8–17 Uhr; 👪) Eine beliebte Adresse zum Frühstücken oder Mittagessen. Dieses schicke, moderne Café hat eine entspannte Atmosphäre und für Kinder gibt's Malbücher. Auf der Karte dominieren Eier, Burger, Salate, Pasta und Sandwiches.

Hórreo Veinti3 MEDITERRAN €€€
(Karte S. 54; ☎649 033806; http://horreoveinti3.jimdo.com; Carrer de Sa Fàbrica 23; Hauptgerichte 19–23 €; ⏲Do–Mo 13–0.30, Di & Mi 19–0.30 Uhr) Als Erstes fallen in diesem modernen, teureren Restaurant die transparenten Stühle, polierten Fliesen und Korblampenschirme auf. Die Kellner servieren Muscheln in Albariño, gegrillten Thunfisch und Chateaubriand, auch auf der Terrasse.

La Baranda ITALIENISCH €€€
(Karte S. 54; ☎971 45 45 25; www.labaranda.co.uk; Carrer de Sant Magí 29; Pizza 11–14 €, Hauptgerichte 20–25 €; ⏲18.30–24 Uhr) Der entspannte Italiener mit toskanischem Einschlag ist eine gute Adresse für Pizzas aus dem Holzofen, Pastagerichte und hausgemachten Kuchen. Gäste erwartet eine angenehme Atmosphäre mit unverputztem Mauerwerk, Wänden in warmem Gelb und einfachem Holzmobiliar, dafür aber mit dem einen oder anderen Kunstwerk. Es gibt auch verschiedene Tapas.

Passeig Marítim & Westliches Palma

★ Toque INTERNATIONAL €€
(Karte S. 54; ☎971 28 70 68; http://restaurante-toque.com; Carrer Federico García Lorca 6; Hauptgerichte 17–19 €, 3-Gänge-Mittagsmenü 14,50 €; ⏲Di–Sa 13–16 & 19–23 Uhr; 👪) Ein Vater-Sohn-Gespann betreibt dieses individuelle kleine Lokal mit viel Stolz und Herzlichkeit. Die belgisch-mediterrane Küche (z. B. Blumenkohlcreme mit *butifarrón*-Wurst, Rosinen und Pinienkernen oder Schweinebäckchen mit Pfirsich) erfreut sich bei *palmeros* großer Beliebtheit, die Weine sind gut gewählt und günstig und das Mittagsmenü für 14,50 € ist ein echtes Schnäppchen.

El Náutico FISCH & MEERESFRÜCHTE €€
(Karte S. 54; ☎971 72 66 00; www.elnauticorestaurante.com; Real Club Náutico, Plaza de San Pedro 1; Hauptgerichte 18–22 €; ⏲13–3 Uhr; ❄👪) Im Royal Sailing Club wartet eines der besten Fischrestaurants der Stadt. Auf den Tisch kommen Seehecht in verschiedenen Varianten (u. a. nach „römischer Art" mit Essig und Rosinen), gegrillte Meeresfrüchte und andere frische Köstlichkeiten aus dem Meer. Die Räumlichkeiten samt Fenstern ringsum mit Blick auf den Jachthafen und einer Terrasse sind in hübschem maritimem Stil gehalten.

Casa Jacinto MALLORQUINISCH €€
(☎971 40 18 58; www.casajacintomallorca.com; Camí de la Tramvía 37; Hauptgerichte 14–20 €, Menüs 15–22 €; ⏲13–17 & 19–0.30 Uhr) Ein Klassiker in Gènova, 4 km westlich des Stadtzent-

rums: Seit den 1980er-Jahren lockt das riesige, einfache Lokal Mallorquiner von nah und fern an. Es serviert üppige Portionen mallorquinischer und spanischer Gerichte, besonders gegrilltes Fleisch (z. B. Wild- und Wildschweinkreationen).

Ca'n Eduardo FISCH & MEERESFRÜCHTE €€€
(Karte S. 54; ☎971 72 11 82; www.caneduardo.com; Es Mollet, 3. OG, Travesía Contramuelle; Hauptgerichte 23–29 €; ⏲13–23 Uhr; 👪) Es gibt wohl kaum einen besseren Ort für ein Fischrestaurant als direkt über dem Fischmarkt. Das Ca'n Eduardo wurde bereits in den 1940er-Jahren eröffnet und ist sicherlich nicht die innovativste Adresse, dafür punktet es mit traumhaftem Hafenblick und allerfrischsten Zutaten. Kellner servieren gegrillten Fisch und Meeresfrüchte sowie Reisgerichte (für mind. 2 Pers.). Großer Beliebtheit erfreut sich auch der *arroz bogavante* (Hummer mit Reis; 26 € pro Person).

Es Portixol & Es Molinar

Es Mollet FISCH & MEERESFRÜCHTE €€€
(Karte S. 54; ☎971 24 71 09; www.restauranteesmollet.com; Carrer de la Sirena 1; Hauptgerichte 18–40 €; ⏲Mo–Sa 13–15.30 & 19.30–22.30 Uhr) Das klassische Fischlokal im früheren Fischerdorf Portixol ist auf maritime Leckereien spezialisiert. Neben dem Fang des Tages (bezahlt wird nach Gewicht: 45–60 € pro kg) konkurriert auf dem Grill Tintenfisch mit *sobrassada* und anderen frischen Köstlichkeiten.

Portixol MEDITERRAN €€€
(Karte S. 54; ☎971 27 18 00; www.portixol.com; Carrer de la Sirena 27; Hauptgerichte 23–27 €, 3-Gänge-Mittagsmenü 19 €; ⏲7.30–23 Uhr; 📶🍷) Hell und luftig-frisch ist das Ambiente des in Blau und Weiß gehaltenen Lokals im Hotel Portixol am Hafen. Das Niveau liegt über dem anderer typischer Hotelrestaurants, dafür sorgen hochwertige, international interpretierte mediterrane Zutaten. Wie wär's mit Meeresfrüchte-Laksa mit Reis anstelle von Nudeln oder gegrilltem rotem Thunfisch mit grünen Sojabohnen und Wasabi-Mayonnaise?

Sa Roqueta FISCH & MEERESFRÜCHTE €€€
(Karte S. 54; ☎971 24 94 10; www.restaurantesaroqueta.com; Carrer Sirena 11, Portixol; Hauptgerichte 20–24 €; ⏲Mo–Sa 12–16 & 20–24 Uhr) Eins der exzellenten Fischrestaurants im ehemaligen Fischerdorf Portixol: Das Sa Roqueta serviert seit 1987 den Fang des Tages auf die fast gleiche Weise. Gegrillter Fisch, Muscheln mit Artischocken, Hummerreis und Meeresfrüchte-*fideuà* (Nudeln) sind allesamt minimalistisch und fachmännisch zubereitet.

Ola del Mar FISCH & MEERESFRÜCHTE €€€
(Karte S. 54; ☎971 27 42 75; www.oladelmar.es; Carrer del Vicari Joaquim Fuster 1; Hauptgerichte 22–26 €; ⏲13–16.30 & 19.30–23 Uhr) 2013 öffnete dieser relative Neuzugang der Hafenrestaurants von Portixol und passt sich mit erstklassigen frischen Fisch-, Meeresfrüchte- und Reisgerichten dem hohen hiesigen Standard an. Überraschungen sucht man auf der Speisekarte vergeblich, dafür ist alles fachmännisch zubereitet. Die Terrasse und der aufmerksame Service laden zu einem längeren Aufenthalt ein.

Ausgehen & Nachtleben

Palmas Clubszene konzentriert sich auf den Passeig Marítim und den Club de Mar.

Die meisten Clubs öffnen gegen Mitternacht, allerdings herrscht erst ab 2 Uhr richtig Stimmung. Heiß her geht's bis 5 Uhr, dann übernehmen die Morgenclubs (z. B. an der Plaça de Gomila).

Die Eintrittspreise liegen zwischen 10 und 20 € (das erste Getränk ist zumeist inbegriffen), aber ohne stylisches Outfit kommt niemand rein, egal wie viel er oder sie zu zahlen bereit ist.

Siente SCHWULENSAUNA
(Karte S. 58; ☎971 77 39 33; www.sientespa.com; Carrer de Fray Luis de León 5; ⏲Di–Fr & So 16–23, Sa 16–10 Uhr) Ein Pool, ein Jacuzzi, feuchte und trockene Saunas sowie Privatzimmer machen das Siente zur am besten ausgestatteten und empfehlenswertesten Schwulensauna der Innenstadt.

Bar Michel SCHWULENBAR
(Karte S. 54; ☎971 90 02 84; Avinguda de Joan Miró 58; ⏲Mo–Sa 8–2.30, So 16–24 Uhr; 📶) Im Herzen von Palmas „Schwulenviertel" bietet diese freundliche Terrassenbar einen guten Start in den Abend. Anständige Cocktails und Tapas.

Nassau Beach BAR
(Karte S. 54; ☎664 449053; www.nassaubeachpalma.com; Passeig de Portitxol 5; ⏲9–1 Uhr) Der kokette Strandclub mit DJs, Treibholz-Dekor, gemütlichen Strandliegen und spektakulärem Blick über das Meer und über die Bucht bis zur Kathedrale ist eine der nettesten Adressen für einen Sundowner in Es Portixol. Auch das Restaurant (Hauptgerichte 18–27 €) kann sich sehen lassen.

Anima Beach BAR
(Karte S. 54; ☎ 971 59 55 91; www.animabeachpalma.com; Platja de Can Pere Antoni; ⌚ Mai–Okt. 10.30–1.30 Uhr, Nov.–März 11–20 Uhr; 📶) Eine gemütliche Strandlounge und eine beliebte Anlaufstelle für einen Sundowner und Tapas. DJs sorgen donnerstags bis sonntags für Stimmung. Wer möchte, kann sich für 25 € eine Sonnenliege reservieren, für 35 € gibt's einen Cocktail, Wasser und Obst dazu.

Dark Cruising Bar SCHWULENBAR
(Karte S. 54; www.darkcruisingmallorca.com; Carrer de Ticià 22; ⌚ 19–3 Uhr) Hat einen Darkroom für rein männliche Klientel, u. a. mit Nackt- und Fetischpartys. Die Bar ist an einem kleinen beleuchteten Schild und dem tiefblauen Licht zu erkennen.

Nikki Beach BAR
(☎ 971 12 39 62; www.nikkibeach.com; Avenida Notario Alemany 1; ⌚ Ende April–Sept. 11–20 Uhr) Sushi, Champagner, schicke weiße Liegen, gebräunte Gäste, DJ-Klänge und Grillabende im Sommer – das Nikki Beach in Magaluf hat viel zu bieten. Bei Bedarf gibt's einen Jacht-Abholservice.

Guinness House BAR
(Karte S. 58; Parc de la Mar; ⌚ 8–1 Uhr) Insgesamt ist diese Bar eher unscheinbar, doch sie punktet mit einer Traumlage zwischen Kathedrale und Meer. Am besten kommt man für einen frühmorgendlichen Kaffee, bevor der Gästeansturm einsetzt, oder nach Einbruch der Dunkelheit.

PALMA FÜR SCHWULE & LESBEN

Die Schwulen- und Lesbenszene der Insel konzentriert sich hauptsächlich in und um Palma. Viele Schwulen- und Lesbenbars findet man auf der Avinguda de Joan Miró südlich der Plaça de Gomila. Der Abend könnte etwa mit folgenden Läden beginnen:

- **Dark Cruising Bar**
- **Siente**
- **Bar Michel**

Nützliche Websites mit Infos zur hiesigen Schwulen- & Lesbenszene:

- www.mallorcagaymap.com (in manchen Touristenbüros erhält man auch die dazugehörige Zeitschrift)
- www.gay-mallorca.blogspot.com

Altstadt

La Vinya de Santa Clara WEINBAR
(Karte S. 58; ☎ 666 664330; www.lavinyadesantaclara.es; Carrer de Santa Clara 8A; ⌚ Mo–Sa 13–23.30, So 17–23 Uhr) Wer mallorquinische (und auch andere) Tropfen kosten will, ist in dieser geselligen kleinen Bar mit über 60 Weinsorten, die glasweise serviert werden, genau richtig. Einfache Tapas – z. B. Käse, *sobrassada* und Empanadas – sorgen für eine unterhaltsame Grundlage.

Gibson BAR
(Karte S. 58; ☎ 971 71 64 04; Plaça del Mercat 18; ⌚ So–Do 8–2, Fr & Sa bis 3 Uhr) In dieser munteren Cocktailbar mit Sitzgelegenheiten im Freien ist auch unter der Woche immer noch etwas los, wenn rundherum schon alles andere dicht gemacht hat. Hier verkehren vor allem Einheimische.

Cappuccino CAFÉ
(Karte S. 58; www.grupocappuccino.com; Carrer del Conquistador 13; ⌚ So–Mi 8.30–1, Do–Sa bis 24 Uhr; 📶) Das Cappuccino gehört zu einer stylishen Cafékette und überzeugt vor allem mit seiner Lage beim Palau March. An den leichten Gerichten, Kuchen und an dem guten (wenn auch überteuerten) Kaffee ist zwar absolut nichts auszusetzen, überzeugend ist jedoch vor allem der Blick auf das bunte Treiben.

Plaça Major & Umgebung

Ca La Seu BAR
(Karte S. 58; Carrer de Cordería 17; ⌚ Mo–Sa 19–2 Uhr) In der einstigen Kathedralen-Werkstatt befindet sich heute eine der atmosphärischsten Bars in Palma. Den 500 Jahre alten Raum zieren Marmortische und Korbarbeiten, die früher hier gefertigt wurden. Kreative Tapas, Craft-Bier und eine für die besten Adressen in Sa Gerreria typische angenehme Betriebsamkeit runden das gesellige Ambiente ab.

Bar Flexas BAR
(Karte S. 58; www.barflexas.com; Carrer de la Llotgeta 12; ⌚ Di–Sa 12–17 & 19–1 Uhr) Lange bevor die Straßen südöstlich der Plaça Major zum „In"-Pflaster wurden, gab es dort schon diesen gut besuchten Einheimischen-Treff, der viel Retro-Coolness verströmt. Bis heute ist der charmante Exzentriker eine gute Alternative zu den Touristenläden und bietet neben Kunstausstellungen und gelegentlichen

Livekonzerten leckere Tapas und die richtige Einstellung.

Café L'Antiquari BAR
(Karte S. 58; ☎ 871 57 23 13; Carrer d'Arabi 5; ⊙ Mo–Sa 12–1 Uhr) Das ehemalige Antiquariat ist heute eine der urtümlichsten Bars von ganz Palma, ideal für einen Drink und ein paar Tapas. Kuriositäten, Drucke und Krimskrams zieren jede noch so kleine Ecke und jeden freien Zentimeter an der Wand. Selbst die Tische und Stühle gehören in eine andere Epoche. Gelegentlich finden Konzerte oder Fotoausstellungen statt, zudem ist der Kaffee exzellent.

Es Puig de Sant Pere

Atlantico Café BAR
(Karte S. 58; ☎ 971 72 62 85; www.cafeatlantico.es; Carrer de Sant Feliu 12; ⊙ Mo–Sa 13–2, So ab 19 Uhr) Ein bunter Mix an Krimskrams, herzliches, entspanntes Personal und großartige Stimmung machen diese Bar zu einer der charismatischsten der Stadt. Die ständig zunehmenden Wandkritzeleien zeugen von unzähligen geselligen Cocktail-Nächten seit der Eröffnung 1997.

Bodega Can Rigo BAR
(Karte S. 58; ☎ 971 41 60 07; www.bodegacanrigo.es; Carrer de Sant Feliu 16; ⊙ Mo, Di, Do & Fr 9.30–15 & 18–23.30, Sa ab 12, So ab 18 Uhr) Die Tapas und *pintxos* in dieser atmosphärischen kleinen Bar, deren Erfolgsgeschichte auf das Jahr 1949 zurückgeht, zählen zu den besten der Stadt. Als wären das intime Flair, die gemütlichen Sitzecken und die tolle Weinkarte nicht schon genug!

Café La Lonja CAFÉ
(Karte S. 58; ☎ 971 72 27 99; http://cafelalonja.es; Carrer de Sa Llotja 2; ⊙ Mo–Sa 10–2, So 11–1 Uhr) Mit der geschwungenen Marmortheke, den Fliesen im Schachbrettmuster, ein paar Tischen und gepolsterten Bänken sowie bunt gemischtem Dekor mit alten Gepäckstücken und Porträts eignet sich dieses Café ebenso für ein Frühstück wie für Tapas und eine großzügige *pomada* (Menorca-Gin mit Zitronenlimo). Viele Gäste sitzen am liebsten draußen im Schatten von Sa Llotja.

Ginbo BAR
(Karte S. 58; ☎ 971 72 21 75; Passeig de Mallorca 14A; ⊙ Mo–Fr 16–3, Sa & So ab 18 Uhr) Das Viertel ist zwar nicht das angesagteste, dafür serviert das Ginbo den besten Gin Tonic von ganz Palma. Neben über 120 verschiedenen Sorten

NICHT VERSÄUMEN

STRANDCLUB-COOLNESS

Wenn der Sommer voll aufdreht, zieht es die Menschen in gemütliche Lounge-Zonen am Pool. Dort werden dann mit anderen braungebrannten Genießern Cocktails geschlürft. Hier sind unsere Lieblingsadressen am Strand:

➡ **Nikki Beach** Sushi, Champagner, schicke weiße Liegen, gebräunte Körper, DJ-Klänge und sommerliche Grillpartys bietet das Nikki Beach in Magaluf.

➡ **Anima Beach** Beliebte Chill-Out-Lounge für einen Umtrunk bei Sonnenuntergang und Tapas.

➡ **Nassau Beach** Schicker Strandclub in Es Portixol mit Blick aufs Meer, die Bucht und die Kathedrale.

gibt's auch noch großartige Cocktails wie den leckeren Tangerine (Gin Sour mit Rosmarinsirup), die man in der betriebsamen, stilvoll großstädtischen Bar oder auf der Terrasse schlürfen kann.

Abaco COCKTAILBAR
(Karte S. 58; ☎ 971 71 49 39; www.bar-abaco.es; Carrer de Sant Joan 1; ⊙ So–Do 20–1, Fr & Sa bis 3 Uhr) Hinter einem alten Holztor versteckt sich eine herrliche Bar: Das Abaco nimmt den restaurierten Innenhof eines alten mallorquinischen Hauses ein und wartet mit verzierten Kandelabern, Blumenarrangements, frischem Obst sowie bizarrer Kunst auf. Das Dekor schwankt zwischen extravagant und kitschig. 15 € oder mehr für einen Cocktail auszugeben ist eine echte Sünde, aber irgendwie lohnt es sich doch.

Santa Catalina & Umgebung

Idem Café BAR
(Karte S. 54; Carrer de Sant Magí 15A; ⊙ 19–2 Uhr, im Sommer bis 3 Uhr; 📶) Dunkelroter Samt wie im Bordell, Kronleuchter, Barockspiegel und recht gewagte Kunst. Der burleske Look und die „Vorglüh-Stimmung" machen das Idem zu einer tollen Anlaufstelle für einen Mojito oder Gin, bevor es in den Club geht.

Hotel Hostal Cuba BAR
(Karte S. 54; ☎ 971 45 22 37; www.hotelhostalcuba.com; Carrer de Sant Magí 1; ⊙ So–Do 8–2, Fr & Sa bis 4 Uhr) In einem Gebäude aus dem frühen

LA RUTA MARTIANA

Sa Gerreria südöstlich der Plaça Major hat sich enorm verändert. Einst war das Viertel verschrieen, heute ist es eine der schicksten Ausgehadressen der Stadt. Das hat es vor allem der „Marsianerroute", **La Ruta Martiana**, zu verdanken! Mehr als 20 Bars säumen die Straßen, in denen man dienstags von 19.30 bis 0 Uhr und mittwochs zwischen 19.30 und 2 Uhr kleine Häppchen (Tapas oder *pintxos*) und ein Getränk für 2 € bekommt. Das ist nicht nur supergünstig, sondern auch die perfekte Rechtfertigung für eine „Tapas-und-Kneipen-Tour". Zu den teilnehmenden Bars gehören u. a **L'Ambigú** (S. 71) und **Ca La Seu** (S. 76).

20. Jh., in dem einst Seemänner auf der Durchreise einzukehren pflegten, befindet sich heute diese Bar. Mittlerweile ist die Klientel gediegener, aber immer noch durstig. Das Erfolgsrezept: eine von 9 bis 24 Uhr geöffnete Küche, gelegentliche DJ-Musik und eine Dachbar mit großartigen Panoramaausblick auf die Innenstadt und die Badia de Palma.

Soho Bar BAR
(Karte S. 54; ☎971 45 47 19; www.sohobarpalma.com; Avinguda d'Argentina 5; ⌚18–3 Uhr; 📶) Eine selbsternannte „Urban Vintage Bar" mit einem grün beleuchteten Bierkühlschrank, Vintage-Dekor im 1960er-Stil und einem Faible für Indie-Musik. Dem entspannten Publikum an den Tischen draußen macht der vorbeirauschende Verkehr offenbar nichts aus, zudem kann man sich an altmodischen Spielekonsolen die Zeit vertreiben. Cocktails kosten 7 €; die Spezialität des Hauses ist der Mojito.

Passeig Marítim & Westliches Palma

Pacha CLUB
(Karte S. 54; www.pachamallorca.es; Passeig Marítim 42; ⌚Juli–Aug. tgl. 22–6 Uhr, restliches Jahr Do–Sa) Dieser glamouröse Club bringt ein Stück Ibiza in Palmas Nachtleben. Der dreistöckige Party-Tempel abseits des Zentrums unten am Hafen bietet regelmäßige Fiestas, bunt gemischte, tanzbare DJ-Musik und verschiedene Lounge-Terrassen. Der Eintritt liegt bei 15 €.

Tito's CLUB
(Karte S. 54; www.titosmallorca.com; Passeig Marítim 33; Eintritt 15–20 €; ⌚Juni–Sept. tgl. 23–6 Uhr, Okt.–Mai Fr & Sa) Seit den 1950er-Jahren hält sich dieser Club, in dem schon Berühmtheiten wie Ray Charles, Marlene Dietrich und Frank Sinatra gefeiert haben. Heute spielen DJs Euro-House und populäre Tanzmusik für ein Publikum, das ein gediegenes Ambiente, den Ausblick auf die Stadt und heiße Auftritte zu schätzen weiß. Bei warmem Wetter gibt's eine Freiluftbühne.

Varadero BAR
(Karte S. 54; ☎971 72 64 28; www.varaderomallorca.com; Camí de l'Escullera; ⌚Mo–Do & So 8–1, Fr & Sa bis 3 Uhr) Der tolle Standort dieser minimalistischen Bar mit Glasfront über der Badia de Palma vermittelt das Gefühl, vor Anker gegangen zu sein. Möwenschreie mischen sich unter die Geräusche aus dem Lokal, während man sich auf der Teakholz-Terrasse seinen Lieblingsdrink mit Blick auf die tief über der Bucht fliegenden Flugzeuge und die majestätische Kathedrale schmecken lässt.

☆ Unterhaltung

Ob Popkonzerte, Oper, Kino, traditionelle Tänze, internationale Regatten oder Fußballspiele: In Palma ist immer für Unterhaltung gesorgt. Tickets für die meisten Veranstaltungen gibt's online unter www.ticketmaster.es oder beim Kaufhaus El Corte Inglés (www.elcorteingles.es).

Ein aktueller Veranstaltungskalender findet sich auf http://ocio.diariodemallorca.es.

Kinos

In Palma gibt's zwar mindestens sieben Kinos mit jeweils mehreren Sälen, doch nur in einem werden Filme im Originalton gezeigt.

Cine Ciutat KINO
(Karte S. 54; ☎971 20 54 53; www.cineciutat.org; Carrer de Emperadriu Eugènia 6) Das Programmkino rund 2 km nördlich der Innenstadt zeigt viele Filme im Original mit spanischen Untertiteln. Montags zahlt man 5 € anstelle von 7,50 €.

Theater

Teatre Principal THEATER
(Karte S. 58; ☎Kartenverkauf 971 21 96 96; www.teatreprincipal.com; Carrer de Sa Riera 2; ⌚Kartenverkauf Mi–Sa 17–21, Fr & Sa 11–14 Uhr) Auf dem Grund eines Originalgebäudes aus dem 17. Jh. entstand 1854 dieses Prestigehaus der Stadt für Theater, klassische Musik, Opern und Ballett. Bereits 1858 wurde es durch ei-

nen Brand zerstört, 1860 wieder aufgebaut und 2007 umfassend renoviert. Jetzt erstrahlt es wieder in der klassizistischen Pracht seiner Blütezeit und wartet zusätzlich mit modernster Technik auf. Die Akustik ist hervorragend.

Teatre Municipal TANZ

(Karte S. 58; ☎ 9–14 Uhr 971 73 91 48; Passeig de Mallorca 9; ⏲ Kartenverkauf 1 Std. vor Vorstellungsbeginn) Breit gefächertes Programm von zeitgenössischem Tanz bis hin zu Drama.

Livemusik

Die meisten Livekonzerte in Palma finden in den kleinen Bars rund um Sa Llotja statt. Sie fangen zwischen 22 und 24 Uhr an und sind spätestens um 2 Uhr zu Ende.

Jazz Voyeur Club LIVEMUSIK

(Karte S. 58; ☎ 971 72 07 80; www.jazzvoyeurfestival.com; Carrer dels Apuntadors 5; ⏲ Mo–Do & So 20.30–1, Fr & Sa bis 3 Uhr) Im winzigen, intimen Voyeur treten den Großteil des Jahres jeden Abend Livebands auf. Der Schwerpunkt liegt auf Jazzmusik, aber es werden auch Flamenco, Blues, Funk und gelegentliche Jamsessions geboten. Auf den Tischen brennen rote Kerzen und die Wände zieren Fotos (u. a. eine Dauerausstellung von Gerardo Cañellas). Im Herbst findet hier ein hervorragendes Jazzfestival statt.

Novo Café Lisboa LIVEMUSIK

(Karte S. 54; ☎ 661 785667; Carrer de Sant Magí 33; ⏲ Mi–So 21–3 Uhr) An der geschwungenen Holzbar, einer der besten Locations für DJ-Musik in Palma, herrscht an betriebsamen Abenden jede Menge Stimmung. Auf dem Programm stehen u. a. Jazz-Funk, Disco, Elektromusik und Synthpop. Der Eintritt ist meist kostenlos.

Auditòrium LIVEMUSIK

(Karte S. 54; ☎ 971 73 47 35; www.auditoriumpalma.es; Passeig Marítim 18; ⏲ Kartenverkauf 10–14 & 16–21 Uhr) Palmas Hauptort für große Events (und Kongresse) von Oper über Lightrock, Ballett und Musicals bis hin zu Tribute-Bands und Gospel-Chören. In der Sala Mozart kommt ein Teil des Opernprogramms auf die Bühne (der andere im Teatre Principal). Von Oktober bis Mai tritt hier regelmäßig das Orquestra Simfónica de Balears (Balearen-Symphonieorchester) auf.

Garito Cafe LIVEMUSIK

(Karte S. 54; ☎ 971 73 69 12; www.garitocafe.com; Dàrsena de Can Barberà; ⏲ 20–4 Uhr, Okt.–Mai So–Mi geschl.) DJs und Livebands, deren Bandbreite von Nu Jazz über Discoklassiker bis zu Elektro reicht, sorgen donnerstags bis samstags ab 22 Uhr für Stimmung. Die recht unkonventionelle Küche experimentiert mit Klassikern und kreiert Gerichte wie Quinoa-Risotto oder gebratene schwarze Ravioli. Gewöhnlich ist der Eintritt frei (Mindestverzehr: ein Getränk).

Blue Jazz Club LIVEMUSIK

(Karte S. 58; ☎ 971 72 72 40; www.bluejazz.es; 7. OG, Passeig de Mallorca 6; ⏲ Do–Sa 22 Uhr–spät, Mo 20.30 Uhr–spät) Vom Edelclub im Hotel Saratoga genießt man einen tollen Blick über die Dächer von Palma. Außerdem lockt der Laden mit Jazz-, Soul- und Blues-Konzerten nach dem Abendessen (Do–Sa 23–1 Uhr) und einer Jamsession am Montagabend (21–23 Uhr). Der Eintritt ist frei, man muss allerdings etwas trinken.

Fußball

RCD Mallorca FUSSBALL

(☎ Kartenverkauf 971 22 15 35; www.rcdmallorca.es; Iberostar Estadi, Camí dels Reis, Polígon Industrial) Palmas RCD Mallorca spielt im Iberostar Estadi und zählte lange zu den Mittelfeldteams der ersten Liga. Im Jahr 2013 stieg man allerdings in die zweite Liga ab und kämpft dort derzeit erneut um den Klassenerhalt. Tickets gibt's im Stadion oder telefonisch.

Iberostar Estadi STADION

(☎ Kartenverkauf 971 22 15 35; www.rcdmallorca.es; Camí dels Reis, Polígon Industrial; 🚌 6, 8) Im Iberostar Estadi, rund 3 km nördlich der Innenstadt Palmas, finden Fußballspiele statt, u. a. von Palmas Zweitliga-Team RCD Mallorca. Tickets gibt's am Stadion oder telefonisch.

Shoppen

Der beste Ausgangspunkt für den Einkaufsbummel sind die schicken Läden am Passeig d'es Born. Auf der Haupteinkaufsmeile gibt's Läden von Ketten wie Massimo Dutti und Zara, aber auch echte Nobelboutiquen. Im Labyrinth der Fußgängerzone westlich vom Passeig verstecken sich ein paar der attraktivsten und teuersten Geschäfte der Stadt. Eine weitere gute Adresse ist der Carrer de Sant Miquel (Fußgängerzone).

Altstadt

Colmado Santo Domingo ESSEN

(Karte S. 58; ☎ 971 71 48 87; www.colmadosantodomingo.com; Carrer de Sant Domingo 1; ⏲ Mo–Sa 10–20 Uhr) In dem kleinen Laden ist es so eng

MARKTFIEBER

Flohmärkte, Fachmärkte, Kunsthandwerkermärkte... Palma ist das Paradies für Marktfans. Kunsthandwerk gibt's auf der **Plaça Major Artisan Market** (Karte S. 58; Plaça Major; Juli–Sept. tgl. 10–14 Uhr, Feb.–Juni & Okt.–Dez. Mo, Di, Fr & Sa, Jan. & Feb. Fr & Sa) oder auf der **Plaça des Meravelles** (Karte S. 58; Plaça des Meravelles; Mai–Okt. 20–24 Uhr). Jeden Samstag wird in den *avingudes* östlich des Stadtzentrums (Avinguda de Gabriel Alomar und Avinguda de Villalonga) ein riesiger **Flohmarkt** (Karte S. 54; Avinguda de Gabriel Alomar & Avinguda de Villalonga; Sa 8–14 Uhr) aufgebaut. Der Weihnachtsmarkt findet vom 16. Dezember bis 5. Januar auf der Plaça Major statt.

und die Regale sind so voll beladen mit mallorquinischen Produkten wie Käse, Honig, Oliven, Olivenöl, Pasteten, Feigenbrot, Balsamico-Essig, Marmeladen aus Sóller etc., dass man sich kaum drehen und wenden kann. Ach, und ducken muss man sich auch, da an der Decke *sobrassada* (ab 10 € pro kg) hängen.

Vidrierias Gordiola GLASWAREN
(Karte S. 58; 971 66 50 46; www.gordiola.com; Carrer de la Victòria 2; Mo–Fr 10.15–13.45 & 16.30–20, Sa 10.15–13.45 Uhr) Die Gordiola-Familie blickt auf eine 300-jährige Tradition der Glasherstellung zurück. Davon zeugen Vasen, Lampen, Stielgläser und andere Glaskunstwerke in fantastischen Formen und Farben.

Típika KUNSTHANDWERK
(Karte S. 58; 971 72 89 83; www.tipika.es; Carrer d'en Morei 7; Mo–Sa 11–20, So bis 16 Uhr) In diesem kleinen Geschäft werden mallorquinisches Kunsthandwerk und die lokaltypische Küche vermarktet. Man kann Weine, Olivenöle, Salz und Liköre kaufen sowie Tonwaren u. Ä. aus den Werkstätten von Familienbetrieben auf der Insel erstehen. Vor Ort sind auch Stadtspaziergänge durch Palma von Mallorca Rutes (S. 68) buchbar.

Chocolate Factory SCHOKOLADE
(Karte S. 58; 971 22 94 93; www.chocolatfactory.com; Plaça des Mercat 9; Mo–Sa 10.30–20.30, So 11–15 Uhr) In der Schokoladenfabrik passiert genau das, was man erwartet: Neben unwiderstehlich guten Pralinen, *macarons* und Tafeln mit 100 % Kakaogehalt werden hier auch köstliche *ensaïmadas* mit Schokofüllung, Schokofondues, Kuchen und Eiscreme gezaubert.

Carmina SCHUHE
(Karte S. 58; www.carminashoemaker.com; Carrer de l'Unió 4; Mo–Sa 11–20.30 Uhr) Diese traditionelle einheimische Schuhmarke steht für dezente dunkle Töne, Lederschuhe mit Lochverzierungen und Slipper, die zwischen 340 und 500 € kosten. Exemplare aus Cordovan-Leder gibt's ab 600 €.

Fine Books BÜCHER
(Karte S. 58; 971 72 37 97; Carrer d'en Morei 7; Mo–Sa 10–20 Uhr) Auf drei Etagen findet man eine außergewöhnliche Auswahl an gebrauchten Büchern, darunter den einen oder anderen wirklich kostbaren Schatz. Palmas beste Adresse für gebrauchte englischsprachige Bücher; Rodney ist gern bei der Suche behilflich.

Addaia BEKLEIDUNG
(Karte S. 58; 971 72 40 20; www.addaia.es; Plaça del Rosari 2; Mo–Sa 10–20 Uhr) Das gehobene Modegeschäft verkauft auch Schuhe, Taschen und mehr.

Plaça Major & Umgebung

El Paladar FEINKOST
(Karte S. 54; 971 71 74 04; www.elpaladar.es; Carrer de Bonaire 21; Mo–Sa 8–21, So 9.30–14 Uhr) Ein Paradies für *jamón*-Liebhaber. Es duftet nach luftgetrocknetem Schweinefleisch, Käse *sobrassada* und anderen Leckereien, die auch die Auslage von „Der Gaumen“ zieren. Zur großen Auswahl an mallorquinischen Produkten gehören Weine und Fischkonserven. Wer möchte, kann sich einen Hocker schnappen und einen guten Tropfen mit Probierteller schmecken lassen.

El Corte Inglés KAUFHAUS
(Karte S. 54; 971 77 01 77; www.elcorteingles.es; Avinguda d'Alexandre Rosselló 12–16; Mo–Sa 9.30–22 Uhr) In der Hauptfiliale von Palmas größtem Kaufhaus gibt's Bekleidung, Kosmetik, Haushaltswaren, Accessoires und Tickets für hiesige Vorführungen und Veranstaltungen.

Rosario P BEKLEIDUNG
(Karte S. 58; 971 72 35 86; www.rosariop.com; Carrer de Sant Jaume 20; Mo–Fr 10.30–13.30 & 17–20, Sa 10.30–13.30 Uhr) Die hiesige Designerin Rosario Pérez ist ausgebildete Künstlerin und ver-

kauft in dieser Boutique feine handbemalte Kleider, Schals und Accessoires aus Seide.

Bordados Valldemossa KUNSTHANDWERK
(Karte S. 58; ☎ 971 71 63 06; Carrer de Sant Miquel 26; ⏲ Mo–Sa 10–20 Uhr) In dem altmodischen Laden werden Stickereien angeboten, die größtenteils von der Insel stammen.

Dialog BÜCHER
(Karte S. 58; ☎ 971 66 63 31; www.dialog-palma.com; Carrer de Santa Magdalena 3; ⏲ Mo–Fr 11–14 & 16.30–20, Sa 10–14 Uhr) Zwar ist das Sortiment an deutschen und englischen Titeln überschaubar, aber mit Bedacht zusammengestellt. Vor allem die Sprach- und Mallorca-Literatur kann sich sehen lassen.

Es Puig de Sant Pere

Camper SCHUHE
(Karte S. 58; ☎ 971 71 46 35; www.camper.com; Avinguda de Jaume III 5; ⏲ Mo–Sa10–20.30, So bis 20 Uhr) Die berühmteste Schuhmarke Mallorcas: Dank ihres originellen Ökoschicks liegen die Treter von Camper weltweit im Trend.

El Corte Inglés KAUFHAUS
(Karte S. 58; ☎ 971 77 01 77; www.elcorteingles.es; Avenida de Jaime III 15; ⏲ Mo–Sa 9.30–21.30, So 11–20.30 Uhr) Ein breites Sortiment findet sich in dieser Filiale der riesigen spanischen Kaufhauskette.

Santa Catalina & Umgebung

B Connected Concept Store HAUSHALTSWAREN
(Karte S. 54; ☎ 971 28 21 95; www.bconnected-conceptstore.com; Carrer de Dameto 6; ⏲ Mo–Fr 10–14.30 & 17–21, Sa 10–15 Uhr) Der Designer-„Konzeptladen" passt hervorragend nach Santa Catalina und zählt zu einer von mehreren Filialen, die sich verschiedenen Facetten stilvollen Wohnens verschrieben haben. Neben Haushaltswaren und Inneneinrichtung gibt's jede Menge Krimskrams, den man nicht braucht. Die moderne Aufmachung wird durch ein paar Retro-Elemente ergänzt.

Trading Place BÜCHER
(Karte S. 54; ☎ 871 94 13 50; www.mallorca-books.com; Carrer de Pou 35; ⏲ Mo–Fr 10–13.30 & 17–19.30, Sa 10–13.30 Uhr) Hat eines der größten Sortimente an Secondhand-Büchern (vor allem auf Englisch, aber auch auf Spanisch und Deutsch), verkauft Möbel und dient außerdem als Treffpunkt für Palmas ausländische Gemeinde.

ℹ Praktische Informationen

GEFAHREN & ÄRGERNISSE

Palma ist im Allgemeinen eine sichere Stadt. Das größte Problem sind Taschendiebe.

- Nachts sollte man einige Orte meiden, da dort schon mal zwielichtige Gestalten auftauchen. Wer nach Einbruch der Dunkelheit allein unterwegs ist, wird sich außerdem auf der Plaça de Sant Antoni und in umliegenden Straßen wie der Avinguda de Villalonga und der Avinguda d'Alexandre Rosselló nicht so wohl fühlen. Dennoch ist das Risiko fast verschwindend gering.

INFOS IM INTERNET

Website der Stadt Palma (www.imtur.es) Das wichtigste Touristenportal der Stadt.

Empresa Municipal de Transports Urbans de Palma de Mallorca (www.emtpalma.es) Palmas öffentlicher Verkehrsbetrieb.

Federación Empresarial Hotelera de Mallorca (www.fehm.info) Hotel- und allgemeine Informationen zu Palma de Mallorca.

MEDIEN

Eine Auswahl an fremdsprachigen Zeitungen:

- *Daily Bulletin* (www.majorcadailybulletin.es) Die englischsprachige Zeitung wird seit 1962 verlegt.
- *Mallorca Magazin* (www.mallorcamagazin.net) Beliebte deutschsprachige Wochenzeitung.
- *Mallorca Zeitung* (www.mallorcazeitung.es) Deutsche Wochenzeitung.

Veranstaltungstipps liefern kostenlose Broschüren in Touristeninformationen und Bars:

- *Youthing* (www.youthing.es) Erscheint vierzehntägig.
- *Dígame* (www.digamemallorca.com) Das monatliche Magazin erscheint inselweit und informiert über Veranstaltungen, Aktivitäten und Aktuelles.
- *See Mallorca* (www.seemallorca.com) Nützliche Online-Quelle für Veranstaltungen und Empfehlungen.

Palma bietet eine wachsende Auswahl an Hochglanzmagazinen und Lifestyle-Websites auf Englisch und Deutsch:

- *abcmallorca* (www.abc-mallorca.com) Kostenlose Artikel zur Stadt und zur Insel.
- *Contemporary Balears* (http://amoyles.com/portfolio/contemporary-balears) Alle zwei Monate erscheinendes Kunst- und Lifestyle-Magazin mit interessanten Artikeln und Empfehlungen; liegt in Hotels sowie einigen Restaurants, Bars und Galerien aus.
- *Mallorca Geht Aus!* (www.mallorca-geht-aus.de) Das jährlich veröffentlichte Hochglanzmagazin (9,80 €) ist auch in Deutschland, Österreich, in der Schweiz und online verfügbar. Auf über 200 Seiten liefert es Artikel und Empfehlungen zu allen möglichen Themen wie Fincas oder Clubs.

MEDIZINISCHE VERSORGUNG

In den großen Tageszeitungen wie *Diario de Mallorca* werden Listen der Apotheken mit langen Öffnungszeiten veröffentlicht.

Farmàcia Castañer-Buades (☎971 07 06 35; Plaça del Rei Joan Carles I 3; ⏲8.30–22.30 Uhr)

Farmàcia Salvà Saz (☎971 45 87 88; Carrer de Balanguera 15; ⏲24 Std.)

Hospital Universitari Son Espases (☎871 20 50 00; www.hospitalsonespases.es; Carretera de Valldemossa 79) Das Krankenhaus befindet sich 4 km nördlich der Stadt und ist am besten mit den Buslinien 20, 29, 33 und 34 zu erreichen.

NOTFALL

Allgemeiner europäischer Notruf	☎112
Policía Local	☎092 (Notfälle), ☎971 22 55 00
Policía Nacional	☎091 (Notfälle), ☎971 22 55 00
Rettungswagen	☎061

TOURISTENINFORMATION

Ben Amics (Karte S. 54; ☎871 96 54 66; www.benamics.com; Carrer del General Riera 3; ⏲9–15 Uhr) Der inselweite Verband für Schwule, Lesben und Transsexuelle. Im Büro gibt's einen Beratungsdienst.

Consell de Mallorca (Karte S. 58; ☎971 17 39 90; www.infomallorca.net; Plaça de la Reina 2; ⏲Mo–Fr 8.30–20, Sa bis 15 Uhr; 📶)

Conselleria de Medi Ambient (Karte S. 54; ☎971 17 68 00; http://maap.caib.es/; Avinguda de Gabriel Alomar i Villalonga 33) Infos zu Richtlinien, wie man seine Jacht im offenen Meer verankert und den Meeresboden schützt.

Oficinas del Parque Nacional Marítimo y Terrestre de Cabrera (☎971 17 76 45; http://en.balearsnatura.com; Carrer Gremí de Corredors 10; ⏲11–15 Uhr) Informiert über und erteilt Genehmigungen für den Parc Nacional Marítim-Terrestre de l'Arxipèlag de Cabrera.

Touristeninformation am Flughafen (☎971 78 95 56; Aeroport de Palma; ⏲Mo–Sa 8–20, So bis 14 Uhr)

Touristeninformation Parc de ses Estacions (Karte S. 54; ☎902 102365; www.infomallorca.net; Plaça d'Espanya; ⏲9–20 Uhr)

ℹ An- & Weiterreise

BUS

Alle Busse nach/ab Palma fahren am (oder nahe dem) Estació Intermodal de Palma an der Plaça d'Espanya ab. Von dort werden Ziele auf der ganzen Insel angesteuert, z. B. Valldemossa (1,85 €, 30 Min., bis zu 17-mal tgl.), Sóller (2,65–3,90 €, 45 Min., tgl. regelm.), Pollença (5,35 €, 45–60 Min., bis zu 14-mal tgl.) und Alcúdia (5,30 €, 1 Std., bis zu 18-mal tgl.). Alle anderen größeren Orte an der Küste und im Landesinneren werden meist regelmäßig von Palma aus angefahren, wobei ein Teil von einer der drei Zuglinien bedient wird.

FLUGZEUG

Der Flughafen Palma de Mallorca liegt 8 km östlich der Stadt und weist beeindruckende Start- und Landezahlen vor. Er wird oft Son Sant Joan Airport genannt und ist mit Direktverbindungen in 105 europäische und nordafrikanische Städte der drittgrößte Flughafen Spaniens.

SCHIFF/FÄHRE

Palma dient als Haupthafen der Insel. Zahlreiche Fähren verkehren zwischen Mallorca und dem spanischen Festland bzw. anderen Baleareninseln.

ZUG

Die beliebte Nostalgiebahn **Ferrocarril de Sóller** (Bahn von Sóller, S. 83; ☎971 75 20 51; www.trendesoller.com; Eusebio Estada 1; einfach/hin & zurück 16/22 €; ⏲April–Okt. 10.10–19.30 Uhr; Nov.–März 10.30–18 Uhr; 👪) fährt vom alten Bahnhof am Carrer Eusebio Estada neben dem Estació Intermodal de Palma über Bunyola bis nach Sóller im Nordwesten. Am Estació Intermodal enden Mallorcas drei Standardlinien, der T1 (nach Inca; 3,25 €, 25–40 Min.), der T2 (Sa Pobla; 4,10 €, 58 Min.) und der T3 (Manacor; 4,10 €, 66 Min.). Werktags fahren die Züge zwischen 5.45 und 22.10 Uhr.

Vor der Abfahrt sollte man sich vergewissern, dass es sich nicht um einen Expresszug handelt, der die gewünschte Station nicht bedient. Verbindungen zu Stoßzeiten, bei denen die Fahrradmitnahme nicht gestattet ist, sind mit einem Fahrradsymbol gekennzeichnet, und bei manchen Zügen muss man in Enllaç umsteigen. Der T1 nach Inca fährt nicht am Wochenende, da der T2 und der T3 sowieso dort halten.

ℹ Unterwegs vor Ort

AUTO & MOTORRAD

Das Parken in der Innenstadt gestaltet sich schwierig, da sich in der Altstadt einige Fußgängerzonen befinden und in den meisten übrigen Straßen inklusive der Ringstraßen (die *avingudes* oder *avenidas*) rund ums Zentrum Parkverbot herrscht. Wer dann doch einen Parkplatz entdeckt, muss meist einen Parkschein ziehen. Zahlungspflichtige Plätze sind an der blauen Markierung zu erkennen. Gewöhnlich kann man dort bis zwei Stunden stehen bleiben (2,50 €), maximale Parkdauer und Gebühren variieren aber. Zahlen muss man normalerweise montags bis freitags zwischen 9 und 14 und 16.30 und 20 Uhr sowie samstags zwischen 9 und 14 Uhr.

Mallorca Vintage Motors (☎620 476285; www.mallorcavintage.com; Plaça Espanya;

⏲9–19 Uhr) verleiht Vintage-Vespas und Ducatis, mit denen man Palma und die Insel erkunden kann. In der Hochsaison kostet ein Roller 42 € und eine Ducati 48 € pro Tag, inklusive zwei Helme und Versicherung. Der Veranstalter befindet sich im Untergeschoss des Bahnhofs (Gepäck kann im angeschlossenen Palma Lock & Go aufbewahren), zudem gibt's eine weitere **Filiale** (Plaza de Porta de Santa Catalina 5; ⏲9–19 Uhr) in der Nähe des Museums Es Baluard.

BUS

In Palma und den Vororten verkehren 29 Buslinien der **EMT** (☎971 21 44 44; www.emtpalma.es). Die Linie 1 pendelt zwischen Flug- und Fährhafen (5 €), die 23 bedient die Strecke Palma–S'Arenal–Cala Blava (via Aqualand). Eine Einzelfahrt zu anderen Zielen neben Flughafen und Hafen kostet 1,50 €, eine 10er-Karte 10 €.

VOM/ZUM FÄHRHAFEN

Im 15-Minuten-Takt fährt Bus 1 (Flughafenbus) von der Estació Marítima (Fährhafen) durch die Stadt (über Plaça d'Espanya/Estació Intermodal de Palma) und weiter zum Flughafen. Ein Taxi vom Fährhafen ins Zentrum kostet 10 bis 12 €.

VOM/ZUM FLUGHAFEN

Bus 1 fährt alle 15 Minuten vom Flughafen zur Plaça d'Espanya/Estació Intermodal de Palma im Stadtzentrum (5 €, 20 Min.) und weiter zum Eingang des Fährterminals mit mehreren Zwischenhalten auf der Strecke. Es geht auf der Avinguda de Gabriel Alomar i Villalonga in die Innenstadt, am Rand des Zentrums entlang sowie auf dem Passeig de Mallorca und der Avinguda d'Argentina wieder Richtung Küste. Über die Avinguda de Gabriel Roca (Passeig Marítim) erreicht der Bus die Endstation am Estació Marítima (Fährhafen). Tickets bekommt man beim Fahrer.

Taxis sind in der Regel sauber, verlässlich und reichlich vorhanden – wenn sie nicht gerade streiken. Die Fahrt vom Flughafen ins Zentrum von Palma kostet 18 bis 22 €.

METRO

Von der Plaça d'Espanya gelangt man per U-Bahn zur Universidad de las Islas Baleares (UIB; Universität von Palma), allerdings ist das keine touristisch interessante Strecke. Ein Einzelticket kostet 1,60 €.

TAXI

Taxis sind unter ☎971 72 80 81 zu erreichen, Behindertentaxis unter ☎971 70 35 29.

Alle haben Taxameter, bei Überlandfahrten sollte man allerdings vorher einen Festpreis ausmachen. Grünes Licht zeigt an, dass ein vorbeifahrendes Taxi frei ist. Ansonsten stehen Wagen an den Taxiständen im Zentrum bereit, z. B. am Passeig d'es Born. Die Grundgebühr beträgt 3,90 €, danach zahlt man 1 € pro Kilometer (an Wochenenden und Feiertagen mehr). Für Fahrten ab dem Flughafen gibt's einen Mindesttarif, und wer zum Castell de Bellver möchte, zahlt einen Aufpreis.

MIT DEM BUMMELZUG NACH SÓLLER

Mit der **Schmalspurbahn** (S. 82) kann man einen der schönsten Tagestrips auf ganz Mallorca unternehmen. Bereits seit 1912 bummelt diese auf der gewundenen, 27,3 km langen Strecke von Palma nach Sóller. Der Zug ersetzte ursprünglich einen Postkutschendienst, verkehrt siebenmal täglich ab der Plaça de l'Estació (Nov.–Feb. 5-mal tgl.) und braucht für die Fahrt 1¼ Stunden; zurück geht's täglich vier bis fünf Mal. Die Strecke führt durch eine abwechslungsreiche Landschaft und durchquert im Norden die dramatische 496 m hohe Serra de Alfàbia mit 13 Tunneln (teils über 2 km lang) sowie jeder Menge Brücken und Viadukte.

In den Straßen Palmas beginnt die Tour, doch innerhalb von 20 Minuten ist man bereits mitten auf dem Land. Auf diesem Teilstück hat man in Fahrtrichtung links die schönere Aussicht auf die Serra de Tramuntana. Das Gelände steigt sehr sanft an, links schweift der Blick über Olivenhaine und vereinzelte sandgelbe Häuser zu den Bergen im Hintergrund. Eine halbe Stunde hinter Palma erreicht der Zug Bunyola. Wer möchte, kann auch hier seine Reise starten (ab Palma oder Sóller einfach/hin & zurück 9/15 €).

Kurz hinter Bunyola rücken die Berge immer näher (an einer Stelle sieht man hinter sich Palma und das Meer) und es geht hinein in den ersten von mehreren Tunneln. Manche Züge halten für einen Moment an einem herrlichen Aussichtspunkt, dem **Mirador Pujol de'n Banya**, kurz hinter dem **Túnel Major** (Haupttunnel mit fast 3 km Länge, der in dreijähriger Bauzeit 1907 bis 1910 in den Fels gehauen wurde). Hier bietet sich eine Aussicht über das gesamte Sóller-Tal. Dann rattert der Zug über ein Viadukt und schon bald in einen weiteren Tunnel, der in einer gemächlichen 180-Grad-Kehre nach Sóller hinunterführt. Dort wird ein umgebautes Herrenhaus aus dem frühen 17. Jh. als Bahnhof genutzt. Rückfahrkarten behalten zwei Wochen ihre Gültigkeit.

RADFAHREN & SEGELN RUND UM PALMA

VON PALMA NACH CAPOCORB VELL

START/ENDE PALMA DE MALLORCA
LÄNGE 67 KM
SCHWIERIGKEIT EINFACH BIS MODERAT
FAHRRAD STRASSEN- ODER TREKKINGRAD

Palma und die Badia de Palma lassen sich wunderbar mit dem Fahrrad erkunden. Zwischen Palmas Hafen und S'Arenal verläuft ein Radweg entlang der Küste und auch in Palma selbst gehören Radfahrer dank ausgewiesener Routen zum Stadtbild. Stadträder und Mountainbikes kann man bei zahlreichen Anbietern ausleihen.

Die Rundtour führt auf einfachem Weg in weitem Bogen an der Badia de Palma entlang und dann etwas landeinwärts zum Cap Blanc an der Südküste der Insel. Zurück in die Stadt fährt man über ruhige, gewundene Landsträßchen und dann bergab.

Ausgangspunkt ist der Radweg an der Uferpromenade im **Zentrum von Palma**. Richtung Südosten geht's größtenteils an der Küste entlang nach **Pastilla**. Danach folgt man der Küstenstraße bis ans Ende des Sandstrands **Platja de Palma** und seiner Verlängerung **S'Arenal**; unterwegs muss man sich auf Fußgänger einstellen, die den ausgewiesenen Radweg ebenfalls nutzen. Von dort geht's den Holzschildern nach in Richtung **Cap Blanc**. Die nächsten 23 km führen zwar über eine größere Landstraße (die Ma 6014), aber durch wunderschöne Landschaft, außerdem sind die Autofahrer an Radler gewöhnt. Die Straße klettert auf 150 m, aber die Steigung ist zu schaffen.

Nun folgt man den Schildern einen sanften Anstieg hinauf bis zum Leuchtturm auf dem Kap, wo man bei einer Verschnaufpause die grandiosen Küstenblicke genießen kann. Zurück auf der Hauptstraße fährt man weiter Richtung Nordosten zu einer Kreuzung, wo es rechts nach Cala Pi geht. Hier hält man sich links und sucht die Schilder nach **Capocorb Vell**. Der Eingang befindet sich linker Hand; bei den Ruinen gibt's eine einfache Kaffeebar.

Palmas enges Wirrwarr an Galerien, Palästen und alten Gassen lässt sich dank der guten Straßeninfrastruktur bestens mit dem Rad erkunden. Und Segler kommen im Hafen und an der weitläufigen Badia de Palma auf ihre Kosten.

Frisch gestärkt fährt man rechts auf das ruhige Landsträßchen Camí de Betlem (auch Carreró de Betlem genannt) bis zu einer Kreuzung und weiter zur Camí Estabits de s'Àguila inmitten von Ackerland. Diese geht nach einer scharfen Rechtskurve in die Camí de s'Àguila über. Nach 200 m biegt die Route links ab in die Camí de sa Caseta, die herrlich schattig zwischen Trockenmauern und unter überhängenden Bäumen verläuft. An deren Ende steht eine **Windmühle**, links davon eine Kirche. Hier biegt man links ab und folgt einem Holzschild auf die ruhige Camí de sa Torre und weiter nach S'Arenal. An der Einmündung in die Ma 6014 rechts der Beschilderung nach bis Platja de Palma. Hier ist der Rückweg nach Palma leicht zu finden.

FAHRRADVERLEIH

Palma on Bike (Karte S. 58; ☎ 971 71 80 62; www.palmaonbike.com; Avinguda d'Antoni Maura 10; Stadtrad/Mountainbike/Elektrorad 14/22/24 € pro Tag, 67/119/129 € pro Woche; ⌚ 9–20 Uhr) vermietet Palma-Besuchern Stadträder, Rennräder, Inlineskates und Kajaks. Die Leihgebühren sind inklusive Versicherung und Helm. Zum Angebot gehören außerdem Stadtführungen (25 € pro Person; mind. 2 Pers.), darunter Tapas-Touren (35 €) und Ausflüge mit Fahrrad und Kajak (49 €).

Am Strand von S'Arenal gibt's eine ganze Reihe von Fahrradverleihstellen. Wer ein anständiges Straßenrad sucht, könnte es bei **Ciclos Quintana** (☎ 971 44 29 25; www.ciclosquintana.com; Carrer de San Cristóbal 32; Aluminium-/Karbonräder 20/25 € pro Tag; ⌚ Di–Sa 12–18 & Mo–Fr 21.30–24 Uhr) etwas abseits der Hauptstraße versuchen. Die Öffnungszeiten variieren; Genaueres auf der Website.

Bei **Palma Lock & Go** (☎ 971 71 64 17; www.palmalockandgo.com; Estación Intermodal de Palma, Plaça d'Espanya; große Tasche 5,90 € pro Tag; ⌚ April–Okt. 9–20 Uhr, Nov.–März 9.30–19 Uhr) im Untergeschoss des Bahnhofs kann man sein Gepäck aufbewahren.

SEGELN IN PALMA

Segeln gilt in Palma als große Sache. Im Laufe des Jahres finden hier zahlreiche Regatten statt. Abgesehen von denen, die wir unten aufgelistet haben, organisiert der **Real Club Náutico** (S. 68), der renommierteste Jachtclub der Stadt, im Laufe eines Jahres über 20 Events, teilweise in Zusammenarbeit mit anderen Vereinen.

Copa del Rey (S. 69) Der Königspokal im Sommer gehört zu den Höhepunkten auf Palmas Regatta-Kalender.

PalmaVela (www.palmavela.com; ⌚ Ende April/Anfang Mai) Bei der PalmaVela im April treten Hunderte Jachten aller Klassen aus der ganzen Welt an.

Trofeo SAR Princesa Sofía (www.trofeoprincesasofia.org; ⌚ März/April) Eine von sechs Regatten der World Cup Series, die Olympia-Crews von überallher anlockt; im April.

Superyacht Cup (www.thesuperyachtcup.com; ⌚ Juni) Eines der größten Rennen für Superjachten mit einer Länge von 25 bis 90 m an drei Tagen im Juni.

Trofeo Ciutat de Palma (S. 69) Große Veranstaltung für kleinere Boote an vier Tagen im Dezember.

TOUREN & KURSE FÜR WASSERRATTEN

Boots- und Segeltouren veranstalten **Magic Catamarans** (S. 68), **Cruceros Marco Polo** (S. 68) und der **Real Club Náutico** (S. 68). Die **Palma Sea School** (Karte S. 54; ☎ 971 10 05 18; www.palmaseaschool.com; Passeig Marítim 38; 2-tägige Segelkurse ab 500 €) hat ein breites Angebot an Segel-, Rennboot- und Jetski-Kursen.

BADIA DE PALMA

Die weite Badia de Palma (Bucht von Palma) erstreckt sich vom Stadtzentrum aus nach Osten und Westen. Hier befinden sich ein paar der am dichtesten besuchten Urlaubsgebiete der Insel, aber vor allem westlich von Palma gibt's trotz der Betonburgenkulisse herrliche Strände. Diese sind größtenteils sehr hübsch und sauber, in der Hochsaison aber auch überlaufen, wobei das Publikum bunt gemischt ist. Weiter südlich Richtung Cap de Cala Figuera geht's ruhiger zu.

Östlich von Palma

An der Ostseite der Bucht buhlen große Bierkeller-Reklametafeln und deutsche Speisekarten um Gäste. Ganz in der Nähe locken jedoch einige weniger trubelige Fleckchen.

Ca'n Pastilla

5125 EW.

Im Schatten des Flughafens liegt das dicht bebaute Ca'n Pastilla, wo Palmas östliches Pauschaltourismusgebiet anfängt. Die Platja de Ca'n Pastilla markiert das westliche, windigere Ende des 4,5 km langen Sandstrands **Platja de Palma**; hier herrschen teilweise gute Bedingungen für Windsurfer. Gleich westlich von Ca'n Pastilla stößt man auf die herrlich ruhige Bucht **Cala Estancia**. Ihr Strand ist ideal für Familien mit Kleinkindern. Am Ufer verläuft eine breite Fußgängerpromenade, auf der sich vor der Kulisse vieler kleinerer Hotels, Lokale, Cafés und Bars Radfahrer, Touristenbahnen und Segways tummeln.

Sehenswertes & Aktivitäten

Palma Aquarium AQUARIUM

(☎ 902 70 29 02; www.palmaaquarium.com; Carrer de Manuela de los Herreros i Sorà 21; Erw./Kind 24/14 €; ⌚ 9.30–18.30 Uhr, letzter Einlass um 17 Uhr; 👪) Meeresforschungs- und Schutzprogramme lassen bei einem Besuch des exzellenten Aquariums jegliche Bedenken bezüglich des Wohls der Tiere vergessen. In 55 Becken und 5 Millionen Litern Salzwasser tummeln sich Tiere aus dem Mittelmeer (u. a. Rochen, Seepferdchen, Korallen) und fernen Ozeanen. Ein durchsichtiger Tunnel führt durch das Hauptbecken mit 20 Haien, mit denen man für 175 € tauchen kann. Hier lässt sich locker ein halber Tag verbringen.

Insgesamt gibt's gut 8000 Tierarten aus unterschiedlichen maritimen Lebensräumen und verschiedene Ausstellungen zu bewundern, z. B. zu Themen wie den weltweit schwindenden Thunfischpopulationen. Ein paar Nemos sind natürlich auch dabei. Außerdem gibt's mehrsprachige Infotafeln (auch auf Deutsch). Für Kinder hält es noch einen ganz besonderen Kick bereit: Einmal im Monat an einem Freitag findet eine Übernachtung mit Haien statt – das sollte für ordentlich Aufregung sorgen!

Attraction BOOTSFAHRTEN

(☎ 971 74 61 01; www.attractioncatamarans.com; Carrer de Nanses; Erw./Kind 49/25 €; ⌚ Mitte April–Sept.) Der Veranstalter Attraction organisiert 5-stündige Touren auf einem 24 m langen Katamaran in der Badia de Palma. Dabei wird Kurs auf Höhlen und Badestellen genommen und mittags gibt's Paella. Die Abfahrt in Ca'n Pastilla erfolgt am Carrer Nanses. Es gibt Fahrten bei Tag und bei Sonnenuntergang.

Segway Palma SEGWAY-TOUREN

(☎ 971 49 19 15; www.segwaypalma.com; Carretera del Arenal 9; 1-/2-/3-stündige Touren 35/65/90 €; ⌚ 9.30–18 Uhr) Mal etwas anderes: Sightseeing mit einem Segway, wendigen batteriebetriebenen Rollern mit zwei Rädern, entweder eine Stunde am Strand entlang, in zwei Stunden bis Es Portixol oder in 3 Stunden zur Kathedrale und wieder zurück zur Platja de Palma.

Ausgehen & Nachtleben

Eine vorwiegend deutsche Klientel frequentiert Ca'n Pastilla, um bei ohrenbetäubend lauter Musik ihre Trinkfestigkeit zu erproben und das Ballermann-Feeling zu erleben. Der Trubel konzentriert sich auf riesige Biergärten rund um den Carrer del Pare Bartomeu Salvà (alias Schinkenstraße) sowie auf drei Viertel der Strandpromenade Richtung S'Arenal.

Puro Beach LOUNGE

(☎ 971 74 47 44; www.purobeach.com; ⌚ Mai–Aug. 10–22 Uhr, März, Okt. & Nov. bis Sonnenuntergang; 📶) Dieser weißen Strandbar haftet mehr als nur ein Hauch von Ibiza an: Ihr Außenbereich über dem Wasser ist prädestiniert zum Cocktailschlürfen bei Sonnenuntergang und Musikhören (DJs legen auf), wie auch für Wellnessbehandlungen unter freiem Himmel. Ein Großteil der meist durchtrainierten, braungebrannten Gäste kommt ganz in Weiß gekleidet, um mit dem eleganten Dekor der Bar zu verschmelzen – jedem das Seine ...

Wir empfehlen, nur auf ein oder zwei Getränke vorbeizuschauen, denn die Preise für die Fusionsküche sind astronomisch. Das Puro liegt zwei Gehminuten östlich von Cala Estancia (das sich wiederum gleich östlich von Ca'n Pastilla befindet).

An- & Weiterreise

Bus 23 fährt von der Plaça d'Espanya nach Ca'n Pastilla, parallel zur Platja de Palma durch S'Arenal und weiter über La Porciúncula bis Aqualand. Die Linie verkehrt etwa im Halbstundentakt. Alle zwei Stunden geht's weiter bis Cala Blava. Bus 15 fährt alle 10 Minuten von der Plaça de la Reina über die Plaça d'Espanya nach S'Arenal. Wer zum Aquarium möchte, steigt an der 366 (Ses Fontanelles) aus.

S'Arenal

8918 EW.

S'Arenal ist schon so lange bevorzugtes Reiseziel junger, vorwiegend deutscher Strandgänger, dass der hiesige lange, breite Abschnitt der Platja de Palma komplett bebaut ist. Mittlerweile verteilen sich die Hotels, Bars, Souvenirläden und Kebab-Imbisse über mehrere Kilometer in jede Richtung ins Landesinnere. Der jungen Partymeute gefällt's, schließlich sind sie hier zweifellos in der belebtesten Ecke der Insel.

Sehenswertes & Aktivitäten

Aqualand VERGNÜGUNGSPARK
(☎ 971 44 00 00; www.aqualand.es; Ma6014; Erw./Kind 28/19 €; ⏲ Juli & Aug. 10–18 Uhr, Mitte Mai–Juni, Sept. & Okt. bis 17 Uhr; 👪; 🚌 23) Dank zwölf Rutschen und Becken wartet Mallorcas größer Wasserpark mit jeder Menge Plansch-Spaß auf, auch für die ganz Kleinen. Dann gibt's noch „Stromschnellen" und natürlich Rutschen mit hohem Adrenalin-Faktor – die Namen wie Anaconda, Harakiri und Kamikaze sagen alles. Parken kostet 4 €, „Minis" (Kinder zwischen drei und zehn Jahren) zahlen nur 10 € und wer wiederkommt nur 14 €.

An- & Weiterreise

Die Busse 15 und 25 (der Express) fahren entlang der Platja de Palma von der Plaça de la Reina in Palma nach S'Arenal. Bus 21 verkehrt zwischen S'Arenal und Flughafen, während Bus 23 Cala Blava und S'Arenal mit der Plaça d'Espanya verbindet. Eine einfache Fahrt kostet 1,50 €, zum Flughafen werden 5 € fällig.

Cala Blava

264 EW.

Trotz der direkten Nähe zu den Biergärten der Platja de Palma ist Cala Blava eine andere Welt. Nicht nur von Touristen, sondern auch von Einheimischen geprägt, bietet es ein paar ruhige Buchten (mehrere steinige und eine mit Sand), um das Wasser zu testen. Der Trubel von S'Arenal ist nur einen Katzensprung entfernt; nach ein paar Kilometern auf der Ma6014 Richtung Süden führt eine kurze Nebenstraße zum Ziel. Direkt dahinter liegt Bella Vista, wo ein Teil der Küste geschützt und nicht zugänglich ist. Wer möchte, kann jedoch unten bei Calò des Cap d'Alt im kristallklaren Wasser schwimmen.

An- & Weiterreise

Alle zwei Stunden fährt der Bus 23 von der Plaça d'Espanya nach S'Arenal weiter nach Cala Blava.

Westlich von Palma

Cala Major

5633 EW.

Cala Major, ein einst schickes Resort 4 km südwestlich des Stadtzentrums, bietet einen hübschen durch Felsen geschützten Strand und ist die erste der Buchten, die sich südlich von Palma die Westküste der Badia hinab erstrecken. Im Gegensatz dazu, was einen weiter unten an der Mal erwartet, geht es hier ruhig und gediegen zu, zwischen Hügeln und Strand gibt's jedoch immer noch genügend kleinere Hotels, Cafés, Restaurants und Clubs.

Die Hauptattraktion – abgesehen vom Strand – ist die wunderbare Fundació Pilar I Joan Miró im Landesinneren; einfach vom Meer aus bergaufwärts gehen.

Sehenswertes

★ **Fundació Pilar i Joan Miró** MUSEUM
(☎ 971 70 14 20; http://miro.palma.cat; Carrer de Saridakis 29; Erw./Kind 6 €/frei; ⏲ Di–Sa 10–19, So bis 15 Uhr) Der katalanische Künstler Joan Miró lebte und arbeitete in diesem wunderschönen Komplex auf einem Berghügel, der heute ein großes Museum zu seinem Leben und Werk beherbergt. Mirós Freund, der Architekt Josep Lluís Sert, gestaltete für ihn das Atelier, das größtenteils unverändert blieb, den Hauptausstellungsbereich entwarf der spanische Architekt Rafael Moneo

1992. Die beträchtliche Sammlung umfasst 2500 Werke von Miró, darunter Skulpturen, Skizzen und 118 Bilder.

1956 zog Miró nicht zuletzt deshalb, weil seine Frau und seine Mutter Mallorquinerinnen waren, nach Palma, wo er bis zu seinem Tod 1983 blieb.

Eine Auswahl von Miros Werken hängt in der Sala Estrella, einem Raum in Form eines ungleichmäßig gezackten Sterns, mit dem der Architekt Moneo sich dem Werk des Künstlers nähern wollte. Der Rest des Gebäudes wird für wechselnde Ausstellungen genutzt. Im Garten stehen verstreut Skulpturen von Miró. Hinter dem Ateliergebäude befindet sich Son Boter; Miró kaufte das Bauernhaus aus dem 18. Jh., um sich etwas Privatsphäre zu schaffen. An den weißen Wänden drinnen hängen einige gigantische Skizzen für seine Bronzeskulpturen.

Essen

Die größte Auswahl gibt's an der Avinguda de Joan Miró, der Hauptküstenstraße.

Il Paradiso EUROPÄISCH €€€

(☎ 971 10 33 79; www.ilparadiso.es; Avinguda de Joan Miró 243; Hauptgerichte 25–31 €; ⏲ 12.30–16 & 19.30–24 Uhr) Ein wunderschöner Ausblick über die Badia de Palma ist nicht die einzige Stärke dieses schicken Restaurants am Strand. Die große Auswahl an Pasta, darunter Penne mit Scampi in Safransoße und Spaghetti al Pescatore, lässt die italienische Handschrift erkennen, eigentliches Highlight sind jedoch die einfachen Fischgerichte, darunter gegrillter roter Thunfisch und Seehecht mit Brokkoli und neuen Kartoffeln.

An- & Weiterreise

Von Palma fahren die Busse 3 und 46 (ab der Plaça d'Espanya) sowie 20 (ab der Plaça del Mercat) hierher (alle Fahrten 1,50 €).

Gènova

3962 EW.

Wer Palma besucht, kommt meist auch nach Gènova, rund 1 km nördlich von Cala Major, um die der Hauptstadt nächsten Höhlen, die Coves de Gènova, zu besichtigen. Abgesehen von der Aussicht und einigen guten mallorquinischen Restaurants gibt's kaum etwas Interessantes. Wer selbst motorisiert ist, kann von Genovas Ortsmitte (etwas nördlich hinter der Abzweigung zu den Höhlen) den Schildern nach Na Burguesa folgen. Eine schlechte gewundene Straße führt ungefähr 1,5 km an den Mauern von Feriendomizilen der Reichen entlang bis zu einer ziemlich hässlichen Marienstatue. Hier bietet sich ein herrlicher Blick auf Palma und die Bucht (vermutlich ist dies die einzige Stelle, an der man auf das Castell de Bellver runterschauen kann).

Sehenswertes

Coves de Gènova HÖHLEN

(☎ 971 40 23 87; http://covesdegenova.com; Carrer d'es Barranc 45; Erw./Kind 10/5 €; ⏲ 10–17.45 Uhr) Die 1906 entdeckten Höhlen mit Kammern voller gewundener Stalaktiten und spitzen Stalagmiten sind einen Besuch wert. Man dringt bis 36 m Tiefe vor und sieht dabei herrliche, von hinten beleuchtete Steinformationen. Diese entstanden im Laufe von Jahrtausenden durch herabtropfendes Wasser. In den Höhlen herrscht durchweg eine Temperatur um etwa 20 °C. Man nimmt in Palma oder Cala Major den Bus 46, steigt beim Camí dels Reis 19 aus und läuft 300 m.

Essen

Mesón Ca'n Pedro MALLORQUINISCH €€

(☎ 971 70 21 62; www.canpedro.es; Carrer del Rector Vives 14; Hauptgerichte 18–20 €; ⏲ 12.30–0.30 Uhr) Im Mesón Ca'n Pedro gibt's einige der besten herzhaften traditionellen mallorquinischen Gerichte Gènovas. Es ist bekannt für *frit mallorquí* (klein geschnittene Stücke von Lamm, Leber und Gemüse), Schnecken und *pa amb oli* (mit Öl, Knoblauch und frischer Tomate eingeriebenes Brot). Seit 1976 erfreut es sich bei Einheimischen großer Beliebtheit. Bei warmem Wetter sitzen die *palmeros* gerne auf der Terrasse.

An- & Weiterreise

Bus 46 fährt vom Carrer del Sindicat am Ostrand der Altstadt Palmas nach Gènova (1,50 €, alle 20–40 Min.).

Ses Illetes & Portals Nous

SES ILLETES 3209 EW.; PORTALS NOUS 2356 EW.

Ses Illetes und Portals Nous liegen zwischen schmalen idyllischen Buchten und steilen, von Pinien bedeckten Hügeln. Zusammen bilden sie ein exklusives Urlaubsgebiet, das zu den etwas besseren Gegenden zählt. Außerdem ist die Badia de Palma hier besonders schön. Die Küste fällt steil zu den türkisblauen Buchten mit der Platja de Ses Illetes und der etwas weniger überlaufenen Platja de Sa Comtesa ab. Einen Parkplatz zu finden kann manchmal einige Zeit dauern.

Zu Ses Illetes gehört auch **Bendinat**; der Name geht auf eine neogotisch wiederaufgebaute Anlage aus dem 13. Jh. in der Nähe zurück, die nur von der Autobahn Ma 1 zu sehen ist. Als Nächstes folgt Portals Nous mit seinem Superhafen für die Superjachten der Superreichen in **Puerto Portals**. Restaurants säumen die Marina, an die sich nördlich ein Strand anschließt, der länger und breiter ist als die Sandstreifen auf den Ses Illetes.

Essen & Ausgehen

Restaurante Illetas Playa MALLORQUINISCH €€
(☎971 70 18 96; www.illetasplaya.es; Passeig d'Illetes 75; Hauptgerichte 16–18 €; ⌚Mi–Mo 19–23 & Sa & So 13–15.30 Uhr) Das etwas altmodische mallorquinische Restaurant über dem Meer blickt auf den Strand von Ses Illetes und ist eine willkommene Alternative zum Glamour, der diesen Teil der Bucht prägt. Das Ambiente ist nicht gerade leger, jedoch auch nicht zu schick. Die ideale Adresse für fachmännisch gegrillten Tintenfisch oder wunderbar zart gebratene Lammschulter.

Virtual Club COCKTAILBAR
(☎971 70 32 35; www.virtualclub.es; Passeig d'Illetes 60; ⌚April–Okt. 10–1 Uhr; 📶) Direkt am Wasser bietet diese überaus hippe Bar eine umfangreiche Cocktailauswahl, Korbsofas, Hängematten, Cabana-Stühle und die typische DJ-Musik. Eine abgetrennte, höhlenartige Bar wird nachts von eigenartigem Stroboskoplicht erleuchtet. Wir empfehlen, das überteuerte Essen links liegen zu lassen und nur etwas zu trinken.

An- & Weiterreise

Bus 3 fährt vom Zentrum Palmas (1,10 €; Passeig de la Rambla oder Avinguda de Jaume III) nach Ses Illetes. Von Palmas Busbahnhof verkehren die Linien 103, 104, 106 und 111 nach Portals Nous (1,45 €; 30–50 Min.).

Palmanova & Magaluf

PALMANOVA 6577 EW.; MAGALUF 4288 EW.

2 km südwestlich von Portals Nous mit seinem Elitejachthafen beginnt eine völlig andere Welt. Palmanova und Magaluf sind der Inbegriff des Sonne-, Strand-, Sangria- und Bumstourismus, der den Ruf Mallorcas ungerechterweise bis heute prägt. Die Blütezeit des unkontrollierten Hedonismus ist jedoch überstanden: Kommunale Projekte und neue Gesetze zur öffentlichen Ordnung haben den schlimmsten Auswüchsen ein Ende gesetzt.

Ruhiger geht's südlich von Magaluf zu, wo einige hübsche *calas* (Buchten) locken. Die Cala Vinyes wartet mit ruhigem Wasser und einem Sanstrand zwischen Wohnsiedlungen auf. Als Nächstes folgt die Cala de Cap Falcó, ein smaragdgrüner Meeresarm mit bewaldeter Felsküste. Leider rücken die Bauunternehmer immer näher. Zunächst folgt man den Schildern Richtung Süden nach Sol de Mallorca. Dort sind die Buchten ausgeschildert. Buslinie 107 von Palma fährt über Magaluf nach Cala Vinyes.

Sehenswertes & Aktivitäten

Es gibt einen Grund dafür, warum Palmanova und Magaluf so populär sind: Die vier großen hübschen Hauptstrände zwischen den beiden Orten sind toll gepflegt. An manchen Stellen sorgen strategisch günstig gepflanzte Kiefern und Palmen für Schatten und lassen die feinen weißen Sandstrände noch verlockender erscheinen. Auch die Bebauung dahinter könnte schlimmer sein.

Western Water Park VERGNÜGUNGSPARK
(☎971 13 12 03; www.westernpark.com; Carretera de Cala Figuera a Sa Porrasa, Magaluf; Erw./Kind 27/18 €; ⌚Juli & Aug. 10–18 Uhr, Mai, Juni, Sept. & Okt. bis 17 Uhr) Dieser Wasserpark ist mit Wellenbädern, Rutschen mit Namen wie Tijuana Twins, Boomerang und The Beast (wo man eben mal so 30 m geradezu vertikal in die Tiefe stürzt) gewissermaßen der wilde Bronco unter den Freizeitbädern in Magaluf. Für Kinder und geruhsamere Besucher gibt's auch ruhige Attraktionen und Becken. „Minis" (Drei- bis Vierjährige) zahlen nur 10 € Eintritt; bei einem wiederholten Besuch werden für Erwachsene und ältere Kinder 14 € fällig.

Big Blue Diving TAUCHEN, SCHNORCHELN
(☎971 68 16 86; www.bigbluediving-mallorca.net; Carrer de Martí Ros García 6, Palmanova; Schnorcheln 35 € pro Pers., 1/2 Tauchgänge mit Ausrüstungsverleih 62/89 €; ⌚April–Okt.) Das gut geführte Tauchzentrum am Strand von Palmanova ist der erste Veranstalter von Apnoetauchgängen auf Mallorca und bietet das komplette Paket an PADI-Zertifizierungen. Anfängerkurse im Sport- und Freiwassertauchen kosten 269 bzw. 399 €.

Cruceros Costa de Calvià BOOTSFAHRTEN
(☎971 13 12 11; www.cruceroscostadecalvia.com; Avinguda Magaluf 10, Magaluf; ⌚Mai–Okt. Mo–Fr 11, 13 & 15, Sa & So 11 & 15 Uhr) Cruceros Costa de Calvià bietet zweistündige Touren im Glas-

bodenboot an, bei denen man die Chance hat, Delfine zu sichten (Erw./Kind 20/10 €). Zudem gibt's Schnellbootfahrten (25/15 €), Palma-Touren vom Wasser aus (28/16 €) und eintägige Ausfahrten (37/20 €). Abfahrt ist am Hauptstrand von Magaluf, 15 Minuten später wird in Palmanova gehalten.

Ausgehen & Nachtleben

Während sich junge Deutsche in den Biergärten an der Platja de Palma austoben, ist die entsprechende Partymeile in Magaluf fest in britischer Hand. Es handelt sich um das Territorium wilder Junggesellenabschiedspartys. Die Saufgelage der Briten in Magaluf sind seit Langem legendär (aus allen möglichen Gründen). Der Trubel konzentriert sich auf das Nordende des Carrer de Punta Ballena. Hier stolpert man praktisch ständig über Pubs, Clubs und Bars – wie auch über viele ihrer Gäste am späteren Abend.

Sol House Trinidad CLUB

(☎971 13 14 00; www.mallorcarocks.com; Carrer Blanc 8, Magaluf) Das Sol House Trinidad, die jüngere Schwester des legendären Ibiza Rocks auf Ibiza, ist für Clubber und Konzertgänger die wohl aufregendste neue Attraktion Magalufs, die vielleicht sogar Palma in den Schatten stellt. Die Anlage öffnete bereits 2010, wurde jedoch 2016 modernisiert und besteht aus einem gigantischen Hotel (656 Zimmer) mit mehreren Pools, an denen laute Musik gespielt wird.

In der Saison gibt's fast die ganze Woche über Musik von bekannten DJs und Nonstop-House. Der Eintritt ist frei.

Praktische Informationen

Über Hotels informiert die Website www.palmanova-magaluf.com, die von der lokalen Hoteliervereinigung betrieben wird.

Touristeninformation Magaluf (☎971 13 11 26; www.visitcalvia.com; Carrer de Pere Vacquer Ramis 1; ⌚9–18 Uhr) Ganzjährig geöffnet.

Touristeninformation Palmanova (☎971 68 23 65; Passeig de la Mar 13; ⌚April–Okt. 9–18 Uhr, Nov.–März bis 14 Uhr)

An- & Weiterreise

Die Busse 104, 106 und 107 verbinden Palma mit Palmanova/Magaluf (3,10 €, 50 Min.).

Westliches Mallorca

Inhalt ➡

Gut essen

- Trespaís (S. 95)
- Es Verger (S. 117)
- Kingfisher (S. 113)
- Es Passeig (S. 114)
- Béns d'Avall (S. 111)

Top-Sehenswürdigkeiten

- Gräber der Casa Robert (S. 106)
- Real Cartuja de Valldemossa (S. 102)
- Mirador de Ses Barques (S. 115)
- Monestir de Lluc (S. 119)
- Sala Picasso & Sala Miró (S. 108)

Auf ins westliche Mallorca

„Der Himmel wie ein Türkis, das Meer wie der Azur, die Berge – wie Smaragde. Und die Luft – wie im Himmel!" So schwärmte der romantische Komponist Frédéric Chopin 1838 von seiner neuen Heimat Valldemossa. Fast zwei Jahrhunderte später treffen seine Worte noch immer auf das westliche Mallorca zu.

Die Gebirgskette Serra de Tramuntana zieht sich hoch über dem Mittelmeer an der gesamten Westküste entlang. Olivenhaine und Pinienwälder säumen ihre spitzen Kalksteingipfel, die über 1000 m zum Wasser abfallen und an den Schutzwall einer imposanten Inselfestung erinnern. Sei es bei einer Wanderung durchs Hochland, einer Radtour über verschlungene Serpentinen und steile Aufstiege oder einer luftigen Bootsfahrt entlang der von Klippen flankierten Küste. Diese einzigartige, dramatische Kulisse zieht jeden Betrachter in ihren Bann.

Reisezeit

Für Radfahrer, die Touren durch die Tramuntana planen, sind Frühling und Herbst die Hauptsaison. Von ihnen abgesehen hat man die wunderschönen Buchten, Wege und blumenbedeckten Höhen in dieser Zeit jedoch fast für sich allein. Die meisten Hotels und Restaurants sind von Ostern bis Oktober geöffnet. Im Sommer sind die Badeorte und Dörfer an der Küste überlaufen, in den Weiten der Natur findet sich aber immer ein ruhiges Plätzchen, sei es eine Finca (Landhaus), eine Burg oder ein Kloster. Mit steigenden Temperaturen füllt sich auch der Veranstaltungskalender: In Deià und Valldemossa etwa finden im Sommer Klassikkonzerte statt. Echte Pilger unternehmen im August eine Nachtwanderung von Palma nach Lluc.

Highlights

❶ **Deià** (S. 106) Der malerischen Schönheit eines der hübschesten Bergdörfer Mallorcas erliegen.

❷ **Monestir de Lluc** (S. 119) Die gesamte Küste von der Hafenstadt Port d'Andratx bis zu diesem friedlichen Kloster erkunden.

❸ **Valldemossa** (S. 102) Mit Chopin-Klängen im Ohr durch die engen Gassen schlendern.

❹ **Biniaraix** (S. 114) Durch Zitronen-, Mandel- und Olivenhaine in dieses malerische Städtchen wandern.

❺ **Sóller** (S. 108) In der Orangenhauptstadt der Insel historische Züge, Miró und Modernisme-Flair erleben.

❻ **Sa Calobra** (S. 118) Mit erhöhtem Puls die Serpentinenstraße hinabfahren.

❼ **Castell d'Alaró** (S. 117) Zu den unbezwingbaren Festungsruinen klettern.

❽ **Illa de Sa Dragonera** (S. 98) In kristallklarem Wasser tauchen.

❾ **Sa Foradada** (S. 102) Am von der Abendsonne rot gefärbten Meer entlangspazieren.

❿ **Cala Llamp** (S. 94) In der Schönheit dieser großartigen Bucht hinter der Landspitze von Port d'Andratx schwelgen.

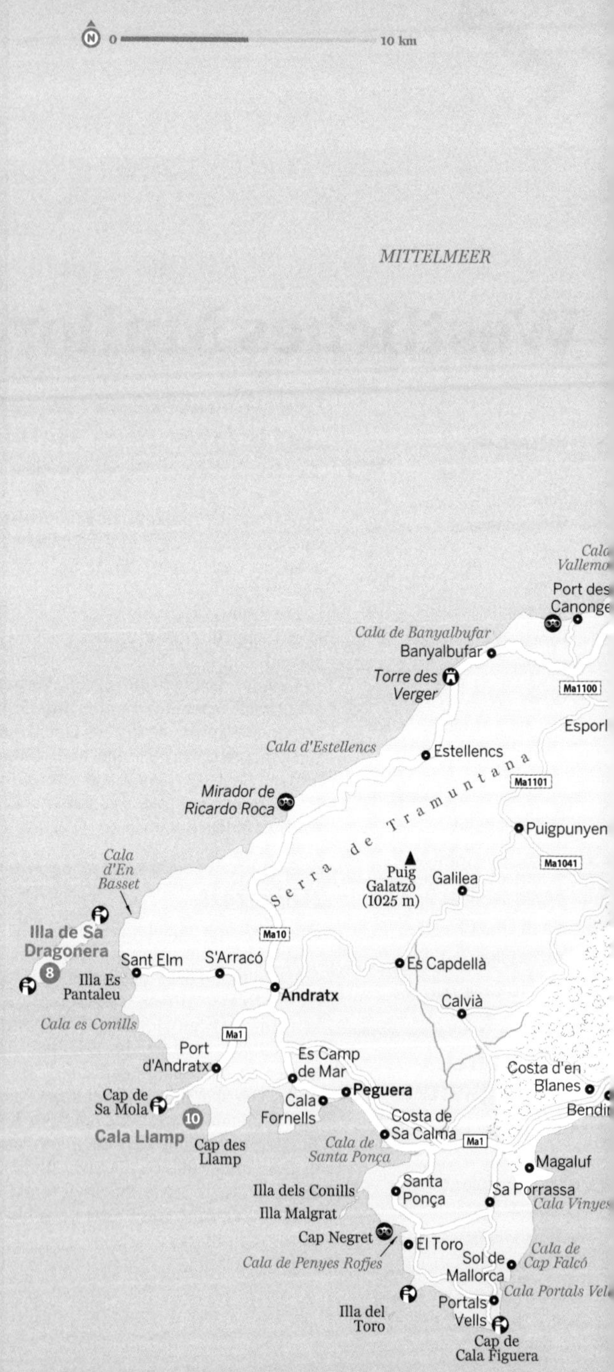

Serra de Tramuntana
Puig Roig (1002 m)
Sa Calobra
6
Torrent de Pareis
Cala Tuent
Escorca
2
Monestir de Lluc
Puig Tomir (1103 m)
Ma10
Puig Major (1445 m)
Ma2130
Badia de Sóller
Mirador de Ses Barques
Son Torella
Puig de Massanella (1365 m)
Cap Gros
Port de Sóller
Binibona
Caimari
Embassament de Cúber
Fornalutx
Campanet
Refugi de Cúber
Moscari
Ma10
Cala de Deià
4
Biniaraix
Puig de l'Ofre (1093 m)
Mancor de la Vall
Selva
Foradada
Son Marroig
Lluc Alcari
5
Sóller
9
1
Deià
Castell d'Alaró
Ma13
Miramar
Puig d'Alfàbia (1069 m)
Puig de S'Alcadena (815 m)
Puig des Teix (1062 m)
7
Puig de Santa Magdalena (307 m)
Ma2100
Orient
Biniamar
Port de Valldemossa
Puig d'Alaró (822 m)
Inca
Lloseta
Jardins d'Alfàbia
3
Valldemossa
Alaró
Bunyola
Binissalem
Ma1110
Consell
Costitx
Ma11
S'Esgleieta
Santa Maria del Camí
Ses Alqueries
Biniali
Sencelles
Ma13A
Ma1040
Ma13
Establiments
Santa Eugènia
Ma13
La Cabaneta
Son Sardina
Ma13A
La Vileta
Palma de Mallorca
Son Ferriol
Ma20
Ma15
Terreno
Algaida
Flughafen
Cala Major
Cala Gamba
Ca'n Pastilla
Cala Estancia
Randa
Badia de Palma
Las Maravillas
Puig de Randa (548 m)
S'Arenal
Cala Blava
Ma19
Llucmajor
Cap Enderrocat
Ma19

DER SÜDWESTEN

Neben vereinzelten geschmacklosen Bunkern warten in Mallorcas Südwesten jede Menge wenig bekannte Schätze. Von Andratx, Port d'Andratx oder Sant Elm aus lassen sich Tagesausflüge zu den eindrucksvollen Höhlen von Portals Vells oder Bootsfahrten zur Illa de Sa Dragonera unternehmen. Wassersportler kommen dank des klaren Wassers voll auf ihre Kosten.

Andratx

12 150 EW.

Andrax, die größte Stadt im Südwesten Mallorcas, wurde (zum Schutz vor Piratenangriffen) ein gutes Stück von der Küste landeinwärts erbaut, während sich der Hafen, Port d'Andratx, 4 km entfernt befindet. Der unauffällige, untouristische Ort ist ein hervorragender Ausgangspunkt für Ausflüge an die Küste im Westen und in die Berge im Nordosten.

Sehenswertes

Castell de Son Mas HISTORISCHES GEBÄUDE

Das Castell de Son Mas, ein eleganter Verteidigungspalast aus dem 16. Jh. auf einer Anhöhe am nördlichen Ende der Stadt, beherbergt heute das *ajuntament* (Rathaus).

Església de Santa Maria d'Andratx KIRCHE

(Carrer de General Bernat Riera) Die hübsche Kirche wurde im 18. Jh. am Platz der ursprünglichen Kirche aus dem Jahr 1248 errichtet.

Essen

Bar Restaurante Sa Societat MALLORQUINISCH €€

(☎ 971 23 65 66; Avinguda Juan Carlos I 2; Hauptgerichte 11–19 €, 2-Gänge-Menü 8,50–15,50 €; ⊙ Mi–So 13–16 & 19.30–23, Mo 13–16 Uhr) Ob im Innenraum unter Holzbalken oder im Hinterhof unter freiem Himmel – hier speist man stilvoll. Serviert wird gehobene Inselküche wie *trampó* (Salat mit Tomaten, Paprika und Zwiebeln), gefolgt von Paella, knusprigem Spanferkel oder Kabeljau in Aioli-Kruste.

Praktische Informationen

Touristeninformation (☎ 971 62 80 19; Avinguda de la Curia; ⊙ Mo–Fr 10–14 Uhr) Im Rathaus am oberen Ende des Ortes.

An- & Weiterreise

Bus 102 verkehrt täglich etwa stündlich zwischen Palma und Andratx (4,65 €, 65 Min.).

Port d'Andratx

3150 EW.

Port d'Andratx erstreckt sich um eine schöne lange, natürliche Bucht, die Jachten von nah und fern anlockt. Der Ort mutet eher international als mallorquinisch an, ist ziemlich wohlhabend und geprägt von Kunstgalerien, Immobilienmaklern und Restaurants. Die hübsche Promenade lädt zum Spaziergang und Essen am Meer ein.

Sehenswertes & Aktivitäten

Cala Llamp STRAND

Sand gibt's hier zwar nicht, dafür lockt das glitzernde flaschengrüne Wasser der Cala Llamp 2 km südlich von Port d'Andratx erholungssuchende Einheimische an. Ausstrecken kann man sich auf Felsplatten, die sanft ins Meer abfallen. Mit den zerklüfteten, pinienbedeckten Klippen rundum erinnert die Bucht an ein Amphitheater und versprüht ein ganz besonderes Flair. Zu Fuß benötigt man vom Hafen aus 30 Minuten hierher, mit dem Auto folgt man der Ma 1020 ab Port d'Andratx und dann den Schildern über den Bergrücken.

Cala Blanca STRAND

Die nur 100 m breite geschwungene Bucht, zu der vom oberhalb gelegenen Parkplatz ein Sandweg führt, lockt mit kleinen Kieseln, Felsen und friedlicher Aussicht. Sie zwängt sich zwischen zwei felsige Kaps und verspricht Ruhe und Frieden, denn hierher verschlägt es kaum Besucher. Von Port d'Andratx fährt man auf der Ma1020 in Richtung Es Camp de Mar und achtet auf die Schilder.

Museo Liedtke GALERIE

(☎ 971 67 36 35; www.liedtke-museum.com; Carrer de l'Olivera 35; ⊙ Öffnungszeiten variieren) GRATIS Der deutsche Künstler Dieter Walter Liedtke baute das exzentrische Museo Liedtke, eine gelungene Synthese aus Landschaft und Architektur, zwischen 1987 und 1993 in die Klippen unweit des Cap de Sa Mola 2 km südlich des Hafenzentrums, um hier seine Kunstwerke und Wechselausstellungen zu zeigen. Gleichzeitig dient das Gebäude als eine Art Propagandazentrum für Liedtkes Theorien über das Leben. Der Ausblick über die Küste allein lohnt einen Abstecher. Die Öffnungszeiten variieren, deswegen ruft man am besten an, bevor man sich auf den Weg macht.

ABSTECHER

SEGELTÖRN VON ANDRATX NACH PORT DE SÓLLER

Es ist egal, ob man sich mit dem Auto, dem Fahrrad oder zu Fuß an der spektakulären Tramuntana-Küste fortbewegt – die Aussicht ist immer grandios. Aber es gibt noch eine andere lohnenswerte Möglichkeit: ein Segeltörn von **Port d'Andratx** im Südwesten, vorbei an **Sant Elm** und der **Illa de Sa Dragonera** bis **Port de Sóller** im Nordosten, einem netten, ruhigen Hafen zum Übernachten. Tagsüber können Segler Port des Canonge, Cala de Deià und Lluc Alcari anlaufen (für die Nacht nicht optimal). Die Buchten von Estellencs und Valldemossa sind für die meisten Jachten zu flach. Auf der nächsten Etappe geht's um das Cap de Formentor herum bis in die sichere Badia de Pollença. Diese Tour dauert unter gleichen Bedingungen etwas länger. Prima Tagesstopps sind Cala Tuent, Sa Calobra, Cala Sant Vicenç und Cala Figuera. Die gesamte Strecke ist rund 60 Seemeilen lang.

Natürlich spielt das Wetter eine wichtige Rolle. Wind gibt's fast immer, doch es kann auch ungemütlich werden, vor allem im Winter. Jachten werden bei Llaüts in Port d'Andratx vermietet; alternativ fragt man in den Touristeninformationen (S. 94) nach. Jachten kann man auch in Port de Sóller bei **Mezzo Magic** (S. 113) chartern.

Llaüts BOOTSVERLEIH
(☎971 67 20 94; www.llauts.com; Carrer de San Carlos 6A; pro ½ Tag/Tag 120/160 €; ⏲April–Okt.) Dieser empfehlenswerte Verleih hat 4 m lange führerscheinfreie Boote. Preise für führerscheinpflichtige Boote gibt's auf Anfrage. Im August zahlt man rund 10 % mehr. Der Laden liegt südwestlich von der wichtigsten Restaurantmeile; Öffnungszeiten variieren, deswegen am besten vorher anrufen.

Diving Dragonera TAUCHEN
(☎971 67 43 76; www.aqua-mallorca-diving.com; Avinguda de l'Almirante Riera Alemany 23; Paket mit 6/10 Tauchgängen 210/325 €; ⏲Mitte März–Okt. 8–19 Uhr) Wer die Unterwasserhöhlen und Wracks um Port d'Andratx und Sa Dragonera erkunden möchte, ist hier genau richtig. Das freundliche und beliebte von Deutschen betriebene Unternehmen bietet die gesamte Bandbreite an PADI- und SSI-Kursen an.

Essen

★ **Trespaís** MEDITERRAN €€
(☎971 67 28 14; www.trespais-mallorca.com; Carrer Antonio Callafat 24; Hauptgerichte 16,50–32,50 €; ⏲Di–So 18–24 Uhr) Mit seiner schicken Einrichtung sowie dem von Bäumen gesäumten und mit Kerzen beleuchteten Patio versprüht das Trespaís moderne Romantik. Sternechefkoch Domenico Curcio hat es in eine der Topadressen der Stadt verwandelt und kreiert gemeinsam mit seiner Frau Jenny Terler unvergessliche aromatische Gerichte.

Restaurante El Coche FISCH & MEERESFRÜCHTE €€
(☎971 67 19 76; Avinguda de Mateu Bosch 13; Hauptgerichte 13,50–21 €; ⏲Mi–Mo 13–15.30 & 19–22.30 Uhr) Dieses Restaurant sticht unter den Läden am Ufer hervor und ist bereits seit 1977 gut im Geschäft, hat also die meisten Konkurrenten überlebt. Auf der Karte stehen mallorquinische Seafood-Klassiker, manchmal in ungewöhnlichen Varianten, etwa Seebrassen mit Knoblauch, Essig und Chili.

Ausgehen & Nachtleben

Im Laufe des Abends verwandeln sich die meisten Restaurants am Hafen in Bars. Am südwestlichen Ende sind einige gute Anlaufstellen, wo gelegentlich DJs oder Bands auftreten.

Gran Folies Beach Club BAR
(www.granfolies.net; Carrer de Congre 2, Cala Llamp; ⏲Mai–Okt. 10–23.45 Uhr) Diese nette Restaurant-Bar thront über der felsigen Bucht im hübschen Cala Llamp. Hier können die Gäste zwischen den Frozen Margaritas in den Salzwasserpool springen. Zum Angebot gehören auch Frühstück, Tapas, komplette Mahlzeiten und Veranstaltungen wie mexikanische Abende oder Gin- & Tonic-Proben. Die Aussicht ist fantastisch, parken kann man ein kurzes Stück die Straße hinauf.

Tim's BAR
(Avinguda de l'Almirante Riera Alemany 7; ⏲10 Uhr–open end) Die lebhafte Bar mit Blick auf den Jachthafen kann zur Hochsaison schon mal bis 4 Uhr früh geöffnet sein. Perfekt geeignet, um mit einem Bier oder einem Mojito der untergehenden Sonne zuzuprosten. Auf der Großbildleinwand läuft Fußball, freitags und samstags gibt's abends Livemusik.

AUTOTOUR VON ANDRATX ZUM MONESTIR DE LLUC

Westmallorca lädt mit seiner dramatischen Küste, den hohen Kaps, den versteckten Buchten und den malerischen Dörfern am Meer förmlich zu einer Autotour ein. Wer die spektakuläre Küste in ihrer ganzen Pracht erleben will, sollte ein Auto mieten und die großartige 140 km lange Strecke von Andratx im Süden bis zur Pilgerstätte Monestir de Lluc im Norden fahren.

1 Andratx

Los geht's in der alten Stadt **Andratx**, die 4 km landeinwärts von ihrem Hafen Port d'Andratx liegt und ein entspannter Ausgangsort für die Erkundung der Küste und der Berge ist. Von hier klettert die Straße (die Ma10, der diese Tour überwiegend folgt) stetig durch Kiefernwälder hinauf, bis tief unten zum ersten Mal das Mittelmeer zu sehen ist.

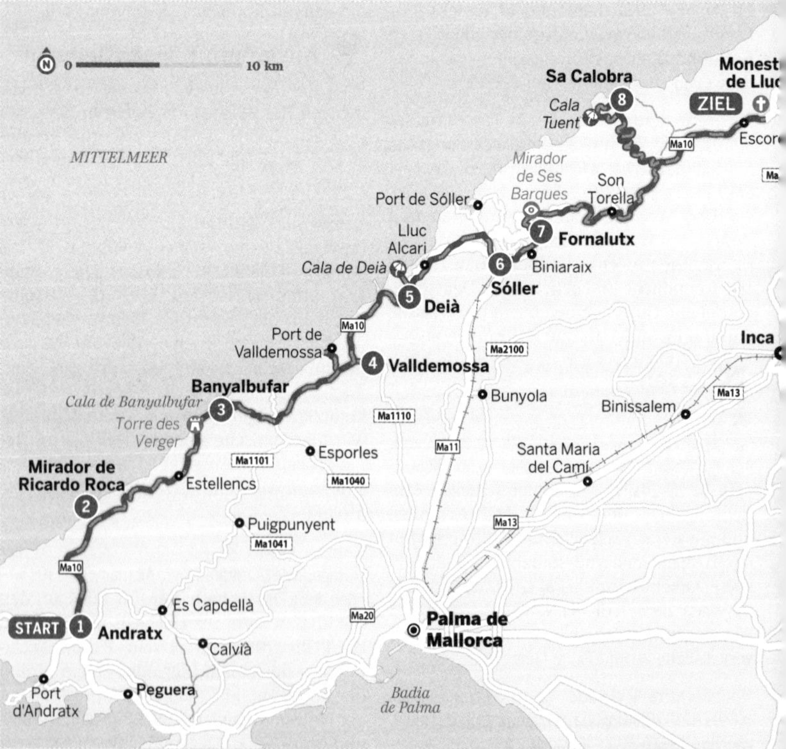

1 Tag 140 km

Toll für… Natur, Geschichte & Kultur

Beste Zeit: Juni bis Oktober

2 Mirador de Ricardo Roca

Etwa 14 km hinter Andratx parkt man gegenüber vom Restaurant El Grau und klettert hinauf zum **Mirador de Ricardo Roca**, um eine der faszinierendsten Aussichten der gesamten Westküste zu genießen.

3 Banyalbufar

4 km weiter erreicht man **Estellencs**, ein hübsches Dorf mit großartigem Blick auf den 1025 m hohen Puig Galatzò. Von dort sind es weitere 5 km bis zum berühmten **Torre des Verger**, einem spektakulär gelegenen Wachturm. Unweit davon liegt oben auf den Klippen das charmante Küstendorf **Banyalbufar**, das mit seinen malerischen ummauerten Terrassenfeldern und einer Bodega zu einer Pause einlädt. Von hier führt die Straße landeinwärts. Nach 7 km geht's bei der Kreuzung auf eine schmale Straße Richtung Norden, die durch Kiefernwälder und Geröll bergan steigt und dann ein Hochplateau überquert.

4 Valldemossa

Die Hauptstraße führt in Richtung Valldemossa, doch vorher kommt ein Abzweig Richtung Westen nach **Port de Valldemossa**, eine wilde 5,5 km lange Abfahrt hinunter zur Küste und zu einem guten Restaurant. Zurück auf der Hauptstraße sind es nur noch 1,5 km bis **Valldemossa**, das auf halber Strecke der Tour liegt. Hier lohnt eine Pause. Die Hauptattraktion ist das markante Kloster Real Cartuja de Valldemossa, zudem locken viele Restaurants und Bars.

5 Deià

Neun spektakuläre Kilometer hinter dem Abzweig von der Ma 10 nach Valldemossa liegt das romantische Dorf **Deià** inmitten von Hügeln und im Schatten des 1062 m hohen Puig des Teix. Ein absolutes Muss ist der 3 km lange Abstecher von der Hauptstraße zur **Cala de Deià**, einer der schönsten Buchten Mallorcas mit einem hübschen Kieselstrand und einer beliebten Bar mit Restaurant. Der Blick von der Hauptstraße auf den winzigen Weiler **Lluc Alcari** mit seinen Terrakottadächern vor der Kulisse des Mittelmeers ist fantastisch.

6 Sóller

Von Deià sind es 10 km bis **Sóller**, das wunderschön in einem Tal tief in der Serra de Tramuntana liegt. Hier kann man mit der historischen Straßenbahn fahren oder zwei der besten Kunstgalerien Mallorcas besuchen. Danach geht's zu zwei der hübschesten Dörfer der Insel, Biniaraix und Fornalutx.

7 Fornalutx

Von Sóller nach Fornalutx sind es nur 7 km, doch den Abstecher von der Hauptstraße Ma 10 zum charmanten Dörfchen **Biniaraix** (nur 2 km von Sóller, man kann also auch wandern) sollte man sich nicht entgehen lassen. Am pittoresken Hauptplatz des Dorfes stehen die Kirche und ein einzelnes Café. Dahinter folgt das größere, aber nicht weniger malerische Dorf **Fornalutx** mit seinen Steinhäusern, idyllischem Bergblick und einem fotogenen Dorfplatz. Von Fornalutx klettert die Ma 10 steil hinauf zum Aussichtspunkt **Mirador de Ses Barques**, vorbei an hoch gelegenen Seen im Schatten der höchsten Berge Mallorcas. Wenn man den Abzweig nach Sa Calobra erreicht hat, ist die Berglandschaft kahl und unwirklich geworden.

8 Sa Calobra

Die haarsträubende 12 km lange Serpentinenstraße hinunter zur beliebten weißen Kieselbucht **Sa Calobra** ist einer der aufregendsten Abschnitte dieser Tour. Auf dem Rückweg führt ein Abzweig nach ca. 2 km zur nicht ganz so überlaufenen, aber ebenso magischen Bucht **Cala Tuent**. Nach einer Pause am Strand geht's zurück zur Hauptstraße und Richtung Norden zum Monestir de Lluc.

9 Monestir de Lluc

Das malerisch in einem Tal gelegene, von Bergen umringte **Monestir de Lluc**, ein großer Klosterkomplex und eine Pilgerstätte, ist die letzte Station auf der Tour. Der Nachmittag vergeht schnell beim Besuch der Klostergärten und des Museums, dann fährt man weiter nach Süden oder zurück nach Palma.

Praktische Informationen

Touristeninformation (☎971 67 13 00; Avinguda de Mateu Bosch; ⊙Di–Sa 9–16, So 9.30–14.30 Uhr) Neben der Bushaltestelle.

An- & Weiterreise

Die meisten Busse der Linie 102 aus Palma fahren von Andratx weiter zum Hafen (1,50 €, 10 Min.). Bus 100 verkehrt sieben- oder achtmal täglich zwischen Andratx und Sant Elm (2,10 €, 35 Min.) und hält unterwegs in Port d'Andratx.

Sant Elm

410 EW.

Die schmale Landstraße Ma 1030 führt von S'Arracó tief durch Pinienwälder nach Sant Elm. Zwar ist es kein Geheimtipp, doch die relative Abgeschiedenheit hat den Massentourismus ferngehalten. Zudem hat der Anblick der hinter der Illa de Sa Dragonera untergehenden Sonne etwas Magisches, und die Serra de Tramuntana liegt praktisch gleich hinter der nächsten Kurve.

Sehenswertes & Aktivitäten

Illa de Sa Dragonera INSEL

Wie ein schlafender Drache erstreckt sich die unbewohnte 4 km lange **Illa de Sa Dragonera** im Westen von Sant Elm. Zur Insel, einem Naturpark (dem Parc Natural de Sa Dragonera), fährt eine Fähre, die in einem geschützten Naturhafen auf der Ostseite der Insel anlegt. Von dort führen Wanderwege zu den Landzungen der Insel sowie zum **Na-Pòpia-Gipfel** (Puig des Far Vell, 352 m).

Platja Sant Elm STRAND

Sant Elms Hauptstrand, ein schöner, aber auch schattenloser Sandstreifen, erstreckt sich am sanft plätschernden Mittelmeer. Schwimmer mit guter Kondition können zur **Illa Es Pantaleu** kraulen, einer felsigen Insel, die an ein Meeresreservat grenzt. Südlich von Sant Elms Hauptstrand (die Carrer de Cala es Conills hinunter) liegt eine hübsche sandlose Bucht namens **Cala es Conills.**

Ein paar schöne Wanderrouten verlaufen von der Plaça del Monsenyor Sebastià Grau am nordöstlichen Stadtrand nach Norden. Eine folgt dem Fernwanderweg GR 221 für etwa 1¼ Stunden (4 km) bis nach **La Trapa**, den Ruinen eines ehemaligen Klosters. Ein paar Hundert Meter weiter stößt man auf einen tollen Aussichtspunkt. Auf derselben Strecke zweigt auf halbem Weg (gesamte Route: 2,5 km; ca. 45 Min.) ein Pfad nach rechts ab, der zur **Cala d'En Basset** führt. Die wunderbare Bucht bezaubert mit glasklarem Wasser, bietet aber nur einen kleinen Strand.

Keida ABENTEUERSPORT

(☎971 23 91 24; www.keida.es; Plaça de na Caragola 3; ⊙Öffnungszeiten variieren) Keida hat ein breitgefächertes Programm, von geführten Wanderungen (38–60 €) über halbtägige Bootsfahrten zur Illa de Sa Dragonera (42 €) und dreistündige Ausritte (60 €) bis hin zu 1½-stündigen Paddelsurf-Kursen (45 €) und einem Paddelsurf-Verleih (ganzer Tag 45 €). Zudem werden Fahrräder (½ Tag/Tag 10/15 €) und Kajaks (½ Tag/Tag 11/15 €) verliehen.

Scuba Activa TAUCHEN, SCHNORCHELN

(☎971 23 91 02; www.scuba-activa.com; Plaça de Mossèn Sebastià Grau 7; Tauchgang inkl. Ausrüstung 39 €, Ausrüstung 15–17 € pro Tag; ⊙April–Okt. 9–18 Uhr) Diese sehr gute Tauchschule bietet Ausflüge in die Tiefen des wunderbar klaren Wassers rund um die Illa de Sa Dragonera, einen der besten Tauchspots Mallorcas, sowie Leihausrüstung, verschiedene Kurse und einstündige Schnorcheltouren (29–38 €).

Essen & Ausgehen

Am Hafen und in der Avinguda Jaume I ist die Auswahl an Restaurants, Cafés und Bars groß.

★ **Es Molí** MEDITERRAN €€

(☎971 23 92 02; http://esmoli.cat; Plaça de Mossèn Sebastià Grau 2; Hauptgerichte 14,50–21 €; ⊙April–Okt. Di–So 13–16 & 18.30–22 Uhr; 👪) Das Es Molí versteckt sich an einer Plaza in Meeresnähe und ist zweifellos unser Lieblingsrestaurant der Stadt (wie gerne würden wir eine Spritztour im himmelblauen Seat 600, der vor der Tür parkt, unternehmen!). Beim Dekor ist dezenter Minimalismus angesagt, das Serviceteam ist jung und freundlich und auf den Tisch kommt mediterrane Küche mit italienischem Touch. Hier überzeugt jedes Gericht, von Lachs-Carpaccio mit Mango bis zu hausgemachten Ravioli mit Wildpilzen, Trüffelöl und iberischem Schinken.

Praktische Informationen

Touristeninformation (☎971 23 92 05; Avinguda de Jaume I 28B; ⊙Mo–Sa 9–16 & So 9.30–14 Uhr) Nur ein paar Schritte vom Strand.

An- & Weiterreise

Bus 100 fährt sechsmal täglich über S'Arracó zwischen Andratx und Sant Elm (2,10 €, 40 Min.)

Zwischen Sant Elm und Port d'Andratx verkehrt auch eine Fähre (8 €, 20 Min., Feb.–Okt. tgl.). Autofahrer können sich die Parkgebühr von 3,50 € am Strand sparen – etwas weiter bergauf zahlt man nichts.

Fähren zur Illa de Sa Dragonera (hin & zurück 12 €, 15 Min., Feb.–Nov. 3–4-mal tgl.) starten am kleinen Hafen nördlich des Hauptstrands. Zu den größten Anbietern zählt **Cruceros Margarita** (☎ 639 617545; www.crucerosmargarita.com; 13 €); in der Hochsaison sollte man im Voraus buchen.

Portals Vells & Cap de Cala Figuera

Ein kurzer Abstecher von Andratx 20 km nach Süden – zur Ostseite der Halbinsel Cap de Cala Figuera – führt zu einem der letzten unberührten Küstenabschnitte in dieser stark bebauten Ecke im Südwesten. Die Gegend scheint Lichtjahre vom hektischen Trubel im nahen Magaluf entfernt.

Die drei traumhaften Buchten namens Portals Vells liegen wunderbar abgeschieden vor pinienbewachsenen Sandsteinklippen und kristallklarem Wasser.

Sehenswertes

Cala Portals Vells STRAND

(👪) Der schönste der drei Strände, die gemeinsam Portals Vells genannt werden, ist die Cala Portals Vells. Türkisfarbenes Wasser säumt einen recht breiten, mit Strohschirmen gespickten Sandstreifen. Im Süden führt ein Wanderweg zu **Höhlen**, die sich durch die Felswände ziehen. In einer sind Überreste einer Kapelle zu sehen, deren Altar in den Stein gehauen ist. Angeblich wurde sie von genuesischen Seeleuten im 15. Jh. erbaut, aus Dankbarkeit darüber, ein Schiffsunglück überlebt zu haben.

Cala Mago STRAND

Die Cala Mago besteht aus zwei schmalen Buchten: Die eine hat ein Restaurant und ist bei FKKlern beliebt, während die andere einen schattigen Strand bietet sowie länger und etwas hübscher ist.

An- & Weiterreise

Nach Portals Vells verkehren keine öffentlichen Verkehrsmittel, man ist also auf einen eigenen fahrbaren Untersatz angewiesen. Von der Ma1 geht's die Ausfahrt 14 Richtung Portals Vells ab, vorbei am Wasserpark Western Park und einem Golfclub. Nach rund 2 km durch Pinienwälder erreicht man eine Kreuzung: Links deuten Schilder zur Cala Mago mit Parkmöglichkeiten über der Bucht, während man nach weiteren 1,8 km Richtung Süden auf die Cala Portals Vells stößt.

SERRA DE TRAMUNTANA

Mallorcas Nordwestküste, beherrscht von der prächtigen Bergkette Serra de Tramuntana, ist bemerkenswert wild und gespickt mit zerklüfteten Kalksteingipfeln und Klippen, die von Wind und Wasser geformt wurden und wie natürliche Festungsmauern steil zum Meer hin abfallen. Dörfer aus goldgelben Steinen und ockerfarbene Weiler thronen auf den Hügeln und geben faszinierende Einblicke ins traditionelle Mallorca. Die Terrassen, die sich ab der Küste erheben, stammen mindestens aus der Zeit der maurischen Besatzung, wenn sie nicht sogar noch älter sind. Das hohe, schroffe Landesinnere mit seinen Pinienwäldern, Olivenhainen und Wildblumen gilt als echtes Wanderparadies. Die einzigartigen kulturellen und geografischen Besonderheiten der Region wurden zum UNESCO-Welterbe erklärt.

Küstenstraße von Andratx nach Valldemossa

Willkommen an einem der faszinierendsten Küstenstreifen des Mittelmeeres! Die Ma 10 folgt ihm von Andratx hinauf in die pinienbewachsenen Hügel, die den Anfang der majestätischen Serra de Tramuntana bilden. Die Dörfchen und Aussichtspunkte auf den Klippen und Hügeln entlang des größtenteils einsamen Straßenabschnitts warten mit einem eindrucksvollen Ausblick auf die wunderbar wilde Küste auf.

Estellencs

380 EW. / 151 M

Die beigefarbenen Steinhäuser dieses entspannten hübschen Dorfes verteilen sich in den Hügeln unterhalb des **Puig Galatzò** (1025 m). Hier genießt man eine atemberaubende Aussicht, vor allem auf der Hauptstraße aus Richtung Norden.

Sehenswertes & Aktivitäten

Cala d'Estellencs STRAND

Eine 1,5 km lange Straße windet sich durch Terrassen mit Palmen, Zitrus-, Oliven- und Mandelbäumen, Kakteen, Pinien und Blumen hinunter zur Cala d'Estellencs, einer felsigen Bucht mit flaschengrünem Wasser.

Puig Galatzò WANDERN
Von der Ma 10 zweigt bei Km 97 (ca. 2½ km westlich von Estellencs) ein Wanderweg zum Puig Galatzò (1025 m) ab. Dabei handelt es sich nicht gerade um einen gemütlichen Spazierpfad, außerdem braucht man dafür eine gute Karte und reichlich Wasser sowie Verpflegung. Für die Gesamtstrecke muss man mit fünf bis sechs Stunden rechnen. Auf einer Alternativroute geht's zurück nach Estellencs, allerdings hat sich hier schon manch einer verlaufen.

Essen

Cafeteria Vall-Hermós CAFÉ €
(☎ 971 61 86 10; www.vallhermos.com; Carrer de Eusebio Pascual 6; Hauptgerichte 7,50–17,50 €; ⏲ Do–Di 10–23 Uhr) An der Hauptstraße punktet dieses einfache Café mit tollem Meerblick, besonders wenn man bei Sonnenuntergang auf den Rattanstühlen auf der Terrasse sitzt. Tagsüber können sich Gäste einen Kaffee und ein *bocadillo* (belegtes Baguette) schmecken lassen, am Abend ein Glas Rotwein mit ein paar Tapas. Die Pizzas sind sättigend und recht günstig.

★ **Arandora** INTERNATIONAL €€
(☎ 638 417595; Plaça de la Constitució 6; Hauptgerichte 14–18 €; ⏲ Mi–Mo 14–24 Uhr) Das von Schweden betriebene Arandora direkt gegenüber von der Kirche ist hinreißend. An Sommerabenden lädt die Terrasse mit Blick auf das gemächliche Treiben zu einem Glas *cava* ein sowie zu Gerichten wie Salat mit Roter Bete, Ziegenkäse und Rucola oder Meeresfrüchtesuppe und Lamm-Burger auf Focaccia mit Fetakäse und scharfer Soße, gefolgt von Schokoladentrüffeln.

Montimar MALLORQUINISCH €€
(☎ 971 61 85 76; Plaça de la Constitució 7; Hauptgerichte 16–30 €; ⏲ Di–So 13–15.30 & 19–22.30 Uhr) Eine Bastion traditioneller mallorquinischer Küche: Die Auswahl reicht von Fischsuppe über in Salz gebackenen wilden Wolfsbarsch und Spanferkel bis hin zu *sobrassada* (mallorquinische Räucherwurst) mit Honig. Zum Nachtisch gönnt man sich dann mallorquinischen Käse.

Shoppen

Estel@rt LEBENSMITTEL, KUNSTHANDWERK
(Carrer de Sa Siquia; ⏲ Mo & Mi–Sa 10–14 & 17–20, So bis 14 Uhr) In diesem faszinierenden kleinen Geschäft am Nordende der Stadt kann man Kleidung, Schmuck, Keramik sowie kulinarische Spezialitäten und Wein aus Mallorca und Menorca kaufen. Das Sortiment ist nicht groß, aber die Produkte wurden sorgfältig ausgewählt. Unten befinden sich zwei Galerieräume.

An- & Weiterreise

Bus 200, der zwischen Palma und Estellencs (3,90 €, 80 Min., 4–11-mal tgl.) verkehrt, fährt sowohl über Banyalbufar (3,10 €) als auch über Esporles.

Banyalbufar

560 EW. / 112 M

Das hübsche Banyalbufar thront hoch über dem Meer in einer Kluft auf der Küstenseite der Serra de Tramuntana. Das steile, verwinkelte Städtchen lädt mit seinen ruhigen, von Blumentöpfen gesäumten Gassen, die sich zum Meer hinabwinden, zu einem Spaziergang ein.

Im 10. Jh. wurde das Dorf, das 8 km nordöstlich von Estellencs liegt, von Arabern gegründet. Sie gaben ihm auch seinen Namen, der „neben dem Meer gebaut" bedeutet. Rund um den Weiler sind sogenannte *ses marjades* in die Landschaft gegraben: jahrhundertealte, von Steinmauern umgebene Terrassenfelder. Sie bilden eine Reihe von Stufen hinunter zum Meer. Bewässert werden sie mit Quellwasser aus den Bergen, das durch offene Kanäle dahingurgelt und schließlich in Zisternen aufgefangen wird. An der Küstenstraße steht westlich der Stadt der **Torre des Verger**, eines der markantesten Wahrzeichen Mallorcas.

Sehenswertes

Torre des Verger TURM
(Torre de Ses Animes; Ma10) GRATIS 1 km außerhalb der Stadt an der Straße nach Estellencs erhebt sich der Torre des Verger, ein *talayot* (Wachturm) aus dem Jahr 1579, dessen Bild auf Postkarten überall auf Mallorca zu sehen ist. Seine verrückte Lage ist unübertroffen: Nur 1 m weiter, und er würde ins Mittelmeer tief unten stürzen. Wenn man seine Höhenangst überwindet, kann man hinaufsteigen und die Gewässer, in denen Wachposten einst nach Piraten Ausschau hielten, nach Jachten am Horizont absuchen.

Cala Banyalbufar STRAND
Ein 1 km langer Weg die steilen Terrassenhänge von Banyalbufar hinauf führt zu dieser

felsigen Kieselbucht voller Seetang, die zu einem Bad oder einem kühlen Erfrischungsgetränk in der Strandhütte an den Felsen mit Blick aufs dunkle, türkisblaue Wasser einlädt. In der Nähe befindet sich zudem ein hübscher Wasserfall.

Bodega Son Vives WEINGUT
(☎609 601904; www.sonvives.com; Ma10; ⊙Mai–Okt. Do–So 11–19 Uhr) Auf einem Hügel am südlichen Ende des Ortes liegt dieses kleine Anwesen, das im Sommer Weinproben im Keller anbietet und Wein verkauft. Es gibt mehrere Fusionsweine, der beste Tropfen stammt aber von der örtlich angebauten Rebsorte Malvasia. Das Weingut produziert auch Olivenöl.

Essen

Da es in Banyalbufar einige gute Restaurants gibt, lohnt es sich, zum Mittag- oder Abendessen herzukommen.

Pegasón y el Pajarito Enmascarado MEDITERRAN €
(☎971 14 87 13; Carrer del Pont 2; Hauptgerichte 7–16 €; ⊙Sa–Mi 12.30–16 & 19.30–23, Fr 19.30–23 Uhr) Steinwände, karierte Tischdecken und eine Inneneinrichtung aus bunt zusammengewürfelten alten Möbeln verleihen dem niedlichen Bistro ein gewisses Bohème-Flair. Leicht versteckt in der Ecke einer engen Nebenstraße direkt unterhalb der Hauptstraße und mit grünem Patio bietet es einen guten Blick aufs gemächliche Treiben sowie eine große Speisenauswahl, die von *tumbet* (mallorquinisches Ratatouille) mit Schweinebraten bis hin zu Lammfleischbällchen reicht. Das Drei-Gänge-Mittagsmenü mit Wasser, Wein und Oliven kostet äußerst faire 15,50 € (Sa–Di).

Ca'n Paco MALLORQUINISCH €€
(☎971 61 81 48; Carrer de la Constitució 18; Hauptgerichte 11,50–17,50 €; ⊙Di–So 13–17 & 19.30–23 Uhr) An der Straße hinunter zur Cala de Banyalbufar bleibt dieses traditionelle Restaurant seinen mallorquinischen Wurzeln treu und serviert großzügige Portionen *arroz negro* (in Tintenfischtinte gekochter Reiseintopf) und gegrillten Fisch. Mit dem mächtigen *gató con helado de almendra,* einem saftigen Kuchen mit Mandeleis, muss man eventuell etwas kämpfen, was auf der Terrasse mit Blick auf den Sonnenuntergang über dem Meer jedoch leicht fällt.

Son Tomás MALLORQUINISCH €€
(☎971 61 81 49; Carrer de Baronia 17; Hauptgerichte 14–22 €; ⊙Mi–Mo 12.30–16 & 19–22 Uhr; 👪) An den Tischen im Freien dieses Restaurantklassikers essen Radfahrer gerne einen Snack, das Restaurant oben ist dagegen hochklassig. Sowohl die knusprigen *lechona* (Spanferkel; 16,90 €) als auch der Fisch auf mallorquinische Art sind fantastisch.

Shoppen

Malvasia de Banyalbufar WEIN
(☎971 14 85 05; www.malvasiadebanyalbufar.com; Carrer de Comte Sallent 5; ⊙Juni–Aug. Di–Sa 11–14 & 17–20, So 11–14 Uhr, Mai–Sept. kürzere Öffnungszeiten) Das von einer Genossenschaft örtlicher Weingüter geführte Geschäft wurde gegründet, um die in der Gegend angebaute Rebsorte Malvasia zu bewerben. Es ist also genau der richtige Ort, um sich mit einer Flasche Wein für ein Picknick oder auch als Mitbringsel aus dem Urlaub zu versorgen.

An- & Weiterreise

Bus 200 fährt von Palma nach Estellencs (3,90 €, 80 Min., 4–11-mal tgl.) und passiert sowohl Banyalbufar (3,10 €) als auch Esporles.

Esporles

4940 EW.

Dieses hübsche Dorf mit ockerfarbenen Häusern liegt zwischen den zerklüfteten Ausläufern der Tramuntana an einem meist ausgetrockneten Fluss. Samstags findet ein Markt statt und über den von Cafés gesäumten Alleen mit ihrem geruhsamen Flair thront eine neogotische Kirche, die Petrus gewidmet ist. Abends kann es in Esporles richtig lebhaft werden, da viele Leute aus Palma dorthin gezogen sind und nun zu ihren Arbeitsplätzen in der Inselhauptstadt pendeln. Auf dem schönen Camí des Correu gelangen Wanderer entlang des GR221 in 2½ Stunden nach Banyalbufar. Man erreicht ihn, indem man der Straße neben der Kirche (die Kirche ist rechter Hand) folgt und die Carrer Costa de Sant Pere hinaufgeht.

Sehenswertes

La Granja HISTORISCHES GEBÄUDE
(www.lagranja.net; Carretera de Esporles-Banyalbufar; Erw./Kind 15 €; ⊙Sommer 10–19 Uhr, Winter 10–18 Uhr) Im Laufe der Zeit hat sich die beeindruckende *possessió* (ländliches Anwesen) in ein kitschiges „Mallorca-Land" verwandelt, einschließlich Leuten in Trachten. Das Haus und der riesige Park - einige Teile des Landguts stammen aus dem 10. Jh. - lohnen aber trotzdem einen Besuch. Man

kann sich stundenlang die stilecht eingerichteten Zimmer, die Oliven- und Weinpressen, den tollen Speisesaal sowie die Ställe, Werkstätten und mittelalterlichen Foltergeräte im Keller anschauen. Eine Weinprobe ist im Eintrittspreis enthalten.

Kurse

Mallorca Cuisine KOCHEN
(☎971 61 67 19; www.mallorcacuisine.com; Sa Mola Gran 8, Galilea) Verschiedene Kochkurse, von Paella über Tapas bis zu mallorquinischer Fusionsküche, sowie Marktbesuche.

Essen

Esporles ist mit mehreren empfehlenswerten Restaurants, die günstig in der Nähe des Zentrums liegen, eine wunderbare Stadt für eine Pause.

El Mesón La Villa MALLORQUINISCH €€
(☎971 61 09 01; Carrer de Nou de Sant Pere 5; Hauptgerichte 15–25 €; Do–Di 13–16, Do–Sa 20–23 Uhr) Einheimische schwärmen von den *asados* (Grillgerichten) im El Mesón La Villa, wo Lamm und Spanferkel in einem holzbefeuerten Lehmofen langsam zu wunderbar saftigen Köstlichkeiten geröstet werden. Balken und Landwirtschaftsgeräte bilden die passende Kulisse zur rustikalen, herzhaften Küche. So sorgt das Gesamtkonzept für eine treue Anhängerschaft.

Es Brollador SPANISCH €€
(☎971 61 05 39; Passeig del Rei 10; Hauptgerichte 11,50–21,50 €; 10–22 Uhr) Mit seinen gefliesten Böden, hohen Decken und einem Hof nach hinten raus ist dieses Restaurant ein netter Stopp, egal ob zum Frühstück, Mittag- oder Abendessen. Wir empfehlen Schweinefilet mit *sobrassada* (geräucherte Schweinswurst mit Paprika und Gewürzen). Es gibt aber auch kleinere Gerichte. An den Tischen draußen kann man unter grünen Sonnenschirmen wunderbar das Treiben in den Straßen auf sich wirken lassen.

An- & Weiterreise

Der Bus 200, der zwischen Palma und Estellencs (3,90 €, 80 Min., 4–11-mal tgl.) verkehrt, hält in Esporles (2,15 €) und Banyalbufar.

Valldemossa

2027 EW. / 425 M

Der Turm eines Kartäuserklosters, das majestätisch vor der Kulisse der bewaldeten Berge der Tramuntana thront, bietet eines der schönsten Bilder der gesamten Insel. Das Dorf liegt an einem sanften Hang und lädt zu einem ziellosen Spaziergang ein, bei dem man auf schmale Gassen, atemberaubende Ausblicke auf die Täler und Hügel der Umgebung und viele fast unbeschreiblich charmante Eckchen stößt. Die Kopfsteinpflasterstraßen und die gedrungenen Steinhäuser ziehen natürlich viele Besucher an, daher servieren die meisten Restaurants und Bars recht durchschnittliches Essen zu aufgeblähten Preisen. Doch wer hinter die Fassade schaut, wird schnell eine Ecke von Valldemossa für sich selbst entdecken und in der Schönheit der Stadt schwelgen.

Sehenswertes

Das reiche religiöse Erbe Valldemossas, besonders das erstaunliche Kloster, welches das Stadtbild prägt, und die gefeierte Verbindung mit Frédéric Chopin und George Sand sorgen für viele Sehenswürdigkeiten neben den bezaubernden Gässchen.

Viele Häuser des Ortes schmückt eine bunte Kachel, auf der eine Nonne und der Spruch „*Santa Catalina Thomàs, pregau per nosaltres*" („Heilige Catalina Thomàs, bete für uns") abgebildet ist: Valldemossa hat nämlich tatsächlich eine eigene Schutzheilige!

★ Real Cartuja de Valldemossa KLOSTER
(www.cartujadevalldemossa.com; Plaça Cartoixa; Erw./Kind 8,50/4 €; Mo–Sa 9.30–18.30, So 10–13.30 Uhr) Dieses großartige alte Kloster blickt auf eine bewegte Geschichte zurück. Früher lebten hier Könige, Mönche und ein berühmtes Paar des 19. Jhs.: der Komponist Frédéric Chopin und George Sand. Heute vermitteln ein paar Zellen einen Eindruck vom Leben der Mönche. Diese mussten ein Schweigegelübde ablegen und durften pro Woche nur eine halbe Stunde in der Bibliothek miteinander sprechen. Aus der Zeit von Sand und Chopin können Besucher allerlei bewundern, darunter auch Chopins Klavier.

Sa Foradada WAHRZEICHEN
Besucher von Son Marroig können, wenn sie um die Erlaubnis bitten, hinunter ans Meer zu der merkwürdigen kleinen Felsformation Sa Foradada gehen, die aus der Ferne an einen Elefanten erinnert. Der 3 km lange Fußweg führt durch Olivenhaine, in denen die Glocken der Schafe klingeln, und vorbei an Kiefern und Höhlen. Als Belohnung wartet, vom Wind geschützt durch den sonderbaren Felsen, ein erfrischendes Bad im Meer. Die Mittagszeit vermeidet man besser, denn es

Valldemossa

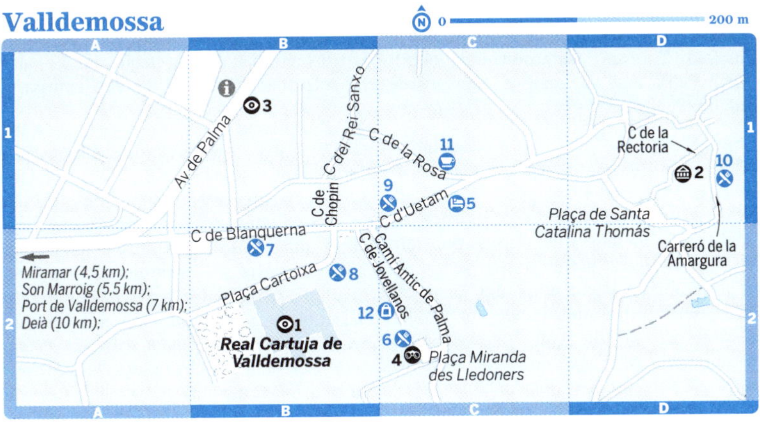

Valldemossa

Highlights
1 Real Cartuja de Valldemossa B2

Sehenswertes
2 Casa Natal de Santa Catalina Thomàs D1
3 Costa Nord B1
4 Miranda des Lledoners C2

Schlafen
5 Es Petit Hotel de Valldemossa C1

Essen
6 Casa de Sa Miranda C2
7 Forn Ca'n Molinas B2
8 Gelatimossa B2
9 Hostal Ca'n Marió C1
10 QuitaPenas D1

Ausgehen & Nachtleben
11 Aromas C1

Shoppen
12 Es Carreró C2

gibt kaum Schatten. Dafür sind die feurigen Sonnenuntergänge hier traumhaft.

Miranda des Lledoners AUSSICHTSPUNKT
Wer die Carrer de Jovellanos hinab zum Miranda des Lledoners spaziert, wird mit einem fantastischen Blick auf Terrassen, Obstbäume, Gärten, Zypressen, Palmen, vereinzelte gelbbraune Berghäuser und die weit entfernten Ebenen in Richtung Palma belohnt.

Son Marroig HISTORISCHES GEBÄUDE
(www.sonmarroig.com; Carretera de Valldemossa-Deià; Erw./Kind 4 €/frei; ⏲ Mai–Okt. Mo–Sa 9.30–18 Uhr, Nov.–April kürzere Öffnungszeiten) 7 km von Valldemossa entfernt steht eine weitere Residenz des Habsburger Erzherzogs Luis Salvador. Die großartige weitläufige Villa ist mit historischen Möbeln und Antiquitäten gefüllt, darunter viele Bücher des Erzherzogs. Vor allem aber die Aussicht ist fantastisch. Donnerstagabends findet von Juni bis September in Son Marroig im Rahmen des Festival Internacional de Deià (S. 107) eine Konzertreihe mit leichter klassischer Musik statt.

Miramar HISTORISCHES GEBÄUDE
(www.sonmarroig.com; Carretera de Valldemossa-Deià; Erw./Kind 4 €/frei; ⏲ Mai–Okt. Mo–Sa 10–17.30 Uhr, Nov.–April kürzere Öffnungszeiten) Der Miramar, der 5 km nördlich von Valldemossa an der Straße nach Deià liegt und eine fabelhafte Aussicht bietet, ist eine der früheren Residenzen des Habsburger Erzherzogs Luis Salvador. Er wurde an der Stelle eines Klosters aus dem 13. Jh. gebaut., das von Ramon Llull, dem Theologen und Schirmherrn der katalanischen Literatur, gegründet wurde. Hier schrieb dieser viele seiner Werke und bereitete Glaubensbrüder auf ihre Aufgabe der Bekehrung von Muslimen vor. Von der Felswand auf der Rückseite öffnet sich ein grandioser Blick.

Casa Natal de Santa Catalina Thomàs HISTORISCHES GEBÄUDE
(Carrer de la Rectoria) Die Casa Natal de Santa Catalina Thomàs, 1531 die Geburtsstätte der hl. Catalina Thomàs, liegt neben der Pfarrkirche **Església de Sant Bartomeu** am öst-

lichen Ende der Stadt. Hier kann man sich eine schlichte Kapelle und ein Faksimile von Catalina Thomàs' Seligsprechung (1792) durch Papst Pius VI. ansehen. 1930 wurde Catalina heiliggesprochen.

Costa Nord KULTURZENTRUM
(☎971 61 24 25; www.costanord.es; Avinguda de Palma 6; Erw./Kind 6 €/frei; ⏲9–17 Uhr) Costa Nord, das geistige Kind des Teilzeitbewohners von Valldemossa und Hollywoodstars Michael Douglas, definiert sich selbst als „Kulturzentrum" und empfängt Besucher mit einem fünfzehnminütigen Porträt der Stadtgeschichte, die von Douglas selbst vorgetragen wird. Die folgende virtuelle Reise an Bord der Nixe, der Jacht des österreichischen Erzherzogs Luis Salvador aus dem 19. Jh. (ihm gehörten große Teile des westlichen Mallorcas), ist weniger interessant.

Feste & Events

Sonntags findet im Ort ein Markt statt.

Festa de la Beata RELIGIÖSES FEST
(⏲28. Juli) Valldemossa ehrt das Leben von Santa Catalina Thomàs bei einem Umzug mit Eselwagen und als Bauern verkleideten Kindern, die Süßigkeiten ins Publikum werfen.

Festival Chopin MUSIK
(www.festivalchopin.com; ⏲Aug.) Den ganzen August über werden im Real Cartuja in Valldemossa klassische Konzerte geboten, vor allem mit Werken Chopins, aber auch anderer Komponisten. Eintrittskarten kosten 20 bis 30 €.

Essen

In den Straßen verstreut liegen einige freundliche etablierte Restaurants, die meisten sind deutlich ausgeschildert. Mit herausragenden kulinarischen Highlights warten die wenigsten auf, doch viele befinden sich in eleganten Häusern und haben oft einen herrlichen Blick auf die Berge, das Tal oder die reizvolle Architektur von Valldemossa.

★ QuitaPenas TAPAS €
(☎675 993082; www.quitapenas-valldemossa.es; Carrer de la Amargura 1; Tapas 3–15 €; ⏲12–16 Uhr) Kopfsteingepflasterte Stufen führen hinab zu diesem winzigen Feinkostcafé, das sorgfältig zubereitete Tapas aus erstklassigen Zutaten kreiert. An einem der kleinen Straßentische können Kunden sich sehr leckere Varianten von *pa amb* (Brot mit Olivenöl und Strauchtomaten) oder würzige *sobrassada* (geräucherte Schweinswurst mit Paprika und Gewürzen) mit karamellisierter Feige schmecken lassen. Gepaart mit gekühltem mallorquinischem Wein und der magischen Aussicht auf die Berge ein wahrhaft paradiesisches Erlebnis.

★ Casa de Sa Miranda FUSIONSKÜCHE €€
(☎971 61 22 96; Plaça Miranda des Lledoners 3; Tapas 8–10 €, Hauptgerichte 14–24 €; ⏲Mo 19–22, Di–Sa 13–15.30 & 19–22 Uhr) Welch eine Kulisse! Die gesamte Stadt sowie das Tal breiten sich in der Casa de Sa Miranda malerisch vor den Gästen aus. Die gekonnt zubereiteten Speisen mit innovativer Note wie Tintenfisch mit Miso-Soße und Birnenravioli mit Gorgonzola und Erdbeeren sind großartig angerichtet und sehr aromatisch. Auch die Tapas sind lecker.

Gelatimossa EIS €
(www.gelatimossa.com; Plaça de Cartoixa 18; Eiskugel 1,90 €; ⏲Juni–Sept. 11–22 Uhr, Okt.–Mai kürzere Öffnungszeiten) Pistazie, mallorquinische Mandel, Zitrone, Pfirsich, Wassermelone, Banane, Kaffee oder Joghurt - die vielen Eissorten machen eine Entscheidung schwer. Alle Sorten, die diese freundliche *gelateria*

CHOPINS WINTER DES MISSBEHAGENS

Valldemossa ist vor allem deshalb berühmt, weil der kränkelnde Frédéric Chopin und seine herrische Geliebte, die Schriftstellerin George Sand, 1838/39 hier ihren „Winter des Missbehagens" verbrachten. Ihr Aufenthalt in der Stadt – immerhin im grandiosen **Real Cartuja de Valldemossa** (S. 102) – war keine wirklich glückliche Zeit. Sand hielt das später in *Un hiver à Majorque* (*Ein Winter auf Mallorca*) fest - und verdarb es sich dadurch gründlich mit den Mallorquinern. Chopins angeschlagene Gesundheit, der Dauerregen, die ständige Feuchtigkeit und die nicht immer sehr liebenswürdigen Dorfbewohner verwandelten die Flucht aus dem sozialen Dampfkessel Paris in die erhoffte Idylle in einen Albtraum. Doch die Zeit heilt alle Wunden und Valldemossa schlägt aus seinen unzufriedenen ehemaligen Gästen reichlich Kapital: Es gibt ein nach Chopin benanntes Musikfestival und in der ganzen Stadt finden sich Hinweise auf das Paar.

ABSTECHER

RUNDFAHRT DURCHS INLAND

Eine lohnenswerte Rundfahrt, die einen Perspektivwechsel und weniger Touristen bietet, führt von der Küste landeinwärts. Bei der Fahrt auf der Ma 10 nach Osten biegt man wenige Hundert Meter nach der Abzweigung gen Port des Canonge auf die Ma 1100 in Richtung Esporles ab. 1 km weiter erreicht man eine Kreuzung und das Anwesen **La Granja**.

Von La Granja führt die Ma 1101 nach Süden durch dichte Wälder und einige beängstigende Haarnadelkurven runter nach **Puigpunyent**. Das typische Inlandstädtchen hat nicht viele Sehenswürdigkeiten zu bieten, doch das luxuriöse rosafarbene Gran Hotel Son Net, das auf einem Hügel liegt, ist Grund genug für den Abstecher, wenn man auch das nötige Kleingeld dafür besitzt.

Von Puigpunyent geht's hoch in die Berge nach **Galilea**, ein Dorf vier Serpentinenkilometer weiter südlich. Auf dem Kirchplatz genießt man einen Panoramablick über die Täler und eine Bar gleich um die Ecke ist perfekt für eine Stärkung. Wem es hier noch nicht nah genug am Himmel ist, kann in dem malerischen Ort weiter nach oben kraxeln.

Zurück in Puigpunyent fährt man auf der Ma 1101 nach Esporles.

verkauft, sind hausgemacht und lecker. Hat man eine Wahl getroffen, kann man sein Eis im Garten hinter der 50 m entfernten Real Cartuja genießen.

Forn Ca'n Molinas BÄCKEREI €

(Carrer de Blanquerna 15; coca de patata/ensaïmada 1,20/1,25 €; 7.30–20 Uhr;) Seit 1920 gibt's in diesem Laden die frisch gebackene örtliche Spezialität *coca de patata* (mit Puderzucker bestäubtes Kartoffelgebäck) und das Lieblingsgebäck der Insel: *ensaïmades* (mit Puderzucker bestäubte Teigschnecken). Im Hochsommer ist hier lange geöffnet.

Hostal Ca'n Marió MALLORQUINISCH €

(971 61 21 22; http://hostalcanmario.net; Carrer d'Uetam 8; Hauptgerichte 8,50–14 €; Mi–Mo 13.30–15.30 & 20–22.30 Uhr, im Winter kürzere Öffnungszeiten) Einen Fensterplatz ergattert man in diesem gemütlichen hellen und luftigen Restaurant im Obergeschoss nur mit Glück, denn die Sicht reicht bis nach Palma. (Dafür wurden extra die Rosskastanien zurückgeschnitten.) Auf der Speisekarte stehen gute, ehrliche mallorquinische Gerichte wie *lomo com col* (Schweinelende mit Kohl), *cargols* (Schnecken), gefüllte Aubergine und *tumbet*, ein Auflauf mit Auberginen, Tomaten, Kartoffeln, Zucchini und Knoblauch.

Ausgehen & Nachtleben

Cafés und Bars findet man im Stadtzentrum. Die meisten sind zwar nichts Besonderes und werden in erster Linie von Touristen besucht, doch es ist kein Problem, ein kühles Bierchen aufzutreiben.

Aromas CAFÉ

(Carrer de la Rosa 25; 11–21 Uhr;) Das ruhige Künstlercafé mit Schachbrettmusterboden, warmen Terrakottawänden und Jazzmusik bietet sich für eine entspannte Tasse Tee oder dickflüssige heiße Schokolade an. Es ist eine angenehme Alternative zu den Touristencafés. Hinterm Haus gibt's einen duftenden Garten.

Shoppen

Es Carreró KUNST & KUNSTHANDWERK

(Carrer de Jovellanos 6B; Juni–Sept. 11–21 Uhr, Okt.–Mai kürzere Öffnungszeiten) Vicky Vidals Künstlerauge spürt jeden Trend auf. Die Haushaltswaren, Schmuckstücke und Accessoires der kleinen Boutique sind größtenteils von der Besitzerin selbst handgemacht oder aus recycelten Materialien hergestellt. Die Auswahl reicht von Knopfringen und Sonnenbrillen aus Holz über Lesezeichen aus Metall, Notizbücher aus recyceltem Papier, Geschirr aus Zeitungen bis hin zu Origami-Fischen und -Vögeln.

Praktische Informationen

Touristeninformation (971 61 20 19; www.ajvalldemossa.net; Avinguda de Palma 7, Mo–Fr 10–18.30, Sa & So bis 14 Uhr) An der Hauptstraße, ca. 2 Min. von der zentralen Bushaltestelle entfernt.

An- & Weiterreise

Bus 210 verkehrt vier- bis neunmal täglich zwischen Palma und Valldemossa (1,85 €, 30 Min.). Von dort fahren drei bis vier Busse weiter über Deià bis nach Port de Sóller (2,55 €, 1. Std.).

ABSTECHER

ROMANTISCHE ERZHERZÖGLICHE RESIDENZEN

Nordöstlich von Valldemossa führt die spektakuläre Küstenstraße nach Deià und passiert dabei zwei der bemerkenswertesten Residenzen der Insel. Beide gehörten einst dem Habsburger Erzherzog Luis Salvador (1847–1915), einem hoffnungslosen Romantiker, der seinen Traum vom Paradies hier lebte.

Als Erstes stößt man auf den **Miramar** (S. 103). Die prächtige Villa am Meer 5 km nördlich von Valldemossa wurde auf dem Gelände eines Klosters aus dem 13. Jh. errichtet. Die Anlage umfasst eine *tafona* (Olivenölpresse), einen Kreuzgang und Landschaftsgärten. Gründer des Klosters war Ramon Llull, Theologe und Erzvater der katalanischen Literatur. Hier schrieb er einen Großteil seiner Bücher und unterrichtete die Mönche, damit sie die Muslime bekehren konnten. Hinter dem Haus bietet sich ein großartiger Panoramablick.

Etwa 7 km von Valldemossa entfernt liegt eine weitere Residenz des Erzherzogs Luis Salvador, **Son Marroig** (S. 103). Die reizende Villa ist mit Möbeln und Antiquitäten, darunter auch viele Bücher des Erzherzogs, vollgestopft. Außerdem genießt man hier einen traumhaften Ausblick.

Besucher, die zuvor um Erlaubnis gefragt haben, können nach **Sa Foradada** (S. 102) hinunterwandern. Die interessante, mit einem Loch versehene Felsformation am Wasser ähnelt aus der Ferne einem Elefanten. Die eindrucksvolle 3 km lange Wanderung dorthin führt durch Olivenhaine samt glockenbehangenen Schafen sowie vorbei an Pinien und Höhlen. Zur Belohnung lockt ein kühles Bad im Windschatten des Felsens. Die Mittagshitze sollte man meiden, denn es gibt nur wenige Schattenplätze. Die feurigen Sonnenuntergänge wirken hier besonders eindrucksvoll.

Port de Valldemossa

Etwa 1,5 km westlich von Valldemossa zweigt eine spektakuläre Bergstraße (Ma 1113) von der Straße nach Banyalbufar ab; sie schmiegt sich für 5,5 km bis nach Port de Valldemossa in die Felsen. Die schwindelerregenden Ausblicke aufs Meer und die Klippen sind atemberaubend und der Trip gleicht der Überquerung eines Steilhangs, wobei gelegentlich durch die Bäume ganz tief unten ein Dorf zu sehen ist. Beim Fahren sollte man aber immer die Augen auf der Straße lassen! Unterwegs gibt's nur eine Stelle, an der man zum Fotografieren anhalten kann. Der Ausflug endet an einem „Strand" mit Kies, Algen und niedrigen roten Felsen sowie einer Gruppe von etwa einem Dutzend Häusern. In einem davon befindet sich das beliebte Restaurant Es Port.

Essen

Das einzige Restaurant in Port de Valldemossa, das **Restaurant Es Port** (971 61 61 94; www.restaurantesport.es; Carrer Ponent 5; Hauptgerichte 9,50–24,80 €; Juni–Aug. 10–22 Uhr, Sept.–Mai kürzere Öffnungszeiten) verfügt sowohl über ein fantastisches Monopol als auch über eine herrliche Lage.

An- & Weiterreise

Zum Hafen verkehren keine öffentlichen Verkehrsmittel, die Fahrt hinunter ist aber malerisch.

Deià

768 EW. / 222 M

Wenn die späte Nachmittagssonne die honigfarbenen Häuser von Deià erwärmt, die sich malerisch über einen kegelförmigen Hügel erstrecken, und das Meer am Horizont in tiefem Blau glitzert, wird selbst der größte Pragmatiker sentimental. Das hoch in der Tramuntana gelegene Dorf wird von steilen Hängen flankiert, auf denen vor der majestätischen Kulisse des Puig des Teix (1062 m) verschiedene Gemüse, Zitronen, Mandeln, Oliven und auch ein paar Weintrauben gedeihen.

Früher hatten in dem Ort Schriftsteller, Schauspieler und Musiker ihren Zweitwohnsitz, darunter der berühmte englische Schriftsteller Robert von Ranke-Graves.

Sehenswertes

★ **Casa Robert Graves** HISTORISCHES GEBÄUDE
(Ca N'Alluny; www.lacasaderobertgraves.com; Carretera Deià-Sóller; Erw./Kind 7/3,50 €; Mo–Fr 10–17, Sa bis 15 Uhr) Ein fünfminütiger Spaziergang entlang der Straße nach Sóller führt

zur Casa Robert Graves, einem faszinierenden Denkmal für den britischen Schriftsteller und Poeten, der 1929 nach Deià zog und dort drei Jahre später sein Haus errichten ließ. Dieses bietet einen gut präsentierten, interessanten Einblick in von Ranke-Graves' Leben und eine Würdigung seiner Arbeit. Zu sehen sind u. a. alte Möbel, ein detailreicher Film über sein Leben, sein Liebesleben und seine Arbeit sowie verschiedene Bücher, Bilder und Gegenstände aus Graves‘ Besitz.

Cala de Deià STRAND

Die Cala de Deià erreicht man von Deià aus nach 3 km Fahrt auf der Straße Richtung Sóller bzw. durch einen etwas kürzeren Fußmarsch. Mit ihrem klaren Wasser, das von weißem Schaum gekrönt wird, dem kleinen Kieselstrand und den wenigen dahinter liegenden Häusern ist sie eine der bezauberndsten Buchten an der Serra de Tramuntana. Weil die Parkplätze ein paar Hundert Meter weiter oben hart umkämpft sind, sollte man sich möglichst frühzeitig auf den Weg hierher machen.

Es Puig AUSSICHTSPUNKT

Vom Es Puig, dem Hügel im Herzen Deiàs, bietet sich ein hübscher Ausblick über die Dächer des verwinkelten Dorfes und auf das weite Tal bis hin zum glitzernden Meer am Horizont. Über dem Ort thront die einfache Pfarrkiche **Església de Sant Joan Baptista** (deren Museu Parroquial mit einer Sammlung religiöser Objekte aus der Gegend nur selten geöffnet ist). Gegenüber befindet sich der kleine städtische **Friedhof**. Hier wurde „Robert von Ranke-Graves, Poeta, 24.4.1895–7.12.1985 E.P.D.“ *(en paz descanse* heißt „Er ruhe in Frieden“) bestattet.

Feste & Events

Festival Internacional de Deià MUSIK

(☎678 989536; www.dimf.com; 20; ⏲April–Sept. Do) In der Villa Son Marroig (S. 103) an der Küste der Serra de Tramuntana bei Deià findet das Festival Internacional de Deià statt, eine Konzertreihe mit leichter klassischer Musik.

Essen

Die Ma 10 führt als Hauptstraße durch das Zentrum. Sie ist gesäumt von Bars, Restaurants und Läden, vor allem am östlichen Ende. Zwischen den vielen durchschnittlichen Lokalen, die im Laufe der Jahre kommen und gehen, verstecken sich auch einige großartige Adressen.

Village Cafe INTERNATIONAL €€

(☎971 63 91 99; www.thevillagecafedeia.com; Carrer de Felipe Bauzà 1; Hauptgerichte 10–13 €; ⏲März–Okt. Mi–So 12–23 Uhr; 👪) Das Café ist von einer Steinmauer umgeben und von seiner mit Blumen und Weinreben geschmückten Terrasse eröffnet sich eine weite Aussicht auf die Tramuntana. Die Gourmetburger sind eine gute Wahl, ebenso die Salate, *bocadillos* (belegte Baguettes) und Pizzas. Abends sorgen Keramiklaternen und zirpende Zikaden für eine wunderbare Atmosphäre, die zu Gin Tonic, frischer Limonade und Tapas verführt.

Sa Vinya MEDITERRAN €€

(☎971 63 95 00; www.restaurant-savinya.com; Carrer de Sa Vinya Vella 4; Hauptgerichte 12–26 €; ⏲Feb.–Nov. Di–So 13–23 Uhr; 👪) Gepflasterte Stufen führen hinauf zur stimmungsvoll beleuchteten Terrasse des Sa Vinya mit Blick auf Zitronenhaine und die bewaldeten Gipfel der Tramuntana. Es ist ein wahrhaft magischer Ort für ein romantisches Abendessen. Auf den Tisch kommen sonnig-frische mediterrane Gerichte wie Melonen-Gazpacho mit Estragon, Seehecht mit Safran-Risotto oder Seeteufel-Saltimbocca mit Gnocchi und Salbei. Die Grillabende sind beliebt, die Mitarbeiter freundlich und aufmerksam.

Ca's Patró March SPANISCH €€

(☎971 63 91 37; Cala de Deià; Hauptgerichte 10–25 €; ⏲Juni–Aug. 10–23 Uhr, Sept.–Mai kürzere Öffnungszeiten) Wegen der leicht erhöhten Lage ist dieses Restaurant wahrscheinlich das schönere der beiden am Meer, macht aber nur ganz knapp das Rennen. Serviert wird eine große Auswahl an gegrilltem Fleisch und Fisch, wobei die *gambas* aus Sóller besonders beliebt sind. Das Lokal wird in dritter Generation von einer Fischerfamilie geführt.

Can Lluc FISCH & MEERESFRÜCHTE €€

(☎649 198618; Cala de Deià; Hauptgerichte 10–20 €; ⏲Mai–Okt. 10.30–19 Uhr) Wer sich nicht allzu weit von seinem Handtuch weg bewegen will, könnte es mit dem Can Lluc an der Cala de Deià nicht besser treffen. An einem faulen Sommernachmittag sind die kühlen Drinks, gegrillten Sardinen und Calamares mit einem Spritzer Zitrone in dem einfachen Bar-Restaurant wirklich eine Wonne. Es ist eine gute Alternative, wenn das andere Restaurant an der Cala de Deià voll ist, was häufig vorkommt. Das Personal wirkt etwas gestresst.

★ **Es Racó d'es Teix** FUSIONSKÜCHE €€€
(☎971 63 95 01; www.esracodesteix.es; Carrer de Sa Vinya Vella 6; Hauptgerichte 36–38 €, 3-Gänge-Mittagsmenü 37 €, inkl. Wein 52 €, 4-/6-Gänge-Probiermenü 72/100 €; ⏲Feb.–Okt. 13–15 & 19–22 Uhr) Josef Sauerschell hat sich einen wohlverdienten Michelin-Stern erkocht und gilt auf der Insel als lebende Legende. Er bereitet ausgeklügelte, herzhafte Fleischgerichte zu, von geschmorter Kalbsschulter in Sherryessig-Soße mit Kürbis oder mallorquinischem Spanferkel bis hin zu Schweinsfüßen mit Foie Gras und Lammkarree mit Olivenkruste.

Sebastian MEDITERRAN €€€
(☎971 63 94 17; http://restaurantesebastian.com; Carrer de Felipe Bauzà 2; Hauptgerichte 26–30 €; ⏲19.30–22.30 Uhr) In einem ehemaligen Stall erlebt man zwischen kahlen Steinwänden und weiß leuchtenden Tischdecken gehobene kulinarische Momente. Die kleine, aber feine Auswahl umfasst drei Fisch- und drei Fleischgerichte, serviert mit köstlicher Soße oder Püree. Das Angebot ist je nach Saison unterschiedlich, Gäste können sich jedoch auf Speisen wie Hummerravioli und grünen Spargel freuen. Es gibt auch immer ein Gericht für Vegetarier.

An- & Weiterreise

Deià liegt 15 Minuten von Valldemossa entfernt auf der Route von Bus 210, der zwischen Palma (2,85 €, 45–60 Min.) und Port de Sóller (1,60 €, 30–40 Min.) verkehrt. Da Deià gern besucht wird, kann das Parken ein Problem sein. Es gibt zwar kostenpflichtige Parkplätze, doch die sind oft voll. Vielleicht findet man an der Ma10 gleich außerhalb der Stadt einen Parkplatz.

Sóller

14 50 EW.

Das ockergelbe Sóller liegt in einem Tal und ist umringt von den graugrünen Hügeln der Serra de Tramuntana. Die Mauren merkten früh, was für ein wertvolles Stück Land sie mit dem Vall d'Or (Goldenes Tal) vor sich hatten. Schon im 13. Jh. pflanzten sie hier Orangen und Zitronen an, die von Bergquellen bewässert wurden. Der Obsthandel legte den Grundstein für den großen Wohlstand der Stadt, der sich in der Eisenbahnlinie nach Palma (1912), der Straßenbahnlinie nach Port de Sóller (1913) und den prächtigen Handelshäusern in der Stadt, etwa in der Gran Via und in der Carrer de Sa Lluna, widerspiegelt.

Mit ihren historischen Zügen und Straßenbahnen, der prachtvollen modernistischen Architektur und den Galerien mit Werken von Picasso und Miró lohnt die Stadt an sich bereits einen Besuch. Zudem eignet sie sich hervorragend als Ausgangsbasis für Ausflüge an die Westküste und in die Tramuntana sowie als Startpunkt einiger großartiger Bergwanderungen.

Sehenswertes & Aktivitäten

Es macht jede Menge Spaß, durch Sóllers ruhige, größtenteils gepflasterte Straßen zu schlendern. Die verschlungenen Gässchen, deren Bürgersteige mit mit glatten Kalksteinplatten belegt sind und die von hohen massiven Holztüren gesäumt werden, erweitern sich in allen Richtungen bald zu Landstraßen. Hinter den Steinmauern rechts und links der Wege gucken gut bewässerte Orangen- und Zitronenhaine hervor.

★ **Sala Picasso & Sala Miró** GALERIE
(Plaça d'Espanya 6, Estación de Tren; ⏲10.30–18.30 Uhr) GRATIS Sóllers Bahnhof wartet in zwei Räumen des Erdgeschosses, der Sala Picasso und der Sala Miró, mit faszinierenden beschaulichen und kontemplativen Ausstellungen auf. Nur wenige Bahnhöfe können ein derartig reiches künstlerisches Erbe vorweisen. In der Sala Picasso befinden sich 50 heiter dekorierte Keramiken von Picasso aus den Jahren 1948 bis 1971, viele mit den für ihn typischen Motiven wie Tänzer, Frauen und Stierkämpfe. In der schönen Sala Miró sind verspielte, geheimnisvolle und faszinierende Drucke des katalanischen Meisters ausgestellt; Mirós Großvater mütterlicherseits war aus Sóller.

★ **Ca'n Prunera – Museu Modernista** GALERIE
(☎971 63 89 73; http://canprunera.com; Carrer de Sa Lluna 86-90; Erw./Kind 5 €/frei; ⏲März–Okt. 10.30–18.30 Uhr, Nov.–Feb. Mo geschl.) Das Ca'n Prunera, eines der besten Kunstmuseen Mallorcas, befindet sich in einer berühmten modernistischen Villa in der Carrer de Sa Lluna. Hier werden erstaunlich viele Arbeiten berühmter Künstler präsentiert, darunter Werke von Joan Miró sowie einzelne Zeichnungen von Toulouse-Lautrec, Picasso, Gauguin, Klimt, Kandinsky, Klee, Man Ray und Cézanne. Zur ständigen Ausstellung gehört auch eine Galerie, die dem in Sollér geborenen weltbekannten Künstler Juli Ramis (1909–90) gewidmet ist. Dieser hatte sein Atelier im Nachbardorf

Sóller

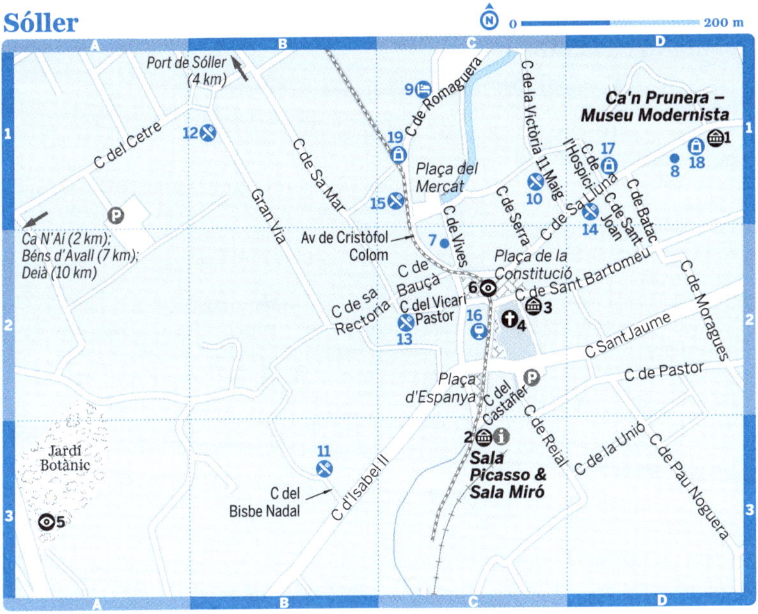

Sóller

Highlights
1 Ca'n Prunera – Museu Modernista D1
2 Sala Picasso & Sala Miró C3

Sehenswertes
3 Banco de Sóller C2
4 Església de Sant Bartomeu C2
5 Jardí Botànic & Museu Balear de Ciències Naturals A3
6 Plaça de la Constitució C2

Aktivitäten, Kurse & Touren
7 Lengua Sóller C2
8 Tramuntana Tours D1

Schlafen
9 Hostal Nadal C1

Essen
10 Cafe Scholl C1
11 Ca'l Bisbe B3
12 Ca'n Boqueta B1
13 Casa Alvaro C2
14 Luna 36 .... D1
15 Sa Fàbrica de Gelats C1

Ausgehen & Nachtleben
16 Sa Butigueta C2

Shoppen
17 Arte Artesanía D1
18 Ben Calçat D1
19 Fet a Sóller C1

Biniaraix. Daneben sind auch Werke von Miquel Barceló, Antoni Tapiès und Eduardo Chillida in dem Museum ausgestellt.

Plaça de la Constitució PLATZ

(Stadtzentrum) 100 m vom Bahnhof entfernt liegt der hübsche Hauptplatz, die Plaça de la Constitució. Ihre Nord-, Ost- und Westseite säumen Cafés mit Tischen im Freien. Die Schienen der überfüllten Straßenbahn nach Port Sóller verlaufen über den Platz, an dem auch das *ajuntament* (Rathaus) steht. Abends füllt sich der Platz mit spielenden Kindern und Besuchern mit Panamahüten.

Església de Sant Bartomeu KIRCHE

(Plaça de la Constitució; Mo–Do 11–13.15 & 15–17.15, Fr & Sa 11–13.15, So 12–13 Uhr) GRATIS Ein Schüler des Architekten Antoni Gaudí, Joan Rubió i Bellver, zog in Sóller gleich mehrere Großaufträge an Land. Da die Stadt den Zug in die Moderne nicht verpassen wollte, ließ man Rubió i Bellver 1904 die Església de Sant Bartomeu aus dem 17. Jh. umbauen.

ABSTECHER

JARDINS DE ALFÀBIA

Die **Jardins de Alfàbia** (☎971 61 31 23; www.jardinesdealfabia.com; Carretera de Sóller Km 17; Erw./Kind 6,50 €/frei, Erw. März 5,50 €; ⏰April–Okt. Mo–Sa 9.30–18.30 Uhr, März Mo–Fr bis 17.30, Sa bis 13 Uhr) liegen im Schatten der zerklüfteten Gebirgskette Serra d'Alfàbia, die sich östlich von Sóller erstreckt. Inmitten von Gärten, Zitronenhainen, Palmen und einer Handvoll Nutztiere steht eine romantisch-verfallene Finca. Ihre barocke Fassade sieht aus, als hätte man sie einer florentinischen Basilika geklaut. Das gluckernde Wasser in den Bewässerungskanälen erinnert an die Vergangenheit des Ortes, denn der erste, der hier wohnte, war ein maurischer Wali (Vizekönig); nicht umsonst wird im Koran das Paradies als Garten dargestellt.

Abgesehen von der außergewöhnlichen bunten Kassettendecke aus Pinien- und Ilexholz gleich neben dem Eingang ist vom ursprünglichen arabischen Haus kaum noch etwas übrig. Sie ist rundherum mit arabischen Inschriften bedeckt und soll um 1170 entstanden sein. Rechts des Innenhofs steht eine *tafona* (große Ölpresse), die Elemente der Gotik, des Barock und der Renaissance miteinander vereint. In dem riesigen Haus befinden sich zahlreiche Stilmöbel, außerdem gibt's eine Bibliothek mit über 1200 Bänden. Darunter befindet sich auch das Original des *Llibre de les Franqueses* (Buch des Rechts), das König Jaume I. nach der christlichen Eroberung als Grundlage für das gesamte mallorquinische Recht verfasste.

Die 1688 bis 1723 erbaute Kirche ist schwerpunktmäßig barock und im Innenraum teilweise noch gotisch. Rubió i Bellver versah sie mit einer schönen und ziemlich ungewöhnlichen modernistischen Fassade.

Jardí Botànic & Museu Balear de Ciències Naturals GARTEN, MUSEUM
(www.jardibotanicdesoller.org; Carretera Palma-Port de Sóller; Erw./Kind 8 €/frei; ⏰Mo–Sa 10–18 Uhr) Ein kurzer Spaziergang von 600 m entlang der verkehrsreichen Straße führt vom Zentrum in Richtung Westen nach Port Sóller, wo der friedliche Jardí Botànic wartet. Hier sprießen neben Blumen und weiteren typisch balearischen Pflanzen wie Steineichen, Magnolien, Myrten und einer bedrohten Pinienart auch Gewächse aus anderen Ecken des Mittelmeers. Die Eintrittskarte gilt zugleich für das **Museu Balear de Ciències Naturals** (Naturkundemuseum), das eine Einführung in die Flora und Fauna der Balearen gibt; interessant ist die Fossiliensammlung.

Banco de Sóller HISTORISCHES GEBÄUDE
(Plaça de la Constitució) Joan Rubió i Bellver, ein katalanischer Schüler von Antoni Gaudí, entwarf die auffällige modernistische Frontfassade der Banco de Sóller von 1912 (heute Banco de Santander). Eine schmale Straße trennt sie von der Eglésia de Sant Bartomeu (deren Fassade er ebenfalls schuf). Das imposante Bankgebäude besteht aus grob behauenen Steinen und hat zwei große, runde Galerien. Die Fenster schmücken kunstvolle schmiedeeiserne Gitter und von der Ecke der Bank späht ein steinerner Löwe mit wildem Blick über den Platz.

Lenguas Sóller SPRACHE
(☎674 216677; http://lenguas-soller.es; Carrer de Vives 5; ⏰Mo–Fr 11–13 & 17–20 Uhr) Die zentral gelegene Sprachschule bietet Spanisch-Intensivkurse an. Einzelunterricht kostet 18 €, bei zwei Schülern 15 € pro Stunde. Die Schule ist einen kurzen Fußweg von der Plaça de la Constitució entfernt.

Geführte Touren

Tramuntana Tours ABENTEUERTOUREN
(☎971 63 24 23; www.tramuntanatours.com; Carrer de Sa Lluna 72; Fahrradverleih pro Tag 12–75 €; ⏰Mo–Fr 9–13.30 & 15–19.30, Sa 9–13.30 Uhr) Dieser erfahrene Anbieter organisiert Exkursionen, von Canyoning (ab 59 €) über Kajakfahren (50 €) bis zu Wanderungen (ab 25 €) und Mountainbiketouren (ab 24 € ohne Leihfahrrad), in der Serra de Tramuntana. Außerdem werden hier neue Fahrräder verliehen sowie Ausrüstungen für verschiedene Outdoor-Unternehmungen verkauft. Wenn der Laden geschlossen ist, lohnt ein Versuch bei der Filiale in Port de Sóller. Die hat nämlich längere Öffnungszeiten.

Feste & Events

Es Firó FIESTA
(⏰Anfang Mai) Rund um das zweite Wochenende im Mai fällt in Sóller eine bunte Horde

muslimischer Piraten ein. Das Scharmützel zwischen *pagesos* (Städter und Landbewohner) und *moros* (Mauren) nennt sich Es Firó und ist eine feuchtfröhliche Angelegenheit. Etwa 1200 Einwohner spielen den erfolgreich abgewehrten Überfall auf die Stadt vom 11. Mai 1561 nach.

Essen

Sóller ist eine große Stadt mit vielen Touristen und hat daher eine gute Auswahl an Restaurants, Cafés und Bäckereien, die verlockendes mallorquinisches und mediterranes Essen servieren. Eine besonders malerische Aussicht hat man vom Béns d'Avall (S. 111) an der kurvenreichen Straße nach Deià.

Cafe Scholl
CAFÉ €

(☎ 971 63 23 98; Carrer de la Victòria 11 Maig 9; leichte Snacks & Hauptgerichte 5–15 €; ⌚ Mo–Fr 9–20, Sa 9–17 Uhr) Mit seinen Kronleuchtern, Messingspiegeln und dem hübschen offenen Patio, der den Blick auf ein Stückchen Himmel freigibt, ist das elegante Café im Retro-Bohème-Stil ein sehr entspannender Ort. Auf Jugendstilstühlen können sich Gäste das Frühstück mit knusprigen Croissants und frischem Orangensaft, ein leichtes Mittagessen oder einen Kaffee mit einem Stück saftigem Orangen-Mandel-Kuchen schmecken lassen.

Sa Fàbrica de Gelats
EIS €

(Avinguda de Cristòfol Colom 13; Eiskugel 1,30 €; ⌚ Juli & Aug. 9–22 Uhr, Sept.–Juni kürzere Öffnungszeiten) Legendäre Eisdiele! Zu den besten der etwa 40 vor Ort hergestellten Sorten gehören die mit frischer Orange und Zitrone. Es gibt eine kleine Terrasse mit ein paar Tischen.

Luna 36
MALLORQUINISCH €€

(www.luna36.es; Carrer de Sa Lluna 36; Hauptgerichte 14–24 €; ⌚ Mo–Sa 12.30–15 & 18.30–22 Uhr) Das hervorragende Restaurant ist ein kräftiger Farbtupfer in der Carrer de Sa Lluna. Auch die Mitarbeiter verströmen pure Lebensfreude. Am schönsten sitzt man hinterm Haus im hübschen Hofgarten, in dem üppige Bougainvillea wächst. Abends kann man auch in der oberen Etage essen.

Casa Alvaro
TAPAS €€

(☎ 871 709315; www.casalvaro.com; Carrer del Vicari Pastor 17; Tapas 4,50–7 €, Hauptgerichte 16–24,50 €; ⌚ Mi–Mo 12–16 & 19–24, So 13.30–16.30 & 19.30–24 Uhr) In einer gepflasterten Gasse, die vom Hauptplatz abgeht, versteckt sich dieses wunderbare Haus, das mit einfachsten Mitteln eine minimalistisch-traditionelle Bodega-Atmosphäre schafft. Unter den Holzbalken können die Gäste großartige Tapas essen, die von fröhlichen, entgegenkommenden Mitarbeitern serviert werden: knusprige Calamari, zartes Kaninchen, Artischockenherzen und mehr. Dazu eine gute Flasche mallorquinischen Weins. So lässt sich das Leben genießen!

Ca'n Boqueta
MEDITERRAN €€

(☎ 971 63 83 98; Gran Via 43; 3-Gänge-Menü 15 €, 5-Gänge-Menü 31 €; ⌚ Di–Sa 13–15.15 & 19.45–22.15, So 13–15.15 Uhr) Das Bistro in einem geschmackvoll umgebauten Stadthaus mit Kunst an den Wänden, Balkendecke und Gartenpatio serviert kreative Küche aus saisonalen Zutaten. Neben leckeren Vorspeisen wie Kirsch-Gazpacho und Jakobsmuscheln mit weißer Zucchinicreme überzeugen auch die Hauptgerichte, z. B. Iberisches Schwein aus Mallorca mit würziger Orangensoße.

★ Béns d'Avall
FISCH & MEERESFRÜCHTE €€€

(☎ 971 63 23 81; www.bensdavall.com; Urbanització Costa Deià, abseits der Carretera Sóller-Deià; Probiermenüs 64–94 €; ⌚ Di–So 13–15.30 & Mi–Sa 19–21.30 Uhr) Die Terrasse hoch oben auf einer Klippe versprüht bei Sonnenuntergang Romantik pur. Zudem hat Benet Vicens im Restaurant das Sagen, einer der führenden Köche Mallorcas. Das Probiermenü nach moderner Balearen-Art richtet sich nach der Saison und umfasst gegebenenfalls Gerichte wie Hummerravioli mit Kaninchenlende, mit Obst gefülltes Spanferkel, das langsam bis zur Perfektion gegart wurde, oder Tramuntana-Lamm mit Auberginenkonfitüre.

Ca'l Bisbe
MALLORQUINISCH €€€

(☎ 971 63 12 28; www.hotelcalbisbe.com/restaurante; Carrer del Bisbe Nadal 10; Menü 29,50–38,50 €; ⌚ März–Okt. 20–22.30 Uhr) Eine alte Olivenmühle wurde in das Ca'l Bisbe verwandelt. Schwere Holzbalken prägen den von Laternen beleuchteten Gastraum und draußen am Pool gibt's eine Terrasse. Auf der überdurchschnittlich guten Karte stehen raffinierte Gerichte wie gedämpfter Kabeljau mit Tintenfischnudeln oder Lamm mit einer Kruste aus schwarzen Oliven an Basilikum-Risotto. Dazu werden perfekt passende mallorquinische Weine ausgeschenkt.

Ausgehen & Nachtleben

An der Plaça de la Constitució mitten im Zentrum von Sóller gibt's viele Cafés und Bars. Hier kann man bei einem Drink herrlich das Kommen und Gehen beobachten.

Sa Butigueta
BAR

(Avinguda de Jeroni Estades 9; 📶) Die bodenständige Kombination aus Bar, Café und Restaurant verzichtet auf jeden touristischen oder sonstigen Schnickschnack und serviert bezahlbare Drinks und Tapas. Für die Einheimischen fungiert sie zugleich als Club, daher sieht man diese hier in schnörkelloser, authentischer Atmosphäre Karten spielen, schwatzen und zu den günstigsten Preisen der Stadt zechen. Von den Tischen an der Avinguda des Born mit Blick auf die Kirche kann man die Straßenbahn vorbeirumpeln sehen.

Shoppen

Arte Artesanía
SCHMUCK

(☎971 63 17 32; www.arteartesania.com; Carrer de Sa Lluna 43; ⌚Mo–Fr 10.30–20, Sa bis 15 Uhr) Dieser dynamische, inspirierende und künstlerische Laden, der vor Ideen regelrecht übersprudelt, kommt gleichzeitig elegant und avantgardistisch daher. Hier werden Designerschmuck und eine kleine Auswahl an Malerei, Keramik und Skulpturen von spanischen sowie internationalen Künstlern und Kunsthandwerkern verkauft. Oben und in dem kleinen Kellerraum werden oft auch Ausstellungen veranstaltet.

Fet a Sóller
LEBENSMITTEL

(www.fetasoller.com; Carrer de Romaguera 12; ⌚Mai–Okt. 10–19.30 Uhr, Nov.–April bis 18 Uhr) In den Regalen des Geschäfts, das inmitten der berühmten Sa Fàbrica de Gelats liegt, findet man mallorquinische Produkte, die hauptsächlich aus Sóller stammen, darunter Olivenöle, Weine, Mandeln, Marmeladen, Konserven, Feigen in Kognak, Wurst, Balsamico-Essig mit Orangen aus Sóller und Keramik.

Ben Calçat
SCHUHE

(☎971 63 28 74; www.bencalcat.es; Carrer de Sa Lluna 74; ⌚Mo–Fr 9.30–20.30, Sa bis 13.30 Uhr) Hier gibt's die echten mallorquinischen handgearbeiteten *porqueras* (Schuhe aus recycelten Autoreifen). Das außergewöhnliche Bowlingschuhdesign in bunt leuchtenden Farben mag nicht jedermanns Sache sein, ist aber typisch für Mallorca. Preise ab etwa 55. €.

Praktische Informationen

Touristeninformation (☎971 63 80 08; www.visitsoller.com; Plaça d'Espanya 15; ⌚Mo–Fr 10–16.30, Sa 9–13 Uhr) Die Touristeninformation befindet sich in einem alten Eisenbahnwagen direkt neben dem Bahnhof.

An- & Weiterreise

AUTO & MOTORRAD

Wer von Palma kommt, kann entweder durch den Tunnel fahren (Maut pro Auto/Motorrad 4,95/2 €, keine Fahrräder) oder die 7 km längere bergige Route wählen, die über viele Haarnadelkurven hinauf auf den Pass führt, wobei sich unterwegs immer wieder herrliche Blicke auf Palma bieten. Entscheidet man sich für die zweite Variante, dann nimmt man den letzten Abzweig nach Sóller vor dem Tunnel. Auch von der Bergstraße, die von Fornalutx zur Straße zwischen Sóller und Port de Sóller führt, bietet sich eine prächtige Aussicht hinunter auf Sóller und das schöne Tal. Wer den Tunnel nimmt und die Maut bar zahlen will, sollte darauf achten, sich auf der richtigen Spur einzuordnen. Im Herbst 2017 soll die Maut übrigens abgeschafft werden, zum Zeitpunkt unserer Recherche war der Tunnel aber noch mautpflichtig. Tankstellen liegen günstig an der Tunnelausfahrt Richtung Palma auf beiden Straßenseiten.

BUS

Die Linie 211 fährt die Ma 11 von Palma direkt nach Sóller hoch (2,65 €, 30 Min., bis zu 5-mal tgl.), während die Linie 210 den längeren Weg von Palma (3,90 €) über Valldemossa (2,15 €, 40–50 Min.) und Deià (1,55 €) nimmt. Ein örtlicher Bus verkehrt von Sóller über Biniaraix nach Fornalutx (1,50 €, 15 Min., 2–4-mal tgl.).

TRAM

Sóllers alte **Straßenbahnen**, die an der Seite offen sind (Tranvías; einfache Fahrt 6 €; ⌚8–20.30 Uhr, alle 30 oder 60 Min.), fahren nach Port de Sóller an der Küste und zurück. Sie starten am Bahnhof und halten auch an der Nordwestecke der Plaça de la Constitució. In der Regel fahren sie zwischen 8 und 20.30 Uhr alle 30 Minuten von Sóller nach Port de Sóller und zwischen 8.30 und 21 Uhr alle 30 Minuten in die Gegenrichtung (Fahrpläne gibt's in der Touristeninformation und am Bahnhof).

ZUG

Die Zugfahrt von Palma nach Sóller ist ein echtes Highlight. Von April bis Oktober fahren die Züge (16 €; www.trendesoller.com) zwischen 10.10 und 19.30 Uhr sechsmal von Palma nach Sóller und zwischen 9 und 18.30 Uhr fünfmal in die Gegenrichtung. November, Dezember, Februar und März fahren in jede Richtung nur vier Züge pro Tag.

Port de Sóller

2909 EW.

Sóllers Verbindung zum Meer ist ein für Mallorca typischer Fischerei- und Jachthafen, der sich um eine fast vollständig geschlossene Bucht erstreckt. Vor etwa zehn Jahren wurden Millionen von Euro in die Sanierung des Hafens gepumpt. Die Atmosphäre hier schwankt zwischen exklusiv und derb. Bei der Architektur ist der Einfluss Frankreichs und Puerto Ricos nicht zu übersehen, denn dort suchten die meisten mallorquinischen Auswanderer ihr Glück und brachten später Bargeld und außerdem einen neuen Geschmack mit.

Die Sonnenuntergänge können großartig sein, besonders im Hochsommer, wenn die Sonne – vom richtigen Standort aus betrachtet – genau in der Mitte zwischen den beiden den Hafen begrenzenden Landzungen im Meer versinkt.

Sehenswertes & Aktivitäten

Die Bucht hat die Form einer Qualle und ist von einer hübschen Promenade mit vielen Restaurants umringt. Sie lädt zum Schlendern ein, vor allem am Nordende, wo sich das Herz der Altstadt befindet.

Die Strände sind akzeptabel, aber nicht gerade die besten der Insel. Am schönsten ist die **Platja d'en Repic** am Südende der Bucht, schon allein deshalb, weil sie abgeschieden vom Besucherstrom liegt. Läuft man in dieselbe Richtung weiter um das felsige Kap, wird es noch ruhiger und friedlicher und an einigen Stellen kann man wunderbar ins Wasser springen. Auf die **Platja d'es Port** neben der Marina hingegen trifft das wahrlich nicht zu.

★ Mezzo Magic BOOTSFAHRTEN

(☎ 664 679875; www.mezzomagic.co.uk; Carrer de L'Església; pro Pers. ½ Tag/Tag ab 75/100 €; Jacht ½ Tag/Tag ab 450/650 €) Mezzo Magic bietet tolle Fahrten auf Charterjachten die Küste hinauf und hinunter nach Cala Deià, Sa Calobra, Cala Tuent und Sa Foradada. Es sind auch längere Bootstouren (sogar bis nach Ibiza, Formentera und Menorca) möglich, bei denen man Mallorca und das Mittelmeer aus einer ganz anderen Perspektive erlebt, inklusive all dem Glamour, der einer Jacht-Ausfahrt anhaftet. Fahrten zum Sonnenuntergang sind ebenfalls im Programm.

Octopus Dive Centre TAUCHEN

(☎ 971 63 31 33; www.octopus-mallorca.com; Carrer del Canonge Oliver 13; 1 Tauchgang mit/ohne eigene Ausrüstung 39/49 €, 2 Tauchgänge 67/88 €; ⏲ Mitte Mai–Okt. 8.30–19 Uhr) Das Fünf-Sterne-PADI-Zentrum gehört Engländern, verfügt über ausgezeichnete Geräte und bietet Kurse (u. a. Bubblemaker-Kurse für Kinder) und Tauchausflüge für Anfänger und Fortgeschrittene vor der Küste oder vom Boot aus an. Mit dem Boot werden etwa 30 Stellen an der Tramuntana-Küste angesteuert.

Nàutic Sóller BOOTSVERLEIH

(☎ 609 354132; www.nauticsoller.com; Platja d'en Repic; Seekajak für 1 Pers. pro Std./½ Tag/Tag 10/30/50 €, für 2 Pers. 15/45/70 €) Vermietet Seekajaks und kann auch Leihboote (½ Tag/Tag 120/170 €) arrangieren. Bootsführer für Exkursionen können ebenfalls bereitgestellt werden.

Geführte Touren

Tramuntana Tours ABENTEUERTOUREN

(☎ 971 63 27 99; www.tramuntanatours.com; Passeig Es Travès 12; Radverleih pro Tag 12–75 €, 3-stündige Seekajaktour 50 €; ⏲ März–Okt. 9–19.30 Uhr) Der hervorragende Ausrüstungsladen und Veranstalter für organisierte Aktivitäten ist der richtige Ansprechpartner für Kajakfahrten und Mieträder. Hier werden auch geführte Wanderungen in die Serra de Tramuntana, Canyoning, Mountainbiketouren, Bootscharter und Tiefseeangeln arrangiert. In Sóller (S. 110) gibt's eine weitere Filiale.

Barcos Azules BOOTSFAHRTEN

(☎ 971 63 01 70; www.barcosazules.com; Passeig Es Travès 3; Erw./Kind einfache Strecke 20/10 €, hin & zurück 30/15 €; ⏲ Öffnungszeiten variieren) Tourboote fahren nach Sa Calobra (bis zu 4-mal tgl.) und Cala Tuent (Mo–Fr bis zu 1-mal tgl., mindestens 7 Pers.) sowie nach Sa Foradada (bis zu 1-mal tgl., mindestens 7 Pers.). Die Tickets werden am Hafen in dem Schalter neben der Touristeninformation verkauft.

Essen

Rund um die Bucht in Port de Sóller reiht sich ein Restaurant an das nächste. Die meisten servieren Fisch und Meeresfrüchte, wobei die Qualität stark variiert, doch einige sind wirklich herausragend.

★ Kingfisher FISCH & MEERESFRÜCHTE €€

(☎ 971 63 88 56; www.kingfishersoller.com; Carrer San Ramon de Penyafort 25; Hauptgerichte 17–24 €; ⏲ Di–Sa 12 Uhr–open end) An den Tischen unter großen weißen Sonnenschirmen können sich die Gäste an einer frischen Brise vom Hafen erfreuen. Im Kingfisher stimmt einfach alles: Der Service ist freundlich und herzlich, die Lage schön, dazu gibt's entspannte jazzige Musik und erstaunlich gutes

Essen. Die Fish'n'Chips bestehen aus deftigem, saftigem Kabeljau, serviert mit zartem Erbspüree, großartigen Kartoffeln und Essiggurken auf einem Schieferteller.

Randemar INTERNATIONAL **€€**

(☎971 63 45 78; www.randemar.com; Passeig Es Travès 16; Hauptgerichte 13,50–23 €; ⊙Mitte März–Anfang Nov. 12.30–24 Uhr) Die Villa wäre der perfekte Ort für Partys à la Der große Gatsby. Doch die meisten Gäste kommen gar nicht so weit, sondern machen es sich lieber auf der mit Kerzen beleuchteten Terrasse bei sanfter Musik und einem Cocktail gemütlich. Die internationale Speiseauswahl reicht von thailändischem Curry über Sushi und Pizza bis hin zu peruanischem Ceviche.

Es Passeig MEDITERRAN **€€€**

(☎971 63 02 17; www.espasseig.com; Passeig de Sa Platja 8; Hauptgerichte 17–27 €; ⊙März–Okt. Mi–So 13–15.30 & 18.30–22 Uhr) Am schönsten sitzt man in diesem raffiniert-unprätentiösen Restaurant auf der Terrasse am Meer oder am Fenster. Die frischen, kreativen Gerichte sind saisonal geprägt und werden mit viel Liebe zum Detail serviert, schließlich hat hier Sternekoch Marcel Battenberg das Zepter in der Hand. Familien sind willkommen – es gibt eine gute Kinderkarte.

Praktische Informationen

Touristeninformation (☎971 63 30 42; Carrer del Canonge Oliver 10; ⊙April–Okt. Mo–Fr 9–15.15 Uhr) Die Touristeninformation liegt im Stadtzentrum unweit des Busbahnhofs.

An- & Weiterreise

Die meisten Busse nach Sóller enden in Port de Sóller. Wer seinen eigenen Wagen dabeihat, kann den Weg ins Zentrum durch den Tunnel nehmen oder sich für die Strecke an der Platja d'en Repic vorbei entscheiden (den Schildern nach). Die Straßenbahnen (*tranvías*) nach Sóller fahren am Ufer entlang. Am Passeig Es Travès gibt's mehrere Autovermietungen.

Wer auf den Straßen Mallorcas ein gutes Bild abgeben will, kann im flotten **Bullimoto Vespa** (☎971 63 26 96; www.bullimoto.com; ab 25 €/Tag) drei verschiedene Vespa-Typen (zwei mit Automatik-, eine mit manuellem Getriebe) ausleihen. Alle sind weiß, schick und in ausgezeichnetem Zustand. Bullimoto veranstaltet auch Vespa-Touren auf der Insel.

Biniaraix

Sowohl von Fornalutx als auch von Sóller ist es eine nette 2 km lange Auto- oder Radtour oder ein hübscher Spaziergang in das charmante Dorf Biniaraix. Viel zu sehen gibt's nicht, darum fahren die meisten gleich weiter in den Nachbarort Fornalutx. Trotzdem hat Biniaraix seinen Reiz. Hier treffen viele Besucher zu Fuß ein oder legen an den engen, von Trockensteinmauern gesäumten Landstraßen eine - wenn auch vielleicht nur kurze - Pause ein.

Sehenswertes & Aktivitäten

Biniaraix hat sich aus einer arabischen *alquería* (Gehöft) entwickelt und wartet mit einem hübschen Hauptplatz, der Plaça de Sa Concepció, auf.

Ein schöner Spaziergang führt von der Kirche die Carrer de Sant Josep hinauf bis zum Abzweig am oberen Ende der Straße, wo das alte Waschhaus steht (in dem die Frauen des Dorfes ihre Wäsche schrubbten). Am Schild mit der Aufschrift „Barranc de Biniaraix Cúber" biegt man rechts ab und gelangt in eine herrliche Schlucht. Der Wanderweg nach Biniaraix ist von Sóllers Zentrum gut ausgeschildert. Man kann auch von Fornalutx hierher laufen - entweder auf der kurvenreichen Straße, die vom Hauptplatz hinunter nach Sóller führt, oder auf dem sehr viel schöneren Pfad, der am Friedhof von Fornalutx vorbei und entlang terrassierter Felder am Ortsrand über die kleine Siedlung Binibassí verläuft.

Plaça de Sa Concepció PLATZ

Der sehr kleine, aber überaus charmante Hauptplatz bildet mit seiner einladenden kleinen Bodega und der Església de la Immaculada Concepció das Dorfzentrum. Eine einzelne hohe Platane spendet Wanderern Schatten.

Església de la Immaculada Concepció KIRCHE

(Plaça de la Concepció) Vom Platz im Dorfzentrum führen Stufen hinauf zur hübschen Kirche der Unbefleckten Empfängnis, die aus dem späten 16. Jh. stammt. Die von einem im 19. Jh. angebauten Glockenturm gekrönte Kirche hat eine Gewölbedecke und eine Reihe anmutiger Rundbögen.

Essen

In die niedliche Bar Bodega Biniaraix an der Plaça de Sa Concepció zieht es alle Hungrigen, wenngleich das Angebot begrenzt ist. Wer eine vollwertige Mahlzeit möchte, muss weiter nach Fornalutx oder Sóller.

Bar Bodega Biniaraix CAFE €

(Plaça de Sa Concepció; Snacks ab 5 €; ⌚ April–Okt. 9–21.30 Uhr, Nov.–März 10.45–21.30 Uhr) Die charmante Café-Bar mit Tischen im Freien steht allein am Platz in Biniaraix. Sie ist ein hübsches Fleckchen, um sich in Ruhe und Frieden einen *cafe con leche,* ein Glas mallorquinischen Wein, einen frischen Orangensaft und vielleicht *pa amb-oli* oder ein Stück Kuchen zu gönnen.

An- & Weiterreise

Ein Nahverkehrsbus (1,50 €, 15 Min., 2–4-mal tgl.) fährt von Sóller nach Biniaraix und weiter nach Fornalutx (1,50 €). Eine schöne Alternative ist der Wanderweg von Sóller, der weiter bis Fornalutx führt.

Fornalutx

704 EW.

Zu Fuß erreicht man Fornalutx (der Name bedeutet „Ofenlicht"), eines der hinreißendsten steinernen Dörfer Mallorcas, auf drei Wegen. Der erste ist die schmale und landschaftlich reizvolle Straße von Biniaraix, die durch den winzigen Weiler Binibassi führt und sich dann durch terrassierte Orangen- und Zitronenhaine windet. Der zweite führt über eine Straße, die von der Ma 10 abgeht und Blicke aus der Vogelperspektive auf die hübschen Steinhäuser und Terrakottadächer des kleinen Dorfs ermöglicht. Eine etwas nüchternere Variante ist die kurvenreiche Fahrstraße von Sóller.

Doch welchen Weg man auch nimmt, mit seiner Bergkulisse ist Fornaluxt aus jeder Perspektive ein perfektes Postkartenidyll. Dieser Eindruck verstärkt sich noch, wenn beim Näherkommen die grünen Fensterläden, die Blumenkästen, die gepflegten Gärten und die üppigen Zitronenhaine auftauchen. Viele Häuser gehören Einwanderern (in erster Linie Deutschen und Briten), doch es herrscht längst nicht so ein Trubel wie in Sóller. Wahrscheinlich hat Fornalutx seine Ursprünge genau wie Biniaraix in einer arabischen *alquería*.

Sehenswertes

Beim ziellosen Herumschlendern zeigt sich der Ort von seiner schönsten Seite. Los geht's in den Gassen rund um die zentrale Plaça d'Espanya am oberen Ende der Straße, gefolgt von einem Abstecher ins *ajuntament.* Im kühlen Innenhof steht eine Palme und draußen gurgelt munter das Wasser durch Bewässerungskanäle. Entlang des Dorfbachs spaziert man Richtung Osten an schönen Häusern und üppigem Grün vorbei. Man kann auch die Stufen hinaufgehen, die von der Església de la Nativitat de Nostra Senyora nach Norden aus dem Ort führen. Steigt man die Stufen immer weiter hinauf und biegt an der Carrer de Tramuntana links ab, kommt man schließlich zu einer Sackgasse und dem letzten Haus des Dorfes. Wer will, geht dort geradeaus weiter und gelangt so in die Berge.

Plaça d'Espanya PLATZ

Dieser herrliche Platz, das Zentrum des Dorfes, wird an einer Seite von der prächtigen Treppe hinauf zur Kirche flankiert, deren Mauer eine weitere Seite einnimmt. Die Treppe führt weiter zum oberen Ende des Dorfes und darüber hinaus – ein wunderschöner Aufstieg. An der dritten Seite des Platzes hat sich ein Café die beste Lage gesichert, daneben befindet sich ein lokaler Supermarkt. Gegenüber vom Supermarkt steht der Hauptbrunnen des Dorfes, aus dem frisches Trinkwasser sprudelt.

Mirador de Ses Barques AUSSICHTSPUNKT

Vom Aussichtspunkt Mirador de Ses Barques etwa 6 km oberhalb von Fornalutx bietet sich eine phänomenale Aussicht bis hinunter nach Port de Sóller. Im Café gibt's wunderbaren frisch gepressten Orangensaft und Snacks. Vor dem Mirador und an der Kurve auf der gegenüberliegenden Straßenseite befinden sich viele Parkmöglichkeiten. Vom Mirador führt auch eine faszinierende Wanderung hinunter nach Fornalutx – wer mag, kann natürlich auch von dort hinaufkraxeln.

Església de la Nativitat de Nostra Senyora KIRCHE

Die hübsche Kirche von Fornalutx thront über dem Platz. Ihre volltönenden Glocken geben alle Viertelstunde die Zeit an (nicht mehr nach 22 Uhr, damit die Einwohner schlafen können), ihr Klang breitet sich über den Terrakottafliesen des Dorfes aus, bis ihn die Berge verschlucken.

Ajuntament HISTORISCHES GEBÄUDE

(Rathaus; Carrer de Vicari Solivellas 1) Nur eine Gehminute vom Platz steht das alte Rathaus mit seinem kühlen Innenhof, den eine Palme dominiert. Draußen plätschert fröhlich das Wasser in mehreren Bewässerungskanälen, die hinunter zum alten Waschhaus führen, wo die Frauen des Dorfes früher ihre

Wäsche schrubbten. Folgt man den Stufen weiter nach unten, stößt man auf den schönen Sturzbach, der von den Hügeln herunterkommt und bei Regen weiter bis nach Sóller strömt.

Essen

Im Dorf gibt's jede Menge Restaurants und Cafés. Die meisten liegen rund um die zentrale Sa Plaça oder 500 m vom Zentrum an der Ma 2121 Richtung Nordwesten, wo die Lokale mit Panoramaterrassen locken.

Ca N'Antuna MALLORQUINISCH €€
(☎971 63 30 68; Carrer Arbona-Colom 6; Hauptgerichte ab 12,50 €; ⏲12.30–16 & 19.30–23 Uhr) Das bewährte Restaurant, von dessen Tischen auf der Terrasse man einen herrlichen Blick auf die Berge genießt, hat sich auf bekömmliche, leckere mallorquinische Küche spezialisiert und geizt nicht bei den Portionen. Das *lechona* (gebratenes Spanferkel) ist üppig und saftig, und wegen des Lammbratens lohnt es sich, wiederzukommen. Man sollte einen Tisch mit Aussicht reservieren, ansonsten sitzt man vielleicht an der Straße.

Es Turó MALLORQUINISCH €€
(☎971 63 08 08; www.restaurante-esturo-fornalutx.com; Carrer Arbona-Colom 12; Hauptgerichte 7–21,50 €; ⏲Fr–Mi 12–22.30 Uhr) Der Blick über das Dorf bis hin zu den Gipfeln der Tramuntana ist vor allem bei Sonnenuntergang traumhaft. Auf der durch und durch mallorquinischen Speisekarte stehen Gerichte wie *pa amb oli* (mit Olivenöl und Knoblauch eingeriebenes Roggenbrot mit gehackten Tomaten), *arros brut* („Schmutziger Reis") und knuspriges *lechona* (Spanferkel). Unbedingt den frisch gepressten, aromatischen Saft aus regionalen Orangen probieren!

An- & Weiterreise

Ein lokaler Bus fährt von Fornalutx über Biniaraix nach Sóller (1,50 €, 15 Min., 2–4-mal tgl.).

Bunyola

6662 EW.

Der verschlafene Ort, bekannt für sein Olivenöl und die *palo*-Brennerei (dabei handelt es sich um einen Kräuterschnaps), liegt am Fuße von grünen terrassierten Hügeln und der wilden Felsgipfel der Tramuntana. Die klapprige Holzbahn, die zwischen Palma und Soller verkehrt, hält auch hier. Bunyola ist eine großartige Ausgangsbasis für Kletterer. Zudem bietet die zentrale Sa Plaça, wo samstagmorgens ein kleiner Markt stattfindet, interessante Einblicke ins mallorquinische Dorfleben.

Sehenswertes & Aktivitäten

Església de Sant Mateu KIRCHE
(Carrer de l'Església 2; ⏲zur Messe) Die Església de Sant Mateu steht neben dem Hauptplatz im Ortszentrum. Sie wurde 1230 errichtet und 1756 umfangreich umgebaut. Besucher dürfen nur während der Messe hinein.

Sa Gubia KLETTERN
Unmittelbar westlich von Bunyola, wo die Ausläufer der Tramuntana ins Flachland rund um Palma übergehen, erhebt sich diese großartige Felskulisse. Das Klettermekka lockt mit 125 Mehrseillängenrouten der Schwierigkeitsgrade 4 bis 8, darunter ein paar exzellente komplett mit Haken gesicherte Strecken. Die Cara Oeste (Westwand) zählt zu den eindrucksvollsten Kalksteinwänden Europas.

Essen

In Bunyola ist die Auswahl an Restaurants nicht groß, doch Orient und Alaró sind mit ihren guten Adressen nicht weit. Außerdem hat Sóller eine ausgezeichnete Auswahl an Restaurants.

Ca'n Topa MALLORQUINISCH €
(☎971 14 84 67; www.cantopa.com; Careterra Palma a Soller Km 22,1; Snacks 5–10 €; ⏲Öffnungszeiten variieren) Seine Lage hoch oben an der windgepeitschten Straße nach Sóller macht das Ca'n Topa bei Radfahrern und Wandern beliebt, die nach einer Tour durch die Tramuntana das gemütliche Ambiente, die Terrasse am Pool, die Snacks (wie Pizzas und *bocadillos*) sowie die eisgekühlten Getränke zu schätzen wissen.

An- & Weiterreise

In Bunyola halten Busse und Züge von Palma nach Sóller (die Bushaltestelle befindet sich an der Sa Plaça, der Bahnhof liegt einen kurzen Fußweg westlich vom Ortszentrum). Der Nahverkehrsbus 221 fährt von hier zweimal täglich Richtung Osten nach Orient (2 €, 30 Min.; vorher unter 617 365365 reservieren).

Die Maut für die Fahrt durch den Tunnel nach Sóller kostete zum Zeitpunkt der Recherche noch 4,95 €, soll zum Herbst 2017 aber entfallen. Alternativ kann man die Straße über die Berge nehmen, die in vielen Serpentinen hinauf und dann hinunter ins Tal von Sóller führt.

Orient

35 EW.

Mit einem Häufchen ockergelber Häuser auf einer Anhöhe ist Orient eines der hübschesten Dörfchen der Insel. Ein paar Gebäude auf der Nordseite der Straße scheinen fast abzurutschen.

Aktivitäten

Auf der 9 km langen Straße (die Ma 2100), die nordöstlich von Bunyola nach Orient führt, sieht man oft Pulks von ambitionierten Radfahrern in voller Montur. Die ersten 5 km führen durch ein Tal mit Olivenbäumen und Zypressen, das langsam bis zu einer Ebene und zum **Coll d'Honor** (550 m) ansteigt. Dann geht's auf der anderen Seite des von Wäldern bestandenen Bergrückens wieder bergab. Auf den nächsten 2 km mit engen Kurven wird die Strecke flacher. Die gesamte Zeit über ist im Norden die **Serra d'Alfàbia** zu sehen.

Essen

Orient ist kein großes Dorf, daher gibt's hier auch keine nennenswerte Auswahl an Restaurants. Doch das großartige **Mandala** (☎971 61 52 85; Carrer Nou 1; Hauptgerichte 17–25 €; ⏱ Juni–Mitte Sept. Di–So 20.30–22.30 Uhr, Dez.–Febr. geschl., Rest des Jahres kürze Öffnungszeiten; 👪) ist eine hervorragende Option und schon für sich einen Besuch wert.

An- & Weiterreise

Bus 221 fährt zweimal täglich von Bunyola nach Orient (2 €), muss aber am Vortag telefonisch reserviert werden (unter der Nummer ☎617 36 53 65).

NICHT VERSÄUMEN

DIE STRASSE NACH ALARÓ

Eine der malerischsten Routen nach Alaró ist die Ma 2100 ab Orient, die an einer ländlichen Idylle aus Zypressen sowie Feigen-, Oliven- und Mandelhainen vorbeiführt. Die Straße schlängelt sich 4 km nach Nordosten, dann umrundet sie die Ausläufer eines mächtigen Felsens, des über dem Tal aufragenden **Puig d'Alaró** (822 m). Sein Pendant im Osten ist der **Puig de S'Alcadena** (815 m). Die Zwillingsgipfel wurden vor Millionen von Jahren durch tektonische Bewegung voneinander getrennt und zählen zu den markantesten Naturlandschaften Mallorcas. Im Süden lässt sich die Ebene **Es Pla** erahnen.

Alaró

5227 EW. / 252 M

Alaró liegt unterhalb einer Burgruine und ist ein angenehm verschlafenes Örtchen, das zu einem Bummel einlädt. An der Plaça de la Vila befinden sich die Casa de la Vila (Rathaus), die Pfarrkirche und einige Cafés. Samstagmorgens erweckt ein Markt den Platz zum Leben. Cafés findet man auch rund um die Carrer Petit und Carrer de Jaume Rosselló.

Sehenswertes

★ **Castell d'Alaró** BURG

(abseits der Carretera Alaró-Bunyola) Eine Wanderung zum Castell d'Alaró, das in geradezu irrwitziger Lage auf einem Felsen thront, gilt als eine der lohnendsten Burgbesteigungen auf der Insel. Von der letzten Schanze christlicher Krieger, die um 911 von den muslimischen Eroberern durch Aushungern bezwungen werden konnten – acht Jahre, nachdem die Muslime auf der Insel eingefallen waren –, sind nur noch Ruinen geblieben, doch dafür genießt man von hier aus eine herrliche Aussicht bis nach Palma und zur Badia de Alcúdia. Wer keine Lust auf die zweistündige Wanderung hat, kann den größten Teil des Aufstiegs mit dem Auto bewältigen.

Essen

★ **Es Verger** SPANISCH €€

(☎971 18 21 26; Camí des Castell; Hauptgerichte 8–16 €; ⏱ Di–So 9–21 Uhr; 👪) Das wunderbar rustikale Lokal an der verschlungenen Straße zum Castell d'Alaró lohnt die Anreise, sei es mit dem Auto, dem Fahrrad oder zu Fuß. Die Schafe am Parkplatz geben einen Vorgeschmack auf die Speisekarte. In seiner Bücherreihe *Mediterranean Escapes* bezeichnet der in Großbritannien lebende Koch Rick Stein das Lamm (*cordero*) dort als das saftigste, das er je gekostet hat – zu Recht!

Traffic MALLORQUINISCH €€

(☎971 87 91 17; www.canxim.com; Plaça de la Vila 8, Hotel Can Xim; Hauptgerichte 12–22 €; ⏱ Mo & Do–So 12.15–17.15 & 20–23.30, Mi 20–23 Uhr) Das ländlich anmutende Restaurant im Hotel Can Xim ist eines der besten an der Plaça de la Vila und kredenzt innovative Interpretationen mallorquinischer Spezialitäten. Highlight sind die Fleischgerichte wie Kaninchen und Spanferkel, doch Kabeljau mit *sobrassada* (geräucherte Schweinswurst mit Paprika und Gewürzen) und Honig schmeckt ebenso köstlich. Gegessen wird auf der Terrasse oder im gekachelten Speisesaal mit Balkendecke.

An- & Weiterreise

Der Zug auf der Strecke von Palma nach Inca hält im Bahnhof Consell-Alaró (20–30 Min.); hier startet direkt anschließend Bus 320 nach Alaró (1,50 €, 15 Min.).

Cala de Sa Calobra & Cala Tuent

Die 12 km lange wilde Serpentinenstraße hinab nach Sa Calobra ist eines der großartigsten Erlebnisse, die Mallorca zu bieten hat. Ob man nun den Ausblick auf schwindelerregend tiefe Schluchten bewundert, darüber staunt, wie sich ein Bus durch eine augenscheinlich viel zu schmale Felsspalte zwängt oder wie Tour-de-France-Gewinner Bradley Wiggins mit brennenden Oberschenkeln nach oben radelt (er braucht für die Strecke 26 Minuten ...): Die spektakuläre verschlungene Straße, die gen Norden von der Ma 10 abzweigt, ist Dramatik pur! Der italienische Straßenbauingenieur Antonio Paretti ließ sie 1932 bauen. Manche sagen, dass er sich beim Krawattenbinden zu den vielen Haarnadelkurven inspirieren ließ (besonders beim sogenannten „Krawattenknoten", wo die Straße nach einer engen Kurve unter sich selbst hindurchführt).

Sehenswertes

Wer im Sommer herkommt, wird kaum allein sein. Eine Armada von Bussen und Ausflugsbooten karrt Scharen von Urlaubern heran. An einem ruhigen, sonnigen Morgen im Winter präsentiert sich Sa Calobra hingegen von einer ganz anderen Seite. Vom Nordende der Straße führt ein kurzer Küstenpfad zur felsigen Schlucht Torrent de Pareis und zu einer kleinen Bucht mit weißen Kieselsteinen; hier gibt's tolle Badeplätze, die aber meist total überfüllt sind.

Cala Tuent STRAND

Wer den Massen aus dem Weg gehen will, nimmt etwa 2 km vor Sa Calobra einen Abzweig Richtung Westen zur Cala Tuent, einer smaragdgrünen Bucht im Schatten des Puig Major mit einer einsamen hohen Kiefer direkt am Strand. Den breiten Kiesstreifen säumen zum Land hin ein paar Häuser und üppig grünes Gestrüpp an den Berghängen. Autos parken in der Nähe des Strandes am Straßenrand, die Parkplätze können aber knapp werden.

Sa Calobra STRAND

Hinter dem Abzweig zur Cala Tuent windet sich die Straße hinunter zu dieser kleinen, ohne Zweifel malerischen Bucht mit weißen Kieseln. Im Hochsommer drängen sich hier aber neben den vielen Besuchern, die mit dem eigenen Auto kommen, ganze Busladungen von Touristen. Am Ende der Straße gibt's gebührenpflichtige Parkplätze. Ein kurzer Fußweg führt entlang der Küste zum **Torrent de Pareis**, einer felsigen Flussklamm, die das dramatische Finale der von Escorca hinunterführenden Schlucht bildet.

Puig Major BERG

Mallorcas höchster Gipfel (1445 m) ist von überall in der Gegend zu sehen. Oben steht eine von den USA gebaute kugelförmige Radarstation.

Essen

Ehe man sich ans Steuer setzt, um die wilden Kurven zurück zur Ma10 zu bezwingen, sollte man im Es Vergeret, einer alten Finca, essen – aber unbedingt vorher einen Tisch reservieren. Die Aussicht ist einfach fantastisch. In Sa Calobra selbst gibt's ein paar durchschnittliche Restaurants.

Es Vergeret MALLORQUINISCH €€

(☎ 971 51 71 05; Camí de Sa Figuera Vial 21; Hauptgerichte 15–20 €; ⊙ März–Okt. 12.30–16.30 Uhr) Eine schmale Landstraße, die von der spektakulären Straße zur Cala Tuent abzweigt, führt vorbei an Schaffarmen und Olivenhainen zu dieser großartigen alten Finca mit fantastischem Blick nach unten auf die Bucht und nach oben auf die Berge. Die tolle Terrasse bietet sich für ein gemütliches Mittagessen mit Paella, gegrilltem Fisch oder Lammkotelett an.

An- & Weiterreise

Bus 355 (Mai–Okt. Mo–Sa) kommt einmal täglich aus Ca'n Picafort (9.30 Uhr); er fährt über Alcúdia, Cala Sant Vicenç, Pollença und Monestir de Lluc. Um 15 Uhr geht's zurück. Die komplette Fahrt bis Sa Calobra dauert knapp vier Stunden (mit einstündigem Halt am Monestir de Lluc), zurück 2½ Stunden. Ab Ca'n Picafort kostet die einfache Strecke 9,15 €. In Port de Sóller starten Ausflugsboote nach Sa Calobra und Cala Tuent.

Monestir de Lluc

Um die heilige Stätte ranken sich viele Legenden. Im 13. Jh. behauptete ein Schafhirte aus der Gegend, er hätte am Himmel ein Bild der Jungfrau Maria gesehen. Später tauchte das gleiche Bild auf einem Felsen auf. Andere erzählen, ein arabischer Schäferjunge hätte 1238 das Bild einer schönen Frau entdeckt. Als er mit einem Mönch aus Escorca zurückkehrte, sah er eine heilige Krone über der Stelle schweben. Es gibt noch eine andere Story: Jemand entdeckte an dieser Stelle eine kleine Marienstatue und brachte sie nach Escorca. Am nächsten Tag stand sie plötzlich wieder an ihrem Fundort. Dreimal wurde sie ins Dorf gebracht und dreimal kam sie zurück. Zur Erinnerung an dieses Wunder wurde nicht weit von der Stelle um 1268 eine Kapelle gebaut. Später kam noch das Kloster dazu. Seither pilgern jedes Jahr Tausende zur **Statue der Jungfrau von Lluc** aus dem 14. Jh. (es handelt sich also nicht um das Original).

Sehenswertes

★ Monestir de Lluc KLOSTER

(www.lluc.net; Plaça dels Peregrins; Kloster & Garten Eintritt frei, Museum Erw./Kind 2 €/frei, Lluc-Ticket 3 €; ⌚10–17 Uhr) Durch den Klostergarten mit Kreuzgang gelangen Besucher auf die riesige schmucklose Anlage, die größtenteils aus dem 17. und 18. Jh. stammt. In der Nähe des beeindruckenden zentralen Innenhofes erhebt sich die **prächtige Fassade** einer Basilika aus der Spätrenaissance, deren Innenraum recht düster ist und ein schönes Altarbild von Jaume Blanquer beherbergt; die **Statuette der Jungfrau Maria mit dem Jesuskind** befindet sich in einem Raum hinter dem Altar. Anfang des 20. Jhs. wurde die Kirche nach Plänen Gaudís im verschnörkelten Barockstil umgestaltet.

Camí dels Misteris del Rosari HEILIGE STÄTTE

GRATIS Ein alter teilweise von Steineichen beschatteter Steinweg führt hinauf zum Pujol des Misteris (Hügel der Mysterien), der hinter dem Klosterkomplex aufragt. Denkmäler und drei Bronzereliefs entlang des Weges erzählen von den Rosenkranzgeheimnissen. Der Pfad lädt zu friedlicher Kontemplation ein, bietet aber auf dem Weg hinauf auch aufregende Ausblicke, besonders ins dahinterliegende Tal. Am nüchternen, mit Stacheldraht eingezäunten Kreuz auf dem Gipfel öffnet sich ein prächtiges Panorama auf die felsigen Gipfel der Tramuntana.

PILGERPFADE

Wie so viele vor ihm pilgerte Antoni Gaudí im April 1908 zum **Monestir de Lluc** und spendete 25 Peseten. Im Oktober desselben Jahres kehrte er zurück, diesmal mit seinem Schützling Joan Rubió. Dieser passte die Kirche dem Barockstil des Altarraums an und ließ die Steinmonumente am **Pujol des Misteris** (Hügel der Geheimnisse) errichten, der sich hinter der Klosteranlage erhebt.

Ein alter gepflasterter Weg, teils von Steineichen gesäumt, führt auf den Hügel und erzählt die Rosenkranzgeheimnisse nach. Er passiert Monumente und drei Bronzereliefs, die sich im Schatten einer Felsnase verstecken, und lädt zum Innehalten ein. Auf dem Weg hinauf bieten sich aufregende Blicke, besonders auf das dahinterliegende Tal. Vom nüchternen mit Stacheldraht eingezäunten Kreuz auf dem Gipfel bietet sich eine fantastische Aussicht auf die felsigen Berge der Tramuntana. Für die Strecke braucht man etwa 20 Minuten.

Am Kloster starten mehrere Wanderrouten. Dazu gehört eine 11 km lange anstrengende Rundwanderung (5 Std.) zum **Puig de Massanella** (1365 m), Mallorcas zweithöchstem Berg mit Traumblick vom Gipfel. Zudem gibt's einen 9 km langen Rundweg (3½ Std.) zum **Puig Tomir** (1103 m). Der steile felsige Anstieg führt in die einsamen Höhen der Tramuntana, wo man manchmal Geier und Falken sieht. Eine weitere Route ist die vier- bis fünfstündige Wanderung rund um den **Puig Roig** (1102 m) nordöstlich vom Kloster; sie sollte sonntags unternommen werden, da sie teilweise über Privatgrund führt. Lluc ist außerdem eine Etappe auf dem Fernwanderweg GR221 zwischen Sant Elm und Pollença.

Wer eine echte Pilgerreise inklusive Blasen an den Füßen unternehmen möchte, kann gemeinsam mit Tausenden Mallorquinern die **Marxa des Güell a Lluc a Peu** in Angriff nehmen. Die 42 km lange Nachtwanderung führt beim Schein von Taschenlampen von der Plaça Güell in Palma durch Ackerland, Bergdörfer und die Serra de Tramuntana zum Monestir de Lluc.

Centre d'Informació Serra de Tramuntana MUSEUM

(☎ 971 51 70 83; www.serradetramuntana.net; Erw./Kind 2 €/frei; ⌚ 9–16.30 Uhr) Gegenüber von der Klosteranlage widmen sich einige audiovisuelle Exponate und ein kleines Museum der Serra de Tramuntana. Besucher können sich über die Flora und Fauna der Region informieren – etwa über die heimische Vogelwelt, zu der auch Eleonorenfalken und Balearen-Sturmtaucher gehören, sowie über Ackerbau in den Bergen. Vor Ort gibt's außerdem Broschüren in verschiedenen Sprachen zu Wanderungen in der Gegend, und das freundliche Personal organisiert gerne Campingmöglichkeiten auf dem Klostergelände für 5 € pro Nacht.

Feste & Events

Marxa des Güell a Lluc a Peu RELIGIÖSES FEST

(http://desguellallucapeu.es; ⌚ 1. Sa im Aug.) Die jährliche Pilgerwanderung von Palma nach Lluc findet am ersten Samstag im August statt.

Essen

Sa Fonda SPANISCH €€

(☎ 971 51 70 22; Plaça del Lledoner; Hauptgerichte 9–18,50 €; ⌚ 8–10.30 & 13–23 Uhr) Ein großes Restaurant im erweiterten Speisesaal für Pilger im Kloster. Hier können Gäste in historischem Ambiente unter Marmorbögen und Holzbalken an lackierten Holztischen ein Frühstück, Mittagessen oder Abendessen genießen. Zur durchweg mallorquinischen Auswahl zählen Leckereien wie *frit Mallorquí* (leckeres Pfannengericht mit Lamminnereien und Gemüse), Spanferkel aus dem Backofen (15,50 €) und gegrillte Seezunge (16 €).

An- & Weiterreise

Von Mai bis Oktober fahren täglich bis zu zwei Busse von Ca'n Picafort zum Monestir de Lluc (6,45 €, 1¾ Std.); ihr Hauptziel ist Sóller bzw. Port de Sóller. Zwei Busse (4,70 €; Linie 330 & 354), die überall halten, verkehren montags bis samstags sowie einmal am Sonntag von Palma nach Inca und fahren anschließend weiter über Caimari bis nach Lluc.

Nördliches Mallorca

Inhalt ➡

Gut essen

- Mirador de La Victòria (S. 139)
- Restaurante Jardín (S. 138)
- Manzanas y Peras (S. 126)
- Ca'n Cuarassa (S. 131)
- S'Arc (S. 136)

Top-Sehenswürdigkeiten

- Parc Natural de S'Albufera (S. 139)
- Pollèntia (S. 132)
- Platja des Coll Baix (S. 138)
- Calvari (S. 124)
- Església de la Mare de Deu dels Àngels (S. 124)

Auf ins nördliche Mallorca

Das nördliche Mallorca ist das Herz und die Seele der Insel. Traumküsten, Städte voller Kultur und energiegeladenen Fiestas, weiße Sandbuchten und viele aufregende Abenteuersportarten ergeben eine verführerische Mischung.

Der höchste Punkt der Serra de Tramuntana ist am Cap de Formentor, wo sie wie ein gezackter Drachenschwanz zum Mittelmeer abfällt. Auf der Straße, die sich um die hohen Felsen windet, müssen Auto- und Radfahrer vor Erstaunen immer wieder tief durchatmen. Gegenüber erstreckt sich das Wandererparadies der von Kiefern bestandenen Halbinsel Cap des Pinar. Andernorts entdecken Kitesurfer, „Klippenspringer", Taucher, Höhlenwanderer und Paraglider die einzigartigen Küstenlandschaften und genießen die stete Brise.

Die Ferienorte des Nordens sind unprätentiös und kinderfreundlich, die Städte im Landesinneren – Alcúdia mit seinen mittelalterlichen Mauern und Pollença mit seinen Plazas voller Cafés – unverändert authentisch. Hinzu kommen Pilgerpfade und ausgelassene Sommerfestivals.

Reisezeit

Vor Mai und nach Oktober ist in einigen Badeorten wie dem charmanten Cala Sant Vicenç wenig los, denn das beste Strandwetter herrscht von Juni bis August. Pollença z. B. ist im August eine einzige große Party. Dennoch sind unsere Lieblingsjahreszeiten der Frühling und der Herbst: Dann bevölkern Zugvögel den Parc Natural de S'Albufera, der Verkehr ist weniger stark (insbesondere rund um das Cap de Formentor), Pollença veranstaltet eine eindrucksvolle Karfreitagsprozession und in Alcúdia findet Anfang Oktober ein großartiger Markt statt. Die kühleren Temperaturen eignen sich natürlich auch besser zum Wandern.

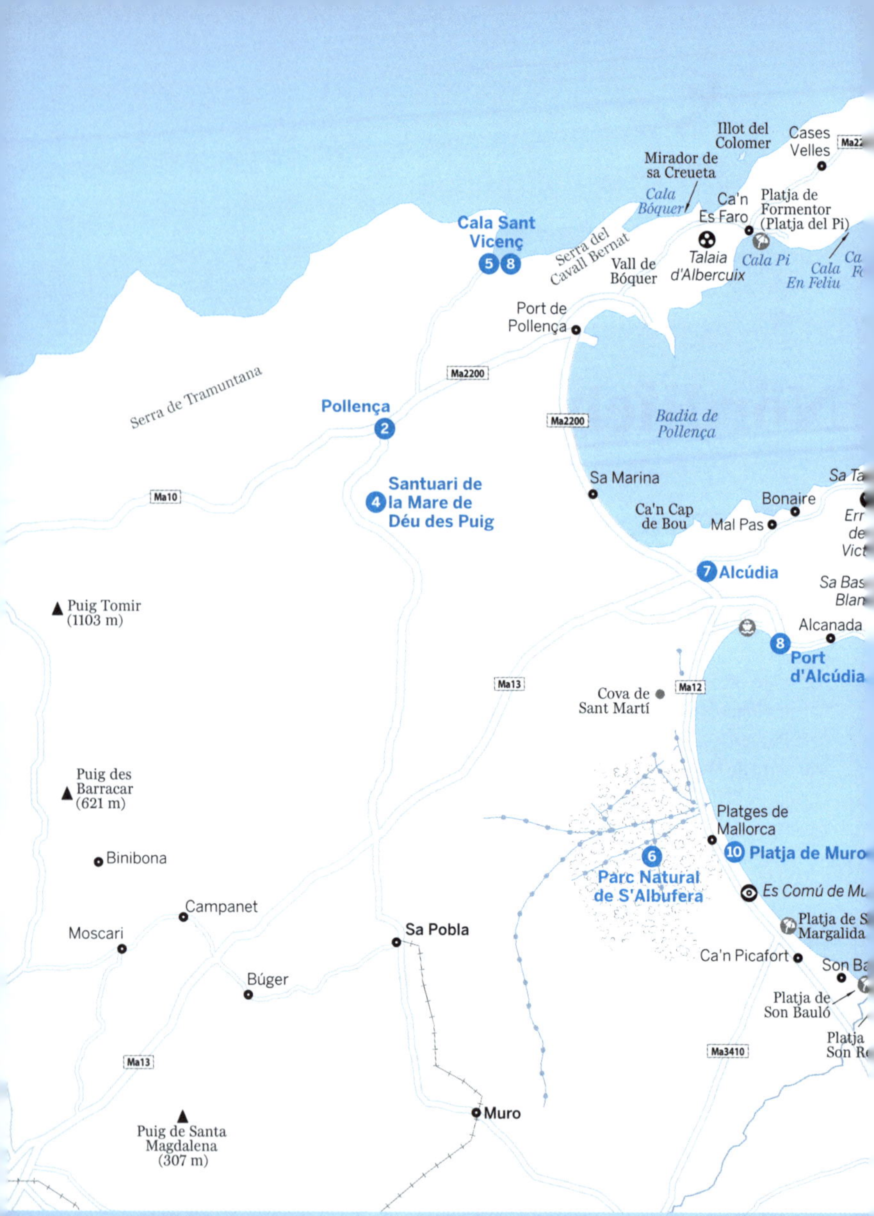

Highlights

❶ **Cap de Formentor** (S. 131) Beim Anblick dieser Klippen sprachlos werden.

❷ **Pollença** (S. 124) Wie ein Pilger die 365 Stufen auf den Kalvarienberg erklimmen.

❸ **Penya Rotja** (S. 134) Beim Wandern die Nordküste auf Postkartenformat geschrumpft erleben.

❹ **Santuari de la Mare de Déu des Puig** (S. 124) Den Geist von der sensationellen Aussicht beflügeln lassen.

❺ **Cala Sant Vicenç** (S. 128) In glasklarem Wasser schnorcheln und frisch gefangene Meeresfrüchte essen.

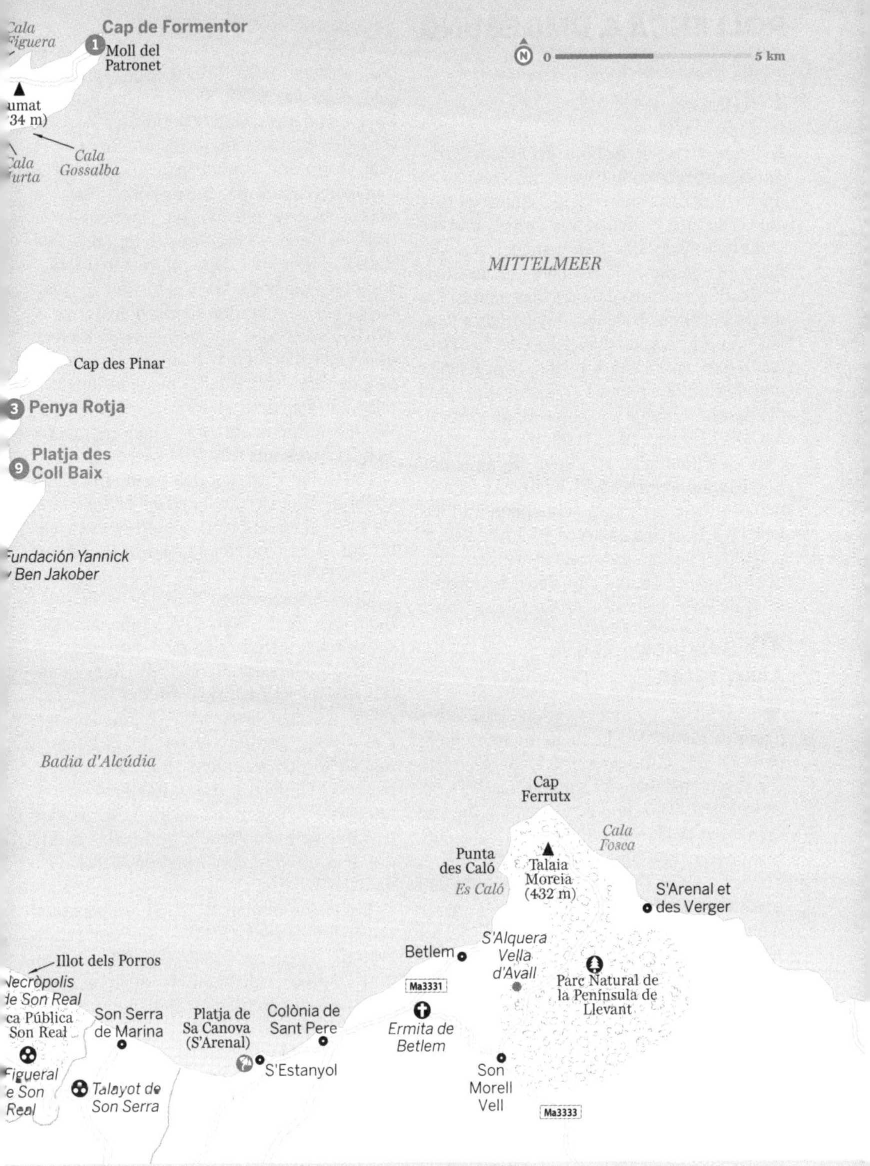

6 Parc Natural de S'Albufera (S. 139) Vögel im Schilf beobachten.

7 Alcúdia (S. 132) Sich in die Römerzeit und ins Mittelalter zurückversetzen lassen.

8 Port d'Alcúdia (S. 137) Mallorcas schönste Meeresküste bei einer Bootsfahrt nach Cala Sant Vicenç betrachten.

9 Platja des Coll Baix (S. 138) Zu diesem herrlich abgeschiedenen Strand hinabsteigen.

10 Platja de Muro (S. 140) Sich auf dem weichen Sand ausstrecken.

POLLENÇA & UMGEBUNG

Pollença

16 088 EW. / 41 M

Pollença ist wunderschön! An einem Nachmittag im Spätsommer, wenn die Steinhäuser im Licht der tief stehenden Sonne erglühen, die Grillen ihr Liedchen anstimmen und die Unterhaltungen der Cafébesucher auf der Plaça Major die Luft erfüllen, repräsentiert die Stadt genau das Mallorca, das man zu finden gehofft hat. Pollença, das perfekte Postkartenmotiv, hat ein etwas alternatives Flair, das schon zahlreiche Künstler, Schriftsteller und Berühmtheiten wie Winston Churchill bis Agatha Christie in seinen Bann gezogen hat. Die kleinen Gassen laden mit ihren Galerien und Boutiquen zu einem Bummel ein, und bei Sonnenuntergang kann man sich einen Stuhl auf dem Platz schnappen und das Leben vorbeiziehen lassen … Pollença „kriegt" jeden! Am besten übernachtet man in einem der hübschen Hotels, um den historischen Charme Pollenças voll auszukosten.

Sehenswertes & Aktivitäten

★ Calvari PILGERSTÄTTE

(Carrer del Calvari) Die Leute nennen ihn nicht ohne Grund Calvari (Kalvarienberg): Manche Pilger rutschen auf Knien hinauf! Dabei ist es eigentlich schon Strafe genug, die von Zypressen gesäumten 365 Stufen vom Zentrum hinauf zur Gipfelkapelle, der **Església del Calvari** (18. Jh.) mit ihrer schlichten und friedlichen Innenausstattung, zu Fuß zu erklimmen. Die Belohnung ist ein toller Ausblick über die Stadt mit ihrem Mosaik aus terrakottafarbenen Dächern und Kirchtürmen bis zur Tramuntana.

★ Església de la Mare de Déu dels Àngels KIRCHE

(Plaça Major; Juni–Aug. 11–13 & 15–17 Uhr, sonst kürzere Öffnungszeiten) Kurz nach der Eroberung 1229 wurde hier erstmals eine gotische Kirche errichtet, im 18. Jh. erfolgte allerdings eine Generalüberholung. Der heutige Bau an der Plaça Major ist größtenteils barock. Die ungewöhnlich einfache Fassade aus grobem Sandstein dient dem Platz als grandiose Kulisse, im Inneren wiederum sind eine Fensterrosette und eine interessant gewölbte Decke mit extravaganten Fresken (die teils etwas grobschlächtig restauriert wurden) sowie ein prächtiges Altarbild zu bewundern.

Santuari de la Mare de Déu des Puig KLOSTER

(Puig de Maria; Okt.–März 9–18 Uhr, April–Sept. 8.30–20.30 Uhr) GRATIS Südlich von Pollença zweigt von der Ma 2200 eine der kurvenreichsten Straßen Mallorcas ab. Sie windet sich 1,5 km über furchterregend enge Haarnadelkurven auf den 333 m hohen **Puig de Maria** zu dem ehemaligen Nonnenkloster (Puig de Maria; Okt.–März 9–18, April–Sept. 8.30–20.30 Uhr) aus dem 14. Jh. hinauf. Wer wandert – die beste Art, das Kloster zu besuchen – benötigt für den ziemlich anstrengenden Aufstieg, der an Steineichen, Kiefern und Olivenbäumen vorbeiführt, etwa eine Stunde. Man sollte dabei nicht in der Mittagshitze losmarschieren und auf jeden Fall Wasser mitnehmen! Von oben betrachtet sieht Pollença aus wie eine Spielzeugstadt.

Die Auffahrt trauen sich nicht einmal Taxifahrer zu, aber wer brav im ersten Gang bleibt (und dabei betet), schafft es vielleicht bis zur letzten Parkbucht. Dann sind es nur noch 20 Gehminuten.

Oben angekommen, kann man sich das Refektorium, die Küche, die mit alten Gegenständen gefüllten Gänge und die von Weihrauchduft erfüllte gotische Kapelle ansehen – sofern man sich von der bombastischen Aussicht lösen kann, denn der eher kleine Puig gewährt einen der schönsten Ausblicke der gesamten Insel: Im Westen ragen die Gipfel der Tramuntana auf, im Osten erstrecken sich die sachte geschwungenen Buchten von Alcúdia und Pollença und die zerklüfteten Felsformationen der Formentor-Halbinsel.

Besucher können in einer umgebauten Einsiedlerklause (971 18 41 32; Puig de Maria, Pollença; EZ/DZ/3BZ 14/22/30 €;) schlafen und zu unchristlicher Zeit aufstehen, um den spektakulären Sonnenaufgang mitzuerleben. Oder man genießt bei einem leckeren Happen einfach die Stille, denn hier gibt's die vielleicht beste Paella der Gegend (viel Zeit mitbringen – hier oben ticken die Uhren anders).

Museu de Pollença MUSEUM

(Carrer de Guillem Cifre de Colonya; ; Juni–Sept. Di–Sa 10–13 & 17.30–20.30 Uhr, sonst kürzere Öffnungszeiten) GRATIS Besonders bemerkenswert ist in diesem Museum der barocke Kreuzgang des Klosters von Santo Domingo (17. Jh.) – ein Sinnbild des Friedens und der Gelassenheit. Am Eingang ist eine kleine Sammlung Keramik ausgestellt, oben befindet sich eine großartige Sammlung moderner und zeitgenössischer Kunst, darunter das aus gefärbten Sandkörnern geschaffene leuchtende buddhistische Kalachakra-Mandala, das die Stadt 1990 vom Dalai Lama geschenkt bekam. Außerdem sind archäologische Fundstücke und in einem eigenen Raum einige gotische Altarbilder zu sehen. Die Església de la Mare de Déu del Roser gehört ebenfalls zum Museum.

Església de la Mare de Déu del Roser KIRCHE
(Carrer de Guillem Cifre de Colonya) Die Església de la Mare de Déu del Roser, Teil des Museu de Pollença, ist eine wundervolle alte Kirche, die leer steht und für Kunstausstellungen und moderne Kunstinstallationen genutzt wird.

Pont Romà BRÜCKE
(Carrer del Pont Romà) Die zweibogige Brücke am nördlichen Stadtrand stammt aus der Römerzeit, wurde aber im Mittelalter umfangreich erneuert.

Església de Monti-Sion KIRCHE
(Carrer de Jesús) Die schöne Barockkirche in der Nähe der Stufen, die zum Calvari hinaufführen, wurde im späten 17. Jh. von den Jesuiten gebaut. Im Konvent der Kirche befindet sich heute das Rathaus.

Casa-Museu Dionís Bennàssar MUSEUM
(☎971 53 09 97; www.museudionisbennassar.com; Carrer de Roca 14; Erw./Kind 3 €/frei; ⏲Mitte März–Okt. Di–So 10–14 Uhr) Dieses Museum, das ehemalige Haus des einheimischen Künstlers Dionís Bennàssar (1904–1967), beherbergt eine ständige Ausstellung seiner Werke. Unten sieht man frühe Radierungen, Aquarelle und Ölgemälde, die meistens ländliche mallorquinische Szenen zeigen. In den anderen Stockwerken gibt's eine Fisch-Serie, die an Miquel Barcelós Werke in der Kathedrale von Palma erinnern, sowie eine Reihe von Akten und Porträts tanzender Mädchen.

Museu Martí Vicenç MUSEUM
(☎971 53 28 67; www.martivicens.org; Carrer del Calvari 10; ⏲Mo & Mi–Sa 10.30–14 & 17–20, So 10.30–14 Uhr) GRATIS Über die Calvari-Treppen erreicht man das Museu Martí Vicenç. Bevor der Weber und Künstler Martí Vicenç Alemany (1926–1995) das Anwesen in den 1950er-Jahren kaufte, war es Teil eines gigantischen Franziskanerklosters. Auch die ehemalige Església de Monti-Sion in der Nähe gehörte dazu. Alemanys Werke, vor allem Gemälde und Textilien, sind in mehreren Räumen ausgestellt.

Oratori de Sant Jordi KIRCHE
(Carrer Sant Jordi) Die hübsche Kirche aus dem Jahr 1532, die dem hl. Georg geweiht ist, hat eine schöne Innenausstattung mit einem Barockaltar.

Món d'Aventura ABENTEUERSPORT
(☎971 53 52 48; http://mondaventura.com; Plaça Vella 8; Canyoning 50–55 €; ⏲Mo–Fr 10–14 & 16.30–20.30, Sa & So 10–14 Uhr) Das Angebot von Món d'Aventura, dem renommiertesten Veranstalter von Sport- und Abenteueraktivitäten an der Nordküste, reicht von Canyoning, Höhlen- und Küstenwanderungen über Kajakfahren und Klettern bis hin zu Trekking.

Feste & Events

Davallament RELIGIÖSES FEST
(⏲Karfreitag) Beim Davallament („Herunterlassen") wird die Passion Christi nachgespielt: Bei Fackellicht wird der „Leichnam" Jesu in einer feierlichen Prozession die 365 Stufen des Calvari hinabgetragen. Es ist eines der bewegendsten und faszinierendsten Schauspiele zum Osterfest.

Festes de la Patrona KULTURELL
(⏲Ende Juli–Anfang Aug.) Aufgemacht wie ein verwegener Pirat oder ganz in Weiß gekleidet stürzt man sich ins Getümmel, um die bunten und lauten Festes de la Patrona zu feiern. Auf dem Programm stehen nachgestellte Kämpfe zwischen Mauren und Christen, um an die Belagerung und den Angriff sarazenischer Piraten, angeführt vom berüchtigten türkischen Piraten Dragut (1500–1565), im Jahr 1550 zu erinnern. Höhepunkt des Festes ist die „Schlacht", bei der die Stadt einen ruhmreichen Sieg errang.

La Fira ESSEN & TRINKEN
(⏲2. So im Nov.) Der riesige Markt findet im Kloster Sant Domingo und an vielen anderen Orten in Pollença statt.

Festival de Pollença KULTURELL
(☎971 53 40 11; www.festivalpollenca.com; ⏲Ende Juli–Aug.) Anlässlich dieses Sommerfestivals, das erstmals 1962 ausgerichtet wurde, finden im Kloster Sant Domingo Orchesterauftritte, Ausstellungen und Filmvorführungen statt.

Essen

Die Plaça Major ist von freundlichen Restaurants und Café-Bars mit Tischen im Freien gesäumt, die morgens, mittags und abends Heerscharen von Gästen versorgen. Ein paar

Pollença

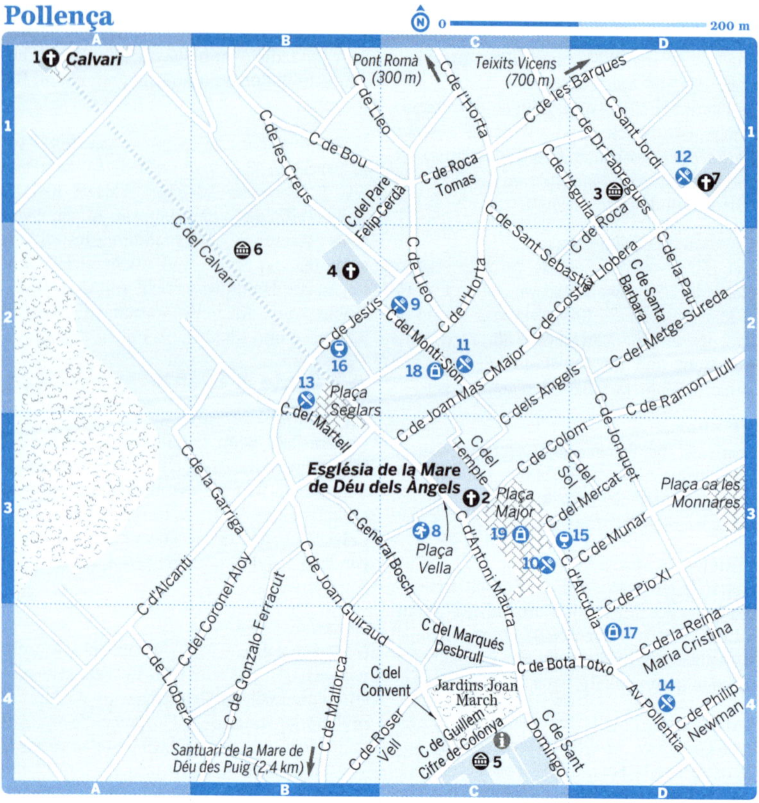

bessere Optionen verstecken sich in den Seitenstraßen, nur einen kleinen Spaziergang entfernt.

★ **Manzanas y Peras** TAPAS €
(☎971 53 22 92; www.manzanasyperas.eu; Carrer del Martell 6; Tapas-Probiermenüs 29,40 €; ⏲Mo–Fr 10–22, So 10–16 Uhr;) Nahe den Stufen zum Calvari stößt man auf das winzige, aber großartige Manzanas y Peras („Äpfel und Birnen"). Die Tische der einladenden Oase stehen unter Bäumen, die mit Lichterketten dekoriert sind. Ein wahres Fest für die Sinne ist die Tapas-Abendkarte, auf der man z. B. provenzalische Thunfischpastete, Ziegenfrischkäse, Blaubeergelee und Walnüsse, Hühnchen nach marokkanischer Art mit Datteln sowie vegetarische Gerichte findet.

Restaurant Clivia MALLORQUINISCH €€
(☎971 53 36 35; Avinguda Pollentia 7; Hauptgerichte 12–23 €; ⏲Do–Di 13–15 & 19–22.30 Uhr) Das in jeder Hinsicht erstklassige Clivia ist moderner als viele andere Restaurants, der Innenhof wirkt mit seinem Mosaik aus Holzpanelen und glockenförmigen Lampen wie ein abstraktes Kunstwerk. Auch das Essen (insbesondere der Fisch) wird stilvoll zubereitet. Das Garnelen-Carpaccio mit süßem rotem Pfeffer ist eine hervorragende Vorbereitung auf die Spezialität des Hauses: in Malvasierwein gedämpfter Wolfsbarsch.

Cantonet MEDITERRAN €€
(☎971 53 04 29; Carrer del Monti-Sion 20; Hauptgerichte 12–20 €; ⏲12.30–15 & 19–23 Uhr) Wenn es langsam dunkel wird, lädt die Terrasse des Cantonet vor der Església de Monti-Sion mit Blick über die Altstadtdächer bis zum Puig de Maria zu einem italienisch angehauchten Abendessen ein: Es gibt Muscheln in Oregano-Soße, Goldbrasse in einer sardischen Weinsoße und gegrillte Lammkoteletts mit Honig und Thymian. Das Tiramisu ist göttlich.

Pollença

Highlights
1 Calvari ... A1
2 Església de la Mare de Déu dels Àngels ... C3

Sehenswertes
3 Casa-Museu Dionís Bennàssar ... D1
4 Església de Monti-Sion ... B2
5 Museu de Pollença ... C4
6 Museu Martí Vicenç ... B2
7 Oratori de Sant Jordi ... D1

Aktivitäten, Kurse & Touren
8 Món d'Aventura ... C3

Essen
9 Cantonet ... C2
10 Il Giardino ... C3
11 La Font del Gall ... C2
12 La Placeta ... D1
13 Manzanas y Peras ... B2
14 Restaurant Clivia ... D4

Ausgehen & Nachtleben
15 Club Pollença ... C3
16 U Gallet ... B2

Shoppen
17 Enseñat ... D4
Hito ... (siehe 6)
18 La Merceria ... C2
19 Sonntagsmarkt ... C3

Il Giardino ITALIANENISCH €€
(☎971 53 43 02; www.giardinopollensa.com; Plaça Major 11; Hauptgerichte 17–24 €, Menüs 14–19 €; ⏲März–Okt. 9.30–15 & 19–22.30 Uhr; 👪) Die beste Adresse auf der Plaça Major für Leute, die aufs Geld achten müssen. Eine hübsche Terrasse, freundliches Personal und die Speisekarte flüstert *bella Italia* – die Hauptgerichte wie Ravioli mit Wildpilzen und Riesengarnelen mit Safran und Koriander machen einfach glücklich. Zum Nachtisch empfiehlt sich ein Abstecher in Il Giardinos Konditorei und Schokoladenfachgeschäft nebenan. Auch für Kinder ist gut gesorgt.

La Placeta SPANISCH €€
(☎971 53 12 18; Carrer Sant Jordi 29; Hauptgerichte 13,50–16 €; ⏲Di–So 12.30–15 & 19.30–23 Uhr; 👪) Das La Placeta im Hotel Sant Jordi erhält erstklassige Kritiken, sowohl für das schöne Ambiente unter freiem Himmel auf dem Platz als auch für die kinderfreundlichen Angestellten und die schnörkellose Hausmannskost. Gerichte wie sautierte Garnelen mit Artischocken oder im eigenen Saft und in Madeira-Wein gekochtes Lamm sind denkbar schlicht, aber voller Geschmack.

La Font del Gall MALLORQUINISCH €€
(☎971 53 03 96; Carrer del Monti-Sion 4; Hauptgerichte 7,50–22 €, Menüs 25–35 €; ⏲tgl. 18.30–23 Uhr, Mo, Do, Fr & So 12–15 Uhr) Wer im Sommer hier einen Tisch auf der Terrasse ergattert, darf sich glücklich schätzen. Der Koch hält es gern simpel, seine Spezialität sind mallorquinische Speisen wie gegrilltes Gemüse und Ofenkartoffeln oder Meeresfrüchte-Paella. Zur Auswahl stehen auch diverse vegetarische Vorspeisen und Hauptgerichte. Manchmal sind die Portionen etwas klein, sonst gibt's aber nichts zu mosern.

Ausgehen & Nachtleben

Pollença ist mit mehreren schönen Cocktailbars und Café-Bars im historischen Zentrum eine großartige Stadt, um abends etwas zu trinken – am besten kombiniert mit einer Übernachtung.

Club Pollença BAR
(Plaça Major 10; ⏲7–24 Uhr) Bei ein paar Drinks und Tapas auf der Terrasse dieses weitläufigen Cafés (1910 eröffnet) mit Kolonialflair an der Plaça Major das facettenreiche Leben auf Pollenças Straßen beobachten … gar nicht übel. Einen „Logenplatz" suchen und das Schauspiel genießen!

U Gallet BAR
(☎691 54 36 51; Carrer de Jesús 40; ⏲So–Do 19–2, Fr & Sa bis 4 Uhr) Die Einheimischen nennen diesen Laden voller kuscheliger Ecken „Gallito" (Hähnchen). Die Kneipe ist eine ausgesprochen nette Option im Carrer de Jesús. Besitzer und Barkeeper Neil mixt geniale Cocktails und Gin Tonics. Entspannte Atmosphäre und coole Musik.

Shoppen

In Pollença gibt's zahlreiche nette, kreative Boutiquen, welche die Stadt neben Palma zur besten Anlaufstelle für einen Einkaufsbummel machen.

★**Hito** KUNST & KUNSTHANDWERK
(www.hitohome.com; Carrer del Calvari 10; ⏲Mo & Mi–Sa 10.30–14 & 17–20, So 10.30–14 Uhr) Galerie, Designer-Haushaltswarengeschäft und Resi-

denz für wechselnde Künstler – alles in einem. Betreiber sind die Goldschmiede Gillian Conroy und Danica Wilcox aus New York. Sie vertreiben bildschöne Unikate (lokales Kunsthandwerk und Accessoires) wie z. B. Teixits Vincens' feine *robes de llengües* (gestreifte Stoffe aus Mallorca), Babystiefel aus Schafshaut und unechte Jagdtrophäen aus Filz.

Oben finden wechselnde Kunstausstellungen (häufig moderne Kunst) statt, unten ist das Museu Martí Vicenç (S. 125) untergebracht.

La Merceria KUNST & KUNSTHANDWERK
(Carrer del Monti-Sion 3; ⌚Di–Fr 10–14 & 17–21.30, Sa & So 10–14 Uhr) Dieses geniale Retro-Kaufhaus führt Vintage-Stil mit modernem Design zusammen. Unter den einzigartigen Schmuckstücken und Geschenken findet man nostalgische Postkarten mit sepiafarbenen Motiven des alten Pollença, Mode aus Barcelona, handgefertigte Strohhüte mit einem Hauch „Great Gatsby"-Glamour, ausgefallene Lampenschirme, großartige Keramik, Fotos von Ace-Designs, kreative Kerzen, Kunst, Schmuck und fröhliche Designs. Im hinteren Teil des Geschäfts ist eine sehr gute Abteilung für Kinder (Bücher und Kleidung) untergebracht.

Sonntagsmarkt MARKT
(Plaça Major; ⌚So 8.30–13 Uhr) Dieser Sonntagsmarkt gehört zu den größten und meistbesuchten der Insel und findet das ganze Jahr über statt. Auf der Plaça Major gibt's vor allem Obst, Gemüse, Käse, Wein, Kräuter und Gewürze, in den angrenzenden Straßen (der Radius um die Plaça wird immer größer!) werden Kunsthandwerk und andere Waren verkauft.

Enseñat ESSEN, WEIN
(www.ensenyat.com; Carrer d'Alcúdia 5; ⌚Mo–Sa 8.30–15 & 16.30–20.30, So 8.30–14 Uhr) Beim Betreten des Enseñat wird man von köstlichen, kräftigen Aromen überflutet. Hier decken sich Leckermäuler mit Salz, Konserven, Käse, Fleisch (z. B. hausgemachter *sobrassada*) und Marmelade aus Sóller ein. Auch die Auswahl an mallorquinischen Weinen ist großartig.

Teixits Vicens KUNST & KUNSTHANDWERK
(www.teixitsvicens.com; Ronda Can Berenguer; ⌚April–Sept. Mo–Fr 9–20, Sa 10–14 & 16–20 Uhr, sonst kürzere Öffnungszeiten) Bereits seit 1854 werden in diesem Familienbetrieb die gestreiften mallorquinischen Stoffe namens *robes de llengües* gewebt. Auch heute noch tragen sie traditionelle Motive. Manche der Werke sind im Hito ausgestellt.

Praktische Informationen

Touristeninformation (☎971 53 50 77; www.pollensa.com; Carrer de Guillem Cifre de Colonya; ⌚Mai–Sept. Mo–Fr 8.30–13.30 & 14–16, So 10–13 Uhr, sonst kürzere Öffnungszeiten) Diese Touristeninformation direkt neben dem Museu de Pollença ist eine Fundgrube für Informationen über die Stadt und ihre Umgebung. Sie hat hilfsbereite Mitarbeiter und Berge von Literatur.

An- & Weiterreise

Von Palma fährt der Bus 340 nonstop nach Pollença (5,35 €, 45 Min., bis zu 12-mal tgl.). Von dort geht's weiter nach Port de Pollença (1,50 €, 20 Min., bis zu 30-mal tgl.). Bus 345 verkehrt zwischen Pollença und Cala Sant Vicenç (1,50 €, 20 Min., häufig).

Cala Sant Vicenç

285 EW.

Cala Sant Vicenç ist eines der hübschesten Fleckchen an der Nordküste. Es wird von vier traumhaften *cales* (Buchten) am Fuße der Serra de Tramuntana gesäumt, die schöne Ausblicke über das fantastische türkisfarbene Meer und auf die steil abfallenden Kalksteinfelsen am Cap de Formentor im Nordwesten bieten. Touristische Einrichtungen sind in Cala Sant Vicenç nur von Mai bis Oktober geöffnet, danach ist hier fast alles geschlossen.

Strände

Man braucht nicht mehr als 20 Minuten, um alle vier Strände abzuklappern: die **Cala Barques**, die **Cala Clara**, die **Cala Molins** und die **Cala Carbó**.

Wer hinter der Cala Clara ca. 15 Minuten die Carrer Temporal entlang- und dann die Carrer de Dionìs Bennàssar hinunterläuft, gelangt auf eine Anhöhe mit Parkbänken und zu den **Coves de L'Alzineret**, sieben Grabhöhlen aus der Prä-Talayot-Zeit (ca. 1600 v. Chr.).

Aktivitäten

atemrausch ABENTEUERSPORT
(☎622 12 21 45; www.atemrausch.com; Carre Temporal 9; Kinder-/Trekking-/Straßenräder/Mountainbikes pro Tag ab 8/15/25/25 €; ⌚Mai–Okt. Mo–Sa 9.30–13 & 16–19 Uhr) Der von Deutschen geführte Laden hat sich auf Abenteuersport spezialisiert, von Kajakfahren und Schnorcheln bis zu Mountainbiking und Tauchen. Er verleiht Fahrräder aller Art, darunter

auch Kinderräder. Je länger man sie ausleiht, desto günstiger wird es. Eine Fahrradversicherung kostet 2 € pro Tag.

Essen

Die besten Restaurants stehen oberhalb der Cala Barques und servieren köstliche, vielfältige frische Meeresfrüchte.

Bar-Restaurant Cala Barques MALLORQUINISCH €€
(☎ 971 53 06 91; Cala Barques; Hauptgerichte 13–26 €; ⌚ Mai–Okt. Di–So 12.30–15.30 & 19.30–22.30 Uhr) Dieses Restaurant überzeugt mit seiner Lage auf einer Anhöhe und dem Ausblick auf die Cala Barques. Dazu gibt's gegrillten Fisch, Tintenfisch und andere Meeresfrüchte oder auch leckere Steaks und Braten – eine fantastische Kombination!

Cal Patró FISCH & MEERESFRÜCHTE €€
(☎ 971 53 38 99; Cala Barques; Hauptgerichte 15–22 €; ⌚ Juli & Aug. 12.30–15.30 & 19.30–22.30 Uhr, sonst kürzere Öffnungszeiten) An den Stufen, die zum Strand hinabführen, kann man von Tischen mit blauen Tischtüchern den Blick aufs Wasser und dazu den Fang des Tages genießen, z. B. wunderbaren Tintenfisch nach mallorquinischer Art (in einer reichhaltigen Soße als Auflauf zubereitet), gefolgt von einem Reisgericht oder Hummereintopf.

Praktische Informationen

Touristeninformation (☎ 971 53 32 64; Plaça de Cala Sant Vicenç; ⌚ Mai–Okt. Mo–Fr 9–16, Sa 10–13 Uhr) Ein kleines Stück landeinwärts von der Cala Barques.

An- & Weiterreise

Cala Sant Vicenç liegt 6,5 km nordöstlich von Pollença an der Straße nach Port de Pollença. Bus 345 fährt von Pollença und Port de Pollença nach Cala Sant Vicenç (1,50 €, 20 Min., bis zu 6-mal tgl.).

Port de Pollença

6596 EW.

Dieser recht bescheidene Ferienort an der nördlichen Spitze der Badia de Pollença zeichnet sich durch die geradezu hypnotisierend schöne Aussicht über die zerklüftete Halbinsel Formentor aus. Gut, das Ganze ist schon sehr touristisch, doch der Jachthafen, die von Cafés gesäumte Promenade und der lange Sandstrand ziehen immer noch viele Familien und Wassersportfans an.

Strände

Die Strände gleich südlich vom Hafen sind breit, sandig und sanft abfallend. Auch entlang der schattigen Promenade am nördlichen Dorfrand gibt's immer wieder kleine Strandflächen, die zu den hübschesten Fleckchen in Port de Pollença gehören. Südwärts entlang der Bucht in Richtung Alcúdia besteht der Sand aus einer grauen Kiesmischung, oft durchsetzt mit Poseidongras. Am Ende des mäßigen Küstenstreifens liegen **Ca'n Cap de Bou** und **Sa Marina** (kurz vor Alcúdia). Eine steife Brise macht die Gegend zu einer der besten Locations für Wind- und Kitesurfer.

Aktivitäten

Die Badia de Pollença bietet einige der besten Tauchmöglichkeiten Mallorcas. Felswände, Höhlen und Meeresgetier (z. B. Rochen, Tintenfische, Barrakudas) machen die Südflanke der Formentor-Halbinsel besonders spannend, weitere Spots liegen am südlichen Ende der Bucht zum Cap des Pinar hin.

★ Bike & Kite ABENTEUERSPORT
(☎ 971 09 53 13; www.bikeandkite.com; Carrer Temple H Fielding 3; geführte Radtour inkl. Leihfahrrad 75 €, 1 Std. Kitesurfing-Unterricht 45 €; ⌚ Mo–Fr 9–13 & 16–19, So 16–19 Uhr) Kai und Julia kennen die Serra de Tramuntana wie ihre Westentasche und bringen Urlauber zu den schönsten Plätzen. Sie organisieren Mountainbiketouren zum Kloster von Lluc und zum Cap de Formentor sowie Wanderungen auf den Talaia d'Alcudia und durch den Torrent de Pareis. Auch wenn man Kitesurfen lernen möchte, ist man hier richtig.

Rich Strutt WANDERN
(☎ 668 54 22 74; www.mallorcanwalkingtours.puertopollensa.com) Der Wanderführer Rich, der Englisch spricht und über 20 Jahre Erfahrung vorweisen kann, hat seinen Sitz in Port de Pollença und bietet unzählige Tageswanderungen (und längere Treks) für Gruppen ab vier Personen an.

Bootstouren BOOTSFAHRTEN
(http://lanchaslagaviota.com; Marina; ⌚ Mai–Sept.) An dem kleinen Schalter neben der Parkplatzeinfahrt am Jachthafen von Port de Pollença werden Tickets für regelmäßige Fahrten zur Platja de Formentor (Erw./Kind 13,50/6,75 €, im Sommer bis zu 5-mal tgl.), zum Cap de Formentor (25/12,50 €, 3-mal wöchentlich 10.30 Uhr) und nach Cala Sant Vicenç (30/15 €, Do 10.30 Uhr) verkauft.

Rent March RADFAHREN
(☎971 86 47 84; www.rentmarch.com; Carrer de Joan XXIII 89; Radverleih 8–27 € pro Tag; ⌚9–13 & 15.30–20 Uhr) Rent March verleiht von einfachen Fahrrädern, Elektro- und Mountainbikes über Tandems und leichte Rennräder bis hin zu Kinderrädern alles. Motorroller und Motorräder kann man hier ebenfalls ausleihen.

Sail & Surf Pollença SEGELN, WINDSURFEN
(☎971 86 53 46; www.sailsurf.eu; Passeig de Saralegui 134; Anfängerkurse Windsurfen/Segeln 124/136 €; ⌚April–Okt. Mo–Sa 9–18 Uhr, sonst kürzere Öffnungszeiten) Dieser Anbieter hat zwei- bis dreitägige Segel- und Windsurfkurse im Programm. Fortgeschrittene können hier außerdem Ausrüstung leihen.

Scuba Mallorca TAUCHEN
(☎971 86 80 87; www.scubamallorca.com; Carrer d'Elcano 23; 2 Tauchgänge 80 €, Ausrüstung 20 €; ⌚Juni–Sept. Mo–Do 9.30–19, Fr & Sa 9.30–18.30, So 9–18 Uhr, sonst kürzere Öffnungszeiten; 👪) Scuba Mallorca ist ein Fünf-Sterne-PADI-Shop, der um die 20 verschiedene Tauchkurse anbietet, u. a. den „Bubblemaker" (Blasenmacher) für Kinder.

Kayak Mallorca KAJAKFAHREN
(☎971 91 91 52; www.piraguasgm.com/kayakmallorca; La Gola; 3-stündige Tour inkl. Transport ab 40 € pro Pers., Miete pro Std./halber Tag/ganzer Tag 10/20/30 €; ⌚Mo–Mi & Sa 10–13, Do & Fr 10–13 & 17–20 Uhr) Am Strand südlich des Jachthafens organisiert dieser Veranstalter Kajakfahrten aller Schwierigkeitsstufen (entlang der Küste zum Cap des Pinar, durch Höhlen nach Formentor etc.), verleiht Kajaks und gibt Unterricht für Anfänger.

Essen

Mittwochs wird auf der Plaça Miguel Capllonch, zwei Blocks landeinwärts und nordwestlich des Jachthafens, der Wochenmarkt aufgebaut. Am Hafen herrscht kein Mangel an einladenden Restaurants, einige davon sind sehr ansprechend.

Bellaverd INTERNATIONAL €
(☎971 86 46 00; www.pensionbellavista.com; Carrer Monges 14; Mittagsmenü 6–12 €, Hauptgerichte 9,50–22,50 €; ⌚Di–So 8.30–24 Uhr; 🌿👪) Einfach herrlich sitzt man unter dem Blätterdach eines alten Feigenbaums im Hofgarten dieser kleinen Künstlerenklave, in der hin und wieder Bildhauereikurse stattfinden. In der Küche werden gesunde, meist vegetarische Gerichte zubereitet, von kreativen Salaten über Ziegenkäselasagne und Pasteten mit Kürbis, Porree und Walnüssen bis hin zu einfachen Spaghetti mit Pesto. Auch für Kinder ist etwas dabei.

Celler La Parra MALLORQUINISCH €
(☎971 86 50 41; Carrer de Joan XXIII 84; Hauptgerichte 10–16,50 €; ⌚13–15 & 19–23 Uhr; 👪) Dieses rustikale, stimmungsvolle und traditionsbewusste Restaurant nahm bereits in den 1960er-Jahren seinen Betrieb auf und ist eine kleine Rarität vor Ort. Hier wird authentische Inselküche wie frischer Fisch, *frito mallorquín* (sautierte Lamm-Innereien), *lechona* (Spanferkel) und *tumbet* (mallorquinisches Ratatouille) serviert. Das Ge-

FAHRT VON PORT DE POLLENÇA ZUM CAP DE FORMENTOR

Die aufregende Fahrt von Port de Pollença zum Cap de Formentor ist eines der Highlights der Region und sowohl mit dem Auto als auch auf zwei Rädern ein unvergesslicher Ausflug.

Hinter Port de Pollença steigt die Straße steil an und gibt auf dem Weg zum stürmischen Kap die Sicht über die herrliche Bucht frei. Im Sommer bewegt sich der Verkehr im Schneckentempo, da sich hier ein großartiger Aussichtspunkt an den nächsten reiht, z. B. der **Mirador de Sa Creueta** 3 km nordöstlich von Port de Pollença. Im Osten ist die kleine Insel **Illot del Colomer** zu sehen. Vom *mirador* aus kann man eine Seitenstraße ein paar Kilometer bis zum **Talaia d'Albercuix**, einem Wachturm aus dem 18. Jh., wandern. Er wurde gebaut, um vor Piraten zu warnen, und der Rundumblick gab den Ausschlag für diesen Standort. Am besten steigt man zum Sonnenuntergang hinauf.

Die Ma 2210 führt nun 4 km abwärts durch die Wälder bis zur **Platja de Formentor**, einem schmalen Sandstrand mit einladendem Wasser. Vom Hotel Formentor geht's noch 11 km weiter bis zum Kap und dem **Leuchtturm auf dem Cap de Formentor**, von wo der Blick im Süden bis zum Cap Ferrutx auf der anderen Seite der Badia d'Alcúdia reicht. Ein kurzer Wanderweg (der **Camí del Moll del Patronet**) führt nach Süden zu einem weiteren herrlichen **Aussichtspunkt**.

samtpaket runden Holzofen, Weinkeller-Dekor und die Abwesenheit von Pizzas auf der Karte ab.

★ **Ca'n Cuarassa** SPANISCH, MALLORQUINISCH €€
(☎ 971 86 42 66; www.cancuarassa.com; Carretera Port de Pollença-Alcúdia; Hauptgerichte 15–30 €, 3-gängiges Menü 33,80 €; ⏲ 12–15.30 & 19–23 Uhr; 👪) Traumhafter Meerblick, eine ruhige Gartenterrasse, die von Palmen und Tamarinden gesäumt ist, und eine hübsche Villa – mit diesem Restaurant trifft man eine ausgezeichnete Wahl. Das selbst gebackene Brot und die Tapas bieten eine köstliche Einstimmung auf die Hauptgerichte wie Seehechtfilet mit Safransoße und Fleisch vom Kohlegrill. Für die Kleinen gibt's einen Spielbereich. Ca'n Cuarassa befindet sich 3 km südlich von Port de Pollença.

La Llonja MEDITERRAN €€€
(☎ 971 86 59 04; www.restaurantlallonja.com; Carrer del Moll Vell; Hauptgerichte 16–30 €; ⏲ April–Okt. 12.30–16 & 19.30–23 Uhr) La Llonja im oberen Stock lockt mit Meerblick und serviert ausgezeichnete Meeresfrüchte und Reisgerichte wie Hummerpaella, gelegentlich mit kreativen Ideen (etwa das Offiziersbarsch-Carpaccio) und kräftigen Aromen (das Lachsfilet mit roter Currysoße). **La Cantina** (⏲ April–Okt. 10–23 Uhr) im unteren Geschoss bietet Frühstück, Snacks und Sandwiches zu günstigen Preisen.

Stay INTERNATIONAL €€€
(☎ 971 86 40 13; www.stayrestaurant.com; Moll Nou; Hauptgerichte 15–42 €, 3-gängige Menüs inkl. Wein & Kaffee 34,40 €; ⏲ 9–23 Uhr) Ein Restaurant mit maritimem Schick. Hier treffen sich Segler & Co. Die Karte dreht sich hauptsächlich um Fisch und Meeresfrüchte, von schlichten gegrillten Krabben bis zu Seehecht in Safransoße, doch es gibt auch mehrere geschmackvolle Fleischgerichte. Es ist elegant (aber leger) und teuer, doch jeden Cent wert.

Praktische Informationen

Touristeninformation (☎ 971 86 54 67; www.puertopollensa.com; 1 Passeig Saralegui; ⏲ Mai–Sept. Mo–Fr 8–20, Sa 9–16 Uhr, sonst kürzere Öffnungszeiten) Befindet sich am Meer vor dem Jachthafen.

An- & Weiterreise

Bus 340 von Palma nach Pollença fährt weiter nach Port de Pollença (1,50 €, 20 Min. direkt oder 30 Min. via Cala Sant Vicenç). Bus 352 verkehrt zwischen Port de Pollença und Ca'n Picafort (2,60 €, 1 Std.). Unterwegs hält er in Alcúdia (1,80 €, 15 Min.) und Port d'Alcúdia (1,60 €, 25 Min.) Die Linie 353 fährt nach Formentor (1,55 €, 20 Min.).

Cap de Formentor

Dies ist die wohl umwerfendste Künstenlandschaft Mallorcas. Die rasierklingenscharfen Klippen wirken wie aus einer anderen Welt und die vom Wind gepeitschten Kalksteinfelsen ragen ins Meer hinein. Aus der Ferne erinnert einen der Anblick an einen gigantischen Wellenkamm.

Sehenswertes

Talaia d'Albercuix TURM
Vom Mirador de Sa Creueta aus kann man eine Seitenstraße ein paar Kilometer bis zum Wachturm Talaia d'Albercuix (380 m) hinaufklettern, der als Frühwarnsystem gegen Piraten gebaut wurde. Tatsächlich sieht man von hier extrem weit übers Meer. Bei Sonnenuntergang scheinen die Klippen zu glühen – Fotozeit!

Far de Formentor LEUCHTTURM
Am Ende der Straße auf dem Kap erhebt sich dieser Leuchtturm aus dem 19. Jh. mit schönem Blick zum Cap Ferrutx im Süden und einem kurzen Wanderweg (dem **Camí del Moll del Patronet**) Richtung Süden zu einem weiteren Aussichtspunkt.

Mirador de Sa Creueta AUSSICHTSPUNKT
Beliebter Aussichtspunkt 3 km nordöstlich von Port de Pollença mit atemberaubendem Blick auf die zerklüftete Nordküste.

Platja de Formentor STRAND
(Platja del Pi) Ein schöner von Kiefern gesäumter Sandstrand mit kristallklarem Wasser. Parken kostet 10 € pro Tag.

Illot del Colomer INSEL
Felsiges Inselchen vor der Halbinsel Formentor.

Essen

Das **Hotel Barceló Formentor** (☎ 971 89 91 00; www.barcelo.com; Platja de Formentor 3, Cap de Formentor; DZ 225–525 €, Suite 575–900 €; ⏲ Mitte April–Okt.; P ❄ @ 📶 🏊) an der Platja de Formentor hat drei Restaurants, darunter ein sehr schönes direkt am Strand. Doch auch in Port de Pollença weiter westlich an der Küste gibt's ausgezeichnete Möglichkeiten.

An- & Weiterreise

Den 18 km langen Weg ab Port de Pollença (über die Ma 2210) kann man mit dem eigenen Auto, per Fahrrad oder zu Fuß zurücklegen. Alternativ pendelt der Bus 353 montags bis samstags viermal täglich zwischen Port de Pollença und der Platja de Formentor (1,55 €, 20 Min.).

BADIA D'ALCÚDIA

Alcúdia

19 768 EW.

Wenige Kilometer von der Küste entfernt verströmt Alcúdia idyllischen Charme und Charakter. Beeindruckende mittelalterliche Mauern umschließen von Cafés gesäumte Plazas und ein verwirrendes Netz aus schmalen Gassen, in denen sich historische Gebäude und Steinhäuser aneinanderreihen. Am Stadtrand befinden sich die faszinierenden Überreste von Pollèntia, der einst wichtigsten römischen Siedlung der Insel.

Sehenswertes

★ Mittelalterliche Stadtmauern WAHRZEICHEN

Obwohl größtenteils rekonstruiert, sind die Stadtmauern beeindruckend. Jene an der Nordseite sind sogar fast komplett erhalten! In der Nähe der **Porta Roja** (rotes Tor) sieht man die Überreste einer Brücke aus dem 18. Jh. Von dort kann man auf den Mauern 250 m bis zum Carrer del Progres spazieren und dabei die Aussicht auf Hausdächer sowie die Berge genießen. Hinter der Brücke in Richtung Nordosten liegt die Stierkampfarena Plaça de Toros in einer befestigten Renaissance-Bastion.

★ Pollèntia ARCHÄOLOGISCHE STÄTTE

(www.pollentia.net; Avinguda dels Prínceps d'Espanya; Erw./Kind inkl. Museu Monogràfic 3/2 €; ⌚ Mai–Sept. Di–Sa 9.30–20.30, So 10–14 Uhr, sonst kürzere Öffnungszeiten) Die weitläufigen (aber zu Fuß erkundbaren) faszinierenden Ruinen der römischen Stadt Pollentia liegen gleich außerhalb der Mauern von Alcúdia. Mallorcas größte römische Siedlung und wichtigste archäologische Stätte wurde ca. 70 v. Chr. gegründet. Ihre Blütezeit erlebte sie im 1. und 2. Jh. n. Chr. Der Ort erstreckte sich über 20 ha (ein Großteil davon noch nicht ausgegraben), was seine damalige Bedeutung erahnen lässt.

In der Nordwestecke liegt die Wohngegend **Sa Portella** mit den Fundamenten, sowie den Überresten von den Säulen und Wänden der Häuser (*domus*), zwischen denen zwei Straßen verlaufen. Das am besten erhaltene Haus ist die **Casa dels Dos Tresors** (Haus der zwei Schätze), ein typisch römisches Atriumhaus aus dem 1. Jh., das bis zum 5. Jh. intakt war. Ganz in der Nähe, in der **Casa del Cap de Bronze** (Haus des Bronzekopfes), wurde der 14,4 cm hohe Bronzekopf eines jungen Mädchens gefunden. Nicht weit davon stehen die Überreste des **Forums**, zu dem drei Tempel und eine Reihe *tabernae* (Läden) gehörten. Ein paar Hundert Meter weiter wartet zum Abschluss das faszinierende **Teatre Romà** (römisches Theater) aus dem 1. Jh. n. Chr. Es scheint sich langsam wieder in den Fels zu verwandeln, aus dem es einst geschlagen wurde. Das halbrunde *orchestra* im vorderen Teil und die *cavea* (wo die Zuschauer saßen) sind noch erhalten. Allein das Theater mit einem Durchmesser von 75 m, das früher etwa 1000 Zuschauern Platz bot, ist den Eintritt wert. Besucher können sich frei zwischen den Ruinen bewegen.

★ Museu Monogràfic de Pollèntia MUSEUM

(www.pollentia.net; Carrer de Sant Jaume 30; Erw./Kind inkl. Pollèntia 3/2 €; ⌚ Mai–Sept. Di–Sa 9.30–20.30, So 10–14 Uhr, sonst kürzere Öffnungszeiten) Dieses Museum mit nur einem Raum zeigt eine kleine, aber spannende Ausstellung von Münzen, Schmuck, Götterfiguren, Modellen der Casa dels Dos Tresors und des Theaters sowie verschiedene Fundstücke aus den Ruinen der römischen Stadt Pollèntia. Die Exponate sind schön präsentiert, aber nur auf Katalanisch beschriftet, darum sollte man den hilfsbereiten Mitarbeiter am Empfang um das Informationsblatt „English Guidebook" bitten.

Ca'n Canta HISTORISCHES GEBÄUDE

(Carrer Major 18) Gleich westlich der Plaça de sa Constitució, gegenüber vom Eingang zum Carrer dels Albellons, steht dieses schöne alte Haus mit großartigen Verzierungen um die Fenster des ersten Stocks.

Ca'n Fondo HISTORISCHES GEBÄUDE

(Carrer d'en Serra 13) Ein kurzer Fußweg von der Kreuzung mit der Carrer de Sant Jaume nach Norden führt zu diesem behäbigen, imposanten Gebäude mit klassischen Verzierungen rund um die Fenster im ersten Stock.

Ca'n Domènech HISTORISCHES GEBÄUDE

(Carrer dels Albellons 7) Dieses große und vornehme Haus, eines der schönsten Gebäude Alcúdias, hat eine recht schmucklose Fassade.

Alcúdia

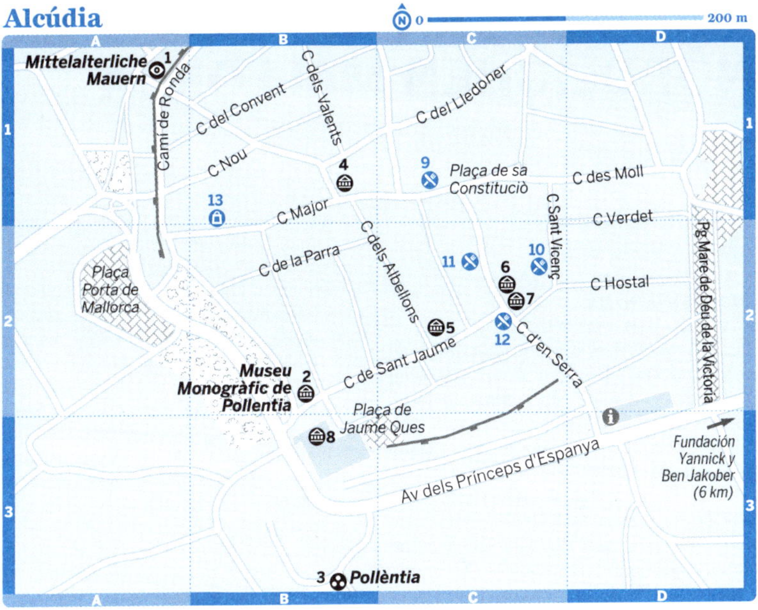

Alcúdia

Highlights

1 Mittelalterliche Mauern A1
2 Museu Monogràfic de Pollentia B2
3 Pollèntia B3

Sehenswertes

4 Ca'n Canta B1
5 Ca'n Domènech...................................... C2
6 Ca'n Fondo... C2
7 Ca'n Torró C2
8 Museu de Sant Jaume B3

Essen

9 Bistro 1909... C1
10 Ca'n Costa C2
11 Ca'n Pere C2
12 S'Arc.. C2

Shoppen

13 Flor de Sal d'es Trenc B1

Ca'n Torró HISTORISCHES GEBÄUDE

(Carrer d'En Serra 15) Das prächtige alte Gebäude steht neben dem Ca'n Fondo.

Fundación Yannick y Ben Jakober MUSEUM

(☎Führungen 971 54 98 80; www.fundacionjakober.org; Camí de Coll Baix; Eintritt Di frei, Führungen 9–15 €; ⏱Di 9.30–12.30 & 14.30–17.30, Do 10–12 Uhr, vorab gebuchte Touren Mo, Mi–Sa 11 & 15 Uhr) 6 km östlich von Alcúdia befindet sich diese vielseitige Kultureinrichtung in einem Haus im spanisch-maurischen Stil. Sie hat sich auf Kinderporträts aus dem 16. bis 19. Jh. spezialisiert. Darüber hinaus sind Werke zeitgenössischer Künstler und ein Skulpturengarten des britischen Künstlerpaars Ben Jakober und Yannick Vu zu sehen sowie der Espacio SoKraTES, der Meistern wie dem mallorquinischen Maler Miquel Barceló gewidmet ist. Ein echter Hingucker ist der Swarovski-Vorhang aus 10 000 Steinen.

Der Frühling ist eine gute Zeit für einen Besuch, denn dann steht der Rosengarten in voller Blüte. Schilder weisen den Weg zur Fundación und nach Bonaire. An der Bodega del Sol geht's rechts ab und dann weiter auf einer Straße, die in eine Piste voller Schlaglöcher mündet. Das Museum befindet sich rechter Hand.

Museu de Sant Jaume MUSEUM

(Plaça de Jaume Ques; Erw./Kind 1 €/frei; ⏱Mo–Sa 10–13 Uhr) Das Museum ist in der gleichnamigen Kirche untergebracht und zeigt Priesterkleidung, Gemälde und religiöse Objekte.

WANDERN AN DER KÜSTE IM NÖRDLICHEN MALLORCA

WANDERUNG: DREI KÜSTENGIPFEL

START ERMITA DE LA VICTÒRIA
ENDE PENYA ROTJA
LÄNGE/DAUER 6 KM; 2½–3 STD.

Diese mittelschwere Küstenwanderung – eine der spektakulärsten und aufregendsten Mallorcas – verläuft über schwindelerregend hohe Kämme und Felsen zu drei Gipfeln, die wie Adlerhorste oberhalb der Halbinsel Cap des Pinar thronen. Unterwegs begegnet man vielleicht auch ein paar Wildziegen (*Capra ageagrus hircus*). Am besten meidet man die Mittagshitze und nimmt reichlich Wasser und eine Karte mit. Unbedingt robuste Schuhe anziehen!

Von der **Ermita de la Victòria** (☎ 971 54 99 12; www.lavictoriahotel.com; Carretera Cap des Pinar; EZ/DZ 50/60 €, Frühstück 8 €) geht's bergauf durch den Kiefernwald und vorbei an den ausgeschilderten **Ses Tres Creus** (S. 139), drei Kreuzen zwischen den Bäumen mit Blick auf die Badia de Pollença. Nach 15 Minuten biegt man links (den Schildern zur Penya Rotja und Penya des Migdia folgen) auf einen schmalen Pfad ein. (Nicht den Schildern zum **Talaia d'Alcúdia** (S. 138) folgen, das ist eine andere Wanderung.) Der Pfad windet sich an Bäumen vorbei und wird dann etwas abschüssig. Aufpassen, dass man nicht über Wurzeln stolpert! Bei sensationeller Sicht auf die Badia de Pollença und Formentor im Westen gönnt man sich nun eine Pause und bewundert auch die steilen Felsen, die über einem aufragen. Sieht man nach unten, glitzert dort das Meer. Wenn man die Überhänge passiert hat, geht's an der Gabelung nach rechts den Hügel hinauf. In 1½ Stunden ist man am **Puig des Romaní** (387 m). Dort lockt wieder ein sensationelles Panorama.

Vom Gipfel geht's zurück zum Hauptpfad, der entlang eines Grats um einen Felsen herum bergab führt. Linker Hand stürzen sich die Klippen halsbrecherisch in die Tiefe, dann bohrt sich ein Tunnel durch das Ge-

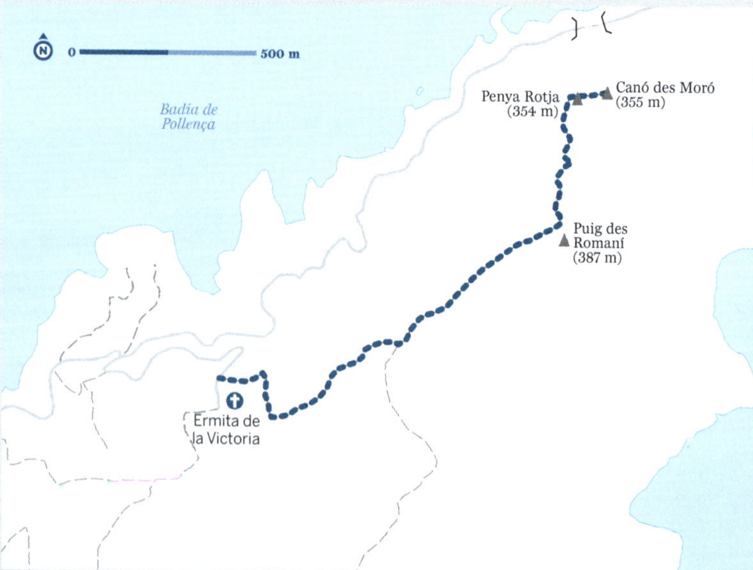

Die felsige, mit Kiefern bewachsene Küste des Cap des Pinar, das ins blaue Mittelmeer hineinragt, ist eines der lohnenswertesten Wanderziele Mallorcas.

stein. Man gelangt zu alten Befestigungsanlagen mit Geschützstellungen, der Weg passiert die messerscharfe Felswand. An den steilsten Stellen hilft ein Seil. Nach 1½ Stunden ist man an der Kanone der **Penya Rotja** (354 m). Dort genießt man den Rundumblick auf die Nordküste: vom Cap des Pinar bis zur Badia d'Alcúdia, von Pollença bis Formentor.

Wer noch nicht genug vom Kraxeln hat, kann sich zur Kanone auf dem **Canó des Moró** (355 m) aufmachen, den man wahrscheinlich mit Ausnahme einiger Ziegen und des wilden Rosmarins ganz für sich allein hat. Der Blick auf die Halbinsel und das kobaltblaue Wasser an der Platja des Coll Baix weit unterhalb ist grandios. Anschließend läuft man auf demselben Weg zurück zur Ermita de la Victòria.

WANDERN AM CAP DE FORMENTOR

Auf der Halbinsel führen verschiedene Pfade zu kiesigen Stränden und Buchten hinab. Der 3 km lange leichte Wanderweg von **Port de Pollença** zur halbmondförmigen **Cala Bóquer** ist ab einem Kreisverkehr an der Hauptstraße zum Cap de Formentor ausgeschildert. Er führt durch ein Tal, an dessen Westseite sich die felsige Serra del Cavall Bernat auftürmt.

11 km hinter Port de Pollença auf der Halbinsel beginnen zwei weitere Strecken rechts und links der Straße (einen holperigen Parkplatz gibt's auch): Nach Norden geht's zur **Cala Figuera**, nach Süden zur **Cala Murta**. Der erste Weg führt eine kahle Schlucht hinunter zu einem schmalen Kiesstrand, wo das Meer in faszinierenden Farben leuchtet. Der zweite Weg verläuft vor allem durch Wälder zu einem steinigen Strand. In beiden Fällen braucht man etwa 40 Minuten bis nach unten.

Nahe der Cala Murta gelangt man über einen schattigen Weg innerhalb von 30 Minuten zur **Cala Gossalba** (falls möglich, in der Bucht kurz vor Km 15 parken und den Pfad gegenüber hinablaufen). Von hier aus geht's nach rechts über die Felsen zur nächsten Bucht – dem Ausgangspunkt einer der schönsten Formentor-Wanderungen. Hinter der Bucht läuft man durch eine felsige Schlucht bergauf und folgt einem kurvenreichen alten Militärpfad auf den Gipfel des 334 m hohen **Fumat** (ca. 1½ Std. ab der Bucht). Der Panoramablick auf das Kap im Osten und die Badia de Pollença im Süden ist unbeschreiblich. Im Westen ragen die Gipfel der Tramuntana wie zackige Haifischflossen in die Höhe. Auf dem Rückweg hält man sich links; der Pfad führt zurück zur Straße und zur Parkbucht.

Weitere kleine Buchten an der Küste sind **Cala des Caló** und **Cala En Feliu**. Wer will, kann auch den Camí Vell del Far zum Kap probieren: Dabei handelt es sich um einen schlecht markierten Weg, der mehrmals die Hauptstraße kreuzt (und ihr z. T. auch folgt). In Port de Pollença trifft man auf den Weitwanderweg GR 221 entlang der Serra de Tramuntana.

Die Touristeninformationen in Pollença und Port de Pollença halten Tourenbeschreibungen mit relativ ungenauen Karten bereit, die jedoch für die genannten Wege völlig ausreichen.

„KLIPPENSPRINGEN" IN CALA SANT VICENÇ

Von einer Klippe zu hüpfen mag „lebensmüde" klingen, tatsächlich ist dies in Cala Sant Vicenç aber ein beliebter Zeitvertreib im Sommer – wenn die Einheimischen aus großer Höhe ins Wasser springen, sieht es so verflixt einfach aus! Wer mitmachen will, sollte sich aber auf jeden Fall einen Guide suchen.

Die Mitarbeiter von **Experience Mallorca** (S. 140) kennen die Felsen wie ihre Westentasche. Die Sprünge sind zwischen 3 und 12 m tief. Das klingt vielleicht nicht so beeindruckend, aber in dem Moment, in dem man springt, wird einem das Adrenalin durch den Körper rauschen – der absolute Kick!

Feste & Events

Dienstags und sonntags findet rund um den Passeig de la Victòria ein Markt statt.

Fira d'Alcúdia KULTUR
(⏲1. Wochenende im Okt.) Der große jährliche Markt ist die Fira d'Alcúdia, bei der neben dem großen Bauernmarkt traditionelle Tanzaufführungen, Musik und Umzüge auf dem Programm stehen.

Essen

In Alcúdia gibt's zahlreiche Restaurants, die vor allem von den vielen Tagesgästen besucht werden. Mehrere liegen sehr malerisch in traditionellen Seitenstraßen und sind für ihre herausragende mallorquinische und internationale Küche bekannt. Etliche Lokale haben Tische im Freien – ideal, wenn man gern Leute beobachtet.

★ **S'Arc** INTERNATIONAL €€
(☎971 54 87 18; www.restaurantsarc.com; Carrer d'en Serra 22; Hauptgerichte 15–25 €; ⏲12–15.30 & 18.30–23.30 Uhr; 👪) Dieser kleine Charmeur von einem Restaurant gehört zum Petit Hotel Ca'n Simó in der Altstadt und hat einen hübschen Innenhof, nackte Steinwände und mediterrane Küche mit fantasievoller Note, z. B. Schwein mit Zitronen-Couscous und Thunfisch-Tataki mit Mango-Vinaigrette. Darüber hinaus gibt's Leckeres aus aller Welt, von peruanischem Ceviche bis zu thailändischem Curry.

Ca'n Costa MALLORQUINISCH €€
(☎971 54 53 94; Carrer Sant Vicenç 14; Hauptgerichte 12–19 €; ⏲Mi–Mo 12.30–16 & 19.30–23 Uhr; 👪) Dieses Haus wirkt so, als hätte sich seit seiner Erbauung 1594 kaum etwas darin verändert – die Holzbalken und Ölgemälde sind immer noch an Ort und Stelle. Bei schönem Wetter kann man die Auswahl an katalanischen und mallorquinischen Leibspeisen wie *suquet*, einen reichhaltigen Fischauflauf, Dorsch mit *sobrassada* und gebratenes Spanferkel im Freien genießen.

Bistro 1909 TAPAS €€
(☎971 53 91 92; Carrer Major 6; Hauptgerichte 10–19 €; ⏲April–Okt. So–Fr 11–23, Sa 16.30–23 Uhr) Gegenüber vom Eingang in die Carrer de la Cisterna serviert dieses hübsche, aber geschäftige Bistro mit Tischen im Freien gutes Essen, das von munteren Kellnern zu den Tischen gebracht wird, z. B. Paellas, Tapas (gemischter Teller für zwei Personen 12,30 €), große Burger mit allem Drum und Dran, dicke Pommes und mehr.

Ca'n Pere MEDITERRAN €€
(☎971 54 52 43; www.hotelcanpere.com; Carrer d'en Serra 12; Hauptgerichte 8,50–22 €; ⏲12–16 & 18–22.30 Uhr) Auch das hübsche Ca'n Pere besticht mit seinen Steinmauern und einem Innenhof. Es gehört zum Hotel desselben Namens und hat frische mediterrane Gerichte wie schwarze mit Garnelen und Lachs gefüllte Ravioli im Angebot. Wenn viel los ist, muss man oft lange auf einen Kellner warten.

ALCÚDIAS HISTORISCHE VILLEN

Alcúdias Altstadt ist mit beeindruckenden, prächtigen Villen gespickt, die nur einen kurzen Fußweg voneinander entfernt liegen. Zu den schönsten Häusern gehören das **Ca'n Canta**, das **Ca'n Domènech**, das **Ca'n Fondo** und das **Ca'n Torró**.

Shoppen

Flor de Sal d'es Trenc ESSEN
(www.flordesaldestrenc.com; Carrer Major 30; ⏲Mo–Sa 10.30–20, So 10–15 Uhr) Für eine Fahrt in den Süden bleibt keine Zeit? Dann kann man das berühmte von Hand geerntete Es-Trenc-Salz einfach hier probieren und kaufen. Es gibt sogar verschiedene Geschmacksrichtungen, von Rose über Orange und Chili bis zu schwarzer Olive und Hibiskus. Dazu werden extranative Olivenöle, pikante Biomarmeladen aus Sóller und Kräuterliköre sowie Weine aus eigener Produktion verkauft.

Praktische Informationen

Touristeninformation (☎971 54 90 22; Avinguda dels Prínceps d'Espanya; ⏲Mai–Sept. Mo–Sa 9.30–17 Uhr, sonst kürzere Öffnungszeiten) Hilfsbereite Angestellte versorgen Touristen mit Karten, Broschüren und haufenweise Infos zu Alcúdia und seiner Umgebung.

An- & Weiterreise

Bus 351 von Palma nach Platja de Muro hält in Alcúdia (5,30 €, 45 Min., bis zu 16-mal tgl.). Von Mai bis Oktober verbindet Bus 352 Ca'n Picafort (1,80 €, 45 Min.) alle 15 Minuten mit Alcúdia. Der Stadtbus 356 pendelt zwischen Alcúdia, Port d'Alcúdia und der Platja d'Alcúdia (1,55 €, 15 Min., Mai–Okt. alle 15 Min.).

Port d'Alcúdia

4850 EW.

Port d'Alcúdia im Nordosten der Bucht von Alcúdia ist ein angesagter Bade- und Urlaubsort mit einem netten Hafenviertel, einem Jachthafen und einem Fischerhafen. An dem leicht abfallenden feinen Sandstrand stehen Palmen, das Wasser in Ufernähe ist seicht und für Familien wird ein umfangreiches Programm geboten.

Sehenswertes

Cova de Sant Martí HÖHLE

Der Eingang zu der faszinierenden religiösen Stätte und Grotte Cova de Sant Martí liegt in 20 m Tiefe. Sie geht auf das 13. Jh. zurück und befindet sich am Puig de Sant Martí (hinter dem Hotel BelleVue Club). In der Touristeninformation von Port d'Alcúdia erfährt man den genauen Weg. Am Sonntag nach Ostern findet ein Pilgerzug zur Höhle statt.

Hidropark FREIZEITPARK

(971 89 16 72; www.hidroparkalcudia.com; Avinguda del Tucá; Erw./Kind 3–11 J./Kind unter 3 J. 22,90/16,90 €/frei; Mai–Juni & Sept.–Okt. 10–17, Juli & Aug. 10–18 Uhr) Kinder werden sich in diesem Wasserpark mit Rutschen, einem Wellenbad und Planschbereich für Kleinkinder prächtig amüsieren. Er liegt vom Strand 600 m landeinwärts. Wenn man online bucht, wird es etwas billiger.

Aktivitäten

Alcudiamar Sports & Nature WASSERSPORT

(871 57 70 17; www.sportsandnaturealcudiamar.com; Port Turistic i Esportiu;) Der Wassersportexperte für alle Arten von PADI-Kursen (Schnuppertauchen, Advanced Open Water Diving und alles dazwischen). Außerdem werden Kajaks vermietet und Kajakfahrten organisiert, man kann Segeln und Windsurfen lernen oder Bootsfahrten zu Meereshöhlen unternehmen.

Tandem Mallorca PARAGLIDEN

(616 17 34 02; www.mallorcaparapente.es; Tandemflüge 85–150 €; Mai–Okt.) Ab in die Wolken – Tandem Mallorca bietet Tandemflüge für Anfänger an. Meist hebt man auf dem 230 m hohen Puig de Sant Martí ab. Kostenloser Abholservice in Alcúdia und Umgebung.

Wind & Friends WASSERSPORT

(971 54 98 35, 661 745 414; www.windfriends.com; Carrer de Neptú; April–Okt.) Mit dem Unternehmen neben dem Hotel Sunwing am Wasser kann man segeln, windsurfen und kitesurfen gehen. Ein fünftägiger Windsurfkurs für Anfänger kostet 240 €. Boote, Kajaks und Stehpaddelbretter (ab 10 €) sind ebenfalls erhältlich. Ein fünftägiger Segelgrundkurs kostet 260 €, für Kinder 190 €.

Transportes Marítimos Brisa BOOTSFAHRTEN

(971 54 58 11; www.tmbrisa.com; Passeig Marítim; Mai–Okt.) Transportes Marítimos Brisa bietet Katamaranfahrten (Erw./Kind 57/28,50 €, 5 Std.), Ausflüge zur Platja de Formentor (Erw./Kind 25/12,50 €, 4 Std.) und zu den Küsten, Buchten und Höhlen im Osten Mallorcas (Erw./Kind 35/17,50 €, 3 Std.) sowie Delfinbeobachtungstouren und Fahrten zum Sonnenuntergang (Erw./Kind 49/38 €, 2 Std.).

Easy Rider MOBILITÄTSHILFEN

(606 543099, 971 54 50 57; www.easyridermobilityhire.com; Playa de Muro) Easy Rider vermietet Mobilitätshilfen wie Elektromobile, Rollatoren und Rollstühle, aber auch andere nützliche Alltagshilfen für Senioren und Menschen mit Gehbehinderung sowie Urlaubszubehör, u. a. Kühlboxen, Ventilatoren und Toaster.

Feste & Events

Festival de Sant Pere FIESTA

(29. Juni) Das Festival de Sant Pere ist dem Schutzpatron des Hafens gewidmet. In der Woche davor gibt's Konzerte, Shows für Kinder und alle möglichen Aktivitäten. Am großen Tag selbst steht bei einem Umzug an Land und auf dem Wasser die Statue des Heiligen im Mittelpunkt.

Essen

Beim Essen ist in Port d'Alcúdia eher Quantität als Qualität die Regel, doch einige Restaurants sind kulinarisch durchaus anspruchsvoll. Die Auswahl an Lokalen, die sich bis hinunter zur Platja de Muro erstrecken, ist groß.

Willy's Hamburger FAST FOOD €

(Carrer Juià 5; Snacks & leichte Mahlzeiten 4–8 €; 8–14.30 Uhr;) Die Einheimischen lieben diese *snackeria* an der Platja de Muro, denn das hausgemachte Fast Food ist immer frisch. Im Sommer geht's hier zu wie in einem Taubenschlag, dennoch hat Juan immer ein Lächeln für seine Gäste übrig. Die Burger sind lecker, genauso wie das *pepito de lomo* (Schweinelende im Brötchen mit Aioli).

Como en Casa SPANISCH €€
(☎971 54 90 33; www.restaurantcomoencasa.com; Carrer dels Pins 4; Hauptgerichte 7–16 €; ⊙Di–So 18–24 Uhr) Das Como en Casa liegt etwas versteckt in einer Seitenstraße, nicht weit vom Jachthafen entfernt. Trotzdem brummt der Laden und man fühlt sich immer gleich willkommen. Am besten schnappt man sich einen Tisch auf der Terrasse und genießt dort die gute Küche, die auf lokalen Zutaten und selbst angebautem Gemüse basiert. Uns haben vor allem die pikanten Aromen im sautierten Thunfisch auf Kiwi-Mango-Salat und die Lasagne mit geräuchertem Tofu und Gemüsebolognese geschmeckt. Auch die Kindergerichte sind lecker.

Miramar FISCH & MEERESFRÜCHTE €€
(☎971 54 52 93; www.restaurantmiramar.es; Passeig Marítim 2; Hauptgerichte 13–30 €; ⊙März–Dez. 13–15.30 & 19–23 Uhr; 👪) In dem traditionsreichen Restaurant am Wasser (es existiert seit 1871) sitzt man auf der weitläufigen Terrasse und wählt aus dem großen Angebot an Paella und *fideuá* (Paella-Variante mit Nudeln). Die Standardfischgerichte (Seezunge, Seebrasse etc.) sind perfekt zubereitet und schmecken garantiert, der Preis und die Größe der Meeresfrüchteplatte sind von überwältigendem Ausmaß (66,50 € pro Person).

★**Restaurante Jardín** MEDITERRAN €€€
(☎971 89 23 91; www.restaurantejardin.com; Carrer dels Tritons; Probiermenü 85 €; ⊙unterschiedliche Öffnungszeiten, siehe Website) Wenn man die 08/15-Fassade des Restaurante Jardin so sieht, kann man sich nicht vorstellen, wie schick seine Innenarchitektur ist. In dem mit einem Michelin-Stern gekrönten Restaurant vollführt Chefköchin Macarena de Castro wahre kulinarische Kunststücke. Dabei lässt sie sich von den Jahreszeiten inspirieren. Das elfgängige Probiermenü besteht aus neu interpretierten mediterranen Delikatessen, von Muscheln mit Orangen und Salbei bis zu weißen Garnelen mit Meeresfrüchte-Schaumgebäck. Alles wird kunstvoll präsentiert. Im Voraus buchen!

ℹ Praktische Informationen

Touristeninformation (☎971 54 72 57; www.alcudiamallorca.com; Passeig Marítim; ⊙März–Okt. Mo–Fr 8–20.30, Sa & So 8.30–15.30 Uhr) In einem Kiosk hinter dem Jachthafen.

ℹ An- & Weiterreise

Die Boote nach Ciutadella auf der Insel Menorca legen im Fährhafen ab.

Reguläre Busse fahren nach Alcúdia (1,55 €, 15 Min.) und Port de Pollença (1,55 €, 25 Min.).

Cap des Pinar

Von Alcúdia und Port d'Alcúdia aus gesehen ragt das unfassbar schöne Cap des Pinar nach Osten ins tiefblaue Meer und begrenzt gemeinsam mit dem Cap de Formentor weiter nördlich die Badia de Pollença. Am östlichen Ende wachsen Aleppo-Kiefern; hier steigt das Kap zu einer Serie schroffer Klippen an, und man kann ein paar der spektakulärsten Wanderwege der gesamten Insel ablaufen. Leider ist die Landspitze militärische Sperrzone, aber auch der Rest der Halbinsel lohnt einen Besuch.

Zum Cap des Pinar geht's von Alcúdia durch die Wohngegenden Mal Pas und Bonaire auf einer landschaftlich reizvollen Strecke Richtung Nordosten. Nach 1,5 km auf einer kurvigen Küstenstraße kommt man östlich von Bonaire zum Strand.

👁 Sehenswertes

★**Platja des Coll Baix** STRAND
Schon der Weg zur Platja des Coll Baix ist fantastisch, und dann – was für eine Bucht! Klares Wasser und ein Halbmond aus bleichen Kieseln, überragt von steilen, bewaldeten Felsen … das lässt jedes Herz höher schlagen. Einziger Nachteil: Man erreicht die Bucht nur zu Fuß oder mit dem Boot. Besonders schön und friedlich ist es hier am frühen Morgen oder Abend. Von Alcúdia sind es 8 km bis zu einem Platz im Wald, wo man parken kann. Man folgt den lila Straßenschildern zur die Fundación Yannick y Ben Jakober und fährt noch 2 km weiter.

Wer will, kann an dieser Stelle zum Talaia d'Alcúdia hinaufklettern und dann den Schildern nach Coll Baix folgen, ein leichter halbstündiger Abstieg zu den Felsen südlich vom Strand. Von hier geht's auf demselben Weg zurück zur Platja des Coll Baix.

Talaia d'Alcúdia BERG
Diese schöne, relative einfache Wanderung führt in 30 bis 40 Minuten durch Kiefernwälder zu einem großartigen Aussichtspunkt mit Rundumblick über das Meer. Von der Ermita de La Victòria geht man die Straße entlang, die hinter dem Mirador de la Victòria in den Kiefernwald führt, und folgt den Schildern. Zum Talai d'Alcúdia – einem Wachturm aus dem 16. Jh. – muss man das letzte Stück am Gipfel über Felsen kraxeln,

wird aber mit einem traumhaften Blick belohnt.

Ses Tres Creus AUSSICHTSPUNKT

Auf dem Weg hinauf zum Talaia d'Alcúdia oder zum Puig de Romani, etwa fünf Minuten von der Ermita de La Victòria entfernt, sollte man auf Ses Tres Creus achten: drei Kreuze zwischen den Bäumen, von denen man einen Blick über die Badia de Pollença hat.

Platja s'Illot STRAND

Die Kiefern hinter der hübschen Platja s'Illot bilden eine Art Vorhang, hinter dem sich herrlich klares Wasser und ein Inselchen verbergen – ein toller Ort zum Schnorcheln und ein Geheimtipp der Einheimischen. Handtuch mitbringen, denn es gibt keine Sonnenliegen. Oder man genießt den unvergleichlichen Blick bis zum Cap de Formentor vom Standcafé aus. Man sollte sich allerdings nicht der Illusion hingeben, dass man das alles an einem prächtigen Sommertag für sich allein haben wird.

Essen

Angesichts des traumhaften Meerblicks überrascht es nicht, dass es am Cap des Pinar ein besonders gutes Restaurant gibt.

★ Mirador de La Victòria MALLORQUINISCH €€

(☎ 971 54 71 73; www.miradordelavictoria.com; Carretera Cap des Pinar; Hauptgerichte 7,50–25,50 €; ⌚ Mai–Okt. Di–So 13–15.30 & 19–24 Uhr, sonst kürzere Öffnungszeiten; P 👪) Eine Treppe durch den Kiefernwald führt vorbei an der Ermita de La Victòria zu diesem herrlich rustikalen Restaurant, in dem man bei traumhafter Aussicht über die Baumwipfel hinweg zum Cap de Formentor bodenständige Küche aufgetischt bekommt. Neben regionalen Gerichten wie *caracoles* (Schnecken) und *lomo con col* (in Kohl gewickelte Schweinelende) sind auch die gegrillten Fisch- und Reisgerichte gut.

Das Restaurant stellt eines der besten *ali olis* (Knoblauchmayonnaise) ganz Mallorcas her. Man kann auch mit dem Auto kommen – dazu fährt man einfach die kurvige Straße hinauf, bis es nicht mehr weitergeht.

An- & Weiterreise

Bus 356B (1,55 €) fährt dreimal täglich von Alcúdia nach Bonaire, wo er endet. Am besten erreicht man die Ermita de La Victòria und den Ausgangspunkt des Wanderwegs mit dem eigenen Auto, indem man der kurvigen Straße bis ganz oben folgt.

SÜDLICH VON ALCÚDIA

Ca'n Picafort

Ca'n Picafort und der südliche Vorort **Son Bauló** sind eine Satellitenstadt für Pauschaltouristen, die leicht heruntergekommen wirkt, aber die Strände sind gut und in der Umgebung gibt's einige faszinierende archäologische Stätten. Der Hauptort liegt an der **Platja de Santa Margalida,** einem überfüllten Sandstreifen mit türkisfarbenem Wasser.

Wer es gern etwas urtümlicher mag, ist an der **Platja de Son Real** südwestlich der Stadt gut aufgehoben. Der fast 5 km lange Küstenstreifen mit sandigen Lücken zwischen den Felsen wird nur von niedrigen Dünen, Gebüsch und Aleppo-Kiefern gesäumt.

Sehenswertes & Aktivitäten

★ Finca Pública de Son Real GUTSHOF

(Erw./Kind unter 12 J. 3 €/frei; ⌚ 10–17 Uhr) Ein Großteil des Areals zwischen Küste und der Ma 12 wird von diesem Gutshof eingenommen. Ihr Haupteingang liegt etwas südlich von Km 18 auf der Ma 12. Die ehemaligen landwirtschaftlichen Gebäude beherbergen ein Informationsbüro für Besucher, die auf den Küstenpfaden des Anwesens wandern wollen. Darüber hinaus gibt's ein Museum über traditionelles Landleben auf Mallorca.

Parc Natural de S'Albufera PARK

(☎ 971 892 250; www.mallorcaweb.net/salbufera; ⌚ Besucherzentrum April–Sept. 9–18 Uhr, Okt.–März 9–17 Uhr) GRATIS Der 688 ha große Parc Natural de S'Albufera, der westlich der Ma 12 zwischen Port d'Alcúdia und Ca'n Picafort liegt, ist ein Paradies für Vogelbeobachter. Hier leben 303 verschiedene Arten (über 80 % der auf den Balearen heimischen Spezies), von denen 64 innerhalb des Parks brüten. Über 10 000 Vögel, sowohl Zugvögel als auch Dauergäste, überwintern in der Gegend. Der Eintritt ist frei, allerdings muss man sich beim Besucherzentrum, das sich 1 km vom Eingang entfernt an der Hauptstraße befindet, eine Genehmigung besorgen.

Im Herzen des Parks wurde der sogenannte **Gran Canal** angelegt, um das Wasser ins Meer zu leiten. Darüber spannte man im späten 19. Jh. die Pont de Sa Roca mit ihren fünf Bogen, um den Weg von Santa Margalida nach Alcúdia abzukürzen. Der Park gehört zu den nach der Ramsar-Konvention geschützten Feuchtgebieten von internationaler Bedeutung. Neben den zahlreichen Vögeln entdeckt man hier rund 400 Pflanzenarten. Im Frühling sorgen blühende Wildblumen für kräftige Farbtupfer.

Im Besucherzentrum erhält man Informationen über das Gelände und die dort beheimatete Vogelwelt. Außerdem starten dort Wanderwege (mit einer Gesamtlänge von 14 km) durch das geschützte Feuchtgebiet. Die vier markierten Routen sind zwischen kurzen 725 m (30 Min.) und 11,5 km (3½ Std.) lang, zwei davon können mit dem Rad befahren werden. Die sechs Unterstände aus Holz zur Vogelbeobachtung (*aguaits* genannt, hier ist absolute Ruhe angesagt) sind von unterschiedlicher Qualität. Wattvögel beobachtet man am besten von den *aguaits* Bishop I und II auf der Nordseite des Gran Canal.

Busse, die zwischen Ca'n Picafort und Alcúdia verkehren, halten an einem Parkplatz nahe dem Parkeingang.

Platja de Muro STRAND

Ca. 5 km südlich von Port d'Alcúdia (an der Busstrecke nach Ca'n Picafort) liegt die Platja de Muro, ein langer, schöner Sandstrand mit großartigem Blick auf die Badia d'Alcúdia. Mit seinem hellen, weichen Sand vor den Kiefern und Dünen des Parc Natural de S'Albufera ist er ein Traum. Das Wasser ist seicht und azurblau, allerdings kann es sehr voll werden. Der Strand wurde nach der hübschen Bergstadt Muro benannt, die etwa 8 km weiter westlich liegt.

Necròpolis de Son Real ARCHÄOLOGISCHE STÄTTE

Die eindrucksvolle Nekropole am Meer zehn Gehminuten südöstlich von der Platja de Son Bauló war wohl ein Friedhof der Talayot-Kultur mit 110 Gräbern (in denen die Überreste von mehr als 300 Menschen gefunden wurden). Die Gräber sind wie Mini-*talayots* (alte Wachtürme) gebaut und datieren ins 7. Jh. v. Chr. zurück. Man nimmt an, dass hier das einfache Volk bestattet wurde.

Illot dels Porros ARCHÄOLOGISCHE STÄTTE

Unweit der Necròpolis de Son Real findet man auf der Illot dels Porros die Überreste einer weiteren alten Nekropole. Wer sie sehen will, muss allerdings ganz gut schwimmen können.

Es Figueral de Son Real ARCHÄOLOGISCHE STÄTTE

Von der Finca Pública de Son Real führt ein Pfad durch eine größtenteils aufgegebene Feigenplantage zu den überwachsenen Talayot-Ruinen von Es Figueral de Son Real. Diese Siedlung wurde spätestens im Jahr 1000 v. Chr. angelegt und besteht aus mehreren Gebäuden, die allerdings kaum mehr als solche erkennbar sind.

Experience Mallorca ABENTEUERSPORT

(☎ 687 35 89 22; www.experience-mallorca.com; Avinguda Josep Trias 1, Vent-i-Mar Apts; Aktivitäten 45–75 €; ⏲ März–Nov.) Wer etwas mehr Action braucht, kann bei diesem Spezialisten für Abenteuersportarten vorbeischauen, der von Canyoning und Coasteering über Küsten- und Höhlenwanderungen bis hin zu Abseiling, Trekking und Klettern für jeden Abenteuerlustigen etwas im Programm hat.

Praktische Informationen

Touristeninformation (☎ 971 85 07 58; Plaça Cervantes; ⏲ Ostern–Okt. Mo–Fr 8.30–13.30 & 17–19.30 Uhr) Sehr nützliche Anlaufstelle in unmittelbarer Strandnähe.

An- & Weiterreise

Bus 390 fährt von Palma nach Ca'n Picafort (6,50 €, 1¾ Std., 4–7-mal tgl.). Bus 352 ist die Hauptverbindung zwischen Ca'n Picafort und Port de Pollença (4 €, 1¼ Std.) via Port d'Alcúdia (2 €, 45 Min.).

Son Serra de Marina

500 EW.

Son Serra de Marina erstreckt sich von Son Bauló aus 5 km entlang der Küste nach Osten und lockt mit einer entspannten, unprätentiösen Atmosphäre. Im Südosten beginnt die Platja de Sa Canova: 2 km unberührter Strand, der sich bis S'Estanyol zieht und von Dünen und Kiefern geschützt wird. Davon fühlt sich auch der eine oder andere FKKler angezogen! Die steife Brise und die Wellen treffen wiederum ganz den Geschmack der Kite- und Windsurfer

Ein paar der Palma–Ca'n Picafort-Busse fahren weiter bis Son Serra de Marina.

Colònia de Sant Pere

Das friedliche ehemalige Bauerndorf ist nach dem hl. Petrus benannt und bietet einen echten Kontrast zu den Touristenorten im Westen, allerdings gibt's nur wenig Historisches zu entdecken. Hier herrscht eine Stimmung, als würde die kleine Bewohnerschaft permanent Urlaub machen.

Das Zentrum der Stadt bildet die **Platja de la Colònia de Sant Pere**. Ganz in der

Nähe liegen die kleine Marina und der Fischerhafen. 2,5 km westlich davon gelangt man zur **Platja de Sa Canova**, ein schöner, ruhiger Sandstrand, der sich bis Son Serra de Marina zieht. Vom Dorf S'Estanyol erreicht man Sa Canova nur zu Fuß, es ist aber nicht weit, denn das Dorf liegt fast am Rand des Strandes.

Essen

Aufgrund des weiten Blicks aufs Wasser und der beständigen Besucherschar herrscht am Meer am Passeig Marítim kein Mangel an Restaurants.

Sa Xarxa FISCH & MEERESFRÜCHTE **€€**
(☎971 58 92 51; www.sa-xarxa.com; Passeig; Hauptgerichte 12–20 €; ⌚März–Okt. Di–So 12–23 Uhr) Direkt am Ufer stehen die Tische dieses Restaurants und bieten einen fantastischen Blick aufs Meer und den Sonnenuntergang. Hier sind Fisch und Meeresfrüchte angesagt, besonders der Fang des Tages, der in einer einfachen Salzkruste zubereitet wird. Alle Speisen, etwa das Seeteufel-Carpaccio, haben eine delikate Note. Innen besteht es überwiegend aus Holz und ist mit Modellschiffen, vielen Bildern an den Wänden und an Haken hängenden Panamahüten dekoriert.

Auf den leuchtend blauen Renault 4 mit der Aufschrift Sa Xarxa am Ufer achten.

An- & Weiterreise

Bus 481 fährt von Montag bis Freitag drei- oder viermal täglich von Colònia de Sant Pere nach Artà (2 €, 25 Min.).

Betlem

Fährt man auf der Ma 331 von Colònia de Sant Pere 3 km entlang der Küste Richtung Nordosten, dann kommt man ins verschlafene Betlem. In der Siedlung, die überwiegend aus Villen besteht, ist zwar nicht viel los und es gibt auch nichts von historischem Interesse, doch sie ist der Ausgangspunkt mehrerer Wanderungen und des Weges zum Cap Ferrutx an der Spitze des Kaps.

Sehenswertes

Ermita de Betlem KIRCHE
Nach einem steilen von Zypressen gesäumten Aufstieg erreicht man die charmante kleine Steinkirche aus dem frühen 19. Jh. mit einem prächtig ausgemalten Gewölbe. Den eigentlichen Reiz bildet aber der herrliche Fußweg zur Kirche.

An- & Weiterreise

Bus L481 fährt montags bis freitags viermal täglich von Betlem nach Colònia de Sant Pere. Diese Fahrten muss man einen Tag vorher telefonisch unter der Nummer ☎617 36 53 65 reservieren.

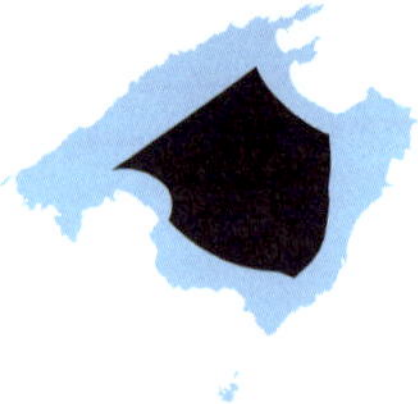

Das Inland

Inhalt➡

Gut essen

- ➡ Celler Es Grop (S. 150)
- ➡ Ca Na Toneta (S. 149)
- ➡ Joan Marc Restaurant (S. 147)
- ➡ Es Celler (S. 153)
- ➡ Celler Ca'n Amer (S. 147)

Die besten Sehenswürdigkeiten

- ➡ Els Calderers (S. 153)
- ➡ Coves de Campanet (S. 149)
- ➡ Ermita de Santa Magdalena (S. 147)
- ➡ Museu Arqueològic de Son Fornés (S. 152)

Auf ins Inland

Das Inland ist eine Gegend voll stillem Charme und ein Kontrastprogramm zu den berühmteren Küstenattraktionen Sonne, Mittelmeer und Meeresfrüchte. Obwohl die Strände selten mehr als eine Stunde entfernt sind, scheint das Landesinnere mit seinen Weingütern, Bergklöstern und Flächen voller Oliven-, Mandel- und Johannisbrotbäumen doch eine komplett andere Welt zu sein. In den Dörfern schlägt das bukolische Herz der Insel. Wie Löwen verteidigen die Menschen ihre Traditionen gegen das moderne Leben und feiern besonders temperamentvolle *fiestas* (Feste).

Reisezeit

Im Inland ist man das ganze Jahr über auf Gäste eingestellt, denn die Bewohner von Palma lieben nichts so sehr, wie im tiefsten Winter – egal wie warm er auch sein mag – aus ihrer Stadt zu fliehen und sich für eine leckere Mahlzeit oder eine ruhige Nacht in ein ländliches Refugium zurückzuziehen. Im letzten Drittel des Jahres fällt der meiste Regen (wobei es in den letzten Jahren wenig geregnet hat) und die Durchschnittstemperatur im Januar liegt bei milden 8–9 °C. Im Hochsommer ist es grundsätzlich sehr heiß.

IM ZENTRUM

Santa Maria del Camí

6685 EW.

Santa Maria del Camí ist ein kleiner und nicht besonders aufregender, dafür aber hübscher Ort mit einigen schönen Plätzen. Von Palma kommend, verbreitert sich die Ma 13a und wird in der Stadt zur Plaça dels Hostals, die von Bars gesäumt wird und auf der sich oft Scharen von Fahrradfahrern erholen.

Sehenswertes

Bodegas Macià Batle WEINGUT

(☎ 971 14 00 14; www.maciabatle.com; Camí de Coanegra; ⏲ Mo–Sa 9–18.30 Uhr; P) Bodegas Macià Batle gleich außerhalb des Zentrums von Santa Maria ist eine der größten Weinkellereien der Insel, die seit 1858 die durchschnittlich 300 Sonnentage im Jahr voll ausnutzt. Weinproben werden kostenlos angeboten, außerdem kann eine einstündige Führung durch das Weingut und die Produktionsanlagen mit anschließender Verkostung von vier Weinen und Häppchen (10 € pro Pers., März–Nov. 5-mal tgl., in den ruhigeren Monaten weniger) gebucht werden. Besucher können auch die Weinetiketten bewundern, die alle von namhaften zeitgenössischen Künstlern entworfen wurden.

Convent de Nostra Senyora de la Soledat KLOSTER

(Plaça dels Hostals 30) Das Schmuckstück an der Plaça dels Hostals ist der Convent de Nostra Senyora de la Soledat aus dem 17. Jh., auch bekannt als Can Conrado. Falls die Tür offen steht, kann man einen Blick in den großartigen Vorhof werfen. Um die Ecke ist vom Carrer Llarg aus der hintere Garten zu sehen.

Feste & Events

Festes de Santa Margalida FIESTA

(⏲ Juli) Bei den fast dreiwöchigen **Festes de Santa Margalida** im Juli stehen Konzerte, traditioneller Tanz und gemeinschaftliche Mahlzeiten auf dem Programm. Der wichtigste Tag ist der 20. Juli.

Essen

Moli des Torrent MALLORQUINISCH €€€

(☎ 971 14 05 03; www.molidestorrent.de; Carretera de Bunyola 75; Hauptgerichte 20–26 €; ⏲ Fr–Di 13–15 & 19.30–22.30 Uhr; P) Das stimmungsvollste Restaurant in der Gegend. Man findet es an der Landstraße von Santa María Richtung Norden nach Bunyola. Wenn man eine Windmühle aus Stein erblickt, ist man da. Unter der Gewölbedecke drinnen oder im hübschen Hof wird köstliche Hausmannskost aus hauptsächlich saisonalen Zutaten serviert, von mallorquinischen *gambas* mit *tumbet* (Garnelen mit Ratatouille) bis hin zu Kalb mit Kalbsbries und Pfifferling-Risotto. Unbedingt reservieren.

An- & Weiterreise

Santa Maria liegt etwa auf halbem Weg an der Bahnlinie Palma–Inca und wird von allen drei Linien auf der Insel angesteuert. Der Preis für die Fahrt in eine der beiden Städte (18–23 Min.; täglich regelmäßige Abfahrten) beträgt jeweils 2,25 €.

Binissalem

7850 EW.

Vor 2000 Jahren begannen die alten Römer damit, Wein in der hübschen kleinen Stadt am Fuße der Tramuntana anzubauen. Steingebäude und Orangenbäume säumen die langen Straßen von Binissalem, dessen Geschichte schon seit jeher im Zeichen des Weinanbaus steht.

Sehenswertes

Celler Tianna Negre WEINGUT

(☎ 971 88 68 26; www.tiannanegre.com; Camí des Mitjans; ⏲ Verkauf März–Okt. Mo–Fr 9–18 Uhr, Nov.–Febr. bis 16 Uhr, Führungen nur mit Anmeldung; P) Mit Bio-Anpflanzungen auf einer Fläche von 20 ha, von Architekten entworfenen Gebäuden und einem ehrlichen Engagement in puncto Nachhaltigkeit ist das Tianna Negre auf dem allerneuesten Stand der Weinproduktion. Zudem sind die Erzeugnisse aus Manto negro, Prensal blanc und anderen Rebsorten hervorragend. Führungen und Weinproben werden ab 6 € für drei Weine bis hin zu dreistündigen Führungen mit Tapas und Premium-Weinen (40 €) angeboten.

Casa-Museu Llorenç Villalonga MUSEUM

(☎ 971 88 60 14; www.fundaciocasamuseu.cat; Carrer de Bonaire 25; ⏲ Mo–Fr 10–14, Di & Sa auch 16–20 Uhr) GRATIS Von der Mitte des 18. bis ins frühe 19. Jh. schlug sich der Reichtum der Weinstadt im Bau mehrerer bemerkenswerter Villen nieder. Prima erhalten ist Can Sabater, der Landsitz des katalanischen Schriftstellers Llorenç Villalonga, der heute

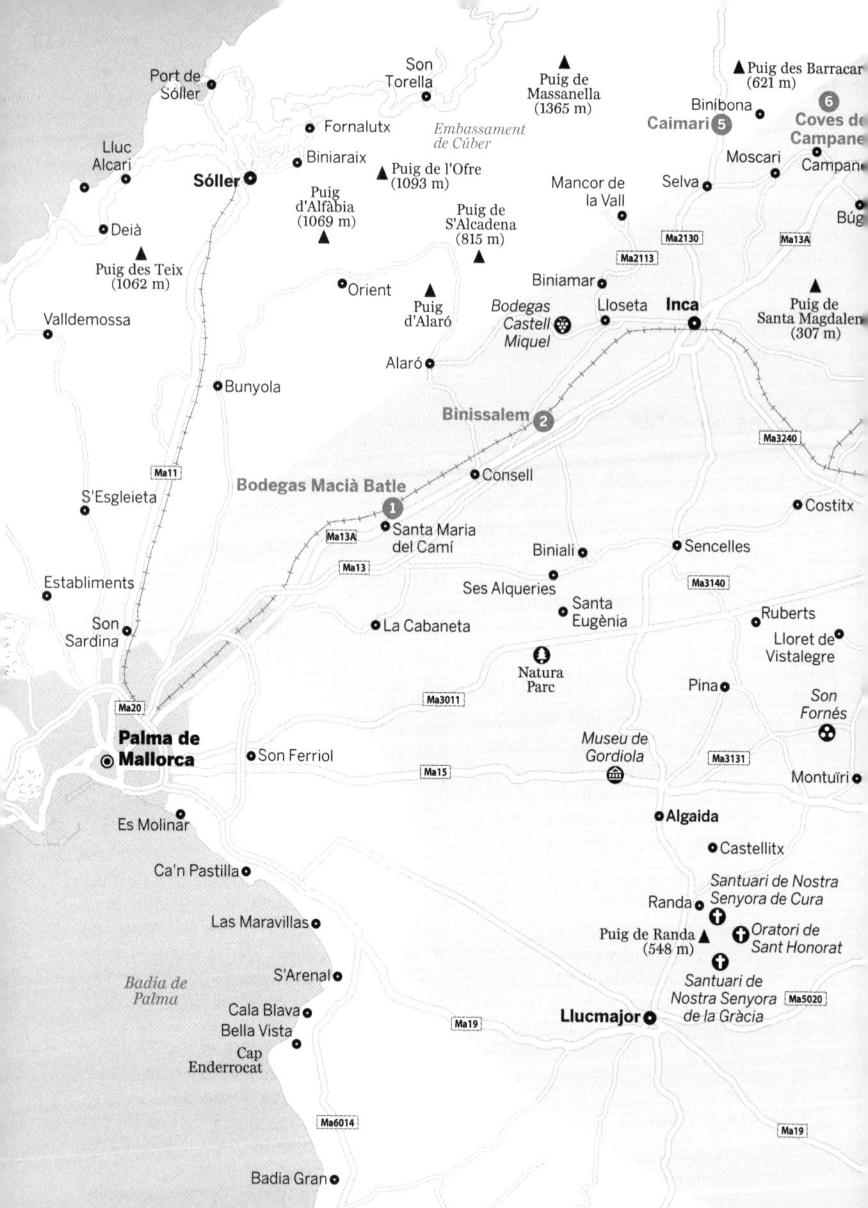

Highlights

1 Bodegas Macià Batle (S. 143) Die Weinberge erkunden und die Führung mit einem der edlen Tropfen beenden.

2 Festes de la Verema (S. 146) Auf Binissalems jährlich stattfindendem Erntefest Trauben werfen und mit Teufeln herumhüpfen.

3 Santuari de Sant Salvador (S. 155) Die himmlische Aussicht von dieser hoch gelegenen Einsiedelei in vollen Zügen genießen.

4 Els Calderers (S. 153) In der Villa mit Museum einen Eindruck von der einstigen Macht des Landadels gewinnen.

5 Caimari (S. 148) Durch Olivenhaine streifen und wie ein König speisen.

6 Coves de Campanet (S. 149) Durch verzweigte Höhlen ins Innere der Insel klettern.

7 Castell de Santueri (S. 155) Die maurische Festung erklimmen und von ihren Mauern über den Flickenteppich aus Feldern bis zum Meer blicken.

8 Sineu (S. 149) Über die Märkte und durch die Steinstraßen des schönen Hügeldorfs schlendern.

das Casa-Museu Llorenç Villalonga beherbergt. Innen kann man Weinfässer aus dem 18. Jh., einen Raum zum Traubentreten und viele Artefakte aus dem Besitz des Autors wie z. B. sein Tagebuch aus dem Bürgerkrieg bewundern.

Ca'n Novell WEINGUT
(☎971 51 13 10; Carrer de Bonaire 17; ⌚Mo–Fr 8–13 & 15–20, Sa 8.30–14 Uhr) Auf diesem wunderbar altmodischen Weingut füllen sich Einheimische den edlen Traubensaft (1,50–3 € pro Liter) direkt aus dem Fass in ihre eigenen Flaschen ab. Die riesigen Olivenholzfässer mit den Eichenfassreifen aus dem 18. Jh. gehörten in der Gegend zur Standardausstattung in Kellern und Landhäusern. Vor Ort füllt man auch Olivenöl *extra vergine* ab und gibt in atmosphärischer Stimmung und weingeschwängerter Luft Theaterstücke und andere kulturelle Programmpunkte zum Besten.

José Luis Ferrer WEINGUT
(☎971 51 10 50; www.vinosferrer.com; Carrer del Conquistador 103; Führungen ab 10 €; ⌚April–Okt. Mo–Fr 10–19, Sa 10–18, So 10–14 Uhr, Nov.–März So geschl.) José Luis Ferrer, eines der größten und renommiertesten Weingüter der Insel, wurde 1931 gegründet. Wer wissen möchte, wie der Wein gemacht wird, sollte an einer der 45-minütigen Führungen teilnehmen. Diese starten an den meisten Tagen um 11 und um 16.30 Uhr und beinhalten die Verkostung von drei Weinen. Auch umfassendere (und teurere) Führungen sind im Angebot – im Vorfeld telefonisch reservieren.

Feste & Events

Festes de la Verema FIESTA
(⌚September; 👪) Das Weinfest, bekannt vor allem für seinen Höhepunkt – eine Traubenschlacht –, dauert eine ganze Woche, während der Weinproben, Konzerte, Lesungen, Ausstellungen und ein wilder nächtlicher *correfoc* (Feuerlauf) mit feuerspuckenden Teufeln und Feuerwerk stattfinden.

Essen

In den Restaurants und Bars rund um die Plaça Església kann man in schönem Ambiente regionale Weine und Tapas probieren.

Singló MEDITERRAN €€
(☎971 87 05 99; Plaça de l'Església 5; Hauptgerichte 11–15 €; ⌚13–16 & 20–24 Uhr) Abgesehen von der Cafeteria-Atmosphäre isst man im Singló gut. Es serviert verführerische mallorquinische Leckereien wie *porcella rostida* (gegrilltes Spanferkel) oder *bacallà a la mallorquina* (Stockfisch mit Tomaten und Kartoffeln) und wartet mit einer umfangreichen Weinkarte sowie italienischen Gerichten wie *pasta alla arrabiata* auf.

An- & Weiterreise

Binissalem liegt an allen drei Bahnlinien zwischen Palma (2,15 €, 20–30 Min.) und Inca (2,15 €, 8 Min.) und jeden Tag verkehren regelmäßig Züge in beide Richtungen. Achtung: Der morgendliche Expresszug T1 aus Palma hält nicht in Binissalem.

Santa Eugènia

1638 EW.

Zwischen den ruhigen Landstraßen südlich von Binissalem schmiegt sich der hübsche Ort Santa Eugènia mit drei malerischen Windmühlen aus dem 18. Jh. und einem wunderhübschen Ausblick an einen steilen Hügel.

Sehenswertes

Natura Parc ZOO
Kinder werden vom Natura Parc (☎971 14 40 78; www.naturaparc.net; Carretera de Sineu Km 15.4; Erw./Kind 3–12 J./Kind unter 3 J. 15/8 €/frei; ⌚10–15 Uhr; P) begeistert sein: In dem Natur-Freizeitpark leben zahlreiche Tierarten, darunter Kängurus und Takine aus dem Himalaya sowie Flamingos und schwarze Panther. In der Fledermaushöhle kann man die bezaubernden Flughunde aus der Nähe betrachten.

Essen

In der Stadt selber gibt's ein paar gemütliche Bars und Restaurants, zudem laden im Umland *finca*- (Bauernhaus-)Restaurants zu einem Besuch ein.

★ **Sa Torre Restaurant** SPANISCH €€€
(☎971 14 40 11; www.sa-torre.com; 4-Gänge-Probiermenü 40 €; ⌚Di–Sa 20–22.30 Uhr; P) Die unheimlich gastfreundliche Familie López Pinto Ivars betreibt dieses wunderbare Restaurant auf dem Land in einem Weinkeller mit hohem Gewölbe aus dem 15. Jh., Steinsäulen und riesigen Weinfässern. Das wöchentlich wechselnde 4-gängige Probiermenü mit köstlichen Gerichten wie Dorsch-Gratin mit Aioli oder mit Pflaumen und Spinat gefülltem Huhn ist ein wahres Fest.

An- & Weiterreise

Diese ruhige Gegend der Insel erkundet man am besten mit einem eigenen Verkehrsmittel. Ansonsten verkehrt Bus 311 zwischen Santa Eugènia und Santa Maria del Cami (1,50 €, 15 Min., bis zu 9-mal tgl.), das an alle drei Eisenbahnlinien der Insel angebunden ist.

Inca

30 651 EW.

Für einen Besuch in Inca, der drittgrößten Stadt auf Mallorca, gibt's zwei Hauptgründe. Erstens befinden sich in der Stadt einige der besten traditionellen *celler*-Restaurants der Insel, zweitens ist sie das Zentrum der mallorquinischen Lederindustrie: Von hier aus starteten die weltweit gefragten spanischen Schuhmarken Camper und Farrutx ihre Erfolgsgeschichten. Ansonsten hat die Stadt für Traveller nur wenig zu bieten.

Sehenswertes

★ Ermita de Santa Magdalena AUSSICHTSPUNKT

(☎ 971 50 40 08; Puig Santa Magdalena; ⏲ Kirche Mai–Okt. 11.30–19 Uhr, übriges Jahr bis 16 Uhr) GRATIS Lust auf eine sensationelle Aussicht? Dann empfiehlt sich die Wanderung zu dieser Einsiedelei aus dem 13. Jh., die auf dem **Puig de Santa Magdalena** (307 m) thront. An der kleinen Kapelle kann man den Blick weit über die Ebenen bis zur Serra de Tramuntana und zu den Buchten von Alcúdia und Pollença schweifen lassen. Dies ist ein idealer Ausgangspunkt für weitere Wanderungen – vorausgesetzt, man hat die richtigen Schuhe an. Zu Diumenge de l'Àngel (Engelssonntag, eine Woche nach Ostersonntag) steigen scharenweise Pilger zur Kapelle hinauf.

Claustre de Sant Domingo KLOSTER

(☎ 871 91 45 00; Plaça de Sant Domingo; ⏲ Mo–Fr 8–15 & 16–20, Sa 10–13.30 Uhr) GRATIS Das Claustre de Sant Domingo ist das letzte auf Mallorca gegründete Dominikanerkloster, ein besonderer Hingucker ist seine barocke Architektur. Das Kloster neben der gleichnamigen Kirche aus dem 17. Jh. wurde im Jahr 1730 erbaut und diente im spanischen Bürgerkrieg als Gefängnis und ist heute ein Kulturzentrum, in dem Musik- und Theateraufführungen, Ausstellungen etc. stattfinden.

Església de Santa Maria Major KIRCHE

(Plaça de Santa Maria Major; ⏲ Mai–Okt. 10.30–13 Uhr) An der Plaça de Santa Maria Major erhebt sich diese Barockkirche voller Stolz. Ihr größter Schatz ist das gotische Altarbild von Santa Maria d'Inca aus dem Jahr 1373 vom frühen mallorquinischen Künstler Joan Daurer.

Feste & Events

Dijous Bo KULTUR

(Heiliger Donnerstag; ⏲ 3. Do im Nov.) Incas größtes Fest lockt mit Prozessionen, Nutztierwettbewerben sowie Sportereignissen und Konzerten.

Essen

Die Kellerrestaurants *(cellers)* in einigen der ältesten Häuser im Ortskern sind ganz typisch für die Stadt.

★ Celler Ca'n Amer MALLORQUINISCH €

(☎ 971 50 12 61; www.celler-canamer.es; Carrer de la Pau 139; Hauptgerichte 16–18 €, Mittagsmenü 24 €; ⏲ Mo–Sa 13–16 & 19.30–23, So 13–16 Uhr; P) Tomeu Torrens, der in diesem belebten *celler* mit seinen rustikal-charmanten Holzbalken und Weinfässern Regie führt, schwört auf raffinierte Zubereitungsarten mallorquinischer Klassiker. Spezialität des Hauses ist Lammschulter mit einer Füllung aus Aubergine und *sobrassada* (Schweinswurst mit Paprikageschmack), aber das Spanferkel mit leckerer Kruste und auch die Gerichte mit Fisch und Meeresfrüchten sowie die gefüllten Zucchini sind empfehlenswert.

Joan Marc Restaurant MEDITERRAN €€

(☎ 971 50 08 04; www.joanmarcrestaurant.com; Plaça del Blanquer 10; Hauptgerichte/menús 12–16/32–50 €; ⏲ Di–So 13–15.30 & Di–Sa 20–22.30 Uhr; im Januar geschl.; ✎) Das Gegenstück zu den dunklen traditionellen *cellers* ist dieses helle, schön aufgemachte Restaurant. Natürliche Designelemente wie Baumstammgarderoben und Mandelschalen nehmen dem minimalistischen Dekor die Kälte. Frische Zutaten und Kräuter krönen Joan Marcs raffinierte Küche. Auf der Speisekarte stehen z. B. *corvina* (Adlerfisch) mit Knoblauchsuppe, Schinken und Oliven oder gebratene Aubergine mit hausgemachter *sobrassada* und Käse aus Mahon.

Celler Ca'n Ripoll MALLORQUINISCH €€

(☎ 971 50 00 24; www.restaurantcanripoll.com; Carrer de Jaume Armengol 4; Hauptgerichte 14–18 €; ⏲ Mo–Sa 12–16 & 19.30–23.30, So 12–16 Uhr) Dieser Kellerraum aus dem 18. Jh. lässt mit seiner hohen Balkendecke, die von mehreren Steinbogen getragen wird, an eine imposante Kathedrale denken. Auf der Karte findet man herzhafte mallorquinische Leckereien wie Spanferkel oder Dorsch mit *sobrassada*. Die Angestellten sorgen dafür, dass man ein Plätzchen findet, um sein Rad abzustellen.

Celler Sa Travessa MALLORQUINISCH €€
(☎971 50 00 49; Carrer de Murta 16; Hauptgerichte 15–17 €; ⊙Sa–Do 10–23 Uhr) Mit einem plätschernden Zimmerbrunnen und in jedem Winkel unglaublich vielen Erinnerungsstücken an das ländliche Mallorca wirkt dieser *celler* sehr traditionell – was nicht weiter verwunderlich ist, schließlich existiert er schon seit 1878. Auf der Speisekarte stehen mallorquinische Klassiker von Kaninchen mit Zwiebeln oder *llengua amb tàperes* (Zunge mit Kapern), dazu geschmortes Zicklein und eine Auswahl an mediterranen Fischen wie Seebarbe und Schwertfisch.

Shoppen

ReCamper SCHUHE
(☎971 88 82 33; www.camper.com; Carrer Cuartel 91, Polígon Industrial; ⊙Mo–Sa 10–20 Uhr) Perfekt für Schnäppchenjäger ist das Fabrik-Outlet von Camper. Hier bekommt man Auslaufmodelle etc. besonders günstig.

Mercat d'Inca MARKT
(⊙Do 8–13.30 Uhr) Der Donnerstagsmarkt ist einer der größten der Insel und erstreckt sich über einen Großteil des Stadtzentrums. An Hunderten von Ständen wird alles von Honig, Kräutern und Keramikwaren über Blumen und Stoffe bis hin zu Obst und Gemüse feilgeboten. Lederverarbeitung ist ein wichtiges lokales Handwerk und man kann Jacken, Taschen und Schuhe kaufen.

Barrats SCHUHE
(☎971 50 42 07; www.barrats1890.com; Avinguda del General Luque 480; ⊙Mo–Fr 10–20, Sa 10–14 Uhr) Seit den Zeiten von Königin Viktoria werden bei Barrats Schuhe hergestellt. Im Flagshipstore bekommt man auch Jacken, Koffer und Taschen.

An- & Weiterreise

Wer nicht mit dem eigenen Auto über die Ma 13 von Palma kommt, kann per Zug anreisen, der regelmäßig verkehrt (3,25 €, 30 Min).

Lloseta

5639 EW.

Lloseta ist ein niedliches Städtchen in warmen Ockertönen, das sich perfekt in die Landschaft zwischen den Vorbergen der Tramuntana und den offenen Ebenen des Landesinneren einfügt. Hier befindet sich eines der besten Weingüter der Insel. Am schönsten ist Lloseta von Ende Januar bis Anfang März, wenn die Mandelbäume von rosaweißen Blüten bedeckt sind. Anfang Juni veranstalten die Schuhmacher aus der Umgebung eine **Messe** auf der Plaça d'Espanya.

Sehenswertes

Bodegas Castell Miquel WEINGUT
(☎971 51 06 98; www.castellmiquel.com; Carretera Alaró-Lloseta Km 8.7; Weinprobe 5 €, 2-stündige Führung & Verkostung 15 €; ⊙April–Okt. Mo–Fr 12–19 & Sa 11–14 Uhr, sonst kürzere Öffnungszeiten) Rund 1,5 km westlich von Lloseta an der Straße nach Alaró liegt die preisgekrönte Weinkellerei Bodegas Castell Miquel unter deutscher Leitung. Man kann sie nicht verfehlen, da sie aussieht wie ein kleines weißes Schloss. Neben Weinen wie „Stairway to Heaven"-Cabernet Sauvignon und „Engelsperlen"-Sekt hat der Betreiber, der deutsche Pharmazie-Professor Dr. Michael Popp, eine Rotweintablette namens Resveroxan entwickelt, die angeblich zu einem längeren und gesünderen Leben verhilft. Führungen und Verkostungen müssen im Voraus gebucht werden.

Essen

Celler Ca'n Carrossa MALLORQUINISCH €€
(☎971 51 40 23; Carrer Nou 28; 5-Gänge-Probiermenü 32 €; ⊙13–15.30 & 19–23 Uhr) Im Celler Ca'n Carrossa sitzen die Gäste entweder vor den unverputzten Steinwänden oder im Garten eines umgebauten Hauses aus dem 18. Jh. Woraus das 5-gängige Probiermenü besteht, hängt ganz von der Laune des Chefkochs Joan Abrines ab, aber die Küche, die auf alte Rezepte und über 100 Jahre Familientradition setzt, ist immer großartig.

An- & Weiterreise

Lloseta liegt an allen drei Bahntrassen der Insel zwischen Palma (3,05 €, 25 Min., häufig) und Inca (1,60 €, 5 Min., häufig). Achtung: Der morgendliche Expresszug T1 aus Palma rast durch Lloseta ohne Stopp einfach durch.

Caimari

747 EW.

An den Ausläufern der Serra de Tramuntana, dort, wo Mandel-, Oliven- und Johannisbrotbaumhaine ineinander übergehen und Schafe mit Glocken um den Hals von den Bäumen gefallene Feigen fressen, liegt der hübsche kleine Ort Caimari. Immer mehr Reisende kommen hinter Caimaris offenkundigen Charme, doch die Einheimischen lassen sich durch die steigenden Besucherzahlen nicht aus der Ruhe bringen.

Essen

★Ca Na Toneta MALLORQUINISCH €€€
(☎971 51 52 26; www.canatoneta.com; Carrer Horitzó 21; Menü 45 €; ⏲Sommer 20–23 Uhr, Winter Fr–So 20.30–23, Sa & So 13.30–16 Uhr) Der außergewöhnliche Landgasthof verwandelt Obst und Gemüse aus der Region und aus dem eigenen Garten in leckere Sechs-Gänge-Menüs – nach Lust und Laune des Chefkochs.

Ausgehen & Nachtleben

Sa Ruta Verda CAFÉ
(☎636 681091; www.ruta-verda.com; Carrer Nuestra Senora Virgen del Lluc 62; ⏲Feb.–Nov. 9–18 Uhr;) Im Sa Ruta Verda bekommen die vielen Radfahrer, die durch diesen Teil der Insel radeln und sich für die Fahrt hinauf in die Tramuntana stärken, Kaffee, Säfte, *pa amb oli* (Brot mit Öl) und hausgemachte Energieriegel.

An- & Weiterreise

Wer den ruhigeren Teil der Insel bis in den letzten Winkel erkunden möchte, tut dies am besten mit einem eigenen Verkehrsmittel. Busreisende können Linie 330 zwischen Caimari und Palma (3,65 €, 1 Std., 2-mal tgl.) nutzen, Linie 332 fährt nach Inca (1,50 €, 15 Min., bis zu 5-mal tgl.).

Campanet

2524 EW.

Campanet ist ein charmantes Dorf in einer wunderschönen Gegend, die nur wenige Besucher verzeichnet. Es liegt inmitten von Obsthainen und Schafweiden und ist einen kurzen Abstecher wert. Eine gotische Kirche dominiert den zentralen Platz, die Plaça Major, aber in den umliegenden Cafés scheint meistens mehr los zu sein als in der Messe.

Sehenswertes

Coves de Campanet HÖHLE
(www.covesdecampanet.com; Camí de ses Coves; Erw./Kind 5–10 J./unter 5 J. 13,50/7 €/frei; ⏲10–18.30 Uhr) Die Coves de Campanet sind ein unheimlicher Wald aus wachsartigen Stalaktiten und Stalagmiten 3 km nördlich der Stadt. Zwar sind sie nicht ganz so protzig wie andere Höhlensysteme auf der Insel, dafür aber umso authentischer. Alle 45 Minuten finden Führungen statt, ein Besuch dauert knapp eine Stunde. Wissenschaftler kommen gern, da in den Höhlen ein blinder Käfer lebt, der sich von Fleisch ernährt. Man findet die Höhlen an der Schnellstraße von Palma nach Sa Pobla bei Ausfahrt 377.

Essen

Rund um die Plaça Major und entlang der Straße Carrer Llorenç Riber liegen zahlreiche einladende, günstige Cafés und Restaurants.

Ca'n Calco MALLORQUINISCH €€
(☎971 51 52 60; www.cancalco.com; Carrer Campanet 1, Moscari; Hauptgerichte 16 €, Menüs 15–32 €; ⏲Ende Jan.–Anfang Nov. 19–22 Uhr) Drei Kilometer südwestlich von Campanet stößt man auf das Restaurant des Hotels Ca'n Calco. Dort wird in intimer Atmosphäre auf einer Terrasse am Pool gegessen. Neben *pa amb oli* (Brot mit Knoblauch) und deftigen Fleischgerichten liegt sein kulinarischer Schwerpunkt auf fangfrischen Meeresfrüchten (die Betreiber haben ein eigenes Boot in der Badia d'Alcúdia).

An- & Weiterreise

Die schönsten Ecken rund um Campanet erreicht man am besten mit einem eigenen Verkehrsmittel. Ansonsten verkehrt Bus 333 zwischen Campanet und Inca (2,70 €, 20 Min., 9-mal tgl.).

Sineu

3612 EW.

Das einstige Zentrum der königlichen Macht ist heute eine prächtige ruhige Siedlung aus Stein, die sich aus der zentralmallorquinischen Ebene erhebt. Sineu ist nicht nur einer der hübschesten Orte im Inselinneren, sondern auch einer der ältesten. Einer Legende zufolge geht er auf die römische Siedlung Sinium zurück. Stichhaltiger sind jedoch die Verbindungen zur maurischen Siedlung Sixneu. Unbestritten hingegen ist die langjährige Tradition der zwei Märkte, die bis ins frühe 14. Jh. zurückreichen. Einer davon findet wöchentlich statt, der andere einmal jährlich.

Sehenswertes

Església de Santa Maria KIRCHE
(Plaça Sant Marc) Die düstere gotische Kirche von Sineu mit ihrem freistehenden Glockenturm wurde nach einem katastrophalen Brand im Jahr 1505 wiederaufgebaut. Sie thront mitten im Ort und ist Sineus auffälligstes Merkmal. In der Kirche ist ein kleines Museum für mittelalterliche Töpferkunst untergebracht, das jeden Mittwochmorgen während des Wochenmarkts auf der Sa Plaça geöffnet hat.

Sa Plaça
PLATZ

Im Herzen Sineus erstreckt sich der belebte Platz Sa Plaça mit mehreren Bars und Restaurants und der bröckligen spätgotischen Sandsteinfassade der Església de Santa Maria (16. Jh.).

Convent de la Concepció
KLOSTER

(Carrer del Palau 17) Zwischen 1309 und 1349 stand hier der zweite Palast des Königs (nach dem in Palma), wodurch Sineu faktisch zur wichtigsten Stadt des ländlichen Mallorcas wurde. 1583 wurde der Palast dem Orden der Unbefleckten Empfängnis übergeben, der ihn im 17. Jh. massiv vergrößerte. Noch heute leben Nonnen in dem Kloster. Von der Sa Plaça sind es zwei Gehminuten Richtung Südwesten zum Kloster. Beim Betreten sieht man rechts einen *torno*, eine kleine Drehtür, die als Verkaufsschalter dient. Hier bekommt man Gebäck, das von den Nonnen hergestellt wird.

Plaça des Fossar
PLATZ

Auf der Plaça des Fossar sieht man eine **Statue** zum Gedenken an Francisco Alomar, einen in Sineu geborenen Profi-Radfahrer, der 1955 starb.

Convent dels Mínims
KLOSTER

(Ajuntament; Carrer de Sant Francesc) In dem barocken Kloster aus dem 17. Jh., das man im 19. Jh. von den Paulanern konfizierte, ist das Rathaus untergebracht. Besucher können jederzeit hineingehen und den etwas heruntergekommenen Kreuzgang bewundern. Eine Querstraße weiter westlich stößt man auf ein schönes Renaissance-Wegkreuz, das **Creu dels Morts** (Kreuz der Toten) von 1585.

Feste & Events

Sa Fira
JAHRMARKT

(Plaça des Fossar; 1. Sonntag im Mai) Sineus jährlich stattfindende Sa Fira ist eine große Landwirtschaftsmesse am ersten Sonntag im Mai, deren Tradition bis ins Jahr 1318 zurückgeht.

Festa del Siurell
FIESTA

(Llubí) Ein Ausflug ins kleine Llubí lohnt sich vor allem während der Festa del Siurell am Samstag vor dem Faschingsdienstag. Zu diesem Anlass verkleiden sich die Einheimischen als *siurells*, typisch mallorquinische Tonpfeifenfiguren. Am Abend verbrennen sie eine riesige *siurell*-Puppe auf der Plaça de l'Església. Dort steht auch die etwas zu groß geratene Església de Sant Feliu.

Fira de Sant Tomás
KULTUR

(2. So im Dez.) Im Dezember steht die jährliche *matanza* (Schweineschlachten) auf dem Programm. Eher etwas für Wurstfans als für Zartbesaitete.

Essen

Neben den typischen immer gleichen Tapasbars an den großen Plätzen bietet Sineu hervorragende mallorquinische Restaurants, die einen Besuch lohnen.

Celler Es Grop
MALLORQUINISCH €€

(971 52 01 87; Carrer Major 18; Hauptgerichte 14–18 €; Di–So 9.30–16 & 19–23 Uhr) Vorsicht bei der schmalen Treppe, die in diesen fröhlichen, weiß getünchten Keller aus dem 18. Jh. mit riesigen alten Weinfässern und anderen historischen Gegenständen führt! Auf der stark fleischlastigen Karte stehen mallorquinische Klassiker und galicische Gerichte – der Braten vom Frühlingslamm und die Reisgerichte sind überaus empfehlenswert. Das Kellerrestaurant liegt rund 100 m nordöstlich der Sa Plaça.

Sa Fàbrica
MALLORQUINISCH €€

(971 52 06 21; Carrer Estació 1; Hauptgerichte 11–18 €; Mi–Mo 12–16 & 19–23 Uhr;) Meeresfrüchte und Spieße mit mallorquinischem Schweinefleisch locken sicher die meisten Gäste in dieses gesellige Restaurant, das in einer ehemaligen Teppichfabrik untergebracht ist. Die Lammschulter und die Reisgerichte sind aber genauso großartig. Besitzer Pep sorgt dafür, dass alles reibungslos läuft. Für die Sommermonate gibt's eine nette Terrasse.

Shoppen

Sineus Wochenmarkt
MARKT

(Mi 8–13 Uhr) Eine der altehrwürdigen mallorquinischen Traditionen ist der Wochenmarkt in Sineu, der seit 1306 jeden Mittwochmorgen im Zentrum des Ortes stattfindet. Er erstreckt sich von der Sa Plaça bis hinab zur Plaça des Fossar. Angeboten werden Vieh, Leder- und Töpferwaren, Essen und vieles mehr aus allen Ecken der Insel. Zu dieser Zeit ist in den Bars und Cafés rund um den Markt der Teufel los.

An- & Weiterreise

Sineu wird von Zügen der Linie T3 aus Palma (3,15 €, 45 Min., regelmäßig) und Manacor (2,25 €, 20 Min., regelmäßig) angefahren. Der Bahnhof liegt ca. 100 m östlich der Plaça des Fossar.

Sa Pobla & Muro

Sa Pobla, ein ländliches Zentrum mit gitternetzartigen Straßen, erstreckt sich im landwirtschaftlichen Herzen der Insel am Ende der Bahnstrecke von Palma. Der Ort hat nur wenig zu bieten, blüht aber während seiner lebendigen Kulturfeste und beim sonntäglichen Wochenmarkt auf. Das fünf Kilometer weiter südlich auf der anderen Seite der Kartoffeläcker gelegene Muro ist ein würdevoller Ort auf einem Hügel mit einer schönen Kirche mitten im Dorf.

Sehenswertes

Bodegas Crestatx WEINGUT
(☎971 54 07 41; Carrer de Joan Sindic 49; ⌚Mo–Fr 9–13 Uhr) GRATIS Das Weingut Bodegas Crestatx wurde 1898 eröffnet und ist eins der ältesten auf der Insel. Nicht nur wegen der hervorragenden Weine, sondern auch um die Pressen, Pumpen und anderen Werkzeuge zur Weinherstellung aus dem 19. Jh. zu bewundern, ist das Weingut einen Abstecher wert.

Can Planes MUSEUM
(Carrer d'Antoni Maura 6; Erw./Kind 2 €/frei; ⌚Di–So 10–14 & 16–20 Uhr) Im schönen Herrenhaus Can Planes ist das **Museu d'Art Contemporani** mit wechselnden Ausstellungen einheimischer und ausländischer Künstler, die auf Mallorca leben, untergebracht. Das **Museu de Sa Jugueta Antiga** im Obergeschoss beherbergt eine nette Sammlung alter Spielzeuge, auch einige zum Thema Stierkampf.

Església de Sant Joan Baptista KIRCHE
(☎971 53 70 22; Carrer Bisbe Ramon de Torrella 1) In Muro ragt eine riesige gotische Pfarrkirche aus Sandstein aus dem frühen 17. Jh. empor, die an Sineus große Kirche erinnert. Der freistehende Glockenturm ist das auffälligste Merkmal des Ortes – über die Ebene kann man ihn schon aus einer Entfernung von mehreren Kilometern sehen.

Feste & Events

Festes de Sant Antoni Abat KULTUR
(⌚16.–17. Jan.) Das Festival bietet einen „Rundumschlag": Umzüge, Feuerwerk, traditionelle Musik, Tanz, kostümierte Teufel und die Segnung von Nutztieren. Schon in der Woche vor dem Fest finden viele Aktivitäten statt, doch besonders viel los ist am Abend des 16. Januar.

Mallorca Jazz Festival MUSIK
(⌚Aug.) Jedes Jahr im August findet in Sa Pobla das Mallorca Jazz Festival statt. Los geht's in der Sala Es Cavallets an der Plaça Major Sa Pobla um 22.30 Uhr. Tickets kosten 5 €.

An- & Weiterreise

Von Palma fährt der T2 (Tren Sa Pobla) nach Sa Pobla und Muro (4,10 €, ca. 1 Std., bis zu 17-mal tgl.); der gleiche Zug fährt außerdem von beiden Städten aus nach Inca (2,15 €, 15–20 Min.).

DER SÜDOSTEN

Algaida

5410 EW. / 201 M

Der typisch zentralmallorquinische nüchterne und würdevolle Ort Algaida bietet wenige Sehenswürdigkeiten, abgesehen von der gotischen **Església de Sant Pere i Sant Pau** und der nahe gelegenen **Església de la Mare de Déu de la Pau de Castellitx**. Echte Highlights sind aber die Festes de Sant Honorat (16. Januar) und die Festa de Sant Jaume (25. Juli). Auf beiden Festen tanzen *cossiers* vor einem dankbaren einheimischen Publikum. Die Ursprünge der *cossiers* und ihrer Tänze sind umstritten, aber grundsätzlich bestehen die Gruppen aus sechs Männern, einer Frau und einem Teufel. Die Stücke enden damit, dass der Bösewicht besiegt wird.

Sehenswertes

Museu de Gordiola MUSEUM
(☎971 66 50 46; www.gordiola.com; Carretera Palma-Manacor Km 19; ⌚Mo–Sa 9–19, So bis 13.30 Uhr) GRATIS Die Glasbläserei Gordiola mit Museum in einem pseudogotischen Palast ist nach einer Familie benannt, die seit 1719 Glaswaren herstellt. Unten im Manufakturbereich können Besucher den Arbeitern von 9 bis 13.30 Uhr bei der Glasherstellung und beim Schwitzen zusehen. Das Museum oben zeigt eine kuriose Sammlung mit Glasgegenständen aus aller Welt. Im Laden gibt's jede Menge Kitsch, aber auch einige zauberhafte Stücke. Das Museum liegt 2,5 km westlich der Stadt an der Ma 15.

Santuari de Nostra Senyora de Cura KLOSTER
(☎971 12 02 60; www.santuaridecura.com; Puig de Randa; ⌚Café April–Okt. tgl. 8–19 Uhr, Nov.–März Mo–Fr 9–17 Uhr) Den 548 m hohen Puig de Randa krönt dieses anmutige **Kloster**, das wie so viele andere auch zu Verteidigungs-

zwecken erbaut wurde. Ramon Llull lebte hier als Einsiedler und betete in einer Höhle (nicht öffentlich zugänglich). Im 16. Jh. richtete die Estudi General (Universität) von Palma im Kloster die Collegi de Gramàtica ein. Heute können Besucher hier nächtigen (EZ/DZ ab 38/51 €).

Essen

Wer mallorquinische Tradition statt moderner Raffinesse schätzt, kann hier sehr gut essen.

Ca'l Dimoni MALLORQUINISCH €

(☎ 971 66 50 35; Carretera Vella de Manacor Km 21; Hauptgerichte 12–15 €; ⌚ Do–Di 8–23 Uhr) Unter Holzbalken und herabhängenden Würsten garen die Köche fleischlastige Gerichte über dem offenen Feuer. *Frit Mallorquín* (gebratene Lamminnereien), *cargols* (Schnecken), *arròs brut* (schmutziger Reis) & Co. sorgen für ein wohliges Gefühl und die wuchtigen Tische sind stets gut besetzt. Am nördlichen Stadtrand von Algaida gelegen.

An- & Weiterreise

Buslinie 490 hält auf dem Weg von Palma nach Portocolom (2,35 €, 30 Min., bis zu 10-mal tgl.) in Algaida, Bus 454 fährt von Algaida nach Cala Millor (6,90 €, 80 Min., 1-mal tgl, Mo–Sa). Im Sommer fahren zusätzlich Busse von Algaida zu den Küstenorten.

Montuïri

2850 EW.

Auf einer Anhöhe über weitläufigem Ackerland liegt das bodenständige, unaufdringliche Montuïri, einer der ältesten Orte Mallorcas. Seine Wurzeln gehen zurück bis in die Zeit der Herrschaft der Mauren. Der Ort ist berühmt für seine Aprikosen, und passenderweise erstrahlen auch die schönen Steingebäude des Ortes in Apricot, wenn die Morgensonne auf sie scheint. Die **Església de Sant Bartomeu** aus Sandstein beherrscht die zentrale Plaça Major, welche an den Carrer Major mit ihren Villen und einer Bar anschließt.

Sehenswertes

Mesquida Mora WEINGUT

(☎ 687 971 457; http://en.mesquidamora.com; Camí de Sant Joan, Porreres; ⌚ Mo–Fr 9–17.30 Uhr) Das Weingut Mesquida Mora produziert mehrere Weiß-, Rot- und Roséweine und hat sich der nachhaltigen Herstellung verschrieben. Die Geschichte des Weinguts, eines „Neulings" in der mallorquinischen Weinszene, lässt sich von den heutigen Besitzern zurückverfolgen bis ins 16. Jh. Ein Besuch lohnt auf jeden Fall! Von Montuïri aus fährt man auf der Ma 3210 und der Ma 5030/Ma 5030A Richtung Süden in den Ort Porreres hinein und dann auf den Carrer del Pont Richtung Camí de Sant Joan.

Museu Arqueològic de Son Fornés MUSEUM

(www.sonfornes.mallorca.museum; Carrer d'Emili Pou, Molí d'en Fraret; Erw./Kind 3,50 €/frei; ⌚ März–Okt. 10–17 Uhr; Nov.–Febr. Mo–Fr 10–14 Uhr) In einer Mühle aus dem 18. Jh. am nordwestlichen Stadtrand liegt das engagierte, gut geführte Museum zur Tayalot-Kultur auf Mallorca. Viele Ausstellungsstücke stammen vom nahe gelegenen *talayot* (Wachturm) Son Fornés, der von ca. 900 v. Chr. bis ins 4. Jh. bewohnt war. Er gilt als einer der wichtigsten auf Mallorca. Wer den Turm besichtigen möchte, fährt von Montuïri auf der Ma 3200 2,5 km nach Nordwesten Richtung Pina. Das Gebäude steht rechts (östlich) von der Straße.

Sa Font ARCHÄOLOGISCHE STÄTTE

GRATIS Sa Font ist eines der wenigen Zeugnisse der einstigen arabischen Präsenz auf der Insel. Von wann der ausgeklügelte *qanawat* (ein Brunnen plus Wasserleitung) stammt, ist nicht bekannt. 1229 erbten ihn jedenfalls die Christen von ihren maurischen Vorgängern. Er liegt 5,5 km nordwestlich von Montuïri in Pina, nur 50 m südlich der Església de Sants Cosme i Damià an der Straße nach Lloret de Vistalegre.

Feste & Events

Festa de Sant Bartomeu KULTUR

(⌚ Aug.) Das Hauptereignis dieses Festes zu Ehren des Schutzheiligen von Montuïri sind die Tänze der *cossiers* (eine Gruppe von Tänzern aus sechs Männern, einer Frau und dem Teufel) am Abend des 23. und am 24. August).

S'Encuentro RELIGION

(⌚ Ostersonntag) Bei diesem Osterumzug begegnen sich eine Figur der Jungfrau Maria und eine Figur des auferstandenen Jesus Christus. Maria macht beim Anblick ihres Sohnes ein paar Freudensprünge.

Ausgehen & Nachtleben

In Montuïri gibt's einige nette Bars mitten im Zentrum entlang des Carrer de Palma.

S'Hostal BAR

(☎971 64 60 49; Carrer Constitució 58; ⏰13–24 Uhr) Nirgendwo bekommt man die allgegenwärtige mallorquinische Snack-Spezialität *amb oli* (Brot mit Öl) besser serviert als in dieser begrünten Bar hügelabwärts vom Zentrum von Montuïri. Das S'Hostal ist einer der „lokalen Geheimtipps", die Traveller so gerne entdecken. Bei warmem Wetter sitzt man auf der Terrasse, bei kaltem am Kamin. Und egal, wie das Wetter ist, Besucher sind immer herzlich willkommen.

An- & Weiterreise

Linie 411 verbindet Palma mit Montuiri (3,90 €, 30 Min., bis zu 6-mal tgl.). Sie hält vor der Bar S'Hostal hügelabwärts südlich des Ortskerns.

Petra

2816 EW.

Der Geburtsort des katholischen Heiligen und Missionars Juníper Serra ist ein ruhiger, hübscher Ort im Inland. Seine einstige Bedeutung spiegelt sich in den langen mit soliden Steinhäusern gesäumten Straßen und zwei beeindruckenden Kirchen aus dem 16. und 17. Jh. wieder. Der unaufdringliche Ort punktet mit einem Weingut in der Ortsmitte, ein paar netten Restaurants und einem interessanten Museum. Der Besuch lohnt sich.

Sehenswertes

Seine historische Bedeutung verdankt Petra Juníper Serra, der hier 1713 auf die Welt kam. Der berühmteste Sohn des Städtchens war Franziskanermönch und sollte später einer der Gründerväter Kaliforniens werden. Ob er das schon ahnte, als er in dem ländlichen Zentrum groß wurde? Bunte Majolika-Kacheln mit Szenen aus dem Leben des Missionars beleben den sowieso schon schönen Ort.

Els Calderers HISTORISCHES GEBÄUDE

(☎971 52 60 69; www.elscalderers.com; Erw./Kind 8/4 €; ⏰April–Okt. 10–18 Uhr, Nov.–März bis 17 Uhr; P) An einer hübschen Landstraße stößt man zwischen Montuïri und Manacor auf dieses gedrungene 1750 errichtete Herrenhaus, das heute ein historisches Museum beherbergt. Es liegt auf einem Anwesen, das seit 1285 im Besitz der gleichnamigen Familie gewesen war. Im 18. Jh. wurde es an die Familie Verí verkauft. Sein riesiges Ausmaß, das weitläufige Gelände und die Nebengebäude sowie eine gut erhaltene Sammlung antiker mallorquinischer Möbel lassen eine längst vergangene Welt aristokratischer Privilegien wiederaufleben.

Museu Fra Juníper Serra MUSEUM

(www.spiritualmallorca.com; Carrer des Barracar 6, 8, 10; 5 € inkl. Zugang zu 5 weiteren Stätten; ⏰Mo–Fr 10–13.30 Uhr) In dem Museum werden Erinnerungsstücke aus Juníper Serras Leben als Missionar präsentiert. Nebenan befindet sich sein Geburtshaus. In den Boden sind Fliesen eingelassen, die an Serras bewegtes Leben erinnern. Der Einlass erfolgt über das Spiritual-Mallorca-Ticket (5 €), das gleichzeitig für fünf weitere bedeutende religiöse Stätten gilt.

Bodegas Miquel Oliver WEINGUT

(☎971 56 11 17; www.miqueloliver.com; Carretera Petra-Santa Margalida Km 1.8; ⏰Mo–Fr 10–18 & Sa 11–13 Uhr; P.) Dies ist einer der renommiertesten Weinproduzenten Mallorcas. Seit 1912 wird hier Wein gekeltert. Eine ordentliche Flasche bekommt man für weniger als 10 €.

Ermita de la Mare de Déu de Bonany KLOSTER

(Carrer de Bonany) 4 km südwestlich von Petra thront diese Einsiedelei auf einem bewaldeten Hügel. Hier predigte Juníper Serra zum letzten Mal, bevor er sich Richtung Neue Welt aufmachte. Sie stammt z. T. aus dem 18. Jh., wurde aber 1925 generalüberholt. Der Blick über die Ebene ist einfach herrlich und an den Picknicktischen kann man sich ausruhen.

Essen

Eine Handvoll bescheidener, aber sehr guter traditioneller mallorquinischer Restaurants liegen in den langen, ruhigen Straßen des Ortes.

Es Celler MALLORQUINISCH €€

(☎971 56 10 56; Carrer de l'Hospital 46; Hauptgerichte 12–15 €; ⏰12–23 Uhr) Von der Straße geht's die Treppe runter in dieses wunderbare höhlenartige Kellerrestaurant mit hohen Decken und alten Weinfässern. Zu den Spezialitäten gehören gegrilltes Fleisch, Lammbraten und Spanferkel, aber auch mallorquinische Klassiker wie *arròs brut*.

Ca n'Oms MALLORQUINISCH €

(☎971 56 19 20; www.canoms.com; Carrer de Caparrot de Ca n'Oms 7; Hauptgerichte 12–15 €; ⏰9–16 & 18.30–23 Uhr, im Winter kürzere Öffnungszeiten; 👪) In dem reizenden soliden Restaurant, das sich in einem Gebäude aus dem

18. Jh. mit steinerner Gewölbedecke und schattigem Garten befindet, werden tolle Variationen von *pa amb oli* (mallorquinisches Brot mit Olivenöl und Tomate) geboten, darunter eine mit Tintenfisch. Darüber hinaus ist das Ca n'Oms mit seinem Designertouch und gelegentlicher abendlicher Livemusik auch ein toller Ort zum Relaxen.

An- & Weiterreise

Petra liegt an der Bahnlinie Palma–Manacor (T3), eine Station (1,60 €, 9 Min.) vor Manacor. Stündlich fährt mindestens ein Zug in jede Richtung. Von Palma (4,10 €) aus braucht man knapp eine Stunde hierher.

Manacor

40 170 EW.

Manacor, die zweitgrößte Stadt der Insel, dürfte vor allem als Geburtsort der Tennisgröße Rafael Nadal und als Zentrum der Möbelherstellung bekannt sein. Anderswo gibt's eindeutig reizvollere Sehenswürdigkeiten, doch ganz außer Acht lassen sollte man Manacor nicht: U. a. gibt's hier eine bemerkenswerte Kirche und in den Außenbezirken einige gute Einkaufsmöglichkeiten von Weinkellereien bis hin zu Läden mit den weltbekannten mallorquinischen Perlen.

Sehenswertes

Vins Toni Gelabert WEINGUT

(☎971 55 24 09; www.vinstonigelabert.com; Camí dels Horts de Llodrà Km 1.3; ⏲10–13 & 15.30–18.30 Uhr, mit Termin) Toni Gelaberts familiengeführte Weinkellerei produziert einige hervorragende Weine, u. a. aus den Rebsorten Callet und Cabernet Sauvignon sowie anderen dunklen Sorten, außerdem aus Macabeu und Chardonnay sowie weiteren Weißweinen. Besucher dürfen sich die Bodega ansehen und ein paar der edlen Tropfen kosten. Die organisierten Weinproben (drei Rot-/Weißweine plus Häppchen, 25 € pro Pers.) müssen vorab gebucht werden.

Església de Nostra Senyora Verge dels Dolors KIRCHE

(Plaça del General Weyler; ⏲8.30–12.45 & 17.30–20 Uhr) Die massive Església de Nostra Senyora Verge dels Dolors thront eindrucksvoll über der Kulisse von Manacor. Sie wurde am ehemaligen Standort einer Moschee errichtet. Ihr Stil reicht von gotisch bis neogotisch, was die lange Bauzeit vom 14. bis zum 19. Jh. widerspiegelt.

Torre de Ses Puntes HISTORISCHES GEBÄUDE

(Plaça de Gabriel Fuster Historiador; ⏲18.30–20.30 Uhr) Einst diente der Torre de Ses Puntes aus dem 14. Jh. der Verteidigung der Stadt. Ihm wurden – glücklicherweise überwiegend mit Fingerspitzengefühl – Erweiterungen aus Spiegelglas hinzugefügt und inzwischen finden in dem Turm unregelmäßig Ausstellungen statt.

Essen

Ca'n March MALLORQUINISCH €€

(☎971 55 00 02; www.canmarch.com; Carrer de València 7; Hauptgerichte 16–18 €, Menüs 12–30 €; ⏲Di–So 13–15.30, Sa & So 20.30–23 Uhr) Das schon seit 1925 bestehende Ca'n March hat ein warmes traditionelles Flair. Um die Spezialität des Hauses – Fisch – wird nicht viel Theater gemacht: Den Gerichten werden einfach etwas Salz vom Naturstrand Es Trenc sowie mallorquinisches Olivenöl beigefügt. Ebenfalls lecker sind die Reiskreationen wie Paella mit Kaninchen und Schnecken.

Reserva Rotana MEDITERRAN €€€

(☎971 84 56 85; www.reservarotana.com; Camí de Bendris Km 3; Hauptgerichte 24–32 €; ⏲März–Okt. 19–23 Uhr) Ein Stück Luxus auf dem Lande. Diese Oase von einer Finca (Landgut) hat ein stimmiges Ambiente und einen hervorragenden Service. Im Speisesaal fallen die Balken auf, im Garten blühen die Blumen.

Shoppen

Die meisten Besucher kommen wegen der Kunstperlen nach Manacor.

Majorica-Verkaufsraum SCHMUCK

(www.majorica.com; Carretera Palma–Artà Km 47; ⏲Juni–Sept. 9–19 Uhr, Nov.–Febr. bis 17 Uhr, März–Mai & Okt. bis 18 Uhr) Majorica ist der bekannteste Kunstperlenhersteller der Insel. Die Firma wurde 1902 von dem Deutschen Eduard Heusch gegründet und hat heute am Stadtrand an der Straße nach Palma einen Showroom über zwei Etagen.

Kunsthandwerksmarkt MARKT

(Plaça Sa Bassa; ⏲Sa 9–13 Uhr) Jeden Samstagmorgen wird an den hiesigen Ständen Kunsthandwerk und vereinzelter Plunder aus der Gegend verkauft.

Praktische Informationen

Touristeninformation (☎662 350891; www.visitmanacor.com; Plaça del Convent 3; ⏲Mo–Fr 9–14 Uhr)

Manacor

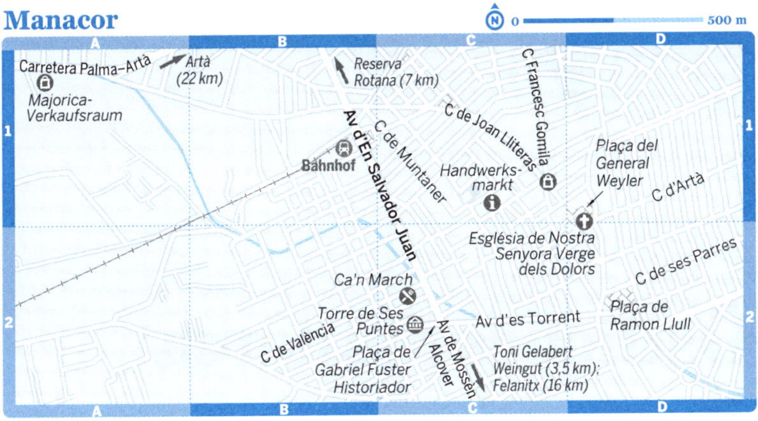

An- & Weiterreise

Die Zuglinie T3 verkehrt zwischen Manacor und Palma (3,55 €, 70 Min., stündl. zwischen 6 und 22 Uhr), außerdem wird der Bahnhof von verschiedenen Buslinien angesteuert. Von hier aus erreicht man in zehn Gehminuten die Plaça del General Weyler.

Felanitx

17 412 EW.

Dieses wichtige regionale Zentrum ist für seine Keramik, Weißwein und Kapern bekannt. Die Stadt ist hübsch, aber unspektakulär. Vor allem dient Felanitx als Ausgangspunkt für zwei interessante historische Bauwerke in der Nähe.

Sehenswertes

Santuari de Sant Salvador KLOSTER

(www.santsalvadorhotel.com; Kirche 8–23 Uhr) Die Einsiedelei Santuari de Sant Salvador (509 m über dem Meeresspiegel) auf einem Hügel 5 km südöstlich von Felanitx ist einer der beeindruckendsten Aussichtspunkte im Inland Mallorcas. Sie wurde im Jahr 1348 erbaut, als die Pest wütete. Möglicherweise suchten die Einsiedler hier Sicherheit vor dem Schwarzen Tod.

Castell de Santueri BURG

(691 223679; http://santueri.org; 4 €; März–Okt. 10–18.30 Uhr) Wie aus einem Stück gegossen erhebt sich die Burg aus der Klippe, auf der sie steht, und bietet einen einmaligen Blick Richtung Südosten weit übers Meer. Die Festung wurde von den Mauren erbaut und erst 1231 besetzt, zwei Jahre nach der Eroberung der restlichen Insel durch Jaume I. Aus Felanitx kommend, folgt man der Ma 14 2 km, dann richtet man sich nach den Schildern linker Hand (Richtung Osten).

An- & Weiterreise

Von Palma aus fährt Linie 490 (und der Express 491) nach Felanitx (5,20 €, 1 Std., bis zu 12-mal tgl.) und zurück.

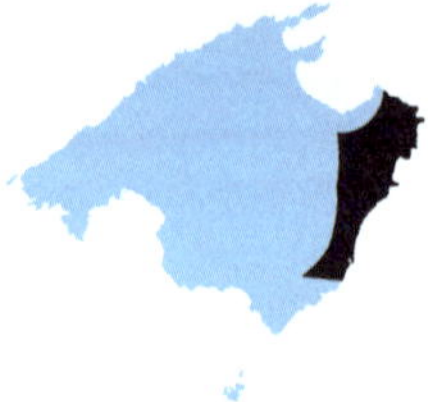

Östliches Mallorca

Inhalt ➡

Gut essen

- Forn Nou (S. 159)
- Cases de Son Barbassa (S. 162)
- Andreu Genestra (S. 162)
- Es Coll d'Os (S. 164)
- Restaurant Sa Llotja (S. 171)
- Sa Sal (S. 170)

Top-Sehenswürdigkeiten

- Coves del Drac (S. 167)
- Ses Païsses (S. 158)
- Sa Torre Cega (S. 162)
- Castell de Capdepera (S. 161)
- Cala Mesquida (S. 164)

Auf ins östliche Mallorca

Kein Wunder, dass der Osten Mallorcas jedes Jahr Hunderttausende von Sonnenhungrigen anzieht: Dies ist nämlich zweifellos eine der hübschesten Küstenregionen der Insel. Natürlich gibt's auch Ecken, die alle Vorurteile über die negativen Seiten des Mittelmeermassentourismus bestätigen, doch zwischen den Klippen entdeckt man jede Menge idyllische Buchten und Höhlen, die teilweise nur zu Fuß zu erreichen sind und daher wohl niemals zugebaut werden. Im Norden gibt's außerdem wilde Naturparks und beeindruckende mittelalterliche Städte.

Reisezeit

Wer das Gefühl hat, dass der Osten Mallorcas Winterschlaf hält und eigentlich nur von April bis Oktober „aktiv" ist, liegt gar nicht so falsch. Es gibt viele Restaurants, Hotels und Geschäfte, die nur während der warmen Monate geöffnet sind, wenngleich immer mehr von ihnen die Saison von Februar bis November erweitern. Die Winter sind recht mild und die Schönheit der Küste und der Bergstädte hat ohne die Menschenmassen einen ganz besonderen Reiz. Als weiteres Winterhighlight gilt das Sant-Antoni-Fest Mitte Januar, das in den meisten Ortschaften ausgelassen gefeiert wird.

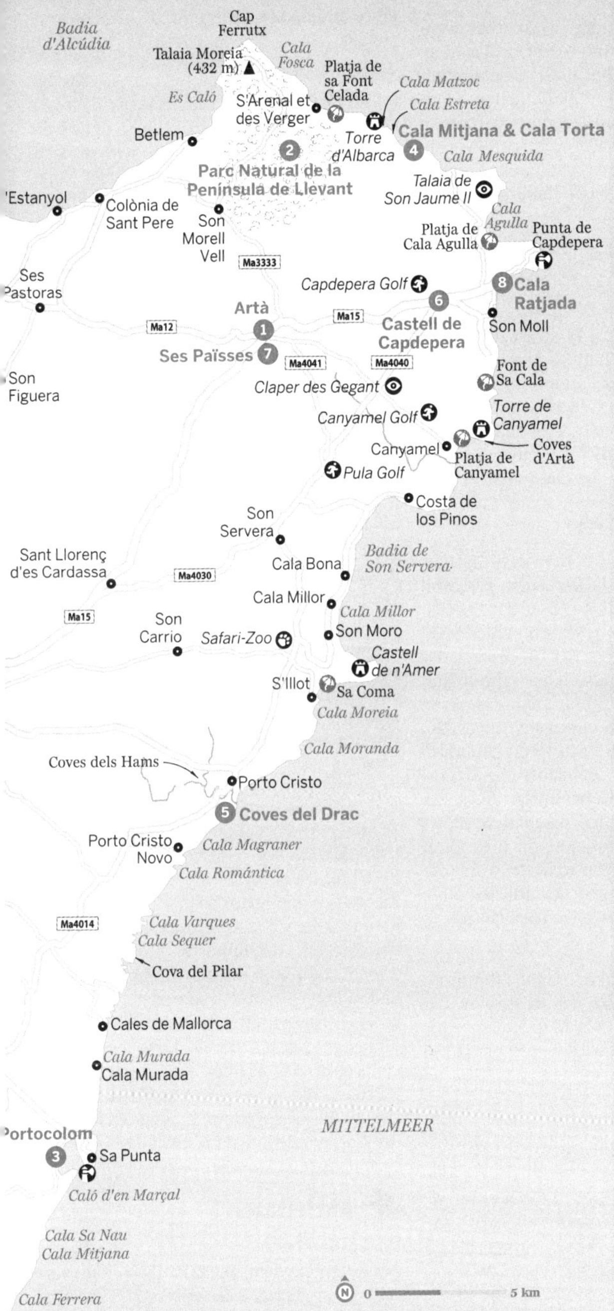

Highlights

1 Artà (S. 158) An den Burgmauern und in den Nebenstraßen ins mittelalterliche Mallorca eintauchen.

2 Parc Natural de la Península de Llevant (S. 160) Über windgepeitschte Hügel zu unberührten Buchten wandern.

3 Portocolom (S. 171) In dieser ursprünglichen Fischerstadt tagsüber tauchen und abends gut essen.

4 Buchten nördlich von Cala Ratjada (S. 164) An den ruhigen, unberührten Stränden den sommerlichen Touristenhorden entfliehen.

5 Coves del Drac (S. 167) Ins Innere der spektakulärsten Höhlen der Insel vordringen.

6 Castell de Capdepera (S. 161) Von der befestigten Bergstadt aus bestaunen, wie sich ganz Mallorca unter einem ausbreitet.

7 Ses Païsses (S. 158) Durch die Überreste der faszinierenden prähistorischen Talayot-Kultur spazieren.

8 Sa Torre Cega (S. 162) In herrlichen Skulpturengärten dem Trubel Cala Ratjadas entkommen.

DER NORDOSTEN

Im Nordosten kann man wunderbar wandern, baden, reiten und Vögel beobachten, doch auch kulturell hat diese Gegend einiges zu bieten. Die mittelalterlichen Bergstädte Artà und Capdepera beherbergen zahlreiche antike Schätze, während der lebhafte Ferienort Cala Ratjada daran erinnert, was aus großen Teilen der Ostküste Mallorcas geworden ist.

Artà

7630 EW.

Für den größtmöglichen Kontrast zum wuseligen Urlaubsort Cala Ratjada muss man bloß ein paar Kilometer ins Landesinnere fahren: Artà lockt mit einem Gewirr schmaler Gassen, reizenden Cafés und einer mittelalterlichen Architektur. Eine imposante Bergfestung aus dem 14. Jh. prägt das Stadtbild.

Sehenswertes

★ Ses Païsses ARCHÄOLOGISCHE STÄTTE

(abseits der Carretera Artà–Capdepera; Erw./Kind 2 €/frei; Mo–Fr 10–17, Sa 10–14 Uhr) Gleich hinter Artà liegen die Überreste einer 3000 Jahre alten Siedlung aus der Bronzezeit, der größten und bedeutendsten der Talayot-Kultur an der mallorquinischen Ostküste. Durch ein hoch aufragendes steinernes Tor, gebaut aus groben 8 t schweren Steinbrocken, betritt man das prähistorische Mallorca – eine Welt voller Geheimnisse. Besucher können die von Bäumen beschattete Stätte in 30 Minuten durchqueren, doch es lohnt sich, etwas mehr Zeit einzuplanen. Vom großen Kreisverkehr östlich der Touristeninfo folgt man den Schildern nach Ses Païsses.

Cala Matzoc STRAND

Von Artà sind es 11 km oder eine 20-minütige Wanderung entlang der Küste von der Cala Estreta bis zur Cala Matzoc. Die stille Sand- und Steinbucht wird von einem Hügel gesäumt, auf dem noch immer die Ruinen eines prähistorischen *talayot* (Wachturm) stehen.

> **ARTÀ CARD**
>
> Wer eine größere Sightseeing-Tour plant, sollte sich in der **Touristeninformation** (S. 160) die Artà Card (3 €) kaufen. Sie gilt für alle größeren Attraktionen, darunter das Museu Regional d'Artà, die Kirche Transfiguració del Senyor sowie Ses Païsses und man erhält auch verschiedene Ermäßigungen.

Museu Regional d'Artà MUSEUM

(971 82 97 78; www.museuarta.com; Carrer de l'Estel 4; Erw/Kind 2 €/frei; Di–Fr 10–18, Sa & So 10–14 Uhr) Das kleine Museum widmet sich Artàs faszinierender Vergangenheit. Eine Abteilung beschäftigt sich mit der Naturgeschichte. Eine andere zeichnet mit Exponaten aus der Bronzezeit, der Talayot-Kultur, der Zeit der Punischen Kriege, der Römerzeit und der maurischen Ära – darunter Keramik, Schmuck, Bronzen und Grabbeigaben – die Entwicklung der Stadt im Lauf der Geschichte nach. Zudem ist Raum für Sonderausstellungen, unlängst wurde etwa eine Ausstellung zur regionalen Kunst und Tradition gezeigt.

Santuari de Sant Salvador BURG

(Carrer del Castellet; April–Okt. 8–20 Uhr, sonst kürzere Öffnungszeiten) GRATIS Die Mauern dieser Festung erheben sich majestätisch über Artà, wo sie auf einer früheren maurischen Enklave errichtet wurde und eine kleine Kirche umschließt. Der in den 1960er-Jahren umfangreich sanierte 4000 m² große Komplex mit steinernen Zinnen und meterdicken Mauern erfüllt alle Klischees einer mittelalterlichen Festung. Besucher können den Blick über die Dächer der Medina-ähnlichen Altstadt bis zu den nackten Gipfeln der Serra de Llevant schweifen lassen.

Transfiguració del Senyor KIRCHE

(Carrer del Mal Lloc; Erw/Kind 2 €/frei; Mo–Sa 10–17 Uhr) Diese Kirche steht auf den Fundamenten einer maurischen Moschee. Mit dem Bau des Gebäudes wurde kurz nach der christlichen Reconquista begonnen, die 2016 restaurierte Fassade stammt aber aus dem 16. Jh. Im Innenraum sieht man eine große Fensterrosette, die kunstvoll verzierte Mahagoni-Kanzel und 14 Kapellen im Kirchenschiff. Ein kleines Museum zeigt u.a. kostbare Altarbilder und ein Silberkreuz mit einem Teil des Wahren Kreuzes Christi aus der Kathedrale in Palma, das 1512 hierhergebracht wurde.

Aktivitäten

Via Verde Manacor–Artà RADFAHREN

(www.viasverdes.com) Diese einfache Radroute mit einem Belag aus gepresster Erde und Schotter verläuft 29 km auf einer stillgelegten Bahntrasse zwischen den beiden Städ-

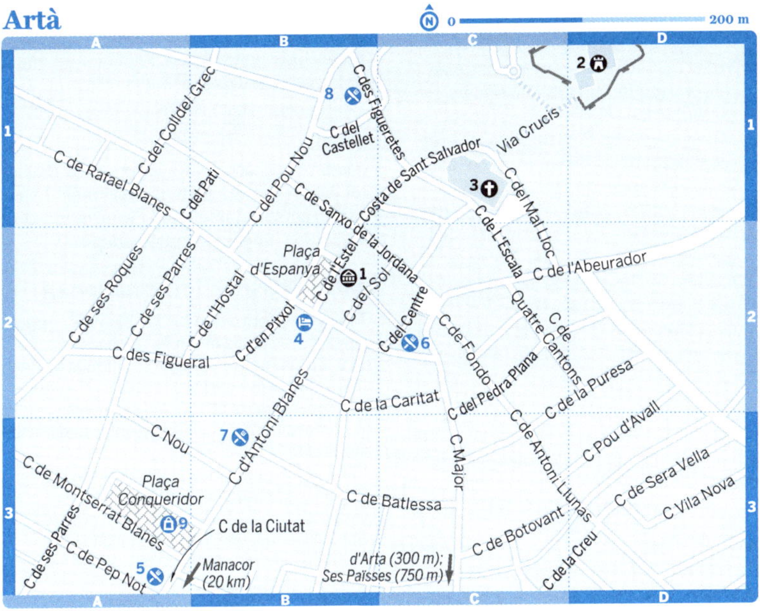

Artà

Sehenswertes

1 Museu Regional d'Artà B2
2 Santuari de Sant Salvador D1
3 Transfiguració del Senyor C1

Schlafen

4 Hotel Casal d'Artà B2

Essen

5 Cafe Parisien A3
6 Forn Nou C2
7 Mar de Vins B3
8 Salvador Gaudí B1

Shoppen

9 Markt A3

ten. Unterwegs hat man immer wieder einen schönen Blick aufs Meer und bekommt einen Eindruck vom ruhigen ländlichen Nordosten.

Feste & Events

Festes de Sant Antoni Abat KULTUR

(16.–17. Jan.) Anlässlich dieses kuriosen Fests macht man sich in traditioneller Kleidung auf den Weg zum Santuari de Sant Salvador. Dort wird getanzt, musiziert und Reitern zugeguckt, die rückwärts auf ihren Pferden sitzen und mit langen Stäben herumfuchteln.

Essen

In Artà gibt's einige wunderbar atmosphärische Restaurants und Cafés, viele davon mit Straßentischen und Künstlerflair.

★ Forn Nou MEDITERRAN €€

(971 82 92 46; www.fornnou-arta.com; Carrer del Centre 7; 3-Gänge-Abendmenü 26 €; 18.30–23 Uhr;) Die Terrasse des Forn Nou thront hoch über dem mittelalterlichen Gassengewirr Artàs und bietet Aussicht über die Dächer bis zur Kirche und Festung. Die saisonale Speisekarte ändert sich zweimal im Monat und ist von unverfälschten frischen mediterranen Aromen geprägt. Es gibt Gerichte wie atlantische Anchovis mit gebratener Paprika oder Hummerrisotto. Durch den Glasboden der Lobby ist der Weinkeller zu sehen.

Mar de Vins INTERNATIONAL €€

(971 59 64 10; Carrer d'Antoni Blanes 34; Hauptgerichte 12–16 €; Mo–Fr 10–22, Sa bis 14 Uhr;) Das Café mit einem der hübschesten Gartenpatios von Artà ist unsere Lieblingsadresse für einen Kaffee und ein gutes Buch. Gepflasterter Boden, Bilder und marmorüberzogene Tische sorgen im Inneren für gemütliches Flair. Neben den beliebten

RADFAHREN RUND UM ARTÀ

In der Touristeninformation gibt's eine tolle Broschüre namens „Bike Tours" mit Dutzenden Karten und Routenbeschreibungen für Radfahrer und Wanderer. Besonders lohnenswert ist die 7 km lange anstrengende Strecke von Artà zur Einsiedelei **Ermita de Betlem** (der letzte Abschnitt ist ausschließlich steil ansteigend). Wer einfache Touren auf flachem Gelände bevorzugt, kann die **Via Verde Manacor–Artà** (S. 158), eine stillgelegte Bahntrasse zwischen den beiden Städten, entlangradeln.

spanischen Fleischgerichten wie Hühner-Kroketten und *albóndigas* (Fleischbällchen), die geradezu auf der Zunge zergehen, gibt's auch viele vegetarische Gerichte.

Cafe Parisien MEDITERRAN €€

(☎ 971 83 54 40; Carrer de la Ciutat 18; Hauptgerichte 15–18 €; ⌚ Mo–Sa 10–0.30 Uhr; 📶) Schmiedeeiserne weiße Stühle, moderne Kunst und Swingmusik aus den 1930ern verleihen dem Künstlercafé ein gewisses Pariser Flair und der Hof mit Jasmin und Weinreben lädt an lauen Tagen zum Verweilen ein.

Salvador Gaudí MEDITERRAN €€€

(☎ 971 82 95 55; www.santsalvador.com; Carrer del Pou Nou 26; Hauptgerichte 19–25 €; ⌚ 13–15 & 19–22 Uhr) Das um einen angeblich von Antonio Gaudí entworfenen, von Teelichtern beleuchteten Innenhof angeordnete Restaurant bietet sich bestens für ein Mittag- oder Abendessen in intimem Ambiente an. Gerichte wie Seezunge nach Müllerinart mit Orangen aus Sòller, Schinken und Artischocken oder das verführerische Blankett vom Seeteufel mit Kalmar zeugen von einer ambitionierten Küche. Dienstags erklingt zu den Tapas Livemusik.

Shoppen

d'Artà KUNST & KUNSTHANDWERK

(☎ 971 83 69 81; http://darta.es; Avinguda de Costa i Llobera 7; ⌚ 9–20 Uhr, im Winter kürzere Öffnungszeiten) Zu diesem Kollektivunternehmen im stattlichen stillgelegten Bahnhof der Stadt gehört auch die Touristeninformation. Es verkauft lokale traditionelle Kunsthandwerkserzeugnisse, darunter schöne Lederwaren, hübsche Keramik und handgearbeitete Kleidung sowie Kräuterliköre, Bioprodukte aus dem Fleisch des schwarzen Mallorcaschweins, Honig einer einzelnen Blütensorte, getrocknete Früchte und andere Leckereien. Oben befindet sich eine Ausstellung regionaler Kunst.

Markt MARKT

(Plaça Conqueridor; ⌚ Di 9–13 Uhr) Artàs lebhafter Markt mit Ständen, die regionale Landwirtschaftsprodukte und Kunsthandwerk verkaufen, findet jeden Dienstag statt.

Praktische Informationen

Touristeninformation (☎ 971 83 69 81; http://darta.es; Avinguda de Costa i Llobera 7; ⌚ 9–20 Uhr, im Winter kürzere Öffnungszeiten) In Artàs neuem Kunsthandwerks- und Kulturzentrum befindet sich auch die hilfreiche Touristeninformation, die viele Infos und Karten zur Region hat. Sie verkauft auch die Artà Card (3 €), mit der man freien Eintritt im Museu Regional d'Artà und in Ses Païsses sowie vergünstigten Eintritt in den Höhlen von Artà (bei Canyamel) und in der Kirche und im Museum der Transfiguració del Senyor hat.

An- & Weiterreise

Von/zur Avinguda de Costa i Llobera in Artà fahren u.a. Bus 411 nach Palma (9,60 €, 90 Min., 4–5-mal tgl.) via Manacor (2,85 €, 25 Min.) sowie Bus 446 nach Alcúdia (5,65 €, 1 Std., Mo–Sa 6-mal tgl.) und Port de Pollença (6,60 €, 70 Min.).

Parc Natural de la Península de Llevant

Dieser wunderschöne Naturpark beginnt 5 km nördlich von Artà und gilt als eines der schönsten Fleckchen Erde im Osten Mallorcas. Er wird von der **Serra de Llevant** dominiert, einer niedrigen Gebirgskette aus vom Wind geformtem Kalkstein. Außenherum wächst Diss (Süßgras), das bisweilen von Steineichen, Aleppo-Kiefern und Fächerpalmen unterbrochen wird. Den Höhepunkt des Parks bildet das **Cap Ferrutx**, ein beeindruckendes Naturschutzgebiet (nicht öffentlich zugänglich), das von der Nord- und Ostküste Mallorcas steil ins Meer abfällt.

Teile des Geländes sind durch Straßen erschlossen, doch eigentlich ist es ein Paradies für Wanderer, Radfahrer und mit Ferngläsern ausgestattete (Hobby-)Ornithologen. Letztere werden zahllose Kormorane und Korallenmöwen sowie Wanderfalken und Zwergadler sichten.

Aufgrund der Abgeschiedenheit des Parks gibt's hier ruhige, ursprüngliche Buchten mit feinem Sand und kristallklarem Meer, etwa die **Cala Fosca** und die **Platja de Sa Font Celada**. Diese sind zwar nicht zugänglich (sie befinden sich innerhalb des Schutzgebietes), doch auch die zugänglichen Teile des Parks sind großartig.

Sehenswertes

Ermita de Betlem CHRISTLICHE STÄTTE
In der 1805 gegründeten Ermita de Betlem führen noch immer Eremiten ein isoliertes, autarkes Leben. Der faszinierende Blick über die Natur und die windgepeitschte Küste lohnt die Fahrt auf der steil ansteigenden und abfallenden Straße zur Einsiedelei.

Es gibt eine kleine Kirche mit unregelmäßigen Öffnungszeiten, deren hübsche Steinfassade im Kontrast zum modernen weiß getünchten Innenraum mit Deckenfresken und der Darstellung von Christi Geburt in einer Höhle (inklusive Stalaktiten und Stalagmiten) steht. Ringsum gewähren die Hügel eine tolle Aussicht bis hinüber nach Menorca.

Praktische Informationen

Informationsbüro des Parc Natural de la Península de Llevant (606 096830; http://ibanat.caib.es; S'Alqueria Vella de Baix; 9–16 Uhr) Das Parkbüro kann mit Routenkarten helfen und organisiert geführte Wanderungen, in der Regel auf Katalanisch und Spanisch.

An- & Weiterreise

Man benötigt ein eigenes Fahrzeug, mit Bussen kommt man nur bis Artà oder Betlem.

Capdepera

11 420 EW.

Capdepera ist eher eine befestigte Stadt als eine Stadt mit Burg: Die eindrucksvolle mittelalterliche Festung ist von den Ebenen im Nordosten der Insel schon aus der Ferne sichtbar. Mit ihrer Größe erinnert sie an die Jahrhunderte, als sie der einzige Schutz vor Piratenangriffen war. Der Rest des Dortes, das sich unter den Burgmauern drängt, ist nett und teils richtig schön, doch die Burg ist nach wie vor die Hauptattraktion.

Sehenswertes

★ **Castell de Capdepera** BURG
(971 81 87 46; www.castellcapdepera.com; Carrer Castell; Erw/Kind under unter 12 J. 3 €/frei; Mai–Okt. 9–20 Uhr, sonst 9–17 Uhr) Über Capdepera thront diese Festung aus dem 14. Jh. Der ummauerte Komplex wurde auf den Ruinen einer maurischen Festung hochgezogen und zählt zu den am besten erhaltenen Burgen der Insel. Sie wurde von Jaume II. (dem Sohn von Jaume I., dem Eroberer) als autarke Stadt gebaut und war eine sichere Bastion gegen Piratenangriffe und in diesem Teil der Insel der Ausdruck königlicher Macht. Innerhalb der Mauern steht auch eine Steinkirche, die ein kostbares hölzernes Kruzifix aus dem 14. Jh. beherbergt.

La Antigua Farmacia Melis Cursach MUSEUM
(971 55 64 79; Carrer des Centre 9; Mi 11 Uhr) Die frühere Wohn- und Arbeitsstätte von Antònia Melis Cursach, welche sie nach ihrem Tod der Stadt vermachte, ist heute ein Museum. Sie wurde so restauriert, wie eine Apotheke im 18. Jh. ausgesehen haben könnte. Manchmal finden hier auch Ausstellungen statt. Mittwochvormittags kann man das Haus besichtigen, sollte sich aber in der Touristeninformation im Erdgeschoss anmelden.

Aktivitäten

Capdepera Golf GOLF
(971 81 85 00; www.golfcapdepera.com; Carretera Artá–Capdepera, Km 3,5; 9 Löcher 39–49 €, 18 Löcher 59–89 €; 8–19 Uhr) Der von Dan Maples entworfene 18-Loch-Golfplatz genießt einen ausgezeichneten Ruf.

Feste & Events

Mercat Medieval KULTUR
(3. Wochenende im Mai) Bei diesem Markt zum Gedenken an die Stadtgründung im Jahr 1300 durch Jaume II. prägen mittelalterliche Kostüme, Events und Imbissstände das Stadtbild.

Festa de Sant Antoni RELIGIÖSES FEST
(St. Antoniustag; 16.–17. Jan.) Dieses archaische Balearen-Fest zu Ehren eines ägyptischen Heiligen aus dem 3. Jh. ist aus einem früheren heidnischen Fest hervorgegangen und wird mit Freudenfeuern und Maskentänzen gefeiert.

Festa de Sant Bartomeu KULTUR
(3. Woche im August) Eine Woche voller Ausstellungen, Konzerte, Umzüge und Feuerwerke.

Essen

Mehrere gehobene Landhotels in der Umgebung haben ausgezeichnete Restaurants.

★ **Cases de Son Barbassa** MEDITERRAN €€
(☎ 971 56 57 76; www.sonbarbassa.com; Camí de Son Barbassa; Hauptgerichte 16–24 €, Menü 28 €; ⏲ 12.30–15 & 19–22 Uhr) Eine schmale Gasse führt zu dieser wunderbar abgeschiedenen Finca (Landhaus) inmitten von Oliven-, Mandel- und Johannisbrotbäumen, die mit ihrer laternenbeleuchteten Terrasse und weiter Aussicht aufs Umland für romantische Stimmung sorgt. Die Küche verarbeitet viele Produkte aus dem Garten und vom Markt zu leckeren Gerichten wie Steinbutt mit Venusmuscheln und Austern oder knusprigem Spanferkel, wobei durchweg hausgemachtes Olivenöl zum Einsatz kommt.

★ **Andreu Genestra** MODERN EUROPÄISCH €€€
(☎ 608 578198; http://andreugenestra.com; Carretera Cala Mesquida, Km 1; 5-/8-/10-gängige Menüs 58/74/105 €; ⏲ Do–So 13.30–16, Mi–Mo 19–23 Uhr; P ❄ 📶) Der mit einem Michelin-Stern ausgezeichnete mallorquinische Koch Genestra führt dieses wundervolle ländliche Restaurant. Es ist unabhängig, aber ans Hotel Predi Son Jaumell angeschlossen und liegt inmitten seiner eigenen Olivenhaine und Weingärten. Genestras Erfahrungen im Mugaritz und El Bulli scheinen bei den Festpreismenüs durch, doch mallorquinische Zutaten wie *cocarroi* (Teigtaschen) und die lokale Wurst *butifarra* erfahren den angemessenen Respekt.

Praktische Informationen

Touristeninformation (☎ 971 55 64 79; Carrer des Centre 9; ⏲ Mo–Fr 8.30–14.30 Uhr).

An- & Weiterreise

Bus 411 verbindet Capdepera mit Palma (11 €, 1½ Std., bis zu 5-mal tgl.) und fährt über Artà (1,50 €, 15 Min.) sowie Manacor (3,90 €, 40 Min.). Bus 441 dagegen fährt die Ostküste entlang und hält in allen größeren Ferienorten, z. B. in Porto Cristo (3,25 €, 55 Min., bis zu 8-mal tgl.) und Cala d'Or (9,20 €, 1¾ Std.); eventuell muss man unterwegs umsteigen.

Cala Ratjada

6098 EW.

Cala Ratjada ist der Dr. Jekyll und Mr. Hyde unter den Urlaubsorten des östlichen Mallorcas. Bei einem Spaziergang entlang der Küstenpromenade zu einer der ruhigeren Buchten präsentiert er sich von seiner hübschen, idyllischen Seite. Zudem ist er ein toller Ausgangspunkt für Wassersportler. In der Hochsaison zeigt das Städtchen dann sein anderes Gesicht als Costa del Bavaria mit feucht-fröhlichen Biergärten samt angetrunkenen Gästen im Alter zwischen 18 und 30, bei denen Currywurst und dergleichen reißenden Absatz finden. Das wahre Mallorca offenbart sich dann erst wieder jenseits des Zentrums.

Sehenswertes

★ **Sa Torre Cega** HISTORISCHES GEBÄUDE
(☎ 971 81 94 67; www.fundacionbmarch.es; abseits der Carrer d'Elionor Servera; Erw/Kind 4,50 €/frei; ⏲ Führungen Mai–Nov. Mi–Fr 10.30–12, Sa & So 11–18 Uhr, Febr.–April nur Mi, Fr & Sa vormittags) Dieses Küstenanwesen, das nach dem im 15. Jh. erbauten „blinden Turm" (von anderen Türmen aus nicht sichtbar) im Zentrum benannt ist, wurde im frühen 20. Jh. vom renommierten Architekten Guillem Reynés Font angelegt. Im schönen mediterranen Garten befinden sich über 40 Werke bekannter katalanischer, spanischer und lateinamerikanischer Bildhauer, darunter Eusebio Sempere, Juan de Ávalos, Xavier Corberó und Agustín Cárdenas. Führungen müssen vorab in der Touristeninformation gebucht werden.

Far de Capdepera LEUCHTTURM
Der Leuchtturm steht 1,5 km östlich von Sa Torre Cega an der östlichsten Spitze Mallorcas, am Ende einer wunderschönen Auto-, Wander- oder Radstrecke durch Pinienwälder. Er befindet sich 76 m über dem Meer und wurde 1861 in Betrieb genommen. Die Aussicht hier ist traumhaft: An klaren Tagen kann man sogar bis Menorca sehen.

Font de Sa Cala STRAND
(Font de Sa Cala) Südlich von Cala Ratjada befindet sich dieser friedliche 100 m lange Strand, der von einer rauen und schönen Felsküste umgeben ist. Das kristallklare Wasser lädt zum Schnorcheln ein.

Platja de Son Moll STRAND
Am einfachsten zugänglich ist die gut besuchte 200 m lange Platja de Son Moll gleich vor dem Passeig Marítim im Ortszentrum von Cala Ratjada.

Aktivitäten

Skualo Adventure Sports TAUCHEN
(☎ 971 56 43 03; www.mallorcadiving.com; Carrer Lepanto 1; 2-tägiger Tauchkurs 290 €, 2-stündige Schnorcheltour 45 €; 👪) Die renommierte Tauchschule veranstaltet verschiedene PADI-Kurse und Schnorchelausflüge, u. a. im kla-

Cala Ratjada

Cala Ratjada

Highlights

1 Sa Torre Cega D3

Sehenswertes

2 Platja de Cala Agulla A1
3 Platja de Son Moll A5

Aktivitäten, Kurse & Touren

4 Illa Balear C4
5 M Bike B2
6 Rancho Bonanza A3
7 Segpark B2
8 Skualo Adventure Sports C4

Schlafen

9 Hotel Cala Gat D3

Essen

10 Ca'n Maya C3
11 Es Coll d'Os C2
12 Restaurante del Mar B5

Ausgehen & Nachtleben

13 Café Noah's B4
14 Royal C4

RUHIGE BUCHTEN UM CALA RATJADA

Nördlich von Cala Ratjada erstreckt sich ein hübscher Küstenstreifen mit lauter kleinen Stränden, der lange Zeit Favorit der FKK-Szene war. Heute sind die abgelegenen Buchten zwar kein Geheimtipp mehr, aber dank spärlicher Bebauung weiter ruhig und ursprünglich.

Die breite, familienfreundliche **Cala Mesquida** ist von Sanddünen und einer kleinen Wohnanlage umgeben und gut erreichbar. Es gibt kostenlose Parkplätze, in der Saison ein paar Strandbars und eine regelmäßige Busverbindung (Bus 471) von Cala Ratjada (1,85 €, 25 Min., bis zu 8-mal tgl.).

Um zu den Buchten weiter westlich zu gelangen, braucht es schon etwas Entschlossenheit. Die oft windige **Cala Torta**, die winzige, geschützte **Cala Mitjana** und die strandlose **Cala Estreta** liegen alle am Ende einer schmalen Straße, die sich von Artà durch die Berge schlängelt. Interessanter ist es aber, auf dem Fußweg von der Cala Mesquida herzuwandern (1 Std.).

Weiter westlich, ca. 20 Gehminuten von der Cala Estreta die Küste entlang, kommt die **Cala Matzoc** (S. 158) in Sicht. Der große und oft menschenleere Strand erstreckt sich vor einem Hügel, auf dem die Ruine eines prähistorischen *talayot* (Wachturm) steht.

ren Wasser rund um den Parc Natural de la Península de Llevant. Sie arrangiert auch andere Aktivitäten wie Speedboot-Touren (45 €, 50 Min.) und Höhlentouren (inkl. Schwimmen in Salz- und Süßwasserhöhlen, 65 €, 3 Std.)

Illa Balear BOOTSFAHRTEN

(☎ 971 81 06 00; www.illabalear.com; Erw/Kind hin & zurück ab 22/10 €; ⏲ April–Okt.) Einfache Fahrten und Rundfahrten in Glasbodenbooten nach Porto Cristo, Sa Coma, Cala Millor und Cala Bona sowie zu anderen Zielen an der Ostküste. Das „Sea Adventure" dauert fünf Stunden, die „Odyssey" ist zweieinhalb bis drei Stunden lang. In der Regel finden drei Touren pro Tag statt.

Rancho Bonanza REITEN

(☎ 619 680688; www.ranchobonanza.com; Carrer de Ca'n Patilla; 1-/2-stündige Ausritte 20/35 €, ganztägiger Ausritt 63 € pro Pers.; 👪) Das Bonanza, die beste von mehreren Optionen am von Kiefern bewachsenen Stadtrand, bietet tägliche Ausflüge zu ruhigen Buchten und entlang ländlicher Wege. Zum Programm gehören außerdem einstündige Ponyritte (10 €) für Kinder bis sechs Jahre sowie Reitunterricht (20 €).

M Bike RADFAHREN

(☎ 639 417796; www.m-bike.com; Carrer de l'Agulla 93; Radverleih 10–32 € pro Tag, 60–180 € pro Woche, 1-/3-/4-tägige Touren 53/150/200 €; ⏲ März–Okt. 9–12.30 & 17–19 Uhr) M Bike verleiht hochwertige Mountainbikes sowie Renn- und Trekkingräder. Von März bis Oktober werden täglich Radtouren entlang der Küste und zur Ermita de Betlem angeboten; Abfahrt ist immer um 10 Uhr.

Segpark OUTDOOR-AKTIVITÄTEN

(☎ 634 317266; www.segpark.es; Carrer de l'Agulla 85D; 90-minütige Segway-Tour Erw./Kind 44/34 €, E-Bike 1 Std./Tag 7/22 €; ⏲ 10–20 Uhr) Wer Lust auf eine Fahrt über einen Hindernisparcours in einem schicken zweirädrigen, sich selbst balancierenden Elektroscooter hat, ist hier genau richtig. Eine Schnupperfahrt kostet 5 €, eine 15-minütige Runde 10 €. Außerdem werden 90-minütige Cala-Ratjada-Touren angeboten.

Illes Balears Ballooning BALLONFAHRTEN

(☎ 607 64 76 47; www.ibballooning.net; Joan Moll 49, Cala Rajada) In Cala Ratjada im äußersten Osten der Insel kann man Ballons chartern.

Feste & Events

Festes del Carme RELIGIÖSES FEST

(⏲ Mitte Juli) GRATIS Das wichtigste Fest in Cala Ratjada zu Ehren der Verge del Carme, der Schutzheiligen aller Fischer, wird mit Feuerwerk, einer aufwendigen Prozession und zahlreichen Kulturevents gefeiert.

Essen

In Cala Ratjada ist das Essen internationaler als in vielen anderen Städten Mallorcas: Hier gibt's Pizza, Kebabs und Currywurst, aber natürlich auch gute mallorquinische Meeresfrüchte.

★ **Es Coll d'Os** MEDITERRAN €€

(☎ 971 56 48 55; www.escolldos.com; Carrer de Verge de l'Esperança 5; 3-Gänge-Menü 31 €; ⏲ Mo–Sa 18.30–22.30 Uhr) Dieses familiengeführte Finca-Restaurant scheint Lichtjahre von den geschmacklosen Touristenlokalen Cala Ratjadas entfernt zu sein. Auf der mit Weinreben geschmückten Terrasse wird kreativ zubereitete saisonale Küche serviert. Die Kräuter und Gemüsesorten stammen aus eigenem Anbau, das Lammfleisch kommt von der Finca und der Fisch aus heimischen Gewässern.

Ca'n Maya FISCH & MEERESFRÜCHTE €€
(☎971 56 40 35; www.canmaya.com; Carrer d'Elionor Servera 80; Hauptgerichte 14–24€; ⏲April–Nov. Di–So 12–16 & 19–24 Uhr) Das zentral gelegene Traditionsrestaurant (1983 gegründet) ist das vielleicht authentischste und zwangloseste Meeresfrüchtelokal der Stadt. Die verglaste Terrasse am Hafen lädt dazu ein, den gebratenem Tintenfisch, die Scheidenmuscheln, den gegrilltem Seeteufel, den Seespinnenreis, den norwegischen Hummer und viele andere maritime Delikatessen in aller Ruhe zu genießen.

Restaurante del Mar INTERNATIONAL €€€
(☎680 133381; www.mallorca-delmar.com; Avinguda de América 31; Hauptgerichte 18–25€, Probiermenü 39€; ⏲April–Juni Di–So 11.30–23 Uhr, Juli–Okt. Di–So 17.30–24 Uhr) Eine luftige Terrasse mit Meerblick bietet dieses Restaurant, das von einem Schweizer Paar geführt wird und vor allem Leckereien aus dem Meer bietet, etwa eine großartige *parrillada* mit fünf Fischsorten, Meeresfrüchten und Grillgemüse. Ansonsten stehen international inspirierte Gerichte auf der Karte – thailändische Currys finden sich neben Wiener Schnitzel und Lammeintopf mit Rösti nach Züricher Art.

Ausgehen & Nachtleben

Cala Ratjada ist der Ort im Nordosten Mallorcas, wo man mal richtig einen draufmachen kann, besonders rund um die Carrer des Coconar und die Carrer d'Elionor Servera.

Royal BAR
(☎971 81 82 22; Carrer d'Elionor Servera 74; ⏲9–1 Uhr; 📶) Das besonders zum Sonnenuntergang sehr beliebte Royal hat eine elegante Terrasse mit Blick auf das schmale Ende des Hafens. Livemusik erklingt donnerstags (DJs), freitags (Flamenco) und samstags (Jazz) um 20 Uhr. Die Küche bringt erstklassige Meeresfrüchte, Salate und Grillgerichte auf den Tisch, darunter ein sehr günstiges Mittagsmenü (10 €).

Café Noah's BAR
(☎971 81 81 25; www.cafenoahs.com; Avinguda de América 2; ⏲9–2 Uhr) Wer das bunte Treiben an der Küstenpromenade bei einem Cocktail auf sich wirken lassen möchte, hat von der Terrasse dieser schicken Loungebar den perfekten Ausblick. Drinnen gibt's gemütliche Ledersofas und im Sommer heizen DJs dem Publikum jeden Abend ein.

Praktische Informationen

Touristeninformation (☎971 81 94 67; www.ajcapdepera.net; Centre Cap Vermell, Carrer de l'Agulla 50; ⏲Mo–Fr 9–13 & 16–20 Uhr) Im weißen Rathausgebäude. Vormittags trifft man englisch sprechende Mitarbeiter an. Auf dem Platz vor dem Rathaus gibt's kostenloses WLAN.

An- & Weiterreise

Bus 411 verbindet Palma mit Artà und Cala Ratjada und fährt täglich fünfmal in jede Richtung (11 €, 2 Std.). Von Mai bis Oktober steuert ein Bus die Strände und Attraktionen in der Nähe mehrmals täglich an, darunter Cala Mesquida, Cala Agulla und die Coves d'Artà (jeweils 1,85 €).

Vom Hafen startet täglich ein Tragflächenboot nach Ciutadella (Menorca).

Canyamel

315 EW.

Das kleine Canyamel ist natürlich viel ruhiger als die größeren Ferienorte an der Ostküste, wenngleich auch hier (in Maßen) gebaut wird und die hübsche **Platja de Canyamel** sehr voll werden kann. Die gut betuchten Einheimischen, deren teure Häuser an den Südhängen oberhalb der Stadt stehen, halten sich davon fern. Im Landesinneren gibt's einen schönen mittelalterlicher Turm, der in ein Kulturzentrum verwandelt wurde, sowie einen majestätischen Höhlenkomplex mit viel weniger Besuchern als in anderen Höhlen an dieser zerklüfteten Küste.

Sehenswertes & Aktivitäten

Coves d'Artà HÖHLEN
(☎971 84 12 93; www.cuevasdearta.com; Carrer de Coves de s'Ermita; Erw./Kind 7–12 J./Kind unter 7 J. 14/7 €/frei; ⏲April–Juni. 10–18 Uhr, Juli–Sept. bis 19 Uhr, Nov.–März 10–17 Uhr) 1 km nördlich von Canyamel liegen diese Höhlen, in die man durch einen unscheinbaren Riss in einer Felswand gelangt. Sie dienten Jules Verne möglicherweise als Inspiration für *Die Reise zum Mittelpunt der Erde*. In der Eingangshöhle steht ein 22 m hoher Stalagmit, die „Königin der Säulen", dahinter folgen weitere Räume, darunter die „Halle des Fegefeu-

ers" und die „Höllenkammer". Die 30-minütigen Höhlenführungen beginnen alle halbe Stunde.

Torre de Canyamel BURG
(☎971 84 11 34; www.torredecanyamel.com; Carretera Artà–Canyamel, Km 5; Erw./Kind unter 13 J. 3 €/frei; ⏲Di–So 10–15 & Di–Sa 17–20 Uhr) Nur 3 km landeinwärts von Canyamel steht der schon an der Hauptküstenstraße ausgeschilderte markante Torre de Canyamel. Der 23 m hohe Wehrturm aus goldgelbem Stein wurde nach dem Zuckerrohr benannt, das früher in der Region angebaut wurde. Er bietet sich für einen spannenden Abstecher an. Neben einem Restaurant und einem Veranstaltungsraum gibt's auch eine Dauerausstellung, die mit Exponaten der Ethnografischen Sammlung Morell 700 Jahre Kulturgeschichte in der Gegend illustriert.

Canyamel Golf GOLF
(☎971 84 13 13; www.canyamelgolf.com; Avinguda d'es Cap Vermell; 9/18 Löcher 59/98 €; ⏲Juni–Aug. 7.45–21 Uhr, sonst kürzere Öffnungszeiten) Dieser 18-Loch-Platz, der das reizvolle Gelände intelligent (und anspruchsvoll) ausnutzt, ist einer der am schönsten gelegenen der Insel. Hier leben auch Schildkröten, also in der Nähe der Wasserhindernisse vorsichtig sein.

Pula Golf GOLF
(☎971 81 70 34; www.pulagolf.com; Carretera Son Servera–Capdepera, Km 3; 9 Löcher 39–49 €, 18 Löcher 67–84 €; ⏲8–19 Uhr) Der von José María Olazabal entworfene 18-Loch-Platz der PGA Tour ist der längste Mallorcas. Hier gibt's auch ein Hotel und einen Country-Club, die sich in einer stattlichen Landvilla aus dem 16. Jh. befinden.

Essen

★**Porxada de Sa Torre** MALLORQUINISCH €€
(☎971 84 13 10; www.restauranteporxadadesatorre.com; Carretera Artà–Canyamel, Km 5; Hauptgerichte 17–20 €; ⏲19–23 & Di–So 13–15.30 Uhr) Das Porxada de Sa Torre, das sich auf eine Gartenterrasse öffnet, ist eine Bastion mallorquinischer Küche. Dafür sorgen *tumbet*, perfekt gebratenes Kaninchen mit Zwiebeln und das weithin berühmte *lechona* (über Steineichenholz gegrilltes Spanferkel). Wer mag, kann sogar den Köchen bei der Zubereitung zusehen! Die rustikale Architektur mit viel Stein und Holz, alte landwirtschaftliche Geräte und eine noch ältere Olivenpresse sowie nette Angestellte runden den tollen Gesamteindruck ab.

An- & Weiterreise

Bus 441 verkehrt zwischen Canyamel und Cala Ratjada (1,85 €, 25 Min., häufig). Im Sommer gibt's weitere saisonale Busse: Bus 473 fährt nach Artà (1,85 €, 20 Min., Mo–Sa bis zu 5-mal tgl.) und Cala Ratjada (1,85 €, 25 Min., 2- bis 9-mal tgl.).

VON CALA MILLOR NACH PORTOCOLOM

Für die Millionen von Urlauber, die jedes Jahr die Sandstrände bevölkern, in den sanften Wellen planschen und in All-inclusive-Resorts übernachten, ist die Küste zwischen Cala Millor und Portocolom das Paradies schlechthin. Für diejenigen, die den Verlust der früher unberührten mallorquinischen Küste betrauern, sind die Massen von Hotels und Pools dagegen eine Katastrophe. Die vielen Urlauber sollten einen allerdings nicht gänzlich abschrecken: Man kann einfach in einem der gemütlichen ländlichen Hotels absteigen und zu Stränden abseits des Rummels mit dem Auto oder dem Rad fahren bzw. wandern, etwa zur Cala Romántica oder zur Cala Varques.

Cala Millor

5100 EW.

Von seinen bescheidenen Anfängen in den 1930er-Jahren ist Cala Millor zu einem Ungetüm von Ferienort angewachsen – dem größten an der Ostküste Mallorcas. Wandert man in der Dämmerung am 1800 m langen Strand entlang, bekommt man eine leichte Ahnung davon, wie es hier vor der touristischen Erschließung einmal gewesen sein könnte. Natürlich wollen viele Besucher genau das, was Cala Millor bietet: Spaß, Sonne, Sand und Sangria. Wer Einsamkeit sucht, kann die anstrengende Küstenwanderung zum **Castell de n'Amer** unternehmen, von wo sich ein Blick aufs Meer bietet.

Sehenswertes

Safari-Zoo ZOO
(☎971 81 09 09; www.safari-zoo.com; Carretera Portocristo–Son Servera, Km 5; Erw/Kind 19/12 €; ⏲Juni–Sept. 9–18.30 Uhr, sonst 10–16 Uhr) Jenseits von Cala Millors Betonbunkern liegt der Safari-Zoo, in dem man bequem vom eigenen Auto aus oder vom offenen Touristenzug, der neunmal täglich eine Runde über die Anlage dreht, über 600 Tiere bestaunen kann. Dazu zählen Nashörner, Nil-

ABSTECHER

ABGESCHIEDENE BUCHTEN SÜDLICH VON PORTO CRISTO

An der Küste südlich von Porto Cristo erstrecken sich mehrere herrlich einsame Buchten, die fast alle von der Fernstraße Ma 4014 zwischen Porto Cristo und Portocolom ausgeschildert sind. Die größte und touristischste ist die **Cala Romántica** (S'Estany d'en Mas; P), ein 160 m langer Strand mit blass-goldenem Sand, Klippen und seichtem türkisblauem Wasser. Mit nur wenigen Hotels zählt der Urlaubsort zu den ruhigeren der Insel. In die Felsen am Meer wurde eine grobe Promenade gehauen.

Südlich der Cala Romántica kommen einige schöne Fleckchen wie die **Cala Varques** (Cala Barques) (bekannt für eine Höhle in den Felsen über der Bucht), die **Cala Sequer**, die **Cova del Pilar** und die **Cala Magraner**. Letztere ist eine wilde, abgeschiedene Bucht am Ende einer Schlucht und wegen der wettergegerbten Klippen bei Kletterern beliebt. Keiner dieser Orte ist direkt mit dem Auto zu erreichen (tatsächlich wäre es bei einigen per Boot am einfachsten), deshalb muss man zuletzt ein paar Minuten laufen.

pferde, Zebras, Giraffen, Paviane, Gnus und verschiedene Antilopenarten. Hier haben die Tiere viel Platz – anders als in dem restlichen Teil des Parks, der mit seinen engen Gehegen den typischen (deprimierenden) Anblick eines klassischen Zoos bietet.

Praktische Informationen

Touristeninformation (971 58 58 64; www.visitcalamillor.com; Plaça Eureka; Mai–Okt. Mo–Fr 9–17, Sa bis 13 Uhr, Nov.–April Mo–Fr 9–15 Uhr)

An- & Weiterreise

Bus 441 fährt die Ostküste rauf und runter und verbindet Cala Millor mit Ferienorten wie Cala d'Or (8,10 €, 1¼ Std., bis zu 5-mal tgl.), Porto Cristo (1,85 €, 30 Min.) und Portocolom (5,95 €, 1¼ Std.). Bus 447 fährt nach Porto Cristo (1,85 €, 30 Min., 2-mal tgl.), Bus 412 verkehrt nach Palma (9,70 €, 1¾ Std., bis zu 15-mal tgl.).

Porto Cristo

7287 EW.

Mallorcas größte Höhlen, die überirdisch anmutenden Coves del Drac, sorgen dafür, dass Porto Cristo sich ungebrochener Beliebtheit bei Tagesbesuchern erfreut, die in ganzen Busladungen einfallen. Das Städtchen ist nicht so glamourös wie andere Ferienorte an der Küste, aber das macht sein ruhiger Charme allemal wett.

Sehenswertes

★ Coves del Drac HÖHLEN

(Drachenhöhlen; 971 82 07 53; www.cuevasdeldrach.com/de; Carretera Cuevas; Erw/Kind 15/8 €; März–Okt. 10–17 Uhr, Nov.–Anfang März 10.45–15.30 Uhr) Die Coves del Drac sind überlaufen und überteuert – aber sie werden auf keinen Fall überschätzt. Von allen zugänglichen Höhlenkomplexen Mallorcas ist dies der unvergesslichste. Allein wird man natürlich nicht sein, wenn man – begleitet von Erläuterungen in mehreren Sprachen – 1,2 km ins Gestein vordringt. Man bummelt durch eine Höhle nach der anderen, und sie alle bieten unglaubliche Formen, Farben und Ausmaße. Die einstündige Tour (die immer zur vollen Stunde beginnt) endet in einem riesigen Amphitheater mit See und mit einem kurzen klassischen Konzert.

Passeig de la Sirena STRAND

() Am meisten Trubel herrscht auf dem Passeig de la Sirena und am Hafen, wo man an einem kleinen, vollen Strand das Kommen und Gehen der Fischerboote und Jachten verfolgen kann, am besten bei einem Eis oder einem Aperitif. Neben den goldgelben Klippen, die den Strand säumen, liegen die bescheidenen Coves Blanques. Diese kleinen Höhlen waren in der Talayot-Zeit bewohnt und wurden später von Fischern genutzt.

Coves dels Hams HÖHLEN

(www.cuevas-hams.com; Carretera Ma 4020 Manacor–Portocristo, Km 11; Erw/Kind 9 €/frei; März–Okt. 10–17 Uhr, Nov.–Febr. bis 16 Uhr) Dieses unterirdische Labyrinth am nördlichen Ende der Stadt liegt an der Straße nach Manacor und wartet mit einigen schönen Stalagtitenformationen und einer nach oben geöffneten Höhle mit vielen Pflanzen und Tieren auf. In der Haupthöhle mit ihren zwölf Galerien findet die musikalische Aufführung *Sea of Venice* statt. Die riesigen „Höhlen"-Schilder in der Stadt weisen übrigens den Weg zu den Coves dels Hams und nicht zu den berühmteren (und überfüllteren) Coves del Drac.

WANDERN AN DER OSTKÜSTE MALLORCAS

VIER-BUCHTEN-WANDERUNG

START FINCA CAN ROIG
ZIEL FINCA CAN ROIG
LÄNGE/DAUER 13 KM; 3–3½ STD.

Nördlich von Cales de Mallorca machen quirlige Ferienorte der Natur Platz. Auf den 6 km zwischen Cales de Mallorca und Cala Romántica gibt's nur felsige Buchten mit ein paar Pinien sowie durchlöcherte Felswände und das glitzernde Aquamarin des Mittelmeeres.

Die Wanderung beginnt an der **Finca Can Roig**, einem Landgut. Von der Carretera Porto Cristo–Portocolom (Ma 4014) muss man bei Km 6 östlich Richtung Cales de Mallorca abbiegen. Nach 2,2 km geht's links ab, dann ist 200 m weiter die Einfahrt zur Can Roig.

Von dort dem breiten felsigen Weg parallel zur Küste folgen. Nach 15 Minuten führt ein schmalerer Pfad rechts ab, vorbei an einer Schlucht und durch kleine Wäldchen bis zur **Cala Bota**, einer geschützten Bucht mit kleinem Sandstrand. Hier schlängelt sich ein steiler Weg um die Bucht bis zum oberen Rand, von wo sie in ihrer ganzen Pracht zu bewundern ist.

Von dort geht's auf demselben Weg zurück und über die zweite Abzweigung rechter Hand zur nächsten Bucht, der **Cala Virgili.** Von dem Weg führt ein Pfad direkt hinunter zu der schmalen von Klippen gesäumten Bucht, die mit ihrem klaren Wasser zu einem erfrischenden Bad einlädt. Der Abstecher dauert rund zehn Minuten.

Dann geht's weiter den Hauptweg entlang. Am schmalen nach rechts abzweigenden Pfad vorbei und geradeaus, bis ein zweiter Pfad in Sicht kommt. Diesem folgt man zur **Cala Pilota,** einer hübschen Bucht mit von Höhlen durchzogenen Klippen und türkisfarbenem Wasser.

Wieder auf dem Hauptweg zurück, nimmt man die zweite Abzweigung nach rechts hinunter zur letzten Bucht, der **Cala Magraner**, der größten und schönsten der vier. Der Weg endet an einer Lichtung; von dort folgt man die letzten Minuten einem schmaleren Pfad. Nachdem man ausgiebig im kristallklaren Wasser geplanscht und die kleinen Grotten im Fels erkundet hat, wandert man den Hauptweg zurück zur Finca Can Roig.

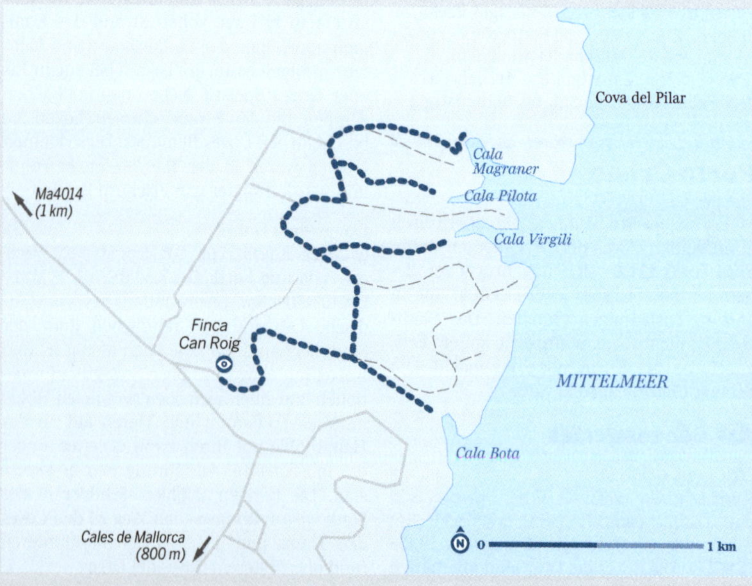

Die zerklüftete Küste mit dem azurblauen Wasser im Osten Mallorcas – am schönsten und ursprünglichsten zwischen der Cala de Mallorca und der Cala Romantica – eignet sich großartig zum Wandern.

DAVID C TOMLINSON/GETTY IMAGES ©

Wanderer an der Cala Matzoc, Artà (S. 158)

WANDERN IM PARC NATURAL DE LLEVANT

Wanderer sind im Parc Natural de la Península de Llevant in ihrem Element. Im Informationsbüro des Parks in **S'Alquera Vella de Baix** – wo man auch parken kann – bekommt man eine Karte, auf der 13 Wanderwege von insgesamt 25 km Länge durch den Park markiert sind. Eine klassische Route führt von hier bis zur Küste und hinunter zum kleinen Strand bei **S'Arenalet des Verger**, dort kann man auf einem **Campingplatz** (☎ Reservierungen Mo–Fr 9–16 Uhr unter 971 17 76 52; www.caib.es; S'Arenalet des Verger; pro Person & Nacht 5 €) oder im **refugi** (☎ Reservierungen Mo–Fr 9–16 Uhr unter 971 17 76 52; www.caib.es; S'Arenalet des Verger; Zi. 40 60 €) übernachten, wenn man vorher reserviert hat. Man sollte zwei Stunden einplanen.

Wer von Osten her kommt, kann in **Cala Estreta** (wo man parken kann, da es außerhalb des Parks liegt) beginnen. Die Wanderung folgt der Küste bis zur **Cala Matzoc**, führt am **Torre d'Albarca** aus dem 18. Jh. vorbei und dann nach Westen. Bis S'Arenalet des Verger, das am äußersten Punkt des Parks liegt, ist es noch eine weitere Stunde.

Um nach S'Alquera Vella de Baix zu gelangen, fährt man auf der Ma 3333 von Artà nach Norden in Richtung Ermita de Betlem und biegt an dem ausgeschilderten Abzweig bei Km 4,7 rechts ab, dann sind es noch 600 m bis zum Parkplatz.

KÜSTENWANDERUNGEN IN CALA RATJADA

Wer den Menschenmassen entkommen möchte, begibt sich auf diesen **Rundwanderweg,** der am nördlichen Ende von Cala Agulla beginnt. Er ist 10 km lang und führt durch die Pinienwäldchen eines Naturschutzgebiets bis zur unberührten, von Dünen umgebenen **Cala Mesquida.** Unterwegs biegt ein schmalerer Pfad an dem Schild mit der Aufschrift *torre* nach rechts zum Wachturm **Talaia de Son Jaume II** ab. Der Weg (7 km von/bis Cala Agulla) ist mit roten Punkten markiert; am Ende wird man mit einem spektakulären Panoramablick belohnt.

Aktivitäten

Skualo Adventure Sports & Dive Centre TAUCHEN
(☎ 971 81 50 94; www.mallorcadiving.com; Passeig del Cap d'Es Toll 11; 2 Tauchgänge mit/ohne Ausrüstung 72/96 €; ⏲ Ostern–Okt. Mo–Sa 9–18 Uhr) Die erstklassige Tauchschule bietet Anfängerkurse (90 €) und viele weitere PADI-Kurse, Schnorchelausflüge (45 €) und zweistündige Touren im Seekajak (45 €) sowie eine dreistündige Meereshöhlenexkursion mit Gelegenheit zum Schwimmen. In der Umgebung gibt's acht interessante Tauchspots mit unterschiedlicher Topografie und vielen Meereslebewesen.

Illa Balear BOOTSFAHRTEN
(☎ 971 81 06 00; www.illabalear.com; Carrer de Mestral 12; Erw/Kind 2 Std. hin & zurück 22/10 €, einfache Fahrt nach Cala Ratjada 15/10 €; ⏲ 8.30–17.30 Uhr; 👪) Veranstaltet Bootsfahrten (im Sommer bis zu neunmal täglich), meist in Glasbodenkatamaranen, zwischen Porto Cristo und anderen Ferienorten an der Ostküste, z. B. Cala Ratjada, Cala Romántica und Cala Millor.

Feste & Events

Festa de Sant Antoni RELIGIÖSES FEST
(⏲ 16. & 17. Jan.) Ganz Porto Cristo ist auf den Beinen, wenn am Vorabend von Sant Antoni, der traditionellen Segnung der Tiere, ein riesiges Feuer entzündet und der „Tanz der Teufel" veranstaltet wird.

Verge del Carme RELIGIÖSES FEST
(⏲ 16. Juli) Eine begeisterte Feier zu Ehren der Schutzheiligen der Fischer steigt jedes Jahr entlang der Küste. In Porto Christo wird eine Statue der Jungfrau in einer Prozession zu einem besonders geschmückten Boot getragen.

Essen

La Magrana CAFÉ €€
(☎ 971 55 69 74; Plaça de Déu del Carme 15; Hauptgerichte 15–16 €; ⏲ Di–Sa 9–16, So 10–14 Uhr; 📶 👪) Das zuckersüße Café, das oberhalb der Stadt an einem ruhigen Kirchplatz liegt, versprüht dank Vintage-Dekor, Topfpflanzen, Korbstühlen, Bildern und frechen Farben echtes Künstlerflair. Auf der Gartenterrasse werden frische Säfte, Eis und leichte Snacks wie *pa amb oli* (Brot mit Öl) mit Serrano-Schinken und Cannelloni mit frischem Salat serviert.

Sa Sal MEDITERRAN €€€
(☎ 971 82 20 49; www.restaurantesasal.com; Carrer de la Tramuntana 11; Hauptgerichte 25–26 €; ⏲ Mi–So 18.30–23.30 Uhr) Mit seinem professionellen Service, fantasievollen Gerichten und dem kerzenbeleuchteten Patio sticht das Sa Sal, das sich in einem erstaunlich schmuddeligem Viertel befindet, die meisten Restaurants der Stadt aus. In den Innenräumen des mallorquinischen Hauses mischen sich moderne Elemente mit Originalbalken und Steinwerk. Nach einfallsreichen Vorspeisen wie Ceviche mit Schwarz-Lauch-Eiscreme folgt als Hauptgericht z. B. superfrischer Fisch, mit Linsen und Safran geschmort.

Praktische Informationen

Touristeninformation (☎ 971 84 91 26, 662 350882; www.visitmanacor.com; Plaça de l'Aljub; ⏲ Mo–Fr 9–15 Uhr) Am Ende des Kais.

An- & Weiterreise

Acht Buslinien bedienen Porto Cristo, darunter Bus 412 nach Palma (8,50 €, 1½ Std., bis zu 10-mal tgl.) via Manacor (1,90 €, 30 Min.); die Busse 441, 445 und 448 fahren zu anderen Ferienorten an der Ostküste, darunter Cala Ratjada (unterschiedliche Preise, viele Busse).

Portocolom

4294 EW.

Portocolom, ein im Vergleich zu anderen Ferienhochburgen an der Ostküste recht verschlafener Ort, hat dem Touristenansturm würdevoll standgehalten. Jene, die Kolumbus' genuesische Herkunft bestreiten, erheben den zweifelhaften Anspruch, dass Portocolom sein wahrer Geburtsort sei. Die Stadt ist durch und durch maritim und hat einen großen natürlichen Hafen (einen von nur wenigen auf der Insel). Fischerboote, Segelboote sowie die eine oder andere Luxusjacht schaukeln im ruhigen Wasser der großen hufeisenförmigen Bucht. Taucher finden hier einige der besten Tauchspots Mallorcas.

Strände

In der Nähe von Portocolom erstrecken sich einige hübsche Strände, z. B. die unberührte kleine Bucht **Cala Marçal** und am Nordende der Stadt die malerische, friedliche **Cala s'Arenal**, wo die Einheimischen am liebsten baden. Auf der östlichen Landzunge öffnet sich die Bucht zum Meer hin, außerdem gewährt der Leuchtturm **Far de sa Punta de ses Crestes** aus dem 19. Jh. einen schönen Ausblick auf Portocolom.

Aktivitäten

Starfish BOOTSFAHRTEN
(http://starfishboat.com; Mai–Okt.;) Eine Fahrt im Glasbodenboot ist eine tolle Möglichkeit, die Küste südlich von Portocolom zu erkunden. Zusteigen kann man am Jachthafen von Portocolom Marina oder an der Cala Marçal gleich südlich davon. Starfish veranstaltet täglich mehrere Bootstouren nach Cala d'Or (Erw./Kind 22/12 €) und Cala Figuera (30/14 €) und hält unterwegs an fantastischen Buchten und Stränden.

East Coast Divers Mallorca TAUCHEN
(971 82 52 80; www.bahia-azul.de; Ronda Miquel Massuti Alzamora 77; April–Okt.) Das 1971 gegründete Tauchcenter hieß früher Bahia Azul. Ungeachtet des neuen Namens hat es immer noch deutsche Besitzer und bringt Taucher nach wie vor zu 15 Tauchspots in der Nähe, die mit Höhlen, Klippen, Schiffswracks und Meerestieren locken. Das „Discover"-Tauchprogramm für 79 € beinhaltet Tauchen im Pool und im Meer. Kurse kosten ab 210 €, zwei Tauchgänge bei der geschützten Illa de Cabrera 159 €.

Skualo Adventure Sports Centre TAUCHEN
(971 83 41 97; www.mallorcadiving.com; Ronda del Creuer Balear 53; Einführungstauchgang 90 €; April–Okt. Mo–Sa 8.30–20 Uhr) Eine renommierte Tauchschule, die auch Schnorcheln (45 €) und Kajakausflüge auf dem Meer (2–3 Std., 45 €) anbietet. Sie hat ihr Programm, das natürlich auch Tauch-Zertifizierungskurse enthält, zudem um Stehpaddeln und Speedbootfahren erweitert.

Essen

Portocoloms Ruf als entspannter Urlaubsort zieht ältere und wohlhabendere Gäste an als andere Ferienorte an der Küste. Dementsprechend gut sind die Restaurantoptionen!

★ **Restaurant Sa Llotja** SPANISCH €€
(971 82 51 65; www.restaurantsallotjaportocolom.com; Carrer dels Pescadors; Hauptgerichte 27–33 €, Menüs 37–50 €; Di–So 13–15.30 & 19–22.30 Uhr;) Das schicke Restaurant mit Glasfront und schöner Terrasse samt Hafenblick serviert köstliche Variationen bekannter Gerichte, aber mit konservativer Zurückhaltung. Vorspeisen können gegrillter mallorquinischer Tintenfisch oder ein Tatar aus rotem Thunfisch sein, gefolgt von Hauptgerichten wie Lammschulter-Confit oder regionale Seezunge nach Müllerinart. Das Drei-Gänge-Menü inklusive Wein, Wasser und Kaffee ist ein fantastisches Schnäppchen.

Restaurante HPC INTERNATIONAL €€
(971 82 53 23; www.restaurantehpc.com; Carrer de Cristòfol Colom 5; Hauptgerichte 16–25 €; 9–16 & 18.30–23 Uhr;) Ganz in Weiß mit einzelnen roten und grauen Farbakzenten kommt der Gastraum des HPC daher und öffnet sich einladend zur Straße hin – zum Frühstück ebenso wie zu einem Tapas-Mittagessen oder einem Aperitif am Nachmittag. Neben den international angehauchten Tapas (Hummus mit Ochsenschwanzstückchen oder Tempura-Garnelen) gibt's Gerichte mit gegrilltem Fisch sowie Fleisch, Pasta und Pizzas.

Celler Sa Sinia FISCH & MEERESFRÜCHTE €€€
(971 82 43 23; www.cellersasinia.com; Carrer dels Pescadors 25; Hauptgerichte 20–23 €; Di–So 13–15.30 & 20–23 Uhr) Die Speisekarten hat der Künstler Miquel Barceló entworfen und auf den Stühlen prangen Plaketten mit Namen der Stars, die hier gesessen haben: Das maritime Gewölbelokal versprüht zweifellos jede Menge Charakter. Spezialität des Hauses sind frischer Fisch (vielleicht Seeteufel mit Zwiebeln oder Steinbutt in Mousseline), Paellas und hausgemachte Nachtische, zudem punktet es mit herzlichem, altmodischem Service.

Praktische Informationen

Touristeninformation (971 82 60 84; www.visitfelanitx.es; Avinguda de Cala Marçal 15; Mo–Fr 9–16, Di & Do 18–21, Sa & So 9–13 Uhr) Am südlichen Ende der Stadt, an der Straße zur Cala Marçal.

An- & Weiterreise

Acht Buslinien fahren nach Portocolom, u. a. auch die Küstenbusse 441, 448 und 449 (Dutzende pro Tag). Die Expressbusse 490 und 491 fahren von/nach Palma (6,95 €, 1¾ Std., bis zu 7-mal tgl.)

Südliches Mallorca

Inhalt ➡

Gut essen

- ➡ Restaurante Petite Iglesia (S. 181)
- ➡ Sal de Coco (S. 175)
- ➡ Casa Manolo (S. 178)
- ➡ Aventura (S. 182)
- ➡ Port Petit (S. 184)

Topattraktionen

- ➡ Cala Pi (S. 173)
- ➡ Centro de Visitantes Ses Salines (S. 175)
- ➡ Parc Nacional Maritim-Terrestre de l'Arxipèlag de Cabrera (S. 179)
- ➡ Cap de Ses Salines (S. 178)
- ➡ Capocorb Vell (S. 173)

Auf ins südliche Mallorca

Dank der unwirtlichen Landschaft zwischen der Badia de Palma (Bucht von Palma) und Colònia de Sant Jordi ist der Süden Mallorcas noch relativ untouristisch. Große Teile der Küste werden von hohen unüberwindbaren Klippen abgeschirmt, an die unaufhaltsam das Mittelmeer brandet. Die Gegend mag schwer zugänglich sein, doch ihre raue, ungezähmte Schönheit ist hypnotisierend.

Zwischen den Klippen verstecken sich intime Buchten und lange feine Sandstreifen – echte Wunder der Natur! Ob von Felsen begrenzt oder in raues Pinien- und Wacholdergestrüpp übergehend: Hier locken einige der besten Strände Mallorcas. Entgegen anderen Inselteilen wurde Mallorcas Süden aufgrund der schlechten Zugänglichkeit, der landwirtschaftlichen Ausrichtung und dank verschiedener Naturschutzprojekte von den schlimmsten baulichen Auswüchsen verschont. Besucher erhalten hier Einblicke in das ursprüngliche Erscheinungsbild Mallorcas.

Reisezeit

Die Strände im Süden erwachen erst in den Sommermonaten so richtig zum Leben, vor Ostern und nach Oktober ist dagegen kaum etwas los. Doch auch die Zeit von November bis März, wenn Mallorca am ruhigsten und kühlsten ist, eignet sich für einen Besuch. Dann trifft man auf eine gefühlt menschenleere Insel mit fast unheimlich ruhigen Badeorten und nur einer Handvoll geöffneter Restaurants, Hotels und Geschäfte. In der Hauptsaison im Sommer kann man den Besuchermassen an den vielen ursprünglichen Küstenabschnitten aus dem Weg gehen.

Cala Pi

412 EW.

Der intime, äußerst charmante Urlaubsort in wunderschöner Lage überblickt einen weißen von Pinien gesäumten Traumstrand. An der Küste steht ein Wehrturm aus dem 17. Jh. und erinnert an das Mallorca vergangener Zeiten, als Angriffe nordafrikanischer Piraten an der Tagesordnung waren.

Sehenswertes

Cala Pi STRAND

Die wunderschöne Cala Pi ist über eine steile Treppe zugänglich (der Beschilderung auf dem Cami de la Cala Pi folgen) und nur 50 m breit, erstreckt sich jedoch 100 m in Richtung Landesinneres. Zu beiden Seiten ragen zerklüftete Felsen auf, die dafür sorgen, dass der Wellengang in der türkisblauen Bucht dem in einer Badewanne entspricht. Unten am Strand gibt's keinerlei Einrichtungen für Besucher, alles Nötige sollte man dabeihaben.

Capocorb Vell ARCHÄOLOGISCHE STÄTTE

(☎ 971 18 01 55; www.talaiotscapocorbvell.com; Carretera Arenal–Cap Blanc, Km 23; 2 €; ⌚ Fr–Mi 10–17 Uhr; P) In der weitläufigen prähistorischen Siedlung können Besucher auf felsigen Wegen an Bauwerken aus groben Steinen entlangwandern, die ungefähr um 1000 v. Chr. errichtet wurden. Die Anlage umfasst 28 Wohnhäuser und fünf *talayots* (quadratische und runde Steintürme; im Fall von Capocorb Vell ohne Mörtel). Sie wurde Anfang des 20. Jhs. entdeckt und vermittelt tolle Eindrücke von der einstigen Größe und dem Grundriss der mysteriösen Siedlung.

Essen

Die ansprechende gastronomische Auswahl umfasst typische mallorquinische Restaurants, die spanische und ausländische Touristen gleichermaßen begeistern. Sommerterrassen, Paella und Milchlammschulter zählen zum Standardprogramm.

Restaurante Miguel SPANISCH €€

(☎ 971 12 30 00; Carrer de la Torre 13; Hauptgerichte 18–22 €; ⌚ März–Okt. Di–So 11–23 Uhr) Hinter der rötlichen Landzunge, auf der Cala Pis malerischer Feuerturm aus dem 16. Jh. thront, beherbergt ein Bauernhaus im mallorquinischen Stil mit riesigem einladendem Innenhof das Restaurante Miguel. Auf den Tisch kommen fantastische Gerichte mit Meeresfrüchten wie Paella, Muscheln in Marinarasoße und Zackenbarsch mit Zitronensoße sowie deftigere mallorquinische Spezialitäten wie Kaninchen mit Pilzen. Außerdem gibt's ein vegetarisches Menü.

An- & Weiterreise

Bus 525 verkehrt morgens und abends jeweils einmal zwischen Cala Pi und Palma (5,55 €, 70 Min.).

Sa Ràpita

10 000 EW.

Das verschlafene Sa Ràpita ist die bedeutendste Ortschaft an diesem Küstenabschnitt. Seine felsige, von Wellen umtoste Küste bietet ebenso wie die Silhouette der nahe gelegenen Illa de Cabrera optische Erholung vom Anblick des ansonsten weitgehend nichtssagenden Dorfes. Im benachbarten Vallgornera gibt's die längste Höhle der Insel.

Sehenswertes

Platja de Ses Covetes STRAND

Der 200 m lange helle, seidige Strand mit kristallklarem Meer ist Teil des Wasserschutzgebiets **Reserva Marina del Migjorn de Mallorca**, dessen Kulisse aus Dünen und Pinien durch kein einziges Gebäude verschandelt wird. Es ist unbebaut, aber nicht unbesucht. Läuft man an der Küste Richtung Osten, kommt man an die Platja des Trenc. Die Platja de Ses Covetes liegt hinter Sa Ràpita an der Ma 6030. Parken kann man in Sa Ràpita.

Essen

Die meisten Restaurants an der Küstenstraße Avinguda de Miramar – also fast alle in Sa Ràpita – servieren mallorquinische Klassiker, Pizza und Pasta. Man kann hier gut essen, etwas Besonderes sollte man aber nicht erwarten.

Xaloc MALLORQUINISCH €€

(☎ 971 64 06 35; Carrer del Xaloc 36; Hauptgerichte 18–22 €; ⌚ Di–So 12.30–15.30, Di–Sa 19.30–23 Uhr; 👪) Das kleine mallorquinische Lokal in einer Seitenstraße ist bei Einheimischen sehr beliebt. Dafür sorgen Paella, gegrillter Fisch und andere einfache Klassiker der Balearen.

An- & Weiterreise

Bus 515 fährt von Palma nach Sa Ràpita (5,35 €, 1 Std., bis zu 5-mal tgl.).

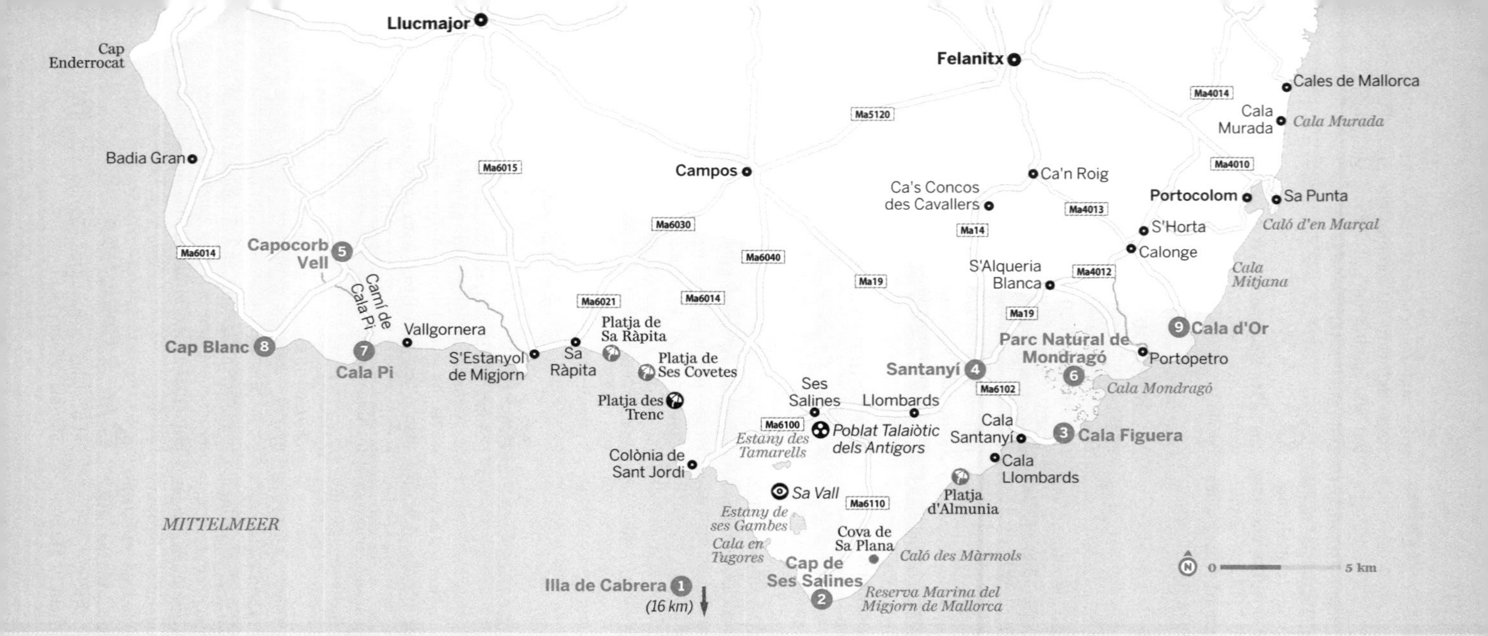

Highlights

1 **Illa de Cabrera** (S. 179) Mit dem Boot zum einzigen Nationalpark Mallorcas fahren.

2 **Cap de Ses Salines** (S. 178) Zu den inseltypischen Buchten wandern.

3 **Cala Figuera** (S. 181) In dem Fischerdorf den Fang des Tages genießen.

4 **Santanyí** (S. 180) Durch die hübschen gepflasterten Straßen spazieren.

5 **Capocorb Vell** (S. 173) Die Überreste der prähistorischen Talayot-Kultur entdecken.

6 **Parc Natural de Mondragó** (S. 183) Zwischen Dünen und Sümpfen baden, umherwandern und Vögel beobachten.

7 **Cala Pi** (S. 173) Die steilen Wände der schmalen Höhle bis zum sanften Sandgrund hinunterklettern.

8 **Cap Blanc** (S. 177) Vom Leuchtturm die Silhouette der Küste überblicken.

9 **Cala d'Or** (S. 183) Abseits des Glamours eine ruhige Bucht für eine Kajaktour finden.

Colònia de Sant Jordi

2734 EW.

Das einst verschlafene Fischerdorf wurde in den 1950ern von der Tourismusbranche entdeckt. Die vielen Urlauber aus Palma haben aus Colònia de Sant Jordi den größten Badeort an der Südküste gemacht. Die Straßen des sauberen, familienfreundlichen Städtchens überziehen wie ein Schachbrett die leicht hügelige Landschaft. In der Umgebung locken ein paar der besten und unberührtesten Strände Mallorcas, außerdem lässt sich von hier aus die maritime Wildnis der Illa de Cabrera entdecken.

Sehenswertes

Highlights sind die Uferpromenade und die tollen Strände innerhalb und außerhalb des Ortes, darunter die Platja des Trenc 20 Gehminuten vom nordwestlichen Stadtrand.

Centro de Visitantes Ses Salines — AQUARIUM

(☎971 65 62 82; www.balearsnatura.com; Ecke Carrer Gabriel Roca & Plaça del Dolç; ⏲10–14 & 15–18 Uhr, Dez. & Jan. geschl.) GRATIS Am nordöstlichen Ortsrand wacht ein Walskelett über diesem runden Gebäude aus Glas und Stein, das ein Interpretationszentrum mit Aquarium beherbergt. Hier wird das Meeresleben des Parc Nacional Marítim-Terrestre de l'Arxipèlag de Cabrera vor der Küste erklärt. Am Ende der faszinierenden (und kostenlosen) Erkundungstour zu 18 Aquarien und über 70 Arten geht's einen spiralenförmigen Weg rund um ein außergewöhnliches Wandgemälde von Miguel Mansanet hinauf, der sich von mallorquinischen Karten des Mittelmeers aus dem 16. Jh. inspirieren ließ.

Platja de Ses Roquetes — STRAND

Der breite weiße Sandstrand mit klarem, seichtem Wasser überblickt ein paar Inselchen. Nacktbaden ist erlaubt.

Platja des Trenc — STRAND

Die Platja des Trenc ist der größte mallorquinische Naturstrand; sie liegt 2 km nordwestlich vom südlichen Stadtrand von Colònia de Sant Jordi. Mit seinem herrlichen weißen Sand, tiefblauem Wasser und der idyllischen Kulisse aus Pinien und sanft gewellten Dünen demonstriert der Strand, wie schön Mallorcas Küste vor dem ausufernden Bauboom einmal war. Offiziell ein FKK-Strand, tummelt sich hier ein gemischtes Publikum mit und ohne Kleider. Vor Ort werden Sonnenliegen verliehen.

Aktivitäten

Piraguas Mix — KAJAKFAHREN

(☎660 470723; www.piraguasmixkayaks.com; Cami de Alcaria Rotja, Campos; Seekajaks pro Tag ab 30 €, geführte Kajakfahrten pro Person 30 €; ⏲8.30–20.30 Uhr) Einer der renommiertesten Kajakanbieter der Insel. Buchungen per Telefon; Treffpunkt ist im Zentrum von Sant Jordi.

Team Double J — RADFAHREN

(☎971 65 57 65; www.teamdoublej.com; Avinguda de la Primavera 7A; Carbonrennrad pro Tag/Woche 30/130 €; ⏲Feb.–Okt. Mo–Fr 9.30–13.30 & 15–19, Sa & So ab 17 Uhr) Der Anbieter verleiht hochwertige Fahrräder, die sich für unwegsames Gelände oder lange Straßentouren eignen. Zudem hat er Karten und Infos zu Routen in der Gegend auf Lager. Wer außerhalb der Saisonöffnungszeiten ein Rad benötigt, ruft an oder schreibt eine E-Mail.

Essen

Am Carrer Gabriel Roca, der teils verkehrsberuhigten Hafenstraße, werden vor allem *pa amb oli* (Brot mit Öl) und Tapas serviert. Kreativere Küche ist Mangelware.

Sal de Coco — MEDITERRAN €€

(☎971 65 52 25; www.restaurantsaldecoco.com; Moll de Pescadors; Hauptgerichte 15–20 €, Menüs 28 €; ⏲März–Nov. Mi–Mo 7.30–23 Uhr; 📶) Das schicke Bistro voller Kunstwerke verdankt seinen Namen dem Salz, das sich auf den Felsen rund um Colònia de Sant Jordi absetzt. Hier serviert Marta Rosselló originelle Varianten mediterraner Gerichte wie Fisch und Spinatravioli mit Garnelensoße, Tintenfisch und Pilzrisotto sowie hervorragendes Steak Tartare. Alle Gerichte sind liebevoll angerichtet und extrem schmackhaft.

Marisol — INTERNATIONAL €€

(☎971 65 50 70; Carrer Gabriel Roca 63; Hauptgerichte 16–20 €; ⏲12.30–22.30 Uhr; 📶👪) Passend zur maritimen Lage ist der Schwerpunkt hier eindeutig Fisch. Zu empfehlen sind Seehecht in Salzkruste, Petersfisch und Skorpionfisch (vor allem dann, wenn sie frisch gefangen sind); bezahlt wird pro Kilo. Alternativ lässt man sich an einem Tisch auf der großen überdachten Terrasse am Wasser Pasta, Pizza, Fisch, Meeresfrüchte, Reisgerichte oder Eintöpfe schmecken.

Praktische Informationen

Touristeninformation (☎971 65 60 73; www.mallorcainfo.com; Carrer Gabriel Roca; ⏲Mai–Sept. 10–14 & 17–21 Uhr, Okt.–April 16–18 Uhr)

WANDERN IM SÜDLICHEN MALLORCA

VOM CAP DE SES SALINES NACH COLÒNIA DE SANT JORDI

START CAP DE SES SALINES
ZIEL COLÒNIA DE SANT JORDI
DAUER/LÄNGE 9 KM; 3 STD.

Der Küstenpfad zwischen dem Cap de Ses Salines und Colònia de Sant Jordi ist eben, aber steinig. Er führt vorbei an verwitterten Felsformationen und abgeschiedenen Sandstränden, die sich zum Schwimmen perfekt eignen. Unbedingt reichlich Trinkwasser mitnehmen, unterwegs gibt's keine Wasserquellen und nur wenig Schatten! Am Wegesrand wachsen wilder Spargel und die *azucena de mar* (Portulak-Keilmelde), die im Juli und August blüht und wunderbar duftet.

Am besten lässt man sein Auto auf dem Seitenstreifen beim **Cap de Ses Salines** stehen, das auf der Fernstraße ausgeschildert ist. Von dort geht's zunächst in Richtung Meer und dann westwärts (nach rechts). Links glitzert das Wasser in Tausenden von Blautönen und in der Ferne sieht man die Illa de Cabrera, während sich rechts des Weges Sa Vall, das Landgut der Familie March, erstreckt.

Etwa 30 Minuten geht's über die für die Küste typischen rötlichen Kalksteinfelsen, die der Kathedrale von Palma ihre auffällige Farbe gaben. Dann kommt der erste „jungfräuliche" Strand, die Platja des Cargol, geschützt durch eine natürliche Felsmole. Im Sommer kann es hier allerdings ziemlich voll werden (an Land und auf dem Wasser).

Entlang der Küste warten andere Buchten und Strände, etwa zur Cala en Tugores (nach 1 Std.), zur Platja de Ses Roquetes, zur Platja des Carbó (nach 2¼ Std.) und schließlich zur Platja des Dolç (nach 3 Std.). Dank ihres feinen Sandes und dem sanften Gefälle (und den Wellen) sind sie alle wirklich atemberaubend. Selbst im Sommer sorgt die idyllische Kulisse aus Wacholdersträuchern und kreischenden Möwen dafür, dass man glaubt, an einen ganz besonderen Ort entflohen zu sein.

Colònia de Sant Jordi, das Ziel der Wanderung, liegt Am Westende der Platja des Carbó.

Unangetastete Küstenlandschaft ist auf Mallorca Mangelware, aber eine Wanderung vom Cap de Ses Salines bis nach Colònia de Sant Jordi bietet reichlich davon.

TOLO BALAGUER/AGEFOTOSTOCK ©

Colònia de Sant Jordi (S. 175)

CAP BLANC

Auf der Küstenstraße, die von Palma nach Capocorb Vell und Cala Pi führt, lohnt sich ein kleiner Umweg zu dieser windgepeitschten atmosphärischen Landspitze. Auf der Schnellstraße Ma 6014 von S'Arenal im Süden kommend, biegt man am Schild „Cap Blanc" rechts ab. Bald tauchen ein Leuchtturm und eine verlassen wirkende Militäranlage vor einem auf. Vor Ort gibt's Parkplätze.

Hinauf zum Leuchtturm kommt man nicht, dafür kann man außen herum zur steilen Klippe laufen, auf der er thront. Von hier aus bieten sich atemberaubende Ausblicke über die rötlichen Felsen: In der einen Richtung liegen Palma und die westlichen Berge, in der anderen die Illa de Cabrera und über dem Mittelmeer kreisen die Seevögel. Bläst der Wind nicht allzu stark, eignet sich der Ort bestens für ein Picknick. Vorsicht mit Kindern oder Hunden: Es gibt keine Umzäunung und ein Sturz den steilen Hang hinunter ist lebensgefährlich.

WANDERN AUF DER ILLA DE CABRERA

Der beliebteste Wanderweg führt zu einer restaurierten **Burg** aus dem 14. Jh. Ursprünglich sollte die Festung Piraten von der Insel fernhalten. Der 30-minütige Weg schlängelt sich an der Nordseite der Insel entlang und erklimmt dann die 80 m hohen Klippen, auf denen die Burg steht.

Manchmal gibt's auch Führungen auf dem 20-minütigen Weg zu **Es Celler**. Das einstige Bauernhaus beherbergt heute ein Museum und war früher das Wohnhaus der Familie Feliu. Ihr gehörte Anfang des 20. Jhs. die komplette Insel. In der Nähe steht ein Denkmal für die französischen Gefangenen, die auf Cabrera umkamen.

Andere mögliche Routen, für die man jeweils eine Genehmigung braucht, führen zum **N'Ensiola-Leuchtturm** (4 Std.), zur **Serra de Ses Figueres** im Süden (2½ Std.) oder zum höchsten Punkt der Insel, dem 172 m hohen **Picamosques** (3 Std.).

An- & Weiterreise

Bus 502 verbindet Palma mit Sant Jordi (6,40 €, 1¼ Std., bis zu 6-mal tgl.).

Ses Salines

10 288 EW.

In Ses Salines („Die Salzpfannen") wurde schon zur Zeit der Römer Salz gewonnen. Das wunderschön erhaltene landwirtschaftliche Zentrum entwickelt sich zunehmend zu einer der attraktivsten Städte im Landesinneren. Dank guter Bars, Restaurants und Hotels sowie Lebensmittelläden, die hiesigen Wein, Salz und andere bei Urlaubern beliebte Produkte verkaufen, mauserte es sich von einer ländlichen Durchgangsstation zu einem gern besuchten Städtchen. Inmitten der hübschen Naturkulisse lockt es zudem mit Wander- und Radwegen in direkter Nähe zum salzigen Meer.

Sehenswertes

Weil die Sehenswürdigkeiten des Ortes recht weit verstreut liegen, benötigt man für die Besichtigung ein Auto (oder Fahrrad).

Cap de Ses Salines — LEUCHTTURM

(Carretera de Cap de Ses Salines) Um zum Cap de Ses Salines, einer wunderschönen Felslandschaft an Mallorcas südlichstem Zipfel, sowie zum zugehörigen Leuchtturm von 1863 zu gelangen, folgt man der Ma 6110 ab Llombards für 9 km in südlicher Richtung. Am Kap selbst gibt's nicht viel zu sehen, allerdings erstrecken sich zu beiden Seiten Naturstrände, die zum Schutzgebiet Reserva Marina del Migjorn de Mallorca gehören.

Botanicactus — GÄRTEN

(☎ 971 64 94 94; www.botanicactus.com; Carretera Ses Salines–Santanyí, Km 1; Erw./Kind 9,50/4,50 €; ⏲ März–Okt. 9–19 Uhr, Nov.–Feb. 10.30–16.30 Uhr; Ⓟ) Vor den Stadttoren von Ses Salines liegt Mallorcas größter botanischer Garten. Auf dem 15 ha großen Gelände gibt's nicht nur stachelige Kakteen, sondern auch jede Menge Palmen, Bambuswäldchen, Zypressen, Johannisbrot- und Orangenbäume. Bei schönem Wetter bietet sich ein Spaziergang zu den über 1600 Arten von mediterranen und exotischen Pflanzen sowie Sumpfgewächsen an.

Artestruz Mallorca — STRAUSSENFARM

(☎ 639 721735; www.artestruzmallorca.com; Ma 6014, Km 14; Erw./Kind 12/7 €; ⏲ 10–20 Uhr, genaue Öffnungszeiten auf der Website; 👪) Hauptattraktion dieser Farm ist die Möglichkeit, Strauße zu sehen, zu streicheln und zu füttern. Vor allem Kinder werden begeistert sein. Die Tiere sind auch nachts aktiv. Gegen Vorbestellung kommen Besucher in den Genuss von Mahlzeiten (mit Straußenfleisch und -eiern sowie mallorquinischem Wein), außerdem kann man in einem Laden Produkte aus Straußenleder wie Taschen und feine Schuhe kaufen. Eine echte Herausforderung ist Schottisches Straußenei – bereits ohne Brothülle wiegt dieses 1,3 kg!

Poblat Talaiòtic dels Antigors — ARCHÄOLOGISCHE STÄTTE

GRATIS Rund 1 km südlich von Ses Salines in Richtung Colònia de Sant Jordi führen Schilder zu dieser vernachlässigten archäologischen Stätte. Es gibt kein Besucherzentrum, sondern nur kaum leserliche Tafeln. Deshalb ist Fantasie gefragt, um sich vorzustellen, dass die niedrigen Steinmauern früher zu den Häusern einer prähistorischen Siedlung gehörten. Das Tor steht immer offen.

Geführte Touren

Salines des Trenc — GEFÜHRTE TOUR

(☎ 971 65 53 06; www.salinasdelevante.com; Carretera Colònia de Sant Jordi–Campos, Km 8,5; ⏲ 11–18 Uhr, Zutritt erfolgt gestaffelt) Wer mehr über Trencs berühmtes *flor de sal* (handverlesenes Meersalz) erfahren möchte, kann an einer 45-minütigen Führung (auf Spanisch oder Deutsch) durch die Salzpfannen teilnehmen. Diese widmet sich der Gewinnung und der Geschichte des Salzes sowie den über 170 Vogelarten, die im umliegenden Sumpfland leben.

Essen

Das gastronomische Angebot von Ses Salines kann sich sehen lassen, dafür sorgen mindestens vier gute Restaurants. Fast alle davon findet man direkt in der Stadt.

★ Casa Manolo — MALLORQUINISCH €€

(☎ 971 64 91 30; www.bodegabarahona.com; Plaça Sant Bartomeu 2; Hauptgerichte 17–23 €; ⏲ Di–So 11–16 & 19–23 Uhr) Mit Postkarten an den Wänden und von der Decke hängenden Serranoschinken sieht die Bodega noch aus wie bei ihrer Eröffnung 1945. Das trocken abgehangene Rind vom Josper-Grill ist fantastisch, der wahre Grund für den beständigen Erfolg sind jedoch die Reis-, Meeresfrüchte- und Fischgerichte. Zu den Spezialitäten des Hauses gehören Hummereintopf und *arròs notari,* Reis mit Meeresfrüchten und einer reichhaltigen Soße aus Tintenfischtinte.

Asador es Teatre MALLORQUINISCH €€
(☎ 971 64 95 40; www.asadoresteatre.com; Plaça Sant Bartomeu 4; Hauptgerichte 17–21 €; ⏲ Do–Di 12–23 Uhr) Spezialitäten des Asador Es Teatre sind Lammbraten, T-Bone-Steaks und andere hochwertige Fleischgerichte, perfekt zubereitet auf dem Josper-Grillofen. Das Gebäude, das bereits einen Friseurladen, eine Zahnarztpraxis und sogar einen Ballsaal beherbergte, stammt aus dem 19. Jh. Am schönsten ist die Außenterrasse mit tollem Ausblick auf das Treiben in der Stadt.

Cassai INTERNATIONAL €€
(☎ 971 64 97 21; http://cassai.es; Carrer de Sitjar 5; Hauptgerichte 17–21 €; ⏲ 11–23 Uhr; 📶) Der gepflasterte Hof dieses 300 Jahre alten Gebäudes mit Efeu, Topfpflanzen und kunstvoll arrangiertem verwittertem Holz lädt zu einem Aperitif, ein paar Tapas oder gehaltvolleren Speisen ein. Zur Auswahl gehören dabei *lomo de bacalao* (Dorschrücken) mit *tumbet* (mallorquinisches Gemüsegericht), Curry vom roten Thunfisch und ein preisgünstiges Mittagsmenü (8,50 €).

Ausgehen & Nachtleben

★ **Mon de Vins** WEINBAR
(☎ 971 64 97 73; www.llumdesal.es; Carrer Burguera Mut 14; ⏲ 11–24 Uhr) Robert Chaves' expandierendes Llum-de-Sal-Imperium hat einen neuen Außenposten, und der ist eine wunderbare Adresse, um mallorquinische (und andere) Weine zu kosten. Die Bar zieren verführerische Flaschen und es ist ein einladender Hof angeschlossen. Hier kann man eine Flasche zum Mitnehmen erstehen, vor Ort das eine oder andere Glas zusammen mit leckeren Tapas genießen oder je nach Lust und Laune einfach beides machen.

Shoppen

Bodega Llum de Sal FEINKOST
(☎ 971 64 97 73; www.llumdesal.es; Carrer Burguera Mut 14; ⏲ 9–24 Uhr, im Winter 10–21 Uhr) Kunstwerke zieren die Fassade dieses Feinkostladens in Holz- und Steinoptik an der Hauptstraße – mit seinem Zwischengeschoss ist er einer der schönsten in diesem Teil der Insel. Neben gutem Kaffee punktet er mit den hier erhältlichen Feinkostwaren, darunter mit verschiedenen Gewürzen verfeinertes Salz aus der Region für Fisch-, Fleisch- und Wokgerichte.

Flor de Sal d'Es Trenc ESSEN & TRINKEN
(☎ 971 64 28 61; http://flordesaldestrenc.com; Plaça Sant Bartomeu 9; ⏲ 10–13.15 & 17–21.30 Uhr) Die offizielle Verkaufsstelle von dem Meersalz, das man überall auf der Insel bekommt. Zur Auswahl stehen die natürliche Variante sowie Mischungen, die mit mediterranen Kräutern, Dickröhrlingen, schwarzen Oliven und anderen Aromen verfeinert wurden (8,95 € für 150–250 g). Außerdem gibt's Weine, Olivenöl und andere regionale Erzeugnisse.

ℹ An- & Weiterreise

Am besten kommt man mit dem eigenen Fahrzeug, weil man es zur Besichtigung der umliegenden Attraktionen benötigt. Wer auf öffentliche Verkehrsmittel angewiesen ist, gelangt mit dem Bus 502 nach Palma (7,30 €, 80 Min., bis zu 10-mal tgl.), Santanyí (1,50 €, 10 Min.), Campos (2,35 €, 25 Min.) und Colònia de Sant Jordi (1,50 €, 10 Min.).

Illa de Cabrera

Der einzige Nationalpark der Balearen, der **Parc Nacional Marítim-Terrestre de l'Arxipèlag de Cabrera** (☎ 971 72 50 10; ⏲ Ostern–Okt.), besteht aus 19 unbewohnten kargen und hügeligen Inseln. Diese sind für ihre Vogelwelt, die artenreiche Meeresflora und -fauna und ihre Eidechsenpopulationen bekannt. Illa de Cabrera ist die größte Insel und die einzige, die für Besucher zugänglich ist. Sie liegt nur 16 km vor der Küste bei Colònia de Sant Jordi. Auf den übrigen Inseln wird die Tier- und Pflanzenwelt erforscht. Pro Tag dürfen nur 200 Leute (300 im August) in das streng geschützte Naturreservat, also muss man mindestens einen Tag vorher einen Platz reservieren! Die **Parkhauptverwaltung** (☎ 971 17 76 45; http://en.balearsnatura.com; Carrer Gremí de Corredors 10; ⏲ 11–15 Uhr) befindet sich in Palma.

Sehenswertes & Aktivitäten

Die wunderbar ruhigen Strände **Sa Plageta** und **S'Espalmador** sind traumhaft. Das

SCHNORCHELN VOR DER ILLA DE CABRERA

Die Illa de Cabrera ist ein toller Spot zum Schnorcheln. Tauchen darf man nur mit Sondergenehmigung, aber Schnorchelausflüge vor der Küste sind ohne Erlaubnis möglich. Im Juli und August kann man sich auch für eine der Schnorchelexkursionen anmelden, die von den Parkwächtern geführt werden.

DIE TIERWELT DER ILLA DE CABRERA

Vogelliebhaber kommen auf Cabrera voll auf ihre Kosten, da hier Seevögel, Raubvögel und Zugvögel zumindest einen Teil des Jahres zu Hause sind. U. a. kann man Seeadler, die gefährdeten Balearensturmtaucher, Audouinmöwen, Gelbschnabelsturmtaucher, Eleonorenfalken und Wanderfalken sehen.

Zur facettenreichen Fauna gehört außerdem die kleine Balearen-Eidechse, die berühmteste Tierart auf Cabrera. Auf dem Archipel hat sie nur wenige Feinde, deshalb leben 80 % der Gesamtpopulation auf der Insel.

Ökosystem des Parks ist allerdings sehr empfindlich und nur wenige Pfade sind öffentlich zugänglich. Für die meisten braucht man entweder eine Genehmigung von der Parkverwaltung auf Cabrera oder muss sich einem Guide anschließen.

Castillo de Cabrera BURG
(☎ 630 982363; www.balearsnatura.com; Illa de Cabrera) Der gedrungene sechseckige Turm aus dem 14. Jh. schützte den östlichen Hafen Cabreras und wurde in den vergangenen Jahrhunderten wiederholt angegriffen, beschädigt und wieder aufgebaut. Eine Zeit lang fungierte die Burg als Gefängnis für französische Soldaten, von denen über 5000 starben, als sie 1809, gegen Ende des Spanischen Unabhängigkeitskrieges, einfach vergessen wurden. Heute genießt sie die idyllische Lage und wird von Touristen anstelle von Piraten heimgesucht.

Es Celler MUSEUM
(☎ 630 982363; Erw./Kind 2 €/frei; ⌚ 11.30–13 & 16–18 Uhr) Das restaurierte Bauernhaus beherbergt eine ethnografische und naturhistorische Sammlung. Draußen im botanischen Garten wachsen viele endemische Arten der Balearen.

Mar Cabrera BOOTSFAHRTEN
(☎ 971 65 64 03; www.marcabrera.com; Carrer Gabriel Roca 20; Erw./Kind ab 40/25 €; ⌚ 8–22 Uhr, Dez. & Jan. geschl.) Mar Cabrera bietet einen Schnellboot-Service und Touren zur Illa de Cabrera und zu den Buchten der Südküste.

Excursions a Cabrera BOOTSFAHRTEN
(☎ 971 64 90 34; www.excursionsacabrera.es; Carrer Dofi 11; Erw./Kind Boot 40/25 €, Schnellboot 45/29 €; ⌚ Hochsaison 8–22 Uhr, Nebensaison bis 16 Uhr, Nov.–Feb. geschl.; 👪) Veranstaltet Ausflugsfahrten in Schnell- und Standardbooten von Colònia de Sant Jordi zur reichen Wasser- und Vogelwelt des Parc Nacional Marítim-Terrestre de l'Arxipèlag de Cabrera.

Praktische Informationen

Informationsbüro des Parks (☎ 630 982363; http://en.balearsnatura.com; Port of Cabrera; ⌚ 8–14 & 16–20 Uhr) Tipps und Genehmigungen für Wanderungen und andere Aktivitäten auf der Insel.

An- & Weiterreise

Wer will, kann mit dem Privatboot nach Cabrera fahren – vorausgesetzt, er hat sich vorher eine Navigations- und Ankererlaubnis bei der Parkverwaltung besorgt. Fast alle Besucher kommen jedoch im Rahmen einer organisierten Tour. **Excursions a Cabrera** bietet Touren mit langsamen und schnellen Booten ab Colònia de Sant Jordi an; auch **Mar Cabrera** hat Speedboatfahrten im Programm.

Auf der Rückfahrt nach Colònia de Sant Jordi hält das Boot bei **Sa Cova Blava** (Blaue Höhle), einer fantastischen Grotte mit kristallklarem Wasser – perfekt, um ein Bad zu nehmen.

Santanyí

11 316 EW.

Das zwischen dem Parc Natural de Mondragó und Ses Salines gelegene Santanyí ist bestens erschlossen. Der hübsche Ort im Inselinneren mit honigfarbenen Kirchen und einer guten Auswahl an Bars, Boutiquen, Keramikläden und Restaurants zieht jede Menge Besucher an. Vor allem gut betuchte deutsche Touristen kommen gerne, was das Überangebot an Maklerbüros und Kunstgalerien erklärt.

Dorfmittelpunkt ist die Plaça Major mit ihrer Kirche, vor allem an Markttagen (mittwochs und samstags), wenn in fast jeder Straße im Zentrum lokale Lebensmittel, Lederwaren und Krimskrams verkauft werden. Nach Schließung der Stände gehört der Platz wieder den entspannten Cafés und Bars, die zu einem gemütlichen Abend mit Tapas und Getränken einladen.

Sehenswertes

Cala Llombards STRAND
Die winzige von rauen Felswänden eingeschlossene und von Pinien gekrönte Bucht Cala Llombards ist ein wunderschönes

Fleckchen Erde. Auf menschliche Intervention deuten nur eine Strandhütte als Bar und die Liegestühle hin, die von Sonnenschirmen aus Palmwedeln beschattet werden. Die Aussicht hier ist unglaublich: Man blickt auf türkisfarbenes Wasser, einen weißen Sandstrand und rötliche Felsen, die wie eine Promenade Richtung Meer führen. Zur Cala Llombards geht's von der Ma 6102 auf einer von Steinmauern eingefassten Straße hinunter (ausgeschildert); auf den angrenzenden Wiesen grasen Schafe.

Cala Santanyí STRAND

Cala Santanyí erfreut sich großer Beliebtheit, platzt aber nicht aus allen Nähten. Sie ist der Star einer Naturshow, in der auch grandiose klippengesäumte Buchten und ein fantastisches kobaltblaues Meer eine Rolle spielen. Die *cala* liegt am Fuß einer Art Schlucht mit einem sandigen Parkplatz (wer zu Fuß oder mit dem Rad zurück zur Ferienanlage will, hat sich wirklich was vorgenommen). Ein schmaler Pfad führt die Küste entlang zu dem natürlichen Felsbogen El Pontàs mitten im Wasser – ein angesagter Spot zum Schnorcheln.

Essen

Hungrige haben in Santanyí die Qual der Wahl – hinter jeder zweiten Tür versteckt sich eine Tapas-Bar oder ein Restaurant. Die Preise sind allerdings überteuert.

Alchemy EUROPÄISCH €€

(☎ 971 65 39 57; www.alchemysantanyi.com; Plaça Major 9; Hauptgerichte 18–21 €; ⏲ 9–23 Uhr) Trotz des Namens hat das Restaurant nichts mit Molekularküche oder ähnlichen Spielereien zu tun. Es punktet mit einem schönen Hof, schickem Bistro-Innenraum und herzlichem Empfang. Ambiente und Essen sind erfrischend schlicht. Als Vorspeise empfiehlt sich z. B. Enten-Confit mit Birnen-Chutney, gefolgt von Salzdorsch mit gerösteter Paprika oder Fleisch und Fisch vom Grill.

Es Molí de Santanyí TAPAS €€

(☎ 971 65 36 29; Carrer Consolació 19; Tapas 7–13 €; ⏲ Mitte Febr.–Mitte Nov. 13–23 Uhr) An der Straße, die von Santanyí nach Osten führt, befindet sich „Die Windmühle". Das große Restaurant serviert in einem Steinhaus mit hübscher Gartenterrasse samt Palmen und Gummibäumen eine leckere Tapas-Auswahl. Auf der Karte stehen einfallsreiche, toll angerichtete Leckerbissen, aus denen man sich sein eigenes kleines Festmahl zusammenstellen kann, darunter Thunfisch-Sashimi, Schweinelende mit *sobrassada*-Creme (würzige Räucherwurst) und gebratene Wachtel mit Linsen.

Praktische Informationen

Eine Touristeninformation gibt's nicht, das **Büro des Parc Natural de Mondragò** (☎ 971 64 20 67; http://en.balearsnatura.com; Carrer de Can Llaneres 8; ⏲ Mo–Fr 8–15 Uhr) informiert jedoch über den nahe gelegenen Naturpark.

An- & Weiterreise

Die Buslinien 501 (6,55 €, 1¼ Std., bis zu 10-mal tgl.) und 502 (6,55 €, 1¾ Std., bis zu 10-mal tgl.) verkehren in regelmäßigen Abständen nach Palma.

Cala Figuera

627 EW.

Ein ausgefranster Spalt in der Küstenplatte Süd-Mallorcas formte den überaus malerischen Hafenort Cala Figuera. Buschige Steilhänge säumen das kristallklare Wasser und lassen nur wenig Platz für Häuser, Bars und Restaurants. Trotz des anziehenden Charmes und der Nähe zu einigen der betriebsamsten Urlaubsorte Mallorcas bleibt es daher das Fischerdorf, das es immer gewesen ist. Zwar liegen ein paar Jachten neben den kleinen Fischerbooten vor Anker, doch bis heute verlassen hiesige Fischer im Morgengrauen den kurvigen Meeresarm und holen abends ihre Netze ein. Viele ihrer Häuser sind von der Straße aus nicht zugänglich, sondern nur über private Bootsstegs.

Geführte Touren

Red Star Tours BOOTSFAHRTEN

(☎ 664 243464; www.redstartours.com; Carrer de Virgen del Carmen 52; ⏲ 10–13 & 15–17 Uhr) Zur Auswahl stehen 45-minütige Touren zu den umliegenden Buchten wie Cala Santanyí (Erw./Kind 20/14 €) und 75-minütige Naturausflüge (27/19 €) zu einer Reihe weniger bekannter Buchten. Red Star verleiht außerdem Kajaks (3 Std. 20 €) und Festrumpfschlauchboote (2 Std. 85 €).

Essen

★ **La Petite Iglesia** FRANZÖSISCH €€

(☎ 971 64 50 09; Carrer de la Marina 11; Hauptgerichte 17–19 €, Menü 20 €; ⏲ tgl. 18–23 Uhr, Mo–Sa 9–13.30 Uhr; 👪) In den Gemäuern einer kleinen Sandsteinkirche mit Tischen im Freien unter Bäumen serviert das atmosphärische Restaurant großartige bodenständige französische Küche. Alles ist superfrisch, vom hausgemachten Brot bis zum jeweiligen Fang des Tages. Besonders zu empfehlen sind die köstlichen Terrinen und Schmorgerichte wie *boeuf bourguignon*.

L'Arcada MALLORQUINISCH €€
(☎971 645 032; Carrer de Virgen del Carmen 80; Hauptgerichte 15–20 €; ⌚April–Okt. 12–22.30 Uhr) Das entspannte Restaurant in Hanglage überblickt die blinkenden Boote im Hafen. Die Meeresfrüchte, von gegrilltem Tintenfisch bis zu mallorquinischen Garnelen, sind lecker. Eine gute Wahl trifft man jedoch auch mit den inselweiten Favoriten wie Paella, Schweinelende mit *tumbet* und Kaninchen mit Zwiebeln.

Restaurante Mistral MEDITERRAN €€
(☎971 64 51 18; Carrer de Virgen del Carmen 42; Hauptgerichte 18 €; ⌚Mitte April–Okt. 18.30–23 Uhr; 👪) In diesem schicken Restaurant über dem Hafen hat man die Qual der Wahl zwischen Tapas und aufwendigeren Speisen wie gegrillter Seezunge mit frischer Petersilienpaste oder *tumbet* mit Fleisch oder Fisch.

Ausgehen & Nachtleben

Bon Bar BAR
(☎691 389867; www.bonbar.es; Carrer Virgen de Carmen 27; ⌚10–24 Uhr, im Winter bis 22 Uhr) Das Café überzeugt vor allem mit der tollen Aussicht in die Ferne. Hoch über dem Meeresarm kann man sich hier einen Drink, *pa amb oli* oder – zu früherer Stunde – ein Eis genehmigen.

An- & Weiterreise

Bus 503 verbindet Cala Figuera mit Palma (7,05 €, 1½ Std., Mo–Sa 4-mal tgl., Umstieg in Santanyí) und Santanyí (1,50 €, 20 Min.).

Portopetro

Irgendwas ist besonders an Portopetro. Wer durch die steilen, schattigen Straßen schlendert, spürt sofort die idyllische Atmosphäre dieses intimen Fischerdorfes. Früher erfreute sich der Ort dank seiner geschützten natürlichen Bucht bei Fischern großer Beliebtheit. Einen Stadtstrand gibt's nicht. Manch einen mag das stören, dafür wurde das Städtchen von der zügellosen Bebauung Cala d'Ors direkt nördlich verschont.

Aktivitäten

Petro Divers TAUCHEN
(☎971 65 98 46; www.petro-divers.eu; Es Calo d'es Moix 8; ⌚März–Nov. 8.30–18.30 Uhr; 👪) Hier wird die gesamte Bandbreite an PADI- und SSI-Kursen von Einführung über Kindertauchen bis zu zertifizierten Open-Water-Kursen angeboten. Ein einzelner Tauchgang kostet für einen bereits zertifizierten Taucher 40 €; je mehr man bucht, desto günstiger wird's. Petro verleiht Ausrüstung und veranstaltet in der Hochsaison bis zu vier Ausflüge pro Tag.

Essen

Den Jachthafen säumen einige gute mallorquinische Restaurants. Unvergessliche Küche sollte man dort nicht erwarten, dennoch sind sie ihr Geld wert und bei schönem Wetter kann man auf den Terrassen am Hafen speisen.

Aventura MALLORQUINISCH €€
(☎971 65 71 67; Carrer de Sa Punta Mitjana 11; Hauptgerichte 17–22 €; ⌚April–Okt. 12–15.30 & 18–23 Uhr) Hafenblick, freundlicher Service und taufrischer Fisch machen das Aventura zur ersten Wahl an der Promenade. Toll sind die gemischten Tapas für zwei (25 €) und dazu eine Flasche *blanco* oder Hauptgerichte wie Seehecht mit Muscheln oder gegrillter Petersfisch.

Restaurante Marítimo MALLORQUINISCH €€
(☎971 65 80 50; Caló d'en Moix; Hauptgerichte 15–22 €, Mittagsmenü 14 €; ⌚Feb.–Okt. Di–So 12–16 & 19–23.30 Uhr; 👪) Das freundliche, unprätentiöse Restaurant neben Petro Divers bietet eine von Bougainvillea überwachsene Terrasse mit Hafenblick. Der Schwerpunkt liegt logischerweise auf Fisch, wobei die Auswahl von gegrilltem Seeteufel bis Paella mit jeder Menge Krustentiere reicht.

La Caracola MALLORQUINISCH €€
(☎971 65 70 13; Carrer Passeig d'es Port 40; Hauptgerichte 12–17 €, Mittagsmenü 9 €; ⌚8–23 Uhr; 👪) Neben Paella und Pasta überzeugt das beliebte Caracola seit 20 Jahren mit *calamares rellenos* (gefülltem Tintenfisch), *lechona* (Spanferkel) und mallorquinischer Ratatouille *(tumbet)*. Es ist zwar nicht die auffälligste Location am Ort, aber meistens die vollste.

An- & Weiterreise

Bus 501 verbindet Portopetro mit Palma (8,45 €, 1¾ Std., bis zu 10-mal tgl.) und Cala d'Or (1,50 €, 10 Min.).

Parc Natural de Mondragó

Mit seinen Stränden, Dünen, Feuchtgebieten, Klippen und Feldern ist der 766 ha große Naturpark im Landesinneren eine tolle Gegend zum Schwimmen und Wandern sowie ein echtes Paradies für (Hobby-)Ornithologen. Lediglich 95 ha der Fläche sind staatlich verwaltet. Ein großer Teil des restlichen Geländes ist bis heute in kleine von Steinmauern gesäumte Felder namens *rotes* mit Mandel-, Feigen-, Johannisbrot- und Olivenbäumen unterteilt.

Sehenswertes & Aktivitäten

Viele Besucher zieht es zum Baden in die herrliche **Cala Mondragó**, eine der attraktivsten Buchten an der Ostküste. Von großen Felsen geschützt und von Pinien gesäumt, besteht sie aus drei ruhigen, durch Trampelpfade verbundenen Sandstränden.

Praktische Informationen

Das kleine **Parkbüro** (☎ 971 18 10 22; http://en.balearsnatura.com; Carretera de Cala Mondragó; ⏲ 9–16 Uhr) beim Parkplatz Ses Fonts de n'Alis (Autos/Motorräder/Wohnwagen 5/2/9 €) hat Karten mit empfohlenen Wanderrouten auf Lager. Es gibt ein weiteres **Büro** in Santanyí.

An- & Weiterreise

Die Cala Mondragó liegt 2 km südlich von Portopetro. In der Hochsaison verbindet Bus 507 Cala Mondragó mit Cala d'Or (1,85 €, 45 Min., Mo–Sa bis zu 5-mal tgl., nur im Sommer) und ein paar anderen Badeorten.

Cala d'Or

3622 EW.

Es gibt sie zwar noch, die netten Buchten mit feinem Sandstrand und ruhigem azurblauem Wasser, allerdings sind sie im unaufhörlichen Trubel dieses schicken touristischen Badeorts nicht sonderlich leicht zu finden. Die fünf kleinen Buchten von Cala d'Or haben ihre eigene Hauptstraße, an der sich zahlreiche Pubs, Restaurants und Souvenirbuden drängeln, und das macht das Ganze leider ziemlich unübersichtlich.

Aktivitäten & Geführte Touren

Xplore Mallorca OUTDOORSPORT
(☎ 971 65 90 07; www.xploremallorca.com; Carrer s'Alga; ⏲ Mai–Okt.) Xplore veranstaltet Mountainbike- (18 €), Wander- (15 €), Rad- (19 €), Quad- (€42) und Seekajaktouren (18 €) unterschiedlicher Länge. Kinder unter zehn Jahren zahlen nur die Hälfte.

Sea Riders BOOTSFAHRTEN
(☎ 615 998732; www.seaｒidersweb.com; Cala Llonga; Touren Erw. 22–42 €, Kind 17–33 €; ⏲ Mai–Okt.) Sea Riders in Cala Llonga hat kinderfreundliche Bootstouren im Programm, aber auch Exkursionen für echte Adrenalinjunkies (mit über 80 km/h); im Juli und August gibt's bis zu drei Fahrten am Tag.

Cooking Holidays Mallorca KOCHEN
(☎ 971 64 82 03; www.cookingholidaysmallorca.com; Cala d'Or Yacht Club, Avinguda de Cala Llonga) In Cala d'Ors wunderschön gelegenem Jachtclub finden englischsprachige Kurse statt, die die Grundlagen der mallorquinischen, spanischen und italienischen Küche vermitteln. Eintägige Kurse kosten 105 bis 140 €, zudem gibt's die luxuriöse „Gourmetpause" mit vier bis sechs Übernachtungen sowie Verpflegung im Club.

Moto Sprint MOTORRADVERLEIH
(☎ 971 65 90 07; www.moto-sprint.com; Carrer d'en Perico Pomar 5; Carbonrad/Motorrad mit 500 ccm pro Tag 19/69 €, pro Woche 102/382 €; ⏲ März–Mitte Nov. 8–20 Uhr) Moto Sprint verleiht verschiedene Modelle, von robusten Stadträdern und leichten Straßenrädern mit Carbonrahmen bis zu Rollern mit 50 ccm und PS-starken Maschinen mit 750 ccm. Helme und Schlösser sind im Preis inbegriffen.

Essen

Aquarius SPANISCH €€
(☎ 971 65 98 76; Port Petit 308; Hauptgerichte 17–21 €; ⏲ März–Nov. 10–24 Uhr) Mit tollem Ausblick auf den Jachthafen, entspannter Musik und freundlichem Service hebt sich dieses Restaurant von anderen ab. Auf der Terrasse

TIERE BEOBACHTEN

Vogelfans werden große Freude an den zahlreichen Arten haben, die hier rumflattern, darunter Falken und Turteltauben. Auch Wanderfalken und Korallenmöwen nisten hier. Auf den Wanderwegen, die den Park durchziehen, hat man reichlich Gelegenheit, Vögel zu beobachten. Gelegentlich lassen sich auch Algerische Igel, Griechische Landschildkröten oder Wechselkröten blicken.

kann man sich Meeresfrüchte und Fisch – etwa Wolfsbarsch mit roter *romesco*-Soße – schmecken lassen, oder aber köstliches *frit Mallorquí* (mallorquinisches Pfannengericht mit Lamm, Leber und Gemüse).

Port Petit MEDITERRAN **€€€**
(☎ 971 64 30 39; www.portpetit.com; Avinguda de Cala Llonga; Hauptgerichte 24–28 €, Menüs 20–70 €; ⏲ April–Okt. Mi–Mo 13–15.30 & 19–23 Uhr) Das Port Petit zählt zu Cala d'Ors besten Adressen und kombiniert innovativ interpretierte lokale Meeresfrüchte und andere Zutaten mit einer überdachten Terrasse, deren strahlendes Weiß mit den Jachten darunter konkurriert. Der Service ist aufmerksam und die Gerichte sind fachmännisch zubereitet. Dazu zählen frischer Hummer sautiert in Limettenbutter, Tintenfisch mit Sepia-Reis und langsam im eigenen Saft geschmortes Lamm.

Yacht Club Cala d'Or MEDITERRAN **€€€**
(☎ 971 64 82 03; www.yccalador.com; Avinguda de Cala Llonga; Hauptgerichte 20–25 €; ⏲ März–Okt. 9–22 Uhr; 📶) Man muss kein millionenschwerer Jachtbesitzer sein, um stilvoll in diesem Hafenrestaurant mit Glasfront zu speisen, dessen Tische auf einen betörenden Infinity-Pool blicken. Auf den Tisch kommt mallorquinische Küche mit internationalen Einflüssen, davon zeugen einfache Gerichte wie wilder Steinbutt in Salbeibutter oder Tagliolini aus getrüffelten Eiern.

ℹ Praktische Informationen

Vor Ort gibt's zwei Touristeninformationen, **eine** (☎ 971 65 74 63; Carrer d'en Perico Pomar 10; ⏲ Mo–Fr 9–14 Uhr) nördlich des Zentrums und eine **weitere** (☎ 971 65 97 60; Avinguda de la Cala d'Or 4; ⏲ Mo–Fr 10–16 Uhr) von der Cala Ferrera aus gesehen in Richtung Landesinneres.

ℹ An- & Weiterreise

Bus 501 verkehrt nach Portopetro (1,70 €, 15 Min., bis zu 8-mal tgl.) und weiter nach Palma (8,45 €, 1¾ Std., bis zu 10-mal tgl.). Bus 441 fährt die Ostküste entlang und hält in allen größeren Ferienorten.

Mallorca verstehen

Mallorca aktuell

Mallorca hat sicherlich mit Problemen zu kämpfen, aber im Allgemeinen sind die Aussichten gut. Die Insel hat die Eurokrise und die damit verbundenen drastischen Einsparungen besser verkraftet als viele andere Regionen Spaniens, und nicht einmal Korruptionsskandale in der jüngsten Vergangenheit konnten die generell positive Stimmung trüben. 2014 landeten mehr als 23 Millionen Reisende in Palma, und es werden von Jahr zu Jahr mehr. Der Immobilienmarkt verzeichnete 2015 ein Wachstum von 17 %. Neue Hotels werden eröffnet und Restaurantchefs kümmern sich nach Kräften um das leibliche Wohl der Besucher.

Top-Filme

Der Nachtmanager (2016) Angesehen BBC-Serie nach dem gleichnamigen Roman von John le Carré. Viele Szenen wurden auf Mallorca gedreht.

Die Strohpuppe (1963) Mit Sean Connery. Artà diente als Kulisse.

Der Magus (1968) Mit Anthony Quinn, Michael Caine und Candice Bergen. Soll auf einer griechischen Insel spielen, gedreht wurde aber auf Mallorca.

Ein Winter auf Mallorca (1969) Zeichnet Chopins und George Sands wenig erquicklichen Aufenthalt auf der Insel nach.

El Celo (2000) Mit Sadie Frost, Harvey Keitel und Lauren Bacall. Ein Privatlehrer unterrichtet auf Mallorca zwei Waisen.

Top-Bücher

Mañana Mañana (Peter Kerr) Leben wie echte Mallorquiner – ein Leitfaden.

Bread and Oil: Majorcan Culture's Last Stand (Tomás Graves) Im Mittelpunkt steht Mallorcas Leidenschaft Nummer eins: das Essen.

Papa ante Palma: Mallorca für Fortgeschrittene (Stefan Keller) Eine witzige Geschichte über die Erfahrungen eines deutschen Einwanderers.

A Bull on the Beach (Anna Nicholas) Eine von mehreren lebhaften Erzählungen über das Leben einer Einwanderin im ländlichen Mallorca.

Die Touristensteuer

Mallora hat weniger als 900 000 gemeldete Einwohner und mehr als zehnmal so viele Besucher: Jährlich kommen rund 9,5 Mio. Gäste auf die Insel. Die Terrorgefahr in Tunesien, Ägypten und der Türkei hat die sonnenverwöhnten Balearen noch stärker in den Fokus der Urlauber gerückt. Die Einwohner hingegen beschweren sich, dass die Insel während der Hauptsaison im Sommer aus allen Nähten platzt. Das Abwassersystem ist den Menschenmassen nicht gewachsen. Wasservorräte (die ausgeschöpft werden, um Golfplätze und Hotelanlagen zu bewässern) und Stromversorgung stoßen an ihre Grenzen und auch überquellende Mülleimer und verstopfte Straßen werden zum Problem. Die 2016 eingeführte Touristensteuer soll die hohen Besucherzahlen eindämmen, doch die Neuankömmlinge abzufertigen, während man gleichzeitig die Ressourcen, Umwelt und Infrastruktur der Insel schützt, ist ein lästiges Unterfangen.

Korruption und zwielichtige Geschäfte

Untrennbar verbunden mit der lukrativen Einnahmequelle Tourismus, die rund 80 % des Bruttoinlandsproduktes der Insel ausmacht, ist die Korruption, die gute Geschäftspraxis und das Vertrauen der Öffentlichkeit zerstört. Illegale Bauprojekte und Infrastrukturverträge für Straßen und Überführungen, die im Nichts enden, haben über lange Zeit zu einem Vertrauensverlust der Öffentlichkeit in die politische Führungsebene geführt. Gleichzeitig hat die Korruption die Arbeitsbedingungen eines kritischen Arbeitsmarkts, auf dem 45 % der unter 25-Jährigen arbeitslos sind (auf den Balearen insgesamt), zugespitzt.

Die linksgerichtete Partei Podemos kritisiert die Sparmaßnahmen und will die Korruption ausmerzen. Allerdings ist diese so tief in der Geschäftskultur der Insel verwurzelt, dass dies keine leichte Aufgabe ist.

2014 wurde der ehemalige Präsident der Balearen und Minister der Partido Popular (PP; spanische Volkspartei), Matas, wegen Betrugs zu einer Gefängnisstrafe von sechs Jahren verurteilt. Seit 2010 sind 16 ehemalige Politiker der PP wegen Korruption im Gefängnis gelandet. Sogar Prinzessin Cristina und ihr Ehemann Iñaki Urdangarin standen 2016 wegen Steuerbetrugs und Korruption in Palma vor Gericht.

Imagewechsel

Ein Imagewechsel weg von der leicht heruntergekommenen Party- und Billigtourismusinsel hat Mallorca zu einem neuen Status verholfen. Mittlerweile spricht die Insel ein breiteres Publikum an, darunter Wanderer, Fahrradfahrer und Vogelbeobachter, die in immer größeren Zahlen auf die Insel kommen. Der stark wachsende Trend, *fincas* (Landgüter) in Hotels zu verwandeln, kommt bei den Besuchern genauso gut an wie die lebendige Restaurantszene in Palma mit immer neuen Restaurants und einem starken Zulauf kreativer Chefköche.

Trotz der Umweltbelastung durch steigende Besucherzahlen hat die Zahl der Mönchsgeier (*Aegypius monachus*), der größten Raubvogel Europas, die sich zur Brutzeit in der Serra de Tramuntana niedergelassen haben, einen neuen Rekord erreicht. Nachdem die Vogelart beinahe gänzlich von der Insel verschwunden war, steigt der Bestand seit 30 Jahren wieder stetig.

Hemingway wäre entsetzt gewesen, aber die Aktionsgruppe *Mallorca Sense Sang* (Mallorca ohne Blut) hat erreicht, dass der Stierkampf in Palma verboten wurde. Aktivisten hoffen, dass das Verbot auf die ganze Insel ausgeweitet wird.

Ein weiteres großes Thema ist der Wintertourismus. Jedes Jahr verlängern sich die Öffnungszeiten der Hotels, womit die Insel auch in der Nebensaison zunehmende Besucherzahlen verzeichnet. Das Konzept geht auf: Immer mehr Reiseveranstalter bieten nun auch Aktivurlaub an. Selbst der Partyort Magaluf – das schwarze Schaf – kann die positive Entwicklung nicht aufhalten.

EINWOHNER: **869 067**

BRUTTOINLANDSPRODUKT PRO KOPF: **24 394 €**

ARBEITSLOSENQUOTE: **13,9 %**

AM FLUGHAFEN PALMA ABGEFERTIGTE PASSAGIERE (2015): **23 745 MILLIONEN**

Gäbe es nur 100 Mallorquiner, wären …

78 mallorquinisch
9 aus dem Festland Spaniens
3 deutsch
10 anderes

Religiöse Gruppen

(% der Bevölkerung)

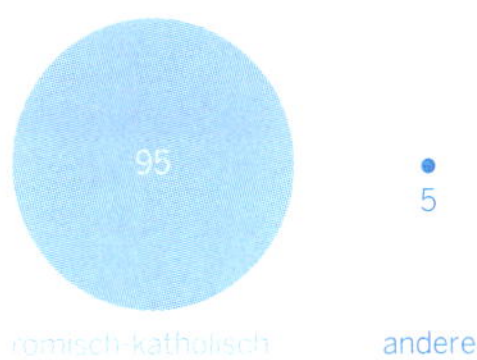

Einwohner pro km²

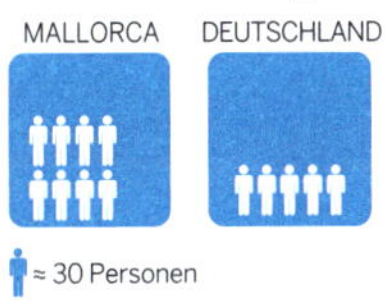

Geschichte

Durch seine Lage im Herzen von Europas meistumkämpftem Meer erlebte Mallorca große geschichtliche Ereignisse des Mittelmeerraums hautnah, was die Insel auch ein ums andere Mal einschneidend prägte. Trotz der Erfahrungen von Invasion, Krieg, Wohlstand und Hunger blieb sie aber bei großen historischen Umbrüchen meist außen vor. Heute verbindet Mallorca auf perfekte Weise reiche Geschichte mit modernem Urlaubsfeeling.

Die Talayot-Kultur

Vor nur 8 Mio. Jahren wurden die Balearen von der Iberischen Halbinsel getrennt. Ihre artenreiche Tierwelt lebte in herrlicher Abgeschiedenheit, bis sich in der Altsteinzeit vor 9000 bis 10 000 Jahren die ersten Menschen von der spanischen Küste aufmachten und auf Mallorca landeten.

Die frühesten Besiedlungsspuren auf der Insel stammen von etwa 7200 v. Chr. Über 6000 Jahre hinweg lebten verschiedene Gruppen oder Stämme als Jäger und Sammler in Höhlen oder anderen natürlichen Behausungen. Um 2000 v. Chr. fingen sie an, Hünengräber zu bauen. Zu dieser Zeit errichtete man in Ägypten allerdings schon Pyramiden, insofern war auf Mallorca noch eine eher einfache Zivilisation beheimatet.

Um 1200 v. Chr. kamen kriegerische Stämme, wahrscheinlich aus Kleinasien, nach Mallorca und Menorca und überwältigten die einheimische Bevölkerung. Heute fasst man sie unter dem Begriff Talayot-Kultur zusammen, weil sie der Nachwelt vor allem *talayots* (Türme) hinterließen, denen man noch immer an vielen historischen Stätten Mallorcas begegnet. Die Steinbauten mit rundem (manchmal auch quadratischem oder schiffsförmigem) Grundriss zeugen von einer gut organisierten hierarchischen Gesellschaft. Am meisten verbreitet waren runde, bis zu 6 m hohe *talayots,* die zwei Stockwerke hatten. Über ihren Zweck lässt sich nur spekulieren. Dienten sie als Machtsymbole oder als Grabmale örtlicher Stammesführer? Wurden sie als Speicher oder als Wehrtürme genutzt? Waren es vielleicht religiöse Stätten? Auf der Insel verteilt gab es mindestens 200 Talayot-Dörfer. Dort fand man einfache Keramiken und Bronzegegenstände (Schwerter, Äxte, Halsschmuck).

TIMELINE

7200 v. Chr.

Nach Ansicht von Archäologen siedeln die ersten Menschen um 7200 v. Chr. auf Mallorca. Das zeigen Karbondatierungen von Funden, die man in der Cova de Canet bei Esporles entdeckt hat.

um 1200 v. Chr.

Kriegerische Stämme erobern Mallorca, Menorca, Korsika und Sardinien. Auf Mallorca und Menorca bezeichnet man sie heute nach den steinernen Türmen, die sie bauten, als Talayot-Kultur.

um 700 v. Chr.

Phönizische Kaufleute lassen sich an der Küste nieder und haben bald Einfluss auf die ganze Insel. Balearische Krieger dienen als Söldner in Karthagos Armee.

Mallorca und Menorca wurden in der Antike als Gymnesias-Inseln bezeichnet, abgeleitet von dem griechischen Wort für „nackt“ (anscheinend begnügten sich manche Insulaner mit einem Minimum an Kleidung). Die Gesellschaft der Talayot-Kultur setzte sich wohl aus einer herrschenden Elite, einer breiten bäuerlichen Schicht und Sklaven zusammen. Ob sie eine Schrift hatten, ist nicht bekannt.

Durch griechische und phönizische Händler kamen sie in Kontakt mit der Außenwelt. Vergebens versuchten die Karthager auf Mallorca Fuß zu fassen, konnten aber immerhin Mallorquiner als Söldner gewinnen. Die mallorquinischen und menorquinischen Männer waren für ihr Geschick im Umgang mit der Schleuder bekannt, die sie schon als Kinder mit tödlicher Präzision zu benutzen lernten. Und da sich diese Steinschleuderkämpfer *(foners* auf Katalanisch) selbst Balearen nannten (wahrscheinlich abgeleitet vom altgriechischen Wort für „werfen“), hießen auch ihre Heimatinseln bald so. Die Krieger machten sich in der Folge einen Namen als Söldner. In der karthagischen Armee überzogen sie den Gegner mit einem tödlichen Regen aus Steinen, bevor die Infanterie zum Sturm ansetzte. Beim Nahkampf trugen sie Dolche oder Kurzschwerter, jedoch so gut wie keine Rüstung. Die Balearen trugen ihren Teil zum Sieg der Karthager über die Griechen im 5. Jh. v. Chr. und zu den Punischen Kriegen gegen Rom bei.

Römer, Vandalen & Byzantiner

Als sich der römische Konsul Quintus Caecilius Metellus 123 v. Chr. der Küste Mallorcas näherte – wahrscheinlich bei Platja des Trenc im Süden –, kam er nicht unvorbereitet. Er wusste, dass die Krieger der Insel seine Schiffe mit schweren Steinen beschießen und versenken konnten, doch er hatte sich etwas einfallen lassen: Er erfand das erste gepanzerte Schiff, die Wände verstärkt mit dicken Tierhäuten und Leder. Die mallorquinischen Krieger waren völlig verblüfft, als sie nichts gegen die Flotte ausrichten konnten, und flüchteten landeinwärts. Innerhalb von zwei Jahren war die Insel befriedet.

Metellus holte etwa 3000 Siedler von der Iberischen Halbinsel und gründete zwei Garnisonen nach dem üblichen römischen Muster (mit den rechtwinklig angelegten Hauptstraßen *decumanus* und *cardus maximus*): Palmeria (oder Palma) und Pollèntia entwickelten sich schon bald zu den Hauptorten Mallorcas. Pollèntia, der bedeutendere der beiden, lag genau zwischen der Bucht von Pollença und der von Alcúdia im Nordosten.

Während sich Pollèntia mit schicken Gebäuden, Tempeln, einem Theater usw. schmückte, entdeckten manche Römer ihre Vorliebe fürs Landleben und bauten sich große Landhäuser. Heute kann man davon nichts mehr sehen, aber es ist verlockend, sie als Vorläufer der arabi-

Mallorcas Talayot-Stätten

Ses Païsses, Artà

Capocorb Vell, Cala Pi

Necròpolis de Son Real, Ca'n Picafort

Museu Arqueològic de Son Fornés, Montuïri

Es Figueral de Son Real, Ca'n Picafort

Illot dels Porros, Ca'n Picafort

123 v. Chr.

Unter dem Vorwand, die Piraterie von den Balearen zu beenden, stürmt der römische Feldherr Quintus Caecilius Metellus, später Balearicus genannt, die Küste und erobert Mallorca und Menorca.

426 n. Chr.

Die Vandalen, ein mitteleuropäischer Volksstamm, der marodierend durch Europa bis Nordafrika gezogen ist, zerstört die römische Stadt Pollèntia.

534

Belisarius erobert die Balearen im Namen des byzantinischen Kaisers Justinian, der bis zu seinem Tod 565 das Römische Reich im Mittelmeerraum wiederherzustellen versucht.

707

Muslimische Araber aus Nordafrika überfallen zum ersten Mal Mallorca. Vier Jahre später beginnt ihr Siegeszug auf der Iberischen Halbinsel.

schen *alqueries* (Gutshöfe) und mallorquinischen *possessions* (Landsitze) einzuordnen.

Allmählich nahm die indigene Bevölkerung die Sprache und Sitten der Römer an, lebte jedoch weiterhin in ihren eigenen Dörfern. Für Plinius den Älteren stand mallorquinischer Wein dem italienischen in nichts nach, und auch Weizen und Schnecken von der Insel wurden sehr geschätzt.

Archäologische Zeugnisse frühen Christentums – etwa die Überreste der frühchristlichen Basilika in Son Peretó nahe Manacor aus dem 5. Jh., legen nahe, dass der neue römische Glaube bereits im 4. Jh. auf die Insel gelangte. Dann allerdings zogen dunkle Wolken auf: Im 5. Jh. fielen Barbaren in das Römische Reich ein. 426 überfielen die Vandalen (ein ostgermanischer Stamm, der plündernd durch römische Gebiete stürmte) die Balearen. Nachdem sie durch Spanien gezogen waren und in Nordafrika ihren Stützpunkt errichtet hatten, eroberten sie die Inseln 40 Jahre später erneut.

Manche Historiker sind der Meinung, dass die lustigen weiß-grün-roten Tonpfeifen namens *siurells* mit den Phöniziern auf die Insel kamen und alte Gottheiten darstellen. Klassische Motive sind Stiere, Reiter und Männer mit Hundeköpfen.

Die Vandalen bekamen ihre Strafe, als der byzantinische Kaiser Justinian beschloss, das Römische Reich wiederherzustellen. Sein unermüdlicher Feldherr Belisarius schlug die Vandalen 533 vernichtend in Nordafrika und eroberte ein Jahr später die Balearen. Nach Justinians Tod 565 ging es mit der byzantinischen Macht im westlichen Mittelmeer schnell bergab. Als sich die Muslime Anfang des 8. Jhs. über Nordafrika ausbreiteten, waren die Balearen eine unabhängige christliche Enklave.

Muslimische Herrschaft

Schlechtes Wetter zwang den arabischen Edelmann Isam al-Jaulani aus Al-Andalus (dem maurischen Spanien) 902, Schutz im Hafen von Palma zu suchen. Dort angekommen, fasste er den Plan, Mallorca und die übrigen Baleareninseln einzunehmen und dem Kalifat von Córdoba einzuverleiben. Wieder in Córdoba, betraute der Kalif Abdallah ihn mit dieser Aufgabe, und so kehrte Al-Jaulani noch im selben Jahr oder 903 mit einem Landungstrupp zurück.

Die Hafenstadt fiel prompt. Al-Jaulani wurde zum Wāli (Gouverneur) der „Ostinseln von Al-Andalus" ernannt, wie die Mauren die Balearen bezeichneten. Acht Jahre lang musste er sich jedoch mit christlichen Widerstandsnestern auf den Inseln herumschlagen. Als Al-Jaulani 913 starb, hatte er die Inseln aber befriedet und angefangen, ihre einzige Stadt zu erweitern und zu verschönern. Sie hieß nun Medina Mayurka (Stadt Mallorca).

Das nächste Jahrhundert war für Mallorca eine Blütezeit. Die Mauren unterteilten die Insel in zwölf Distrikte, führten hoch entwickelte Bewässerungsmethoden ein und schufen florierende Gutsbetriebe, sogenannte *alqueries*. Medina Mayurka entwickelte sich zu einer von Europas kosmopolitischsten Städten. Ende des 12. Jhs. lebten hier 35 000 Einwoh-

869

Normannen überfallen mallorquinische Ortschaften. 21 Jahre vorher hatten Araber aus dem muslimischen Spanien die Insel mit Billigung der dortigen Führer angegriffen und diese im Gegenzug verschont.

903

Muslimische Truppen nehmen Mallorca ein. Einheimische Christen leisten noch acht Jahre lang in Festungen auf der ganzen Insel Widerstand.

1075

Mallorca wird ein unabhängiges *taifo* (Emirat), nachdem das Kalifat von Córdoba in mehrere Emirate zerfallen ist.

1114–15

Ein katalanisch-pisanisches Kreuzfahrerheer landet auf Mallorca, um die Piraterie zu beenden. Sie erobern 1115 Medina Mayurka (Palma) und befreien 30 000 christliche Sklaven.

ner, fast genauso viele wie in Barcelona und London. Über den Ruinen eines römischen Kastells entstand der *al-qasr* – der Burgpalast (Palau de l'Almudaina) – und an der Stelle, wo heute die Kathedrale von Palma steht, befand sich eine Moschee. Mit dem Bau der Stadtmauern um das neue Viertel Rabad al-Jadid (ungefähr das heutige Es Puig de Sant Pere) erreichte die Stadt die Ausdehnung, die sie bis Ende des 14. Jhs. behalten sollte. Es war eine typische arabische Altstadt, eine mittelalterliche Medina wie in Marrakesch oder Fes. Von ihrem engen Gassengewirr, den sogenannten *estrets* (Engen), ist allerdings kaum etwas erhalten. Medina Mayurka pflegte enge Kontakte zur übrigen muslimischen Welt im west-

JUDEN AUF MALLORCA

Die ersten Juden kamen offenbar 70 n. Chr. nach Mallorca, nachdem der jüdische Tempel in Jerusalem zerstört worden war. Unter islamischer Herrschaft gedieh eine kleine jüdische Gemeinde in Medina Mayurka (maurischer Name für Palma). Das christliche Mallorca nach der Reconquista im Jahr 1229 war weniger tolerant.

Obwohl die mallorquinischen Juden von den meisten Berufen und öffentlichen Ämtern ausgeschlossen waren, schätzte man sie wegen ihrer Bildung und ihres Geschäftssinns. Jüdische Ärzte, Astronomen, Bankiers und Kaufleute sprachen meist fließend Katalanisch und/oder Spanisch, Latein, Hebräisch und Arabisch und erhielten oft wichtige Aufgaben.

Ende des 13. Jhs. lebten in Ciutat (Katalanisch für Palma) 2000 bis 3000 Juden in einem Viertel am Palau de l'Almudaina. Von dort verbannte man sie in den Call (Katalanisch für Ghetto) im Ostteil von Sa Calatrava, in die Gassen um den Carrer de Monti-Sion. Nachts wurde das Judenviertel verschlossen, und tagsüber mussten die Bewohner ein rot-gelbes rundes Abzeichen tragen. Ihre Synagoge wurde 1315 in die Kirche Monti-Sion umgewandelt, eine neue Synagoge bekamen sie erst 1373. 1391 wurden etwa 300 Juden bei einem antisemitischen Pogrom von aufständischen Bauern getötet.

1435 zwang man fast alle Juden der Insel, zum Christentum überzutreten, und wandelte ihre Synagogen in Kirchen um. Anfang des 16. Jhs. siedelte man sie zwangsweise vom Call Major in den Call Menor an der Carrer de Colom um. Inzwischen waren sie zwar Christen, standen aber unter dem Verdacht, heimlich jüdische Riten zu praktizieren, und waren somit beliebte Opfer der Inquisition. Das letzte Autodafé (Verbrennung von „Ketzern") solcher *judaizantes* fand 1691 statt; damals wurden drei Menschen auf dem Scheiterhaufen verbrannt.

Nach wie vor mied die christliche Bevölkerung die oftmals als *xuetes* (von *xua*, einem abfälligen Wort für Schweinefleisch) bezeichneten Juden. Erst im 19. Jh. verbesserte sich die Lage der Geächteten. Während dieser Zeit gingen unzählige Schriftsteller und Dichter aus solchen *xueta*-Familien hervor. Als die Nazis im Zweiten Weltkrieg Mallorca zur Auslieferung seiner jüdischen Bevölkerung aufforderten, weigerten sich angeblich die Kirchenoberhäupter. Die Nachfahren dieser Familien (die selbst Mitte des 20. Jhs. noch von vielen Mallorquinern geächtet wurden) schätzt man heute auf etwa 15 000 bis 20 000.

1148

Mallorca schließt ein Handelsabkommen mit Genua und Pisa, das den Italienern den mallorquinischen Markt öffnet und die Gefahr weiterer christlicher Angriffe auf die Insel verringert.

1185

Mit dem Tod des muslimischen Herrschers Wāli Ishaq endet auf der Insel eine beispiellose Blütezeit, der Höhepunkt der Almoraviden-Herrschaft.

1203

Die Almohaden vom spanischen Festland besiegen die Almoraviden in Medina Mayurka und übernehmen die Herrschaft über die Insel. Davon bleibt das Leben der Mallorquiner unberührt.

1229

Katalanische Truppen unter Jaume I., König von Aragón, landen in Santa Ponça, besiegen die Muslime und belagern Medina Mayurka.

lichen Mittelmeerraum, obwohl die Emire (Prinzen) die Ostinseln ab 1075 unabhängig vom Festland regierten.

Al-Jaulanis Nachfolger widmeten sich mit viel Elan der Piraterie, die ab Anfang des 12. Jhs. zur Haupteinnahmequelle der Inseln wurde, und zogen damit den Zorn christlicher Kaufleute auf sich. So landete denn auch 1114 eine Flotte mit 500 Schiffen sowie 65 000 Pisanern und Katalanen auf Mallorca. Sie überzogen die Insel mit einem blutigen Krieg und eroberten im April des folgenden Jahres Medina Mayurka. Nach zehnmonatigen Kämpfen waren sie aber so ausgelaugt, dass sie Mallorca mit ihrer Kriegsbeute, Gefangenen und befreiten christlichen Sklaven verließen, als sie hörten, dass von Nordafrika eine muslimische Flotte anrückte.

Ab 1116 brach auf Mallorca eine neue Ära an, als die Almoraviden (ein Berberstamm aus Marokko) von Spanien aus die Herrschaft übernahmen. Insbesondere unter Wāli Ishaq, der von 1152 bis 1185 regierte, erlebten die Balearen eine weitere Blütezeit. 1203 eroberten Almohaden die Insel, nachdem sie Al-Andalus unter ihre Kontrolle gebracht hatten.

Diese blutigen Zwistigkeiten zwischen den islamischen Dynastien blieben im christlichen Spanien nicht unbemerkt. Nach der vernichtenden Niederlage der Almohadenarmee in der Schlacht von Las Navas de Tolosa 1212 bekam die Reconquista (die Rückeroberung maurischer Gebiete durch christliche Könige) neuen Auftrieb. Bis 1250 eroberten die Christen Valencia, die Extremadura, Córdoba sowie Sevilla und verscheuchten die letzten Muslime aus Portugal. Kein Wunder, dass man Pläne schmiedete, auch die Balearen einzunehmen, zumal Mallorca weiterhin ein wichtiges Piratennest war, das die christliche Seefahrt ernsthaft störte.

PEST

Als Teil der mediterranen Handelsrouten war Mallorca besonders anfällig für die Pest, deren verheerende Wirkung die Insel wiederholt traf und viele Einwohner das Leben kostete.

El Conqueridor

Am 5. September 1229 brachen 155 Schiffe mit 1500 Rittern und 15 000 Fußsoldaten von den katalanischen Häfen Barcelona, Tarragona und Salou nach Mallorca auf. Jaume (1208–76, später der Eroberer genannt), energischer 21-jähriger König von Aragón und Katalonien, schwor, die Balearen einzunehmen und der muslimischen Piraterie dort ein Ende zu setzen. Er landete in Santa Ponça, rückte nach zwei kurzen Scharmützeln auf Medina Mayurka vor und belagerte die Stadt. Am 31. Dezember durchbrachen die christlichen Truppen schließlich die Verteidigungslinien, stürmten die Stadt und plünderten sie erbarmungslos. In den folgenden Monaten jagte Jaume feindliche Truppen auf der ganzen Insel, stieß aber nur auf geringen Widerstand.

Er teilte Mallorca nach der Eroberung unter seinen Generälen und Verbündeten auf. Die arabischen *alqueries*, *rafals* (Weiler) und Dörfer bekamen neue *senyors* (Herren). Viele benannten sich um, manche behielten aber auch ihre arabischen Namen (Orte, die mit *bini* (Söhne) anfangen, gehören dazu). Einige nannten sich nach ihrem neuen Herrn

Dezember 1229

Jaume I. erobert die Stadt und lässt sie plündern. An Ostern des folgenden Jahres rafft eine Pestepidemie viele Einheimische und Besatzungssoldaten dahin.

1267

Mallorcas Ikone Ramon Llull hat eine Reihe von Visionen, die ihn endgültig zu einer der bedeutsamsten Persönlichkeiten der katalanischen Kultur machen.

1276

Fast 50 Jahre nachdem er Mallorca unter christliche Herrschaft brachte, stirbt Jaume I. Die Insel wird zwischen seinen beiden Söhnen aufgeteilt – Jahrzehnte zerstörerischer Konflikte folgen.

1343

Pere III. von Aragón erobert Mallorca und die Königskrone von Jaume III. Sechs Jahre später stirbt Jaume III. in der Schlacht von Llucmajor bei dem Versuch, sie zurückzuerobern.

und setzten nur das Possessivpronomen *son* oder *sa* vor dessen Namen. Die Verteilung der Beute legte Jaume im *Llibre del Repartiment* fest.

Zu seinen Prioritäten gehörten der rasche Bau von Kirchen, die Christianisierung der Einheimischen und die Entsendung von Siedlern aus Katalonien (vor allem aus der Umgebung von Gerona). Im ersten Jahrhundert nach der Eroberung lebte der größte Teil der Inselbevölkerung in Ciutat (Palma). Das übrige Gebiet, als Part Forana bezeichnet, war in 14 Bezirke unterteilt. Doch alle Macht auf Mallorca konzentrierte sich auf Ciutat. Die Verwaltungsgeschäfte führten sechs *jurats* (Magistraten).

Die christlichen katalanischen Siedler zwangen der Insel ihre Religion, ihre Sprache und ihre Sitten auf und die meisten muslimischen Einwohner wurden versklavt. Wer dieses Schicksal nicht akzeptieren wollte und nicht floh, hatte nur eine Alternative: dem Islam abzuschwören. Auch die jüdische Bevölkerung machte schwere Zeiten durch.

Im Part Forana entwickelten sich die *possessions* (Landgüter) zu Zentren der Landwirtschaft, die bald den Haupterwerbszweig der Insel ausmachte. Ihre Verwaltung unterstand einheimischen Gutsleitern, oft selbst reiche Bauern, die ihren – meist abwesenden – Adelsherren treu ergeben waren. Sie beschäftigten *missatges* (Landarbeiter) und *jornalers* (Tagelöhner), die nah an der Armutsgrenze lebten. Kleinbauern, die mit

DER MISSIONARISCHE SHAKESPEARE DER KATALANEN

Der Mystiker, Theologe und Universalgelehrte Ramon Llull (1232–1316) wurde in Ciutat (Palma) de Mallorca geboren und führte zunächst ein relativ weltliches Leben. Er war Page am Hof Jaumes I. und wurde zum Majordomus des zukünftigen Königs von Mallorca, Jaume II., ausgebildet. In dieser beneidenswerten Stellung haute er mächtig auf den Putz, schrieb Liebesgedichte und genoss ein ausschweifendes Liebesleben.

Als ihm jedoch 1267 fünfmal der gekreuzigte Christus erschien, änderte er sein Leben von Grund auf. Er vertiefte sich ins Studium der Theologie, der Moralphilosophie und der Sprachen (Arabisch und Hebräisch) und gründete (mit Unterstützung Jaumes II.) ein Kloster in Miramar, um zukünftige Missionare in Theologie und östlichen Sprachen auszubilden. Mit dem glühenden Wunsch, Juden und Muslime zu bekehren, reiste er predigend durch ganz Europa, den Nahen Osten und Nordafrika. Gleichzeitig verfasste er unzählige Abhandlungen in Arabisch und Katalanisch und gilt heute als Begründer der katalanischen Literatur. 1295 schloss er sich den Franziskanern an und zog sich 1307 den Zorn der Muslime zu, als er vor nordafrikanischen Moscheen predigte. Manche behaupten, ein aufgebrachter Mob habe ihn in Tunesien gelyncht, andere erklären, er sei 1316 auf dem Weg in seine Heimat Mallorca gestorben. Sicher ist allerdings, dass sein Grab sich in der **Basílica de Sant Francesc** (S. 56) in Palma befindet. Seine Seligsprechung wurde von Papst Johannes Paul II. bestätigt, der lange und ungewisse Prozess der Heiligsprechung begann 2007.

1382

Das System Sac i Sort (Sack und Glück) wird eingeführt; dabei zieht man die Namen der sechs Kandidaten für das Amt der *jurats* (Magistraten) für die folgenden zwölf Monate aus vier Beuteln.

1391

Bauern und Tagelöhner plündern das jüdische Viertel von Palma und töten Hunderte Juden. Monate später werden alle Beteiligten aus Angst vor weiteren Unruhen ungestraft freigelassen.

1488

Die Inquisition wird offiziell in Mallorca etabliert. In den folgenden Jahrzehnten werden Hunderte als Ketzer auf dem Scheiterhaufen verbrannt.

1521

Bewaffnete Handwerker und Landarbeiter erheben sich im Germania-Aufstand gegen den Adel. Im Oktober 1522 schickt Carlos V. Truppen nach Alcúdia, um die Revolte niederzuschlagen.

ihren Höfen ihren Lebensunterhalt oft nicht bestreiten konnten, traten ihr Land an die größeren Güter ab und wurden Tagelöhner.

Die Krone von Aragón

Nach dem Tod Jaumes I. 1276 wurde sein Herrschaftsgebiet unter seinen beiden Söhnen Jaume II. und Pere II. aufgeteilt. In den folgenden Jahren stürzten sie und ihre Erben Mallorca in Machtstreitigkeiten. Ab 1349 unterstand das unabhängige Königreich Mallorca der Krone von Aragón, blieb aber relativ autonom.

Die Geschicke Mallorcas und besonders Palmas waren eng an Barcelona, die katalanische Residenzstadt des Königs von Aragón, geknüpft. Mitte des 15. Jhs. gehörten diese beiden Städte zu den reichsten des Mittelmeerraums (trotz einiger Rückschläge wie Pestepidemien). Allein Palma unterhielt 35 Konsulate und Handelsvertreter rund ums Mittelmeer. Den einheimischen Kaufleuten gehörte eine Handelsflotte von 400 Schiffen, und die mittelalterliche Börse, Sa Llotja, war ein lebendiges Handelszentrum.

Eine der schönsten Beschreibungen der Insel ist in *Mallorca, L'Illa de la Calma* (Mallorca, die Insel der Stille, 1922) des katalanischen Malers Santiago Rusiñol nachzulesen. In dem Werk beleuchtet er auf kritische Weise das harte Landleben vieler Einheimischer.

Aber es war nicht alles rosig. Im Part Forana lebten die Landarbeiter von Hungerlöhnen, und 1374 war die Ernte so miserabel, dass die Menschen auf den Straßen tot umfielen. Erbarmungslos schlug die Armee Aufstände nieder, die immer wieder ausbrachen, z. B. 1391 (im selben Jahr, als wütende Landarbeiter das Judenviertel in Ciutat plünderten). Ein größerer Schock für die Herrschenden war die Revolte der Handwerkszünfte (Germania-Bruderschaften) 1521, die besonders durch die erdrückende Besteuerung der Unterschichten ausgelöst wurde. Diese zwang den Vizekönig (Mallorca gehörte inzwischen zum vereinigten Spanien unter Kaiser Carlos V.) zur Flucht. Im Oktober 1522 schickte Carlos die Armee, der es aber erst im März des folgenden Jahres gelang, die Ordnung wiederherzustellen.

Inzwischen bröckelten Mallorcas Handelserfolge dahin und die Küste war im 16. Jh. permanenten Attacken nordafrikanischer Piraten ausgesetzt. Es wurden „Feuertürme" (Wachtürme, die per Signalfeuer kommunizierten) und Befestigungsanlagen errichtet, von denen viele noch heute stehen und von der Brisanz der damaligen Situation zeugen. Einige der farbenprächtigsten Volksfeste Mallorcas wie Moros i Cristians in Pollença und Es Firó in Sóller erinnern an jene Zeit. Da ab dem 17. Jh. auch Spanien immer mehr an Macht verlor, versank Mallorca in provinzieller Bedeutungslosigkeit. Im Spanischen Erbfolgekrieg (1703–1715) stellte sich die Insel auf die Seite der Habsburger und machte sich damit nicht gerade beliebt bei dem letztlich siegreichen Bourbonenkönig Felipe V., der 1716 sämtliche Privilegien und die Autonomie Mallorcas abschaffte.

Piratenangriffe zwangen Mallorca fast das gesamte 18. Jh. über zur Wachsamkeit, bis die Insel 1785 die Erlaubnis erhielt, ungestraft zurück-

1706

Im Spanischen Erbfolgekrieg (1701–1715) erringt der österreichische Prätendent auf den spanischen Thron die Herrschaft über Mallorca. Neun Jahre später wird die Insel von Felipe V. erobert.

1773

Carlos III. erlaubt Palmas Juden die freie Wahl ihres Wohnsitzes und verbietet unter Strafe jede Form von Diskriminierung und Misshandlung der jüdischen Bevölkerung.

1809

Tausende französische Soldaten geraten in Kriegsgefangenschaft und werden auf der Illa de Cabrera unter grauenhaften Bedingungen interniert. Erst 1814 lässt man die Überlebenden frei.

1837

Ein Passagierdampfer nimmt den Liniendienst zwischen Barcelona und Palma auf. Zu den ersten Passagieren zählen 1838 George Sand und Frédéric Chopin.

EIN KÖNIGLICHER DILETTANT

Als 1915 die ersten Schlachten des Italienfeldzugs tobten, saß Erzherzog Ludwig Salvator frustriert auf Schloss Brandeis in Böhmen, schrieb unermüdlich, konnte wegen der Kämpfe aber nicht auf seine geliebten Balearen zurückkehren. Im Oktober starb er nach einer Beinoperation an einer Blutvergiftung.

Ludwig wurde 1847 in Florenz als vierter Sohn des Großherzogs Leopold II. geboren. Schon früh ging er auf Reisen und besuchte Städte in ganz Europa. Von Anfang an schrieb er über seine Reiseeindrücke. Sein erstes Buch erschien ein Jahr nach seinem ersten Besuch auf den Balearen 1867. Er kehrte 1871 nach Mallorca zurück, kaufte im folgenden Jahr Miramar und ließ sich auf der Insel nieder – eine Entscheidung, die mehr als ein Jahrhundert später auch viele Nordeuropäer treffen sollten.

Salvator war ein unermüdlicher Reisender, ein *culo inquieto* (rastloser Hintern), wie die Spanier sagen. Mit seiner privaten Dampfjacht *Nixe* (und ihren Nachfolgerinnen) und anderen Transportmitteln besuchte er entlegene Orte von Zypern bis Tasmanien. Kaum ein Jahr verging, in dem er kein Buch über seine Reisen und Studien veröffentlichte. Das bekannteste ist wohl sein mehrbändiges Werk *Die Balearen*. Mallorca blieb seine große Liebe und 1877 verlieh man ihm den Ehrentitel Adoptivsohn der Balearen. Vier Jahre später nahm die Royal Geographic Society in London ihn als Ehrenmitglied auf.

schlagen zu dürfen. Zur gleichen Zeit weilte der mallorquinische Franziskanermönch Fray Junípero Serra in Kalifornien, wo er Missionen (heute große Städte) wie San Francisco und San Diego gegründet hat.

Die Napoleonischen Kriege Anfang des 19. Jhs. hatten Auswirkungen auf Mallorca – Scharen katalanischer Flüchtlinge landeten auf der Insel, was zu wirtschaftlichen und sozialen Unruhen führte. In der zweiten Hälfte des Jahrhunderts begann der Aufstieg des Bürgertums, und die landwirtschaftliche Produktion nahm zu. 1875 wurde die erste Bahntrasse zwischen Palma und Inca eröffnet.

Mallorca während des Spanischen Bürgerkriegs

Die Wahlen 1931 brachten beispiellose Ergebnisse: Republikaner und Sozialisten errangen gemeinsam in Palma und Madrid eine absolute Mehrheit. Als dann die Confederación Española de Derechas Autónomas (Spanische Konföderation der Autonomen Rechten) die Wahlen 1933 gewann, entließ sie Anfang 1934 alle linken Bürgermeister Mallorcas. Doch nachdem die Linke bei den dramatischen Wahlen 1936 einen haushohen Sieg errungen hatte, waren sie voller Euphorie wieder da.

Für viele Generäle war das der Tropfen, der das Fass zum Überlaufen brachte. Im Juli 1936 kam es unter der Führung des Generals Francisco

April 1912
Zwischen Palma und Sóller eröffnet die erste Eisenbahnlinie. Wegen der schlechten Straßen war es zuvor einfacher, von Sóller auf dem Seeweg nach Frankreich zu fahren als über Land nach Palma.

Juni 1922
Im Juni 1922 verkehrt das erste Post-Flugzeug zwischen Barcelona und Palma. Die Linie nutzt Wasserflugzeuge, die in Hangars in Es Jonquet in Palma stehen.

19. Juli 1936
Armee und rechte Milizen nehmen Mallorca für General Franco ein, während er die Militärrevolte gegen die republikanische Regierung in Madrid anführt.

1. April 1939
Franco verkündet in einer landesweit gesendeten Radioansprache seinen Sieg, drei Tage nachdem Madrid an nationalistische Truppen gefallen ist. Damit ist der fast dreijährige Bürgerkrieg vorbei.

Franco zum Aufstand gegen die republikanische Zentralregierung. Auf Mallorca stießen er und seine Anhänger nur auf geringe Gegenwehr. Am 19. Juli stürmten rebellierende Soldaten und rechte Falangisten das Rathaus und nahmen den linken Bürgermeister Emili Darder gefangen (er und andere Politiker wurden im Februar 1937 exekutiert). Im Nu besetzten sie wichtige Punkte in Palma, wobei kaum ein Schuss fiel. In einigen Orten des Part Forana gab es mehr Widerstand, der aber blutig niedergeschlagen wurde.

Mitte August schickte Francos faschistischer Verbündeter Benito Mussolini italienische Truppen und Militärflugzeuge nach Mallorca. Die Insel diente als Hauptstützpunkt für italienische Luftangriffe: Von hier aus wurden im Laufe des Bürgerkriegs mit zunehmender Intensität Bombenangriffe auf Barcelona geflogen.

Am 9. August 1936 eroberte eine katalanisch-valencianische Truppe (offenbar ohne Genehmigung des Oberkommandos) Ibiza von Franco zurück und landete am 16. in Porto Cristo. Der ausbleibende Widerstand verblüffte sie so, dass sie den Überraschungseffekt nicht zu ihrem Vorteil nutzten. Am 3. September startete ein nationalistischer Gegenangriff mit italienischer Luftunterstützung und drängte die glücklosen (und schlecht ausgerüsteten) Invasoren zurück ins Meer. Kurze Zeit später gaben die Republikaner auch Ibiza und Formentera wieder auf. Von den Balearen blieb nur Menorca während des gesamten Bürgerkrieges republikanisch.

Nach Francos Sieg 1939 sah das Leben auf Mallorca genauso aus wie im übrigen Spanien. Katalanisch war in allen öffentlichen Verlautbarungen, auf Straßenschildern, in Schulen usw. verboten. Von 1940 bis 1952 wurden Lebensmittel rationiert. Von den neun Bürgermeistern, die Palma von 1936 bis 1976 verwalteten, waren vier Militärs und die übrigen überzeugte Konservative.

LUFT-ANGRIFFE

Vom 16. bis 18. März 1938 flogen italienische Bomber von ihren Stellungen auf Mallorca 17 Luftangriffe auf Barcelona und töteten etwa 1300 Menschen. Anscheinend befahl Mussolini die Luftangriffe ohne Wissen des Oberkommandos der spanischen Nationalisten.

Zeit des Wirtschaftsaufschwungs

1950 landete der erste Charterflug auf Mallorcas kleinem Flugplatz. Damals ahnte niemand, was sich daraus entwickeln sollte. Im Zentrum von Palma gab es 1955 ein Dutzend Hotels und ein paar weitere am Meer in Richtung Cala Major.

Die 1960er- und 1970er-Jahre brachten mit dem schwindelerregenden Anstieg des Massentourismus eine wahre urbane Revolution. Der ungezügelte Bau von Hochhausburgen auf beiden Seiten der Bucht von Palma und später an anderen Stränden der Insel war eine Folge der Politik der Franco-Regierung, Tourismus in Küstengebieten zu fördern. Viele der Unterkünfte aus der damaligen Zeit sind inzwischen geschlossen oder zu Wohnungen und Büroflächen umgebaut worden.

Nach manchen Schätzungen haben die Inselbewohner heute den höchsten Lebensstandard Spaniens, allerdings basieren 80 % ihrer Wirt-

1952

Nach etwa zwölf Jahren endet die Lebensmittelrationierung der Nachkriegszeit. Viele Mallorquiner leben weiter in Armut, doch bald wird der Touristenboom die Insel für immer verändern.

1960

Geschätzte 500 000 Urlauber reisen auf die Insel und markieren den Beginn des Massentourismus auf Mallorca. In den nächsten Jahrzehnten wird sich ihre Zahl verfünfzigfachen.

1983

Acht Jahre nach dem Tod Francos erhalten die Balearen (und andere Regionen Spaniens) ihren autonomen Status.

Mai 2007

Der mallorquinische Sozialist Francesc Antich beendet die Regierungszeit der konservativen Partido Popular durch eine Koalition, die eine restriktivere Baupolitik verspricht.

schaft auf dem Tourismus. Das hatte eine rücksichtslose Bautätigkeit auf den Inseln zur Folge und sorgte für Panikausbrüche, wenn eine Saison mal hinter den Erwartungen zurückblieb. Für diese Kurzsichtigkeit und die ungebremste Zerstörung der Hauptressource der Inseln – ihre herrliche Küstenlandschaft – hat sich der Begriff *balearización* eingebürgert.

Imagewandel

In den letzten Jahren hat sich der Fokus auf Mallorca allmählich zugunsten von Nachhaltigkeit, Umweltbewusstsein und ganzjährigen Aktivitäten verschoben. Den Zuständigen wird klar, dass undurchdachte Bauprojekte und anonyme Pauschalreise-Hotels nicht mehr zeitgemäß sind. Während in manchen Orten noch immer billige Resorts und Partyatmosphäre den Ton angeben – für einige Besucher das, was Mallorca ausmacht – setzt sich der wahre Charakter der Insel, ihre Küche, ihre Geschichte und die Freundlichkeit der Menschen, zunehmend durch.

Es hat sich gezeigt, dass Agrotourismus nicht nur eine vorübergehende Modeerscheinung ist, und immer mehr Fincas (bewirtschaftete Höfe) stellen sich auf Gäste ein. Sie bieten charmant-rustikale Unterkünfte in ruhiger Lage und leckere Mahlzeiten mit Zutaten aus Mallorcas großartigem Anbau. Gleichzeitig werden ihre urbanen Gegenstücke – ehrwürdige Herrenhäuser in den Dörfern und Städten – liebevoll zu Boutiquehotels umgestaltet. Wenn Mallorca ein Imageproblem hat, dann kann es mit der Betonung dieser Vorzüge zweifellos gelöst werden. Das kulturelle Erbe, der Stil und die natürlichen Annehmlichkeiten der Insel haben stets überzeugt.

Viele Badeorte schließen im Winter noch immer, doch einige Hotels in kleineren Städten sind mittlerweile auch in der Nebensaison geöffnet. Hier steigen zunehmend Reisende ab, die für Outdoor-Aktivitäten nach Mallorca gekommen sind. Viele professionelle Radrennteams aus ganz Europa absolvieren ihr Wintertraining auf der Insel, und auch sonst erkennen immer mehr Menschen die großartigen und abwechslungsreichen Outdoor-Möglichkeiten, die Mallorca bietet. Abenteuersportveranstalter haben ein breit gefächertes Angebot, von geführten Wanderungen und Mountainbikefahren bis hin zu Canyoning, Höhlenklettern und Coasteering. Ihre Mission: zu zeigen, dass man hier nicht nur am Strand liegen kann, sondern dass die Insel das ganze Jahr über reizvoll ist.

Für eine Insel, die sich ihres nachhaltigen Tourismus' und ihrer einzigartigen Landschaften und Outdoor-Aktivitäten rühmt, war die Aufnahme der Serra de Tramuntana in die Liste der UNESCO-Kulturlandschaften 2011 das Sahnehäubchen. Die Berglandschaft im Nordwesten Mallorcas erhält nun endlich die Aufmerksamkeit, die ihre wilde Schönheit verdient.

2009

Bei Bombenanschlägen der baskischen Separatistenorganisation ETA während der Hauptsaison im Juli und August werden zwei Polizisten getötet und große Schäden angerichtet.

2011

Die konservative Partei Partido Popular erobert die Macht zurück und gewinnt die absolute Mehrheit bei den Regionalwahlen. Dagegen verlieren die Königsmacher von 2007, die Unió Mallorquina, alle Sitze.

Natur & Umwelt

Jede der Baleareninseln hat ihren Reiz, doch mit Mallorca hat es Mutter Natur besonders gut gemeint. Im Westen fallen Kalksteinklippen abrupt in verwinkelte Buchten vor tiefblauem Meer ab. Bewaldete Hügel ragen im Hinterland über Wildblumenwiesen, Oliven- und Zitronenhainen auf, und an der Südküste gibt es blütenweiße Strände – die Schönheit der Insel zieht jeden in ihren Bann.

Die Landschaft

Die größte Baleareninsel hat in etwa die Form eines Trapezes. Geologisch gesehen sind die Balearen ein Ausläufer des Andalusischen Faltengebirges auf dem spanischen Festland. Zunächst stürzt die Gebirgskette bis zu 1,5 km tief ins Mittelmeer ab und taucht dann in Form der Inseln Mallorca, Menorca, Ibiza und Formentera wieder auf. Zwischen den Inseln und dem Festland liegt das Balearische oder Iberische Meer.

Küste

Immer wieder wird die Küstenlinie von kleinen Buchten unterbrochen. Darüber hinaus gibt's drei große Meerbusen: Die im Süden gelegene Badia de Palma ist das am dichtesten besiedelte Gebiet der Insel, während die beiden muschelförmigen Buchten Badia de Pollença sowie Badia d'Alcúdia im Norden von zerklüfteten Landzungen (Cap de Formentor, Cap des Pinar und Cap Ferrutx) begrenzt werden.

Steile Klippen und lauschige Buchten prägen das Bild im Süden Mallorcas . Hier befinden sich die beiden größten Inselsysteme von Mallorca, die Illa de Sa Dragonera (bei Sant Elm) und die 19 Inseln des Parc Nacional Marítim-Terrestre de l'Arxipèlag de Cabrera (vor Colònia de Sant Jordi).

Berge

Mallorcas auffälligstes geografisches Merkmal ist die 90 km lange Serra de Tramuntana. Seit 2011 ist die spektakulär geformte Gebirgskette UNESCO-Welterbe. Sie beginnt bei Andratx im Südwesten und erstreckt sich bis zum Cap de Formentor im Norden. Ihre höchsten Gipfel sieht man nordöstlich von Sóller. Die steilen Gebirgsflanken im Westen, die abrupt an der Küste aufragen, wirken um einiges höher, als sie tatsächlich sind. Hinter ihnen verstecken sich zahlreiche Dörfer. Die Serra de Tramuntana besteht größtenteils aus bewaldeten Hängen (z. T. mit terrassenförmig angelegten Feldern) und nackten Kalksteingipfeln. Zudem gibt's ein paar Nebengebirge wie die Serra d'Alfabia und Els Cornadors, beide in der Nähe von Sóller.

Auf der anderen Seite der Insel verläuft die weniger hohe Serra de Llevant vom Cap Ferrutx im Norden zum Cap de Ses Salines im Süden. Sie dominiert den Parc Natural de la Península de Llevant nördlich von Artà. Auch das Cabrera-Archipel gehört zur Serra de Llevant. Ihre höchste Erhebung, das Santuari de Sant Salvador (509 m), ist leicht zugänglich.

Zwischen den beiden Gebirgsketten, im Zentrum der Insel, liegt die große fruchtbare Ebene Es Pla.

Höhlen

Insbesondere an Mallorcas Ost- und Südküste haben Erosion, Meeresbrandung und Wasser aus den Bergen Höhlen ins Gestein gegraben. Bei den kleinsten handelt es sich um winzige brunnenartige Löcher, bei den größten um kilometerlange Tunnel mit Seen, Flüssen und faszinierenden Felsformationen. Obwohl sie unterirdisch verlaufen, befinden sich die meisten tatsächlich über dem Meeresspiegel. Am bekanntesten sind die Coves del Drac (S. 167) und die Coves dels Hams (S. 167) bei Porto Cristo, die Coves d'Artà (S. 165) an der Platja de Canyamel, die Coves de Campanet in Campanet (S. 149) und die Coves de Gènova (S. 88).

Tiere

Mallorcas Fauna ist zahlen- und artenmäßig recht überschaubar, doch dank der Unmengen von Vögeln gilt die Insel als eine der Topadressen für (Hobby-)Ornithologen im Mittelmeerraum.

An Land

Zu den faszinierendsten Tieren auf Mallorca gehören Wildziegen (Capra ageagrus hircus), die nur in der Serra de Tramuntana, am Cap des Pinar und im Parc Natural de la Península de Llevant noch häufiger vorkommen.

Außerdem hausen auf der Insel Wildkatzen (setzen den hiesigen Vögeln ordentlich zu), Frettchen, Hasen und Igel sowie große Populationen von Eidechsen, Schildkröten, Fröschen und Fledermäusen. Eidechsen vermehren sich prächtig, weil sie hier kaum natürliche Feinde haben. Die Illa de Sa Dragonera ist ebenso wie die Illa de Cabrera fest in ihrer Hand. Auf Letzterer sind 80 % der wenigen noch überlebenden Balearen-Eidechsen (Podarcis lilfordi) heimisch.

Darüber hinaus gibt's zahlreiche Spinnen, und es wurden auf Mallorca bereits mehr als 300 Mottenarten sowie 30 Schmetterlingsspezies katalogisiert.

MALLORCAS PARKS

Mallorcas Wildbestand auf hat sich seit der Einrichtung von Wildschutzgebieten stabilisiert, die auch für Besucher zugänglich sind. Mittlerweile stehen 40 % der Insel offiziell unter Naturschutz.

PARK	MERKMALE	AKTIVITÄTEN	BESTE BESUCHSZEIT
Parc Nacional Marítim-Terrestre de l'Arxipèlag de Cabrera	Archipel aus 19 Inseln und Inselchen mit 130 endemischen Vogelarten und einer großen Artenvielfalt unter Wasser	Vogelbeobachtung, Wandern, Tauchen, Schnorcheln, Schwimmen	Ostern–Okt.
Parc Natural de S'Albufera	Feuchtgebiet mit 400 Pflanzen- und 230 Vogelarten, darunter zahlreiche Zugvögel unterwegs zwischen Europa und Afrika	Vogelbeobachtung (80 % der auf den Balearen bekannten Vogelarten leben hier), Fahrradfahren	Frühling & Herbst
Parc Natural de Mondragó	Wogende Dünen, Wacholderhaine, Sumpfland und unberührte Strände nahe den Ferienorten an der Ostküste	Wandern, Picknicken, Schwimmen	Mai–Sept.
Parc Natural de la Península de Llevant	Flora und Fauna	Wandern, Vogelbeobachtung	Mai–Sept.
Parc Natural de Sa Dragonera	Zwei kleine Inselchen und die 4 km lange Illa de Sa Dragonera; vom Aussterben bedrohte Möwenpopulation	Schnorcheln, Tauchen	Mai–Sept.

Meereslebewesen

Pottwale, Pilotwale und Finnwale kommen zum Fressen relativ nah an die Küste heran. Auch Große Tümmler, Weißstreifendelfine und andere Arten treiben sich in der Gegend herum. Taucher sehen in Mallorcas Gewässern häufig Barrakudas, Tintenfische, Muränen, Zackenbarsche, Kardinalbarsche, Riffbarsche, Seesterne, Seeigel, Schwämme und Korallen.

PFLANZEN

The *Plants of the Balearic Islands* von Anthony Bonner ist der beste Führer zu Mallorcas Flora und ideale Lektüre für angehende Botaniker, die viel wandern möchten.

Vögel

Mallorca wartet mit größeren Feuchtgebieten auf und bietet sich aufgrund der Lage zwischen Afrika und Europa als Rastplatz für Zugvögel an. Gerade die Küstenregionen werden im Frühling und Herbst von Hunderten sowohl einheimischen als auch „durchreisenden" Vögeln angesteuert.

Da es über 200 Arten gibt, lässt sich unmöglich vorhersagen, welche man zu Gesicht bekommt. Sie wurden in drei Kategorien eingeteilt: sesshafte (leben das ganze Jahr über auf der Insel), saisonale (ziehen nach dem Brüten Richtung Süden weiter oder fliehen vor dem kalten Winter in Nordeuropa) und Zugvögel (legen auf der Insel einen kurzen Zwischenstopp ein).

Vom Aussterben bedrohte Arten

Durch Umweltschutz und Brutkontrollen in Mallorcas Naturparks geht's bedrohten Mittelmeervögeln, -schildkröten und -kröten inzwischen besser. Auf der Roten Liste stehen die Maurische Landschildkröte, die Hermann-Schildkröte und Vögel wie der Rotmilan.

Zu den Erfolgen zählt, dass die endemische Geburtshelferkröte seit 2006 nicht mehr als „stark gefährdet", sondern nur noch als „gefährdet" eingestuft wird. Für den Balearen-Sturmtaucher sieht es leider weniger gut aus: Der Wasservogel ist nach wie vor „stark gefährdet", so der Bericht von 2013.

VOGELBEOBACHTUNG

Vögel kann man fast überall auf der Insel beobachten. Die besten Orte findet man an der Nord-, Ost- und Südküste.

Parc Natural de S'Albufera (S. 139) Mit 230 Arten, darunter Mariskensänger und Löffelenten, ist dieses sumpfige Terrain ein Paradies für Vogelfreunde. Es steht auf der Liste der international bedeutenden Feuchtgebiete nach der Ramsar-Konvention. Zwei Drittel der Arten, die permanent auf Mallorca leben bzw. überwintern, sind hier vertreten.

Parc Nacional Marítim-Terrestre de l'Arxipèlag de Cabrera (S. 179) Die geschützten Inseln werden von Wasser-, Zug- und Raubvögeln (Fischadler, die bedrohten Balearen-Sturmtaucher, Korallenmöwen, Gelbschnabel-Sturmtaucher, Eleonoren- und Wanderfalken) bevölkert.

Parc Natural de la Península de Llevant (S. 160) Nördlich von Artà sieht man viele Kormorane und Korallenmöwen.

Parc Natural de Mondragó (S. 183) Falken, Turteltauben und Wasservögel.

Embassament de Cúber Im Schatten des Puig Major de Son Torrella tummeln sich u. a. Greifvögel.

Vall de Bóquer Das felsige Tal in der Nähe von Port Pollença wird von Grasmücken, eurasischen Zwergohreulen, Rothühnern, Wanderfalken etc. bevölkert.

Cap de Formentor (S. 131) Auf der Halbinsel kann man Grasmücken, Blaumerlen, Felsenschwalben, Eleonorenfalken, Fahlsegler, Zugvögel und mit etwas Glück auch Balearen-Sturmtaucher sichten.

Pflanzen

In den Bergen & Ebenen

Auf den Gipfeln der Serra de Tramuntana können weder Sonne noch Wind die Bergvegetation kleinkriegen. In der Regel wuchern die Pflanzen dicht am Boden oder direkt auf den Klippen. Die *Scabiosa cretica* klammert sich in Felsspalten fest, damit es ihre Wurzeln kühl und feucht haben.

Früher waren die Felshänge und Ebenen der Insel mit Eichenwäldern bedeckt, irgendwann wurden jedoch viele davon niedergebrannt bzw. abgeholzt, um Feldern und Äckern Platz zu machen. Heute gedeiht hier typische Buschlandflora (immergrüne Gewächse wie wilde Ölbäume und Zwergfächerpalmen, Rosmarin, Thymian und Lavendel), die mit wenig Wasser auskommt. Zudem entdeckt man Heidekraut, Ginster, Feigenkakteen (aus denen Marmelade gemacht wird) und 60 Orchideenarten. Zu den endemischen Pflanzen gehören die hübsche *Paeonia cambessedesii*, eine rosafarbene Pfingstrose, die im Schatten einiger Schluchten der Serra de Tramuntana blüht, und die kleeartige *Naufraga balearica*, die an den schattigen Hängen der Tramuntana zu finden ist.

Wälder & Farne

Wo die Eichenwälder überlebt haben, gedeihen neben Stein- und Kermeseichen kleinere Pflanzen wie Veilchen, Erika und Ginster. Am interessantesten für Botaniker sind gefährdete einheimische Pflanzen wie der Balearen-Buchsbaum *(Buxus balearica)* und die Europäische Eibe *(Taxus baccata)* – der immergrüne Nadelbaum kann mehrere 100 Jahre alt werden. Ein Exemplar in Esporles soll über 2000 Jahre auf dem Buckel haben!

Farne, die es feucht mögen, wachsen vor allem in der Nähe von Höhlen, Schluchten und Flüssen; auf Mallorca gibt's über 40 Arten. In anderen feuchten Gegenden bilden importierte Bäume wie Pappeln, Ulmen und Eschen kleine Wälder.

An der Küste

An der Küste plagen sich die Pflanzen mit der ständigen Gischt, Salzablagerungen und heftigem Wind. Eine der beliebtesten Arten ist der dickblättrige Meerfenchel *(fonoll marí)*, eine Vitamin-C-Bombe, die Seeleute vorbeugend gegen Skorbut verspeisten. Die stachligen Kissen der *Launaea cervicornis* und der *Senecio rodriguezii* oder *margalideta de la mar* (kleines Meeresgänseblümchen) – kommen ebenfalls häufig vor.

In den Feuchtgebieten, Sümpfen und Dünen Mallorcas entdeckt man zahlreiche Süßwasserpflanzen. Entengrütze ist sehr verbreitet, oftmals zusammen mit Binsen, Wasserschwertlilien, Riedgras und Minze. Für Pflanzen, die im Sand wachsen, gelten weiße oder blassgrüne Blätter als typisch. Ihr üppiges Wurzelgeflecht krallt sich im sandigen Boden fest.

NEPTUNGRAS

Neptungras (Poseidonia) sieht Algen sehr ähnlich, ist aber sehr gut für die Umwelt, denn es verhindet die Erosion des Meeresbodens, lockt viele Meereslebewesen an und absorbiert Kohlendioxid.

Umweltprobleme

In den 1960er- und 1970er-Jahren begann der hemmungslose Bauboom – und zwar leider auf Kosten von zahlreichen Vögeln und ihren Nistplätzen sowie von Pflanzen, Regenwasserabfluss und Wasserversorgung. Heutzutage hat die Regierung die Umwelt mehr im Blick als in den letzten Jahrzehnten, allerdings kommt es trotzdem immer wieder zu Streitigkeiten zwischen Umweltschützern und profitorientierten Unternehmern.

Anlass zur Sorge gibt jedoch vor allem die Ausbreitung importierter Pflanzen. Viele wurden zuerst in Gärten angepflanzt, fühlten sich aber offensichtlich so wohl auf der Insel, dass sie jetzt einheimische Arten verdrängen. Als Paradebeispiel gilt die *Carpobrotus edulis*, auch bekannt als Hottentottenfeige, die wegen ihrer langen, schlanken Blätter auch *patata frita* (Pommes frites) genannt wird. Diese robuste Pflanze erstickt die gesamte einheimische Konkurrenz.

Mallorcas Architektur

Mallorcas architektonische Vielfalt offenbart sich am besten in Palma. Von arabischen Bädern über Renaissanceanwesen der damaligen Aristokratie bis hin zu barocken *patis* (Patios) und Jugendstilhäusern ist alles dabei. Und die gotische Kathedrale direkt am Meer ist ebenso ungewöhnlich wie riesig. Doch das nächste Kapitel der Architektur muss erst noch geschrieben werden, weil die Welle der Innovation, die Spaniens zeitgenössische Architektur erfasst hat, gerade erst in Mallorca angekommen ist.

Anfänge

An vielen unterschiedlichen Stätten der Insel stößt man auf Überreste von sogenannten *talayots* (Steintürme). Meistens waren die Siedlungen der sogenannten Talayot-Kultur von hohen Steinmauern umringt, hinter denen sich zahlreiche Wohnhäuser und die besagten Türme versteckten. Letztere waren aus Stein und komplett ohne Mörtel gebaut. Einige *talayots* dienten wohl als Beobachtungstürme, andere als Grabmäler, aber man weiß wenig über die Bauwerke und ihre Bewohner. Die Talayot-Kultur bestand etwa bis zum Eintreffen der Römer im Jahr 123 v. Chr., doch viele der heute noch erhaltenen Bauwerke gehen bis 1000 v. Chr. zurück. Ses Païsses und Capocorb Vell sind die am besten erhaltenen Stätten.

Obwohl die Römer mehr als zwei Jahrhunderte über Mallorca herrschten und einen Ruf als große Baumeister genießen, hinterließen sie erstaunlich wenige Zeugnisse von ihrer Anwesenheit. Dass es auf Mallorca nur so wenige römische Ruinen gibt, liegt wahrscheinlich daran, dass die Römer im Gegensatz zu ihren Vorgängen das beste Land an der Küste besiedelten, das spätere Zivilisationen einfach neu bebauten. Mallorcas einzige erhaltene römische Stätte von Bedeutung, Pollèntia in Alcúdia im Norden der Insel, soll die größte römische Stadt gewesen sein.

Gebäude aus der Zeit der maurischen Herrschaft

Banys Àrabs, Palma

Jardins d'Alfàbia, Serra de Tramuntana

Porta de l'Almudaina, Palma

Überreste der arabischen Stadtmauer aus dem 12. Jh. in Palma

Castell de Santueri, Felanitx

Das maurische Mallorca

Auch die Mauren, die immerhin drei Jahrhunderte die Macht innehatten, haben kaum Spuren hinterlassen – nicht zuletzt deshalb, weil die christlichen Eroberer ihre Moscheen ausnahmslos in Kirchen umwandelten. Die Kathedrale und die Església de Sant Miquel in Palma sind Beispiele hierfür: Von ihrer ursprünglichen Form ist nichts mehr zu sehen. Doch die neuen christlichen Herrscher besetzten nicht nur Moscheen und veränderten sie bis zur Unkenntlichkeit: Auch der Palau de l'Almudaina, der ursprünglich von den Römern errichtet worden war, wurde dann von mehreren maurischen Herrschern umgestaltet und schließlich der Sitz der königlichen (christlichen) Machthaber auf der Insel.

Eine weitere Besonderheit der islamischen Besetzung waren Festungen auf strategisch gelegenen Hügeln, allerdings konnten sie ebenfalls fast komplett erobert werden und wurden in den folgenden Jahrhunderten von den christlichen Herrschern umgebaut. Das Castell de Capdepera ist dafür das vielleicht eindrucksvollste Beispiel.

Mallorquinische Gotik

Die katalanische Variante der Gotik mit ihren breiten, niedrigen gewölbten Portalen und den nüchternen Ausschmückungen war nach der Eroberung durch die Katalanen zwangsläufig dominierend. Guillem Sagrera (um 1380–1456), ein katalanischer Baumeister und Bildhauer, der zuvor in Perpignan im heutigen Frankreich gearbeitet hatte, zog 1420 nach Mallorca. Dort sollte er den Bau der Kathedrale, das bedeutendste gotische Bauwerk der Insel, anleiten. Sagrera gilt als einer der größten Architekten und Bildhauer dieser Periode auf der Insel. Er entwarf eine der Kapellen der Kathedrale und das gotische Domkapitel und errichte darüber hinaus Sa Llotja, das zweite herausragende gotische Bauwerk Mallorcas.

Ebenso wie in anderen Regionen Spaniens waren während der ganzen gotischen Periode in einigen architektonischen Aspekten maurische Einflüsse sichtbar. Der Mudéjar-Stil zeigt sich nicht auf den ersten Blick an den Fassaden, doch immerhin sind einige schöne *artesonados* (Kassettendecken aus Holz) erhalten geblieben. Als herausragend gelten die Decken des Palau de l'Almudaina in Palma. Auch der wunderbare *artesonado* des Herrenhauses in den Jardins d'Alfàbia scheint ein maurisches Relikt zu sein.

Die Rückkehr der christlichen Herrschaft im Jahr 1229 kam für den romanischen Architekturstil auf Mallorca zu spät – er setzte sich nie durch. Ein Beispiel für diese Bauart ist der Palau de l'Almudaina in Palma.

Renaissance & Barock

Die Baukunst der Renaissance folgte rationalen Ideen, die sich an der Architektur der klassischen Antike orientierten. An Mallorca ging dieser Stil allerdings bis auf ein paar Ausnahmen wie das (später umgebaute) Hauptportal zur Kathedrale in Palma, das Gebäude Consolat de Mar und die überwiegend aus der Renaissance stammenden Uferbefestigungen vorbei. Das Monestir de Lluc ist zwar im Barockstil verziert, im Prinzip handelt es sich jedoch um ein spätes Renaissancegebäude, das vom Bildhauer und Architekten Jaume Blanquer (um 1578–1636) entworfen wurde.

Nachfolger dieses Stils war der für viele weitaus weniger attraktive kurvenreiche und moderate Barock, der auf der Insel nur selten solche Blüten trieb wie anderswo in Europa. Am häufigsten ist er in den großen Kirchen der Orte im Inland zu finden. Bei vielen dieser Bauten wurden die vorgefundenen gotischen Strukturen umfangreich verändert – das gilt besonders für solche Elemente wie Tonnengewölbe, Rundfenster so-

ARCHITEKTONISCHE HIGHLIGHTS

Pollèntia (S. 132) Ruinen römischer Häuser, Tempel und eines Theaters in Alcúdia.

Patis (S. 63) Sich in den *patis* (Patios) von Palmas historischem Zentrum ins Zeitalter der Renaissance und des Barock zurückversetzen lassen.

Museu Regional d'Artà (S. 158) Hier erfährt man alles über *talayots* (Wachtürme) und erhält einen kurzen Überblick zur Geschichte der Insel.

Kathedrale von Palma (S. 51) Das gewaltige gotische Bauwerk wartet mit Strebebögen, hoch emporragenden Fialen und einem der größten Rosettenfenster der Welt auf.

Ses Païsses (S. 158) In der Nähe von Artà befindet sich eine der größten und beeindruckendsten Talayot-Stätten der Insel.

Banys Àrabs (S. 60) Palmas arabische Bäder sind das wichtigste Zeugnis der muslimischen Herrschaft auf Mallorca.

Castell d'Alaró (S. 117) Die rätselhaften Ruinen einer mittelalterlichen Festung.

Ca'n Prunera (S. 108) Klassisches Beispiel einer Jugendstilvilla in Sóller.

Es Baluard (S. 65) Die moderne Galerie mit Oberlicht geht nahtlos in Palmas Ufermauern aus der Renaissance über.

Old Alcúdia (S. 132) Mit die besterhaltenen mittelalterlichen Stadtmauern der Insel.

wie die bauchigen oder geschwungenen Pfeiler und Säulen. Das Äußere der Kirchen kommt meistens ziemlich nüchtern daher (von der einen oder anderen pompösen Fassade mal abgesehen). Eine Ausnahme bilden die *retablos* (*retaules* auf Katalanisch), grandiose Altaraufsätze, bei denen die Bildhauer des Barocks ihrer Fantasie freien Lauf lassen konnten.

Aber die vielleicht schönsten Beispiele der mallorquinischen Variante des Barockstils sind die *patis* (Patios), die Palmas alte Villen schmücken. Die Innenhöfe wurden von islamisch-andalusischen und römischen Vorbildern inspiriert, trugen dem warmen mediterranen Klima Rechnung und repräsentieren Spaniens subtilste Barockformen. Obwohl dieser Stil dominiert, verraten einige vornehme Häuser in Palma auch Einflüsse der Renaissance, darunter die Fassade des Cal Marquès del Palmer. Wer davor steht, könnte ganz kurz denken, er sei im Florenz der Medici.

PATIS

Obwohl man zahlreiche *patis* in Palma besichtigen kann, sollten Architekturfans die Feierlichkeiten zu Fronleichnam nicht verpassen. Zu diesem Anlass sind nämlich viele der ansonsten nicht zugänglichen Innenhöfe der Stadt geöffnet. Oder man nimmt an der Palma-Führung „Höfe und Paläste“ von Mallorca Rutes teil.

Modernisme

Palma

Palma, das Zentrum vieler inselweiter Phänomene, ist auch die Hauptstadt des mallorquinischen Modernisme. Lluís Domènech i Montaner (1850–1923), ein Zeitgenosse Gaudís, war ebenfalls ein großer modernistischer Architekt, der sich im prächtigen früheren Grand Hotel, dem heutigen CaixaForum, verewigte.

Die geschwungene Fassade des Can Casasayas, das für die wohlhabende, durch ihre historische Konfiserie Confitería Frasquet berühmt gewordene Familie Casasayas errichtet wurde, gilt als typisch für diesen Architekturstil. Heute befindet sich dort ein Restaurant des berühmten Marc Fosh.

Eine weitere angesehene und einflussreiche Persönlichkeit in der Geschichte des mallorquinischen Modernisme war Gaspar Bennàssar (1869–1933). Im Gegensatz zu vielen anderen katalanischen Architekten, die auf Mallorca arbeiteten, wurde Bennàssar in Palma geboren. Im Laufe seiner langen Karriere spielte er mit ganz verschiedenen Stilen, so auch mit dem Modernisme. Ein herausragendes Beispiel dafür ist das Almacenes El Águila, das 1908 auf dem Höhepunkt dieses Stils gebaut wurde. Alle drei Etagen sind unterschiedlich gestaltet, außerdem setzt die großzügige Verwendung von Schmiedeeisen an der Hauptfassade ein deutliches Zeichen für den Modernisme. Die Fassade des benachbarten **Can Forteza Rey** ist mit *trencadís* (Keramikscherben) verziert, die auch Gaudí häufig verwendete. Beim **Can Corbella** dagegen, das etwa aus derselben Periode stammt, überwiegt der Neomudéjar-Stil.

Der Sitz des Parlaments der Balearen befindet sich im **Círculo Mallorquin**, einem High-Society-Club am Carrer del Conquistador, den der Architekt Miquel Madorell i Rius (1869–1936) 1913 im modernistischen Stil restaurierte.

Sóller

Was die Fülle der Modernisme-Bauwerke betrifft, kann das provinzielle Sóller zwar nicht mit Palma konkurrieren, trotzdem wartet es mit einigen herausragenden Beispielen dieses Stils auf. Die meisten verdankt die Stadt Joan Rubió i Bellver, einem Schüler Antoni Gaudís. Sein augenfälligstes Werk ist zweifellos die ungewöhnliche, aus dem frühen 20. Jh. stammende modernistische Fassade der Església de Sant Bartomeu aus dem 18. Jh. Die angrenzende extravagante Banco de Sóller gilt als typisches kühnes Beispiel für seinen Ansatz. Ganz in der Nähe weist das Can Prunera-Museu Modernista eine charakteristische filigrane Steinfassade mit verhaltener schmiedeeiserner Dekoration auf. Für Mallorca ist das Gebäude auch deshalb ungewöhnlich, weil es Besuchern ermöglicht, hinter die Modernisme-Fassade zu schauen und die Einflüsse dieses Stils auf die Inneneinrichtung des frühen 20. Jhs. zu erleben.

Kunst & Kultur

Mallorca inspiriert Künstler seit Jahrhunderten. Joan Miró fühlte eine solche Verbundenheit mit der Insel, dass er aus seiner Geburtstadt Barcelona übersiedelte. Die lebende mallorquinische Legende Miquel Barceló brachte derweil viel Farbe in die Galerien des ganzen Landes. Noch heute stößt man auf tief verwurzelte Kunst- und Kulturtraditionen, seien es die auf *festes* (Festen) gesungenen fröhlichen Balladen oder die Lederfabriken in Inca, wo u.a. die ausgefallenen Schuhe von Camper herstammen.

Literatur

Mallorcas großartige Schriftsteller schufen nicht nur Werke, die bis heute nichts von ihrer Bedeutung eingebüßt haben, sondern sie trugen auch maßgeblich dazu bei, Katalanisch und Mallorquinisch als literarische Sprachen auszubilden. Die Arbeiten vieler führender mallorquinischer Schriftsteller wie Llorenç Villalonga und Baltasar Porcel wurden mittlerweile übersetzt und laden so auch Außenstehende in eine reichhaltige Literaturszene ein, die außerhalb der Katalanisch sprechenden Welt bislang kaum bekannt war.

Über Autoren aus Mallorca oder aus Katalonien kann man sich auf www.escriptors.cat, der Website des Verbandes katalanischsprachiger Schriftsteller, informieren.

Literarische Anfänge

In gewisser Hinsicht begründete der mittelalterliche Eroberer Jaume I. (1208–76) die mallorquinische Literatur, da er seine kühnen Taten im Werk *El Llibre dels Fets* (Das Buch der Heldentaten) verewigte – auf Katalanisch! Ramon Llull (1232–1316), der in Palma geborene Dichter und visionäre Prediger, machte diese Sprache zu einem ausdrucksvollen literarischen Instrument. Obwohl er als umstrittene Persönlichkeit gilt, sind viele Menschen der Ansicht, dass er heiliggesprochen werden sollte (bisher hat es nur zur Seligsprechung gereicht). Jedenfalls wurde Llull lange als Vater der katalanischen Literatursprache verehrt.

Nur wenige Mallorquiner können mit seinen mittelalterlichen Texten etwas anfangen, wohingegen die meisten mindestens ein Gedicht des Theologen und Dichters Miquel Costa i Llobera (1854–1922) kennen. Dessen Werk *Die Pinie von Formentor* (1907) ist ein Loblied auf Mallorcas Landschaft und wird als das mallorquinische Gedicht schlechthin gefeiert.

Anaïs Nins erotische Kurzgeschichte *Mallorca* spielt in Deià, wo die Autorin 1941 ein Jahr lang lebte. Die Erzählung erschien in dem Band *Das Delta der Venus* und handelt von einem einheimischen Mädchen, das sich auf ein erotisches Abenteuer mit einem ausländischen Paar einlässt und dafür einen hohen Preis zahlt.

Das 20. Jahrhundert

Miquel Bauça (1940–2005) gilt als einer der größten Dichter der Insel. Der Poet lebte sehr zurückgezogen und schuf mit *Una Bella Història* (1962–85) ein bedeutendes Werk. Llorenç Villalonga (1897–1980) stammte aus Palmas Oberschicht und studierte Medizin. Er gehört zu Mallorcas führenden Romanciers des 20. Jhs. Viele seiner Werke schildern den Niedergang des Landadels auf der Insel, so auch seine erfolgreichste Erzählung *Das Puppenkabinett des Senyor Bearn: Ein mallorquinischer Familienroman* (1952).

Baltasar Porcel (1937–2009) wird als Begründer der zeitgenössischen mallorquinischen Literatur angesehen. *L'Emperador o l'Ull del Vent* (*Der Kaiser oder das Auge des Windes*, 2001) ist eine dramatische Erzählung über Tausende napoleonische Soldaten, die auf der Illa de Cabrera interniert waren.

Carme Riera (1948 in Palma geboren) hat eine beeindruckende Anzahl von Romanen, Kurzgeschichten, Drehbüchern und weiteren Texten verfasst, von denen einige auch in deutscher Übersetzung vorliegen. Ihr neuester Schmöker *Der englische Sommer* (2006) handelt von einer frustrierten Immobilienmaklerin aus Barcelona, die einen Monat in einem britischen Provinznest verbringt, um Englisch zu lernen.

Guillem Frontera (geboren 1945 in Ariany) hat einige spannende Krimis wie *Das Mallorca-Komplott* (2001) geschrieben, in dem einem Detektiv der Urlaub auf der Insel aufgrund des Mordes an seiner Exfreundin verdorben wird.

Musik

Traditionelle Musik

Wie viele andere Regionen in Spanien wartet auch Mallorca mit einer Fülle von Volksliedern und Balladen in Mundart auf. Auf zahlreichen traditionellen *festes* der Insel sind *xeremiers* zu hören. Dabei handelt es sich um Duos, bestehend aus einem Musiker, der *xeremia* (eine Art Dudelsack) spielt, sowie einem weiteren, der seinen Partner mit dem *flabiol* (eine hellklingende Flöte) begleitet. Auch jüngere Bands verschließen sich der traditonellen Musik nicht, allerdings präsentieren sie ihre mallorquinischen Songs oft in einer rockigen Variante.

Moderne Musik

Los Valldemossa, die in den Clubs von Palma mit jazzig interpretierten mallorquinischen Volksliedern auftraten, konnten auch international Erfolge feiern. Sie spielten z. B. häufig in London und gewannen 1969 den Eurovision Song Contest, was damals noch etwas zu bedeuten hatte. 2001 beendeten sie ihre Musikkarriere, ihre CDs werden jedoch noch immer gekauft.

Die berühmteste Liedermacherin der Insel ist Maria del Mar Bonet i Verdaguer (geboren 1947) aus Palma. Im Alter von 20 Jahren ging sie nach Barcelona und schloss sich der Bewegung Nova Cançó Catalana an, die katalanischsprachige Sänger und Bands förderte. Bonet schaff-

BÜCHER ÜBER MALLORCA

Mallorca gilt ausländischen Schriftstellern schon seit Langem als Inspirationsquelle und dient nicht nur als Standort kreativer Schreibprozesse, sondern auch als interessanter Themenlieferant. Einige empfehlenswerte Werke:

- *Im Tal der Orangen* (2000), *Mañana Mañana* (2001) und *Viva Mallorca* (2004) von dem Schotten Peter Kerr.
- *Geschichten aus dem anderen Mallorca* (1998) von Robert Graves.
- *Ein Winter auf Mallorca* (1839) von der französischen Schriftstellerin George Sand (ihr richtiger Name lautet Amandine-Aurore-Lucille Dupin).
- *Eine mallorquinische Reise. Mallorca 1929* (1929) von Gordon West.
- *Papa ante Palma: Mallorca für Fortgeschrittene* (2011) von Stefan Keller.
- *Die Insel des Zweiten Gesichts* (1953) von Albert Vigoleis Thelen (1903–89).
- *Das Mallorca-Komplott* (2001) von Guillem Frontera.
- *Balearenblut* (2017) von Hanne Holms.

te ebenfalls den internationalen Durchbruch und wurde in erster Linie durch ihre Interpretationen mediterraner Folklore und französischer Chansons sowie ihre Experimente mit Jazz und brasilianischer Musik bekannt.

Für einen komplett anderen Musikstil steht Concha Buika, deren Eltern aus Äquatorialguinea stammen. Sie wurde 1972 in Palma geboren und machte sich in den hiesigen Clubs mit ihrem ganz eigenen Musikstil, dessen Einflüsse von Hip-Hop über Flamenco bis zu Soul reichen, einen Namen. 2007 erschien ihre zweite CD, *Mi Niña Lola*, ein Jahr später folgte *Niña de Fuego* und 2009 wurde *El Ultimo Trago* veröffentlicht, die in Zusammenarbeit mit Chucho Valdés, einem kubanischen Jazzpianisten, entstand. Sie veröffentlicht auch weiterhin Alben, zuletzt im Jahr 2015 *Vivir Sin Miedo*.

Die in Argentinien geborene und auf Mallorca lebende Sängerin Chenoa erlangte durch ihre Teilnahme an der Talentshow *Operación Triunfo* einen großen Bekanntheitsgrad. Seit 2002 veröffentlichte sie sieben Alben und gehört heute zu den bedeutendsten Vertreterinnen des spanischen Latinpops.

Malerei & Bildhauerei

Die Anfänge

Nach der Wiedereroberung 1229 gehörte Mallorca zum katalanischen Einflussbereich unter der Krone von Aragón. Dennoch blieb die Insel ein Knotenpunkt im Mittelmeer und somit offen für fremde Einflüsse. Immer schon zog Mallorca Künstler vom spanischen Festland an.

Die frühesten Werke katalanischer Künstler aus dieser Epoche waren von der Gotik der Sieneser Schule in Italien beeinflusst. Später kamen Elemente aus dem weichen Stil der Spätgotik hinzu, vor allem durch den valencianischen Künstler Francesc Comes, der von 1390 bis 1415 auf Mallorca arbeitete.

Mitte des 15. Jhs. stachen Rafel Mòger (um 1424–70) und der Franzose Pere Niçard, der von 1468 bis 1470 auf Mallorca tätig war, besonders hervor. Sie schufen eines der wichtigsten Werke jener Zeit, das Altarbild Sant Jordi, das heute im Museu Diocesà in Palma zu sehen ist. Als herausragender Bildhauer dieser Epoche gilt Guillem Sagrera, der viele Details der Fischbörse Sa Llotja gestaltete.

Pere Terrencs (wirkte ca. 1479–1528) brachte von einem Studienaufenthalt in Valencia die Technik der Ölmalerei mit auf die Insel, die das Ende der Tempera bedeutete. Sein Stil war von Elementen der Spätgotik und der Renaissance geprägt, ähnlich wie der von Mateu López (gestorben 1581). Dieser stammte aus Córdoba und hatte in Valencia sein Handwerk im renommierten Atelier der bahnbrechenden Künstler Vicent Macip und Joan de Joanes (Joan Vicent Macip, 1523–79) gelernt. López kam 1544 nach Mallorca.

Gaspar Oms (um 1540–1614) war Mallorcas herausragender Maler der Spätrenaissance. Die Familie Oms aus Valencia dominierte die Kunstszene der Insel während des gesamten 17. und 18. Jhs.

Miquel Bestard (1592–1633) schuf bedeutende Barockgemälde für Kirchen wie das Convento de Santa Clara und die Església de Monte-Sion in Palma. Guillem Mesquida i Munar (1675–1747) malte neben sakralen Motiven auch Szenen aus der klassischen Mythologie.

Die besten Kunstmuseen

- *Es Baluard, Palma*
- *Casa-Museu Dionís Bennàssar, Pollença*
- *Ca'n Prunera – Museu Modernista, Sóller*

19. & 20. Jahrhundert

Das 19. Jh. spülte eine Welle von Landschaftsmalern nach Mallorca. Viele kamen vom spanischen Festland, vor allem aus Katalonien, aber die Insel brachte auch eigene Maler hervor. Mehr als ein halbes Dutzend namhafter Künstler stammte aus Palma. Joan O'Neille Rosiñol (1828–

1907) gilt als Begründer der Landschaftsmalerei Mallorcas. Er und seine jüngeren Zeitgenossen Ricard Anckermann Riera (1842–1907) und Antoni Ribas Oliver (1845–1911), beide in der Inselhauptstadt geboren, gehörten zu den ersten Malern, die sich in ihrer Arbeit mit Mallorca als künstlerischem Objekt befassten und die Insel auf romantische Weise darstellten. Die beiden Letzteren bannten vor allem Küstenlandschaften auf die Leinwand.

Ab 1890 entdeckten zahlreiche modernistische Maler Mallorca für sich und brachten neue Ideen mit. Manche von ihnen, darunter beispielsweise Santiago Rusiñol (1861–1931), hatten einige Zeit in Paris gelebt, wo sich damals die Avantgarde der Kunstszene traf. Begeistert schlossen sich Einheimische der Modernisme-Bewegung an. Eine Schlüsselfigur war der in Palma geborene Antoni Gelabert Massot (1877–1932), der seine Heimatstadt in Gemälden wie *Murada i Catedral a Entrada de Fosc* (1902–04) verewigte. Zu den weiteren Vertretern dieser Bewegung zählten Joan Fuster Bonnín (1870–1943) und Llorenç Cerdà i Bisbal (1862–1955) aus Pollença.

Als bedeutendster Bildhauer der Insel gilt der früh verstorbene Llorenç Rosselló (1867–1902). Einige seiner Bronzeskulpturen sowie eine Auswahl von Werken vieler hier aufgelisteter Maler können im Es Baluard bewundert werden.
In den 1910er- und 1920er-Jahren fand der Symbolismus Eingang in die Formensprache lokaler Künstler. Joan Antoni Fuster Valiente (1892–1964) und Ramón Nadal (1913–99), zwei bedeutende Maler aus dieser Zeit, kommen beide gebürtig aus Palma.

Gegenwartskunst

Wichtigster Vertreter der mallorquinischen Gegenwartskunst ist Miquel Barceló (geboren 1957 in Felanitx), der zugleich als Lokalheld und Kunstikone gefeiert wird. Auf seiner Heimatinsel tat er sich besonders mit seinem umstrittenen Meisterwerk in Palmas Kathedrale hervor: Sein Keramikwandbild aus dem Jahr 2007 stellt das Wunder der Brotvermehrung dar. Der Künstler, der in Paris und im Stammesgebiet der Dogon in Mali lebt, hat ein Atelier in Neapel und war schon im Alter von 25 ein aufstrebender Star. Bekanntheit erlangte er vor allem durch seine Gemälde, wobei er schon seit Ende der 1990er-Jahre mit Keramik arbeitete. Die Umgestaltung der Kathedrale war für den Künstler ein Auftrag in einer bisher ungeahnten Größenordnung. Seine erste und bisher einzige Ausstellung in Deutschland fand 2008 in Hannover statt, seine Werke waren allerdings schon als Teil anderer Ausstellungen zu sehen.

Weniger berühmt, aber nicht weniger produktiv ist Ferran García Sevilla (geboren 1949 in Palma). Typisch für seine Arbeiten sind Primärfarben sowie eine kraftvolle Formen- und Bildersprache. Seit Anfang

MIRÓ & MALLORCA

Joan Miró kam zwar in Barcelona zur Welt, wo er auch den Großteil seines Lebens verbracht hat, doch sein spirituelles Zuhause war Mallorca. Seit seinem Umzug auf die Insel Mitte der 1950er-Jahre blieb er dort verwurzelt. Sie diente ihm als endlose Quelle der Inspiration – der Horizont, die „beredte Stille“, die Helligkeit des Lichts und die lebendigen Blautöne des Meeres, die sich z.B. in seinen Werken *Bleu I, II, III* (1961), einer dreiteiligen Serie in intensiven Farben, wiederfinden.

Hier konnte Miró durch die Straßen laufen, unbemerkt dem Organisten der Kathedrale lauschen und seine Anonymität genießen. Sein Studio am Stadtrand ließ ihm genügend Raum, um voll in seiner Kunst aufzugehen. Er lebte auf Mallorca, bis er 1983 im Alter von 90 Jahren starb. Man kann heute sein Wohnhaus und sein Atelier besuchen und in der **Fundació Pilar i Joan Miró** (S. 87) viele seiner Gemälde und Skulpturen besichtigen.

der 1980er-Jahre stellt er seine Werke in Galerien überall in Europa aus. Joan Costa (1961 in Palma geboren) gehört zu den wichtigsten zeitgenössischen Bildhauern der Insel, versucht sich gelegentlich aber auch in der Malerei.

Die katalanische Ikone des 20. Jhs., Joan Miró (1893–1983), darf in dieser Aufzählung natürlich nicht fehlen. Mirós Mutter stammte aus Sóller, während der Künstler selbst die letzten 27 Jahre seines Lebens in Cala Major verbrachte.

Kunsthandwerk

Der Tourismus hat zwar zur Überentwicklung der mallorquinischen Küste geführt, ging jedoch auch mit einer Renaissance des traditionellen Kunsthandwerks einher.

Glaskunst & Lederwaren

Die Ursprünge mallorquinischen Glashandwerks gehen auf das 2. Jh. v. Chr. zurück. Damals gehörten die Kunsthandwerker zu einem Netzwerk von Glasherstellern und -händlern, dessen Zentrum sich auf Murano bei Venedig befand. Im 18. Jh. erlebte die mallorquinische Glaskunst ihren Höhepunkt, danach verlor sie jedoch an Bedeutung. Für ihre Renaissance auf Mallorca in der Mitte und gegen Ende des 20. Jhs. zeichnet die Familie Gordiola quasi im Alleingang verantwortlich; sie ist bereits seit dem 18. Jh. in der Glasverarbeitung tätig. Man findet noch einige kleine Kunsthandwerksbetriebe, die mit Glas arbeiten, der größte Hersteller der Insel ist aber das Museu de Gordiola außerhalb von Algaida, wo sich Besucher traditionelle Glasbläsertechniken ansehen können.

Dank Mallorcas bekannter Schuhmarke Camper ist die lederverarbeitende Industrie der Insel heute für ihre Qualität bekannt. Obwohl sich kleinere traditionelle Hersteller im Konkurrenzkampf mit den größeren Unternehmen immer öfter geschlagen geben müssen, blickt der Industriezweig zweifellos auf eine Erfolgsgeschichte zurück. In Inca, der mallorquinischen Hauptstadt der Schuhproduktion, gibt's jede Menge Fabriken und Outlets, die man auch besichtigen kann.

Praktische Informationen

Allgemeine Informationen

Arbeiten auf Mallorca

EU-Bürger und Schweizer können in ganz Spanien problemlos arbeiten. Wenn man einen Vertrag hat, greift einem der Arbeitgeber normalerweise bei allen bürokratischen Formalitäten unter die Arme.

Viele Bars, Restaurants und andere Unternehmen gehören Ausländern und suchen in den Sommermonaten Aushilfen. Jobangebote für Kellner, Kindermädchen, Köche, Babysitter, Reinigungspersonal etc. stehen in lokalen fremdsprachigen Zeitungen.

Wer fließend Spanisch und eine andere gefragte Sprache spricht, kann übersetzen und dolmetschen. Englisch oder eine andere Fremdsprache zu unterrichten ist auch eine Option, wenn man die nötigen Qualifikationen hat. Jobangebote gibt's im Internet, beispielsweise bei Career Contact (www.career-contact.net/laenderinfos/spanien.html).

Ermäßigungen

Studenten, Senioren (über 65 Jahren), Familien und Jugendliche erhalten bei zahlreichen Sehenswürdigkeiten Ermäßigungen von 20 bis 50 %. Kinder unter 12 Jahren haben in Museen oft freien Eintritt. Ein paar Vier-Sterne-Hotels und Autovermietungen bieten von Oktober bis April Rabatte für Personen über 55..

City Cards In manchen mallorquinischen Städten gibt's Ermäßigungskarten, die für verschiedene Attraktionen und andere Angebote gelten. Am nützlichsten ist der Palma Pass.

Senioren: In vielen Museen und Sehenswürdigkeiten bekommt man Rabatt, gelegentlich auch bei öffentlichen Verkehrsmitteln.

Studentenausweise: Mit einer ISIC (International Student Identity Card; www.isic.org) gibt's bis zu 50 % Vergünstigung, z. B. bei Übernachtungen und Attraktionen.

Ausweise für Jugendliche: Mit der Euro<26 Card (www.euro26.org; in Spanien „Carnet Joven") bekommt man Preisnachlässe auf Verkehrsmittel, Sehenswürdigkeiten und Jugendherbergen.

Palma Pass Der Drei-Tages-Pass (33 €), der eintägige Expresspass (16 €) und der Familienpass (92 €) umfassen den Eintritt für 35 Museen und Sehenswürdigkeiten, die Nutzung des öffentlichen Nahverkehrs und Ermäßigungen. Siehe www.palmapass.com.

Feiertage & Ferien

Spanier – und da bilden auch die Mallorquiner keine Ausnahme – machen schwerpunktmäßig in der Semana Santa (der Woche vor Ostern) sowie im August Urlaub. Gleichzeitig fällt halb Europa auf der Insel ein! Unterkünfte sind nun schwer aufzutreiben und der Verkehr bricht fast zusammen.

Mallorca hat 14 offizielle Feiertage, wobei fast alle Städte noch mindestens einen weiteren zu Ehren ihres jeweiligen Schutzheiligen haben, nicht zu vergessen die zahlreichen traditionellen Festtage vieler Orte. Letztere sind nicht immer offiziell gelistet, aber natürlich trotzdem ein Grund zum Feiern. Mallorcas wichtigste Termine:

Cap d'Any (Neujahr) 1. Januar

Epifania del Senyor (Dreikönigstag) 6. Januar; im Hafen von Palma wird die Ankunft der Heiligen Drei Könige nachgespielt, danach gibt's eine Prozession.

Dia de les Illes Balears (Tag der Balearen) 1. März

Dijous Santa (Gründonnerstag) März/April

Divendres Sant (Karfreitag) März/April

Diumenge de Pasqua (Ostersonntag) März/April

Festa del Treball (Tag der Arbeit) 1. Mai

L'Assumpció (Mariä Himmelfahrt) 15. August

Festa Nacional d'Espanya (Spanischer Nationalfeiertag) 12. Oktober

Tots Sants (Allerheiligen) 1. November

Dia de la Constitució (Tag der Verfassung) 6. Dezember

L'Immacula da Concepció (Unbefleckte Empfängnis) 8. Dezember

Nadal (Weihnachten) 25. Dezember

Segona Festa de Nadal (1. Weihnachtsfeiertag) 26. Dezember

Frauen unterwegs

Auf Mallorca zu reisen ist genauso unkompliziert wie überall sonst in der westlichen Welt. Dennoch kann es vorkommen, dass Frauen angestarrt werden, ihnen jemand hinterherpfeift oder sie sich überflüssige Kommentare anhören müssen Am besten einfach ignorieren. Augenkontakt und Flirten sind in Spanien ganz normal und nicht als Belästigung gemeint.

Spanische Frauen sind sehr stilbewusst und tun einiges dafür, um so gut wie möglich auszusehen. Oben ohne zu baden und knapp bekleidet herumzulaufen mag in den Ferienorten an der Küste in Ordnung sein, doch in den Städten und im Landesinneren ist etwas mehr Bedeckung angesagt.

Freiwilligenarbeit

Die meisten Möglichkeiten für Freiwilligenarbeit in Spanien gibt's auf dem Festland; bei Go Abroad (www.goabroad.com) kann man aber auch nach Projekten auf Mallorca schauen. Fincas (Landgüter) und Familien, die Arbeit und Unterkunft auf Basis von Freiwilligenarbeit anbieten, findet man auf Work Away (www.workaway.info).

Geld

Geldautomaten gibt's in allen Städten und Urlaubsorten. Die meisten Hotels, Restaurants und Geschäfte akzeptieren Kreditkarten.

Bargeld

- Für kleine Einkäufe benötigt man Bargeld. Kleingeld ist nützlich für Kaffeepausen und spontane Marktbesuche.
- An den Strand sollte man nur so viel Geld mitnehmen, wie man für Eis, Getränke, Sonnenliege und Sonnenschirm benötigt (10–15 € pro Tag).

Geldautomaten

- Mit den meisten Debit- und Kreditkarten wie Visa, MasterCard und Cirrus kann man bei den *cajeros automáticos* (Geldautomaten) Bargeld abheben.
- Geldautomaten sind in Städten und größeren Urlaubsorten allgegenwärtig und rund um die Uhr zugänglich.
- Viele Banken verlangen fürs Abheben im Ausland eine Gebühr von etwa 1,5 bis 2 %.

Kredit- & Debitkarten

- Hotels akzeptieren in der Regel Kredit- und Debitkarten, einige ländliche Gästehäuser jedoch nicht.
- Kleine familienbetriebene Restaurants und Cafés bestehen eventuell auf Bargeldzahlung; am besten vorm Bestellen nachfragen.
- Fast alle Läden akzeptieren Kartenzahlungen, allerdings muss man dabei oft den Pass oder Ausweis vorlegen.
- Am weitesten verbreitet sind Visa, MasterCard, American Express (Amex), Cirrus, Maestro, Plus, Diners Club und JCB.

Steuern & Erstattungen

Die spanische IVA (Mehrwertsteuer) auf Waren und Dienstleistungen beträgt bis zu 21 % und ist in aufgeführten Preisen enthalten. Nicht-EU-Bürger können sich die Steuer erstatten lassen, wenn sie Waren im Wert von über 90 € kaufen und innerhalb von drei Monaten aus der EU ausführen. Dazu muss man sich beim Kauf ein Formular aushändigen lassen und es mit der entsprechenden Ware bei der Ausreise aus der EU bei der zuständigen Zollstelle vorzeigen. Für mehr Infos siehe www.globalblue.com.

Trinkgeld

- **Hotels** Ermessenssache; für Portiers ca. 1 € pro Gepäckstück, für Reinigungskräfte 2 € pro Tag.
- **Cafés und Bars** Wird nicht erwartet, bei gutem Service kann man jedoch den Betrag um etwa 1 bis 2 € aufrunden.
- **Restaurants** Die Servicegebühr ist enthalten, wenn nicht „*servicio no incluido*" ausgewiesen ist; dennoch geben viele rund 5 % dazu.
- **Taxis** Nicht notwendig, man kann jedoch aufrunden oder ein kleines Trinkgeld geben, vor allem für längere Fahrten.

PRAKTISCH & KONKRET

- **Radio** Regionale Radiosender sind u. a. Radio Balear (www.radiobalear.net) und das englischsprachige Radio One Mallorca (www.radioonemallorca.com).
- **Rauchen** Viele Mallorquiner rauchen. Das Rauchverbot in allen geschlossenen öffentlichen Bereichen wurde früher gern ignoriert, heute jedoch wird es strenger durchgesetzt.
- **Zeitungen** In den Urlaubsorten sind deutsch- und englischsprachige Zeitungen weit verbreitet. Große spanische Zeitungen sind u. a. das Mitte-links-Blatt *El País* (www.elpais.com) und die Mitte-rechts-Zeitung *El Mundo* (www.elmundo.es). Mallorquinische News stehen im *Diario de Mallorca* (www.diariodemallorca.es), in der *Ultima Hora* (www.ultimahora.es) und im englischsprachigen *Majorca Daily Bulletin* (www.majorcadailybulletin.com).

Gesundheit

Mallorca-Urlauber müssen keine Gefahren für die Gesundheit befürchten. Die größten Probleme dürften Sonnenbrand, harmlose Insektenstiche, leichte Magenverstimmungen und Kater sein.

Vor der Reise

KRANKENVERSICHERUNG

➡ Für EU-Bürger und Schweizer deckt eine Europäische Krankenversicherungskarte (European Health Insurance Card, EHIC) die meisten medizinischen Leistungen ab (inzwischen mit der deutschen Krankenkassenkarte identisch). Sie gilt allerdings nur für Notfallbehandlungen und beinhaltet keinen Rücktransport nach Hause. Wer zusätzlich eine Auslandsreiseversicherung abschließt, muss darauf achten, ob sie z. B. den Rückflug nach einem Unfall miteinschließt. Außerdem sollte man rechtzeitig checken, ob die Versicherung den behandelnden Arzt direkt bezahlt oder die Kosten später erstattet. Ersteres ist natürlich viel praktischer, weil der Arzt im Ausland dann nicht aus der eigenen Tasche bezahlt werden muss.

IMPFUNGEN

Für Mallorca sind keine Impfungen nötig. Die Weltgesundheitsorganisation empfiehlt jedoch trotzdem grundsätzlich einen Schutz gegen Diphtherie, Tetanus, Masern, Mumps, Röteln und Kinderlähmung (Polio).

Auf Mallorca

MEDIZINISCHE VERSORGUNG

➡ Wer einen Krankenwagen braucht, wählt die ☎061.

➡ Klinikstandards und Wartezeiten gehörten zu den besten Europas; die Kosten sind mit anderen westeuropäischen Ländern vergleichbar.

➡ Im Notfall wendet man sich am besten gleich an die *urgencia* (Ambulanz) im nächsten Krankenhaus. Das Hauptkrankenhaus der Insel ist das **Hospital Universitari Son Espases** (☎871 20 50 00; www.hospitalsonespases.es; Carretera de Valldemossa 79) in Palma, größere Kliniken gibt's auch in Inca und Manacor.

➡ Die medizinischen Angestellten in den Urlauberhochburgen am Meer sprechen meistens Englisch und Deutsch.

➡ In *farmacias* (Apotheken) bekommt man Ratschläge und kann rezeptfreie Medikamente kaufen. Ist eine Apotheke geschlossen, steht an der Tür der Name der nächstgelegenen *farmacia de guardia* (Notfallapotheke).

GESUNDHEITSRISIKEN

➡ Wer zu viel Flüssigkeit verliert, wird bald darauf an Hitzeerschöpfung leiden, die sich durch Kopfschmerzen, Schwindel und Erschöpfung bemerkbar macht. Dann muss man viel Wasser und/oder Fruchtsaft trinken.

➡ Ein Hitzschlag ist gefährlicher. Er führt zu irrationalem, hyperaktivem Verhalten und schließlich zu Bewusstlosigkeit und sogar zum Tod. Hier ist schnelle Abkühlung angesagt – am besten den Körper mit Wasser bespritzen und Luft zufächeln.

➡ Wer eine schwere Allergie gegen Bienen- oder Wespenstiche hat, sollte eine Adrenalinspritze o. Ä. dabeihaben.

➡ In bewaldeten Gegenden muss man sich vor den haarigen rotbraunen Raupen des Prozessionsspinners in Acht nehmen! Ihre Haare lösen bei Berührung eine heftige Hautallergie aus.

➡ Einige spanische Tausendfüßler haben einen sehr üblen, aber nicht tödlichen Stachel. Vorsicht ist bei Tausendfüßlern mit deutlich erkennbaren Segmenten, z. B. schwarzen und gelben Streifen, geboten.

➡ Im Sommer überschwemmen manchmal Quallen Mallorcas Strände. Essig, Eis und Bittersalz lindern den Schmerz. Wenn nichts davon zur Hand ist, sollte man die Stellen mit Salzwasser einreiben. Achtung: Süßwasser kann die Verbrennungen verschlimmern! Wer von einer Qualle erwischt wurde, steuert am besten sofort eine Station des Roten Kreuzes an (sind an fast allen größeren Stränden zu finden).

➡ An vielen mallorquinischen Stränden schwirren Sandmücken herum. Ihre Stiche jucken meistens nur unerträglich, lösen manchmal aber auch eine seltene Hautkrankheit aus: die kutane Leishmaniose, eine erhabene Wunde um den Stich, die zu Gewebeverlust führen kann.

LEITUNGSWASSER

Das Leitungswasser ist sicheres Trinkwasser, allerdings schmeckt es wegen seines hohen Natrium- oder Chlorgehalts oft scheußlich; abgefülltes Wasser ist billig.

Internetzugang

➡ Zahlreiche Cafés und Bars bieten kostenloses WLAN. Eventuell muss man beim Bestellen nach dem Passwort fragen.

➡ Auch die meisten Hotels verfügen über WLAN, oft ist der Empfang jenseits der Lobby jedoch schwach.

➡ Internetcafés verschwinden langsam, Touristeninformationen können einem jedoch meist das nächste nennen. Die Preise liegen zwischen 2 und 3 € pro Stunde.

Karten

Gute und übersichtliche Karten:

➡ ADAC-Karte Mallorca, Ibiza (1:150 000)

➡ Freytag & Berndt *Mallorca* (1:50 000)

- Michelin Regionalkarte 579 Spanien: Mallorca – Ibiza – Menorca (1:140 000)
- Marco Polo *Mallorca* (1:150 000)
- Kompass *Fahrradkarte Mallorca* (1:70 000)

Wanderkarten

Wanderkarten müssen einen Maßstab von mindestens 1:25 000 haben. Alles darüber kann man vergessen. Erhältlich in Wanderfachgeschäften vor Ort oder im Heimatland.

- Alpina Editorial hat drei tolle Karten von der Serra de Tramuntana (*Mallorca Tramuntana Sud*, *Mallorca Tramuntana Central* und *Mallorca Tramuntana Nord*). Dazu gibt's je ein robustes Begleitheft mit detaillierten Beschreibungen der Routen. Die dritte ist nur auf Katalanisch und Deutsch.
- *Wandern auf Mallorca* (DuMont) von Susanne Lipps enthält 35 Touren und zahlreiche Karten.
- Der *Kompass Wanderführer 5910 Mallorca* von Wolfgang Heizmann mit ebenfalls guten Wanderkarten.
- Das spanische Centro Nacional de Información Geográfica (www.cnig.es) deckt einen großen Teil der Insel auf Blättern im Maßstab 1:25 000 ab.

Öffnungszeiten

Hier sind die Öffnungszeiten während der Hochsaison aufgeführt, in der Zwischen- und Nebensaison sind sie in der Regel kürzer. Viele Restaurants und Hotels schließen von Mitte Oktober bis Ostern gänzlich.

Banken Mo–Fr 8.30–14 Uhr; einige auch Do 16–19 und Sa 9–13 Uhr

Bars 19–3 Uhr

Cafés 11–1 Uhr

Clubs 24–6 Uhr

Geschäfte Mo–Sa 10–14 & 16.30–19.30 oder 17–20 Uhr; große Supermärkte und Warenhäuser meist Mo–Sa 10–21 Uhr

Postämter Mo–Fr 8.30–21.30, Sa 8.30–14 Uhr

Restaurants Mittagessen 13–15.30 Uhr, Abendessen 19.30–23 Uhr

Post

Auf die spanische Post Correos (www.correos.es) ist meist Verlass, auch wenn sie sich manchmal etwas Zeit lässt. Die Versanddauer variiert, in der Regel benötigt normale Post ins westeuropäische Ausland jedoch bis zu einer Woche.

Sellos (Briefmarken) erhält man in *estancos* (Tabakläden; zu erkennen an einem „Tabacos"-Schild mit gelben Buchstaben auf braunem Grund) sowie auf Postämtern. Postkarten und Briefe bis 20 g kosten 1,15 € in andere europäische Länder, ansonsten zahlt man mehr. Eine ausführliche Preisliste für Einschreiben *(certificado)* und Expressversand *(urgente)* findet man auf der Correos-Website, wenn man den Button „Fee Calculator" anklickt.

Rechtsfragen

- Per Gesetz ist jeder verpflichtet, immer ein Ausweisdokument mit Lichtbild bei sich zu führen, z. B. Pass, Personalausweis oder Führerschein.
- Die Alkoholgrenze im Straßenverkehr liegt in Spanien bei 0,5 Promille. Bei Überschreiten dieser Grenze werden drastische Geldbußen (bis zu 1000 €) verhängt. Ab 1,2 Promille droht eine Haftstrafe.
- Cannabis in sehr kleinen Mengen ist zum persönlichen Gebrauch erlaubt. In der Öffentlichkeit dürfen allerdings keine Drogen konsumiert werden.
- Wer verhaftet wird, bekommt einen kostenlosen Pflichtverteidiger *(abogado de oficio)* zur Seite gestellt. Es kann aber sein, dass dieser nur Spanisch (und den örtlichen Dialekt) spricht. Der Grund der Anklage muss dem Beschuldigten in einer ihm verständlichen Sprache dargelegt werden; zudem hat er das Recht auf einen Telefonanruf.
- Vor Gericht sind die Behörden dazu verpflichtet, einen Dolmetscher zur Verfügung zu stellen.

Reisen mit Behinderung

Mallorca ist weit davon entfernt, barrierefrei zu sein, doch allmählich verbessert sich die Situation. Einige barrierefreie Museen, öffentliche Gebäude und Hotels zeigen, dass auch die Mallorquiner langsam umdenken.

- Hotels, die sich selbst behindertenfreundlich nennen, sind mit Vorsicht zu genießen: Oft bedeutet das nur breitere Türen in Zimmern

Klima

Palma de Mallorca

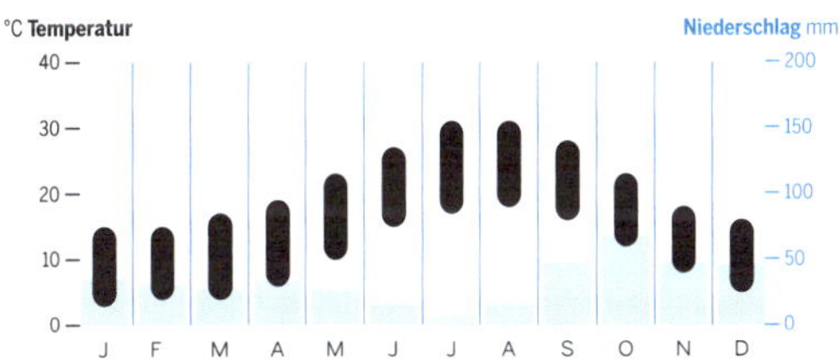

und Bädern, eine Rampe zur Rezeption oder andere symbolische Gesten.

- Auf Kopfsteinpflasterstraßen oder in Bergstädten ist das Vorankommen beschwerlich.
- Die Stadtbusse in Palma und ein paar andere auf der Insel sind mit Rampen für Rollstühle ausgestattet. Taxiunternehmen verfügen z. T. über behindertengerechte Autos (im Voraus buchen!).
- Unter http://lptravel.to/AccessibleTravel kann man den englischsprachigen Lonely Planet Band Accessible Travel gratis herunterladen.

Schwule & Lesben

Homosexualität steht in Spanien schon seit Langem nicht mehr gesetzlich unter Strafe. Außerdem führte José Luis Rodríguez Zapatero, Spaniens sozialistischer Präsident, 2005 die gleichgeschlechtliche Ehe ein und brachte damit das Fundament der konservativen Katholiken ins Wanken. Auf Mallorca ist Palma das Zentrum einer selbstbewussten, prominenten LGBT-Gemeinde.

Websites

- **Ben Amics** (☎871 96 54 66; www.benamics.com; Carrer del General Riera 3; ⌚9–15 Uhr) Mallorcas Dachverband für Schwule, Lesben und Transsexuelle.
- **Gay Mallorca** (www.gay-mallorca.blogspot.com) Wöchentlicher Veranstaltungskalender.
- **Guía Gay de España** (http://guia.universogay.com/palmademallorca) Bietet eine Liste nützlicher Adressen wie Cafés, Saunas, Nachtclubs und Restaurants.
- **Mallorca Gay Map** (www.mallorcagaymap.com) Praktischer Guide für schwulenfreundliche Attraktionen. Die gedruckte Version ist in manchen Touristeninformationen in Palma erhältlich.

Sicherheit

Bis auf ein paar Kleinkriminelle ist Mallorca ein sicheres Pflaster, dennoch sollte man immer die übliche Vorsicht walten lassen. Wer ein Auge auf seine Wertgegenstände hat, dürfte aber keine Probleme bekommen.

Diebstähle meldet man direkt bei der **Polizei** (☎902 10 21 12; www.policia.es). Wahrscheinlich wird man seine Sachen zwar trotzdem nie wiedersehen, doch die Versicherung verlangt in den allermeisten Fällen diese formelle *denuncia*. Wer Zeit sparen möchte, kann die Anzeige auch per Telefon (in verschiedenen Sprachen möglich) oder online (unter „*denuncias*"). machen

Strom

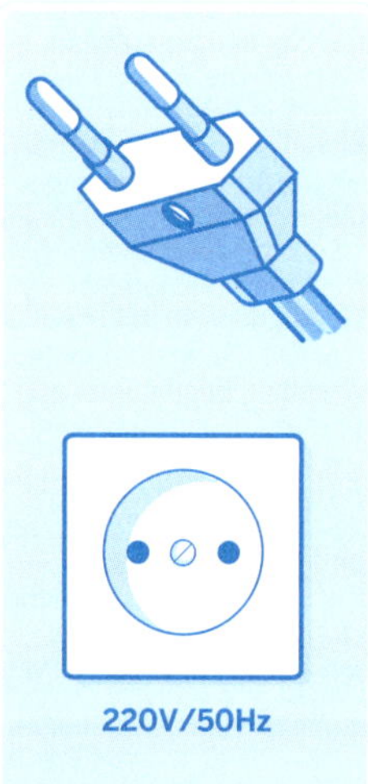

Telefon

Von Mallorcas blauen Telefonzellen kann man problemlos nach Spanien oder ins Ausland telefonieren. Sie schlucken Münzen, *tarjetas telefónicas* (Telefonkarten von der spanischen Telefongesellschaft Telefónica) und manchmal kann man auch Kreditkarten benutzen. Die billigste Option, vor allem für einen Anruf im Ausland, sind in der Regel aber Internettelefonate über Anbieter wie Skype.

Handys

Lokale Sim-Karten sind fast überall erhältlich und mit europäischen Mobiltelefonen kompatibel.

Telefonkarten

Verbilligte Telefonkarten privater Anbieter sind für internationale Gespräche oft günstiger. Man bekommt sie in *estancos* (Tabakläden) sowie an Zeitungsständen und *locutorios* (Telefonzentren) in Palma und Ferienorten am Meer. Ein Preisvergleich lohnt sich.

Vorwahlen

- Auf Mallorca sind alle Telefonnummern, auch die von Mobiltelefonen, neunstellig.
- Fast alle mallorquinischen Festnetznummern beginnen mit ☎971, ein paar wenige auch mit ☎871.
- Handynummern fangen immer mit einer 6 an.
- Nationale kostenlose Nummern beginnen mit 900. Für Nummern mit 901 bis 905 am Anfang gelten verschiedene Tarife. Die 902 kommt sehr oft vor – für sie gilt der nationale Standardtarif, allerdings kann sie nur innerhalb Spaniens gewählt werden. In eine ähnliche Kategorie fallen Nummern, die mit 800, 803, 806 und 807 beginnen.
- Grundsätzlich besteht die Möglichkeit, über eine kostenlose Telefonnummer eine Vermittlung für R-Gespräche (*una llamada a cobro revertido*) in die Heimat anzurufen; einfach vor der Abfahrt die entsprechende Nummer notieren. In Spanien ist dieser Service für Anrufe innerhalb Europas unter ☎1008 und ins restliche Ausland unter ☎1005 zu erreichen; in der Regel wird Englisch gesprochen.

Toiletten

In Spanien sind Sitztoiletten Standard. Auf Mallorca gibt's kaum öffentliche Toiletten, außerdem dürfen in den meisten Restaurants und Bars nur zahlende Gäste aufs stille Örtchen.

Touristeninformation

- In fast jeder Stadt und jedem Urlaubsort Mallorcas gibt es eine Touristeninformation (*oficina de turismo* oder *oficina de información turística*), in der man Stadtpläne und Informationen bekommt.
- Die Touristeninformationen an der Küste sind meistens von Ostern oder Mai bis Oktober geöffnet – das allerdings nur erstaunlich kurz. Sind die Läden jedoch gerade geöffnet, so findet man in ihnen meist nützliche Infos und jede Menge gute Broschüren.
- In Palma gibt's städtische Touristeninformationen, die sich auf Palma und die nähere Umgebung konzentrieren. Die **Touristeninformation Consell de Mallorca** (Karte S. 58; ☎971 17 39 90; www.infomallorca.net; Plaça de la Reina 2; ⏲Mo–Fr 8.30–20, Sa bis 15 Uhr; 📶) deckt die gesamte Insel ab.
- Allgemeine Informationen zu den Balearen stehen auf der Website www.illesbalears.es.

Versicherung

Eine Reiseversicherung, die Diebstahl, Verlust, Arztkosten und ausgefallene Flüge abdeckt, ist immer eine gute Idee. Man sollte unbedingt das Kleingedruckte lesen, denn einige Policen schließen „sehr riskante" Aktivitäten wie Tauchen und Canyoning aus.

EU-Bürger und Schweizer haben Anspruch auf komplette medizinische Versorgung in Krankenhäusern (bei Vorlage der European Health Insurance Card).

Traveller sollten vorher klären, ob die Reiseversicherungspolice Krankenwagentransport oder einen Rückflug im Krankheitsfall abdeckt.

Im Versicherungsfall muss man unbedingt alle Unterlagen und Rechnungen aufbewahren.

Unter www.lonelyplanet.com/travel-insurance gibt's eine internationale Reiseversicherung. Man kann sie jederzeit online abschließen, erweitern oder in Anspruch nehmen – auch von unterwegs.

Visa

Visabestimmungen

Spanien gehört zu den 26 Unterzeichnerländern des Schengen-Abkommens. Die 22 beteiligten EU-Staaten (bis auf Bulgarien, Zypern, Irland, Rumänien und Großbritannien) sowie Island, Norwegen und die Schweiz haben Personenkontrollen an gemeinsamen Grenzen abgeschafft.

Bürger von EU- & Schengen-Staaten benötigen kein Visum. Wer länger als 90 Tage im Land bleibt, muss sich lediglich bei der Polizei melden. Um in Spanien zu arbeiten und zu studieren, benötigen EU-Bürger kein Visum.

Verlängerungen & Aufenthalt

Bürger aus EU-Ländern, Island, Norwegen und der Schweiz dürfen jederzeit ein- und ausreisen. Eine *tarjeta de residencia* (Aufenthaltsgenehmigung) brauchen sie nicht, allerdings sollten sie ihren Wohnsitz anmelden und bestimmte Kriterien erfüllen.

Zeit

Es gilt dieselbe Zeit (Mitteleuropäische Zeitzone, MEZ) wie in Deutschland, Österreich und der Schweiz. Am letzten Sonntag im März beginnt die Sommerzeit, dann werden die Uhren um eine Stunde vor- und am letzten Sonntag im Oktober wieder um eine Stunde zurückgestellt.

Zoll

Waren für den persönlichen Gebrauch dürfen weitgehend zollfrei aus anderen EU-Ländern nach Spanien eingeführt werden. Es gibt allerdings bestimmte Höchstmengen.

Traveller aus Nicht-EU-Ländern dürfen 2 l Wein (oder 1 l Wein und 1 l Branntwein) sowie 200 Zigaretten oder 50 Zigarren oder 250 g Tabak zollfrei nach Spanien einführen.

Verkehrsmittel & -wege

AN- & WEITERREISE

Fast alle Besucher landen am internationalen Flughafen von Palma. Von Orten an der spanischen Küste (Alicante, Barcelona, Denia und Valencia) und den Nachbarinseln Ibiza und Menorca fahren auch Fähren.

Flüge und Touren gibt's auch online unter lonelyplanet.com/bookings.

Einreise

Ein- und Ausreise sind auf Mallorca unbürokratisch und problemlos.

Pässe

Deutsche, Österreicher und Schweizer benötigen einen gültigen Pass oder Personalausweis, um nach Spanien einzureisen. Diesen sollten sie stets mit sich führen.

Flugzeug

Am einfachsten und bequemsten reist man mit dem Flugzeug nach Mallorca. Der Flughafen von Palma ist der am drittstärksten frequentierte Flughafen Spaniens.

Flughäfen & -linien

Der **Flughafen von Palma de Mallorca** (PMI; ☎902 40 47 04; www.aena-aeropuertos.es) liegt 8 km östlich von Palma. Von Spaniens drittgrößtem Flughafen – und einem der am stärksten frequentierten Flughäfen Europas – starten Maschinen in 105 Länder. Im Sommer ist die Inselhauptstadt durch eine Art Luftbrücke mit ganz Europa verbunden: Charter- und Linienmaschinen, darunter viele Billigflieger, steuern Mallorca scharenweise an.

Die Ankunftshalle befindet sich im Erdgeschoss des Hauptterminals. Dort gibt's auch eine **Touristeninformation** (☎971 78 95 56; Aeroport de Palma; ⌚Mo–Sa 8–20, So bis 14 Uhr), Wechselstuben, diverse Autovermietungen, Tourveranstalter und Büros für Hotelbuchungen. Zum Abflug geht's ein Stockwerk höher.

Beinahe alle europäischen Airlines fliegen nach Mallorca, dazu die meisten Billigflieger. Hier eine Auswahl:

➡ **Air Berlin** (www.airberlin.com) Fliegt von Deutschland und anderen europäischen Ländern hierher.

➡ **easyJet** (www.easyjet.com) Fliegt u. a. von Basel, Genf, Berlin und Madrid.

➡ **Germanwings** (www.germanwings.com) Fliegt von mehreren deutschen Städten.

➡ **Iberia** (www.iberia.es) Startet ebenso wie die Tochtergesellschaft Air Nostrum in vielen spanischen Städten.

➡ **Lufthansa** (www.lufthansa.com) Von allen größeren Flughäfen in Deutschland.

➡ **Ryanair** (www.ryanair.com) Verkehrt z. B. ab Frankfurt-Hahn und Düsseldorf (Weeze).

Flughafensteuer bei der Ausreise

Die Flughafensteuer bei der Ausreise ist im Ticketpreis enthalten.

Übers Meer

Fähren nach Mallorca starten vom spanischen Festland sowie von Menorca, Ibiza und Formentera. Viele verkehren nur von Ostern bis Ende Oktober. Jene, die auch im Winter fahren, bieten in dieser Zeit weniger Verbindungen an. Auf längeren Strecken nehmen fast alle Gesellschaften auf dem Autodeck Fahrzeuge mit (gegen eine zusätzliche Gebühr; Reservierung im Voraus erforderlich). Reist man mit dem eigenen Auto, sollte man rechtzeitig zum Verladen am Hafen erscheinen. Die Preise schwanken je nach Saison. Von und nach Mallorca sind u. a. folgende Fährunternehmen unterwegs:

➡ **Acciona Trasmediterránea** (☎902 45 46 45; www.trasmediterranea.es)

➡ **Baleària** (☎902 16 01 80; www.balearia.com)

➡ **Iscomar** (☎902 119128; www.iscomar.com)

Geführte Touren

Weil die Insel ein unkompliziertes Reiseziel ist, gelten organisierte Touren nach Mallorca als unnötig. Einige Unternehmen bieten allerdings spezielle Ausflüge an, die sich für Outdoorfans lohnen können.

➡ **Mallorca Muntanya** (☎639 71 32 12; www.mallorcamuntanya.com) Organisiert Trekkingtouren, vor allem in der Serra de Tramuntana.

➡ **Tramuntana Tours** (Karte S. 109; ☎971 63 24 23; www.tramuntanatours.com; Carrer de Sa Lluna 72; Fahrradverleih 12–75 € pro Tag; ⊙Mo–Fr 9–13.30 & 15–19.30, Sa 9–13.30 Uhr) Geführte Wanderungen in der Serra de Tramuntana.

➡ **Mar y Roc** (☎680 32 21 71; www.mallorca-wandern.de) Wandertrips für Gruppen.

UNTERWEGS VOR ORT

Die öffentlichen Verkehrsmittel auf Mallorca haben angemessene Preise, aber die Busse und Züge decken nicht die gesamte Insel ab. In der Nebensaison verkehren teilweise weniger Verkehrsmittel. Fahrpläne für die gesamte Insel bekommt man bei **Transport de les Illes Balears** (TIB; ☎971 17 77 77; www.tib.org).

Auto & Motorrad

Im Allgemeinen sind die Straßen auf Mallorca hervorragend. Allerdings findet man im Norden und Westen der Insel noch ein paar haarsträubende Küstenstraßen, die nur unerschrockene Fahrer locken (z. B. bei Sa Calobra und Formentor). Die engen Straßen entlang schroff abfallender Felsen sowie die Routen durchs Inland eignen sich prima für Motorradtouren.

Die größte Straße ist die Autobahn Ma 13, die diagonal über die Insel verläuft und Palma im Westen mit Alcúdia im Norden verbindet. Die Ma 1 windet sich südwestlich von Palma nach Andratx.

Zwar kann man vor allem in der Hauptsaison große Teile der Insel mit Bus und Zug erkunden, jedoch hat man mit einem Auto deutlich mehr Möglichkeiten. Mit einem eigenen fahrbaren Untersatz lassen sich Naturparks, abgelegene Höhlen und ruhige Orte in den Bergen abseits der Menschenmassen erreichen.

Hat man kein Navi, lohnt sich der Kauf einer anständigen Landkarte, um auch einsamere Ecken besuchen zu können, z. B. die von Marco Polo im Maßstab 1:125 000.

Automobilclubs

Bei einer Panne ist es durchaus möglich, dass einem der nationale Automobilclub Spaniens, der Real Automóvil Club de España (www.race.es), hilft. Darüber hinaus

FÄHRVERBINDUNGEN

NACH	VON	UNTERNEHMEN	PREIS	HÄUFIGKEIT	DAUER (STD.)	SCHLAFKABINE
Palma	Barcelona	Acciona Trasmediterránea, Baleària	Sitzplatz ab 59 €	1-2 mal tgl.	7½	Ja
Palma	Denia	Baleària	Sitzplatz ab 82 €	2-mal tgl.	8	Ja
Ibiza	Formentera	Baleària	Sitzplatz ab 18 €	mehrmals tgl.	45 Min.	Nein
Palma	Ibiza (Ibiza City)	Baleària	Sitzplatz ab 52 €	2-mal tgl.	4	Ja
Palma	Mahon (Menorca)	Acciona Trasmediterránea	Sitzplatz ab 42 €	So	3½	Nein
Palma	Valencia	Acciona Trasmediterránea, Baleària	Sitzplatz ab 62 €	1-mal tgl.	8	Ja
Port d'Alcúdia	Barcelona	Baleària	Sitzplatz ab 50 €	1-mal tgl.	7	Ja
Port d'Alcúdia	Ciutatdella (Menorca)	Acciona Trasmediterránea, Baleària	Sitzplatz ab 32 €	2-mal tgl.	1-2	Nein

sollte jeder Fahrer die Notfallnummer der eigenen Versicherung kennen.

Benzin

Tankstellen (*gasolineras*) findet man in allen größeren Städten und in den meisten großen Badeorten. Doch bevor man sich in abseits gelegene ländliche Gegenden aufmacht, sollte man besser volltanken. Bleifreies Benzin (*sin plomo*; 95 Oktan) und Diesel (*gasóleo*) sind hier genauso teuer wie im restlichen Europa.

Fast alle Tankstellen akzeptieren Kreditkarten.

Führerschein

Führerscheine aus EU-Ländern werden europaweit anerkannt. Alle anderen Traveller müssen sich zusätzlich einen zwölf Monate gültigen internationalen Führerschein besorgen.

Mieten

Die Preise für Mietwagen schwanken, doch ein günstiges Fahrzeug sollte man für 40 bis 70 € pro Tag bekommen. In einem Kompaktwagen kann es für Familien eng werden. Wenn man sich beim Fahren abwechseln möchte oder die Rückgabe des Fahrzeugs an einem anderen Ort erfolgen soll, fallen oft zusätzliche Kosten an. Extras wie Kindersitze (ca. 10 € pro Tag) sollten bei der Buchung angefragt werden.

Wer einen Wagen mieten will, braucht einen gültigen Führerschein, muss älter als 21 Jahre sein und (zumindest bei den größeren Firmen) eine Kreditkarte vorlegen.

Viele Firmen versuchen, noch mehr Geld zu machen, indem sie heftige Preise für Benzin verlangen, anstatt den Fahrer aufzufordern, den Wagen vollgetankt zurückzubringen. Bevor man den Vertrag unterschreibt, sollte man deshalb immer sorgfältig das Kleingedruckte lesen!

Alle großen Autovermietungen sind auf der Insel vertreten. Am besten vor Ort oder auf Websites wie www.travelsupermarket.com die Preise vergleichen. Folgende Anbieter sind u. a. am Flughafen ansässig:

- **Avis** (☎902 110261; www.avis.com)
- **Europcar** (☎902 105055; www.europcar.com)
- **Gold Car** (☎902 119726; www.goldcar.es)
- **Hertz** (☎971 78 96 70; www.hertz.com)
- **Sixt** (☎902 49 16 16; www.sixt.com)

Privatwagen

Der Fahrzeugschein für ein Privatfahrzeug gehört unbedingt ins Reisegepäck.

Fahrzeuge brauchen ein Nationalkennzeichen des Landes, in dem sie gemeldet sind. In Spanien muss jeder Motorisierte für den Pannenfall ein Warndreieck, eine Warnweste und einen Erste-Hilfe-Kasten dabeihaben. Ersatzbirnen und ein Feuerlöscher sind außerdem empfehlenswert.

Verkehrsregeln

Promillegrenze 0,05 %. Ist der Alkoholpegel zu hoch, kann man innerhalb von 24 Stunden verurteilt werden, eine Geldbuße aufgebrummt bekommen und seinen Führerschein los sein. Schwere Verkehrssünden kosten bis zu 1000 €. Schon bei einem Promillewert von 0,12 % kann eine Gefängnisstrafe blühen.

Gesetzliches Mindestalter für Autofahrer 18 Jahre, **für Motorrad- und Motorrollerfahrer** 16 Jahre (ab 80 ccm) oder 14 Jahre (bis 50 ccm). Führerschein ist Pflicht!

Motorradfahrer müssen stets mit Licht fahren und bei Maschinen mit 125 ccm oder mehr einen Helm tragen.

Überholen Spanische LKW-Fahrer blinken oft rechts, um dem Hintermann zu zeigen, dass Überholen möglich ist (links wird geblinkt, wenn jemand überholen will, aber nicht frei ist).

Kreisverkehr Fahrzeuge, die schon im Kreisverkehr sind, haben Vorfahrt.

Straßenseite Rechtsverkehr.

Geschwindigkeitsgrenzen In bebauten Gegenden 50 km/h, auf Hauptstraßen 100 km/h und auf den vierspurigen Schnellstraßen nach Palma 120 km/h.

Versicherung

- In Spanien und ganz Europa braucht jeder eine Kfz-Haftpflichtversicherung.
- Ein Unfallmeldeformular kann Dinge bei einem Unfall vereinfachen. Zudem lohnt sich ein ADAC-Schutzbrief.
- Autovermietungen bieten ebenfalls eine Mindestversicherung; dabei sollte man aber genauestens auf Haftungsgrenzen und Selbstbehalt sowie auf Haftungs-

KLIMAWANDEL & REISEN

Fast jede Art der motorisierten Fortbewegung erzeugt CO_2 (die Hauptursache für die globale Erwärmung), doch Flugzeuge sind mit Abstand die schlimmsten Klimakiller – nicht nur wegen der großen Entfernungen und der entsprechend großen CO_2-Mengen, sondern auch weil sie diese Treibhausgase direkt in hohen Schichten der Atmosphäre freisetzen. Auf vielen Websites kann man mit speziellen „CO_2-Rechnern" ermitteln, wie das persönliche Emissionskonto nach einer Reise aussieht, und mit einer Spende für Umweltprojekte eine Art Wiedergutmachung leisten. Auch Lonely Planet spendet Gelder, wenn Mitarbeiter und Autoren auf Reisen gehen.

beschränkungen bei einem Unfall oder Schaden achten.

➡ Eine Teilkaskoversicherung, die Schäden am Fahrzeug abdeckt, kostet in der Regel einen Aufpreis, sollte jedoch abgeschlossen werden.

➡ Eine mehrtägige oder einjährige Versicherung mit Selbstbehalt ist oft online günstiger zu bekommen.

Bus

Die Insel ist in fünf Buszonen unterteilt. Busse mit 100er-Nummern verkehren im Südwesten, die 200er im Westen (bis Sóller), die 300er im Norden und dem größten Teil der Mitte, die 400er in einem Dreieck von der Mitte bis zur Ostküste und die 500er im Süden. Sie gehören einer Reihe kleinerer Unternehmen. **Transport de les Illes Balears** (TIB; ☎971 17 77 77; www.tib.org) informiert über Strecken und hat Fahrpläne von allen Linien.

Viele Orte sind von Palma aus mit Bussen erreichbar. Diese starten am oder nahe dem Busbahnhof **Estació Intermodal** (Karte S. 54; ☎971 17 77 77; www.tib.org; Plaça d'Espanya) an der Plaça d'Espanya. Doch nicht alle Linien fahren regelmäßig das gilt besonders an Wochenenden. Von November bis April werden die meisten Küstenorte zudem nur selten angesteuert, und ein paar Linien stellen den Verkehr sogar komplett ein (etwa die zwischen Ca'n Picafort und Sa Calobra oder Sóller).

Meist sind die Verbindungen zwar ausreichend, aber es kann mitunter ganz schön mühsam sein, abgelegene Städte zu erreichen. In der Serra de Tramuntana kommt man nur zeitweise mit dem Bus herum – und auch dann ist es nicht ganz einfach. Bus 200 fährt beispielsweise von Palma über Banyalbufar nach Estellencs. Mit Bus 210 geht's nach Valldemossa, dann (weniger oft) nach Deià und Sóller. Zwischen Estellencs und Valldemossa gibt's keine Verbindung. Abgesehen von der oft frequentierten Strecke zwischen Palma und Valldemossa verkehren die Busse nur unregelmäßig.

In der Regel sind die Entfernungen nicht allzu groß. Kaum ein Bus braucht länger als zwei Stunden bis zum Ziel.

Fahrrad

In den letzten Jahren ist das Interesse professioneller Radsportteams an Mallorca als Trainingsort im Winter massiv gestiegen. Dadurch hat sich die Insel zu einem der beliebtesten europäischen Ziele für Fahrradfahrer entwickelt. In bergigen Gegenden, besonders an der West- und der Nordwestküste, kann das Radeln zwar ganz schön anstrengend sein, ansonsten ist die Insel aber relativ flach und lässt sich leicht erkunden.

Breite Seitenstreifen, recht viele Radwege und die Rücksicht anderer Verkehrsteilnehmer auf Fahrradfahrer machen Mallorca für Radfahrer noch attraktiver. In den ländlichen Gebieten sind jede Menge Routen ausgeschildert – meistens handelt es sich dabei um Nebenstraßen zwischen Städten und Dörfern.

Einen Überblick zum Radfahren auf Mallorca bekommt man auf www.illesbalears.es („Sport und Tourismus" anklicken). Ebenfalls empfehlenswert ist die Website www.mallorcacycling.co.uk, auf der Touren nach Schwierigkeitsgrad sortiert sind.

Mieten

Professionelle Anbieter findet man rund um die großen Ferienorte sowie in Palma. Die Preise schwanken stark, in der Regel zahlt man aber zwischen 10 und 15 € pro Tag für ein City-Bike und zwischen 20 und 30 € für ein Alurad oder ein Trekkingrad aus Carbon. Je länger man ein Rad mietet, desto günstiger sind die Tagessätze. Viele Vermieter liefern das Fahrrad sogar an.

Zug

An der Plaça d'Espanya in Palma de Mallorca beginnen vier Zugstrecken; genaue Informationen erhält man bei **Transport de les Illes Balears** (TIB; ☎971 17 77 77; www.tib.org).

Eine Strecke führt Richtung Norden nach Sóller. Diese empfehlenswerte Panoramafahrt in alten Holzwaggons ist eine beliebte Tagestour.

Die anderen drei führen ins Inland nach Inca, wo eine endet und die übrigen zwei sich nach Sa Pobla und Manacor gabeln. Mit dem Zug zu reisen kostet weniger als eine Busfahrt. Tagsüber verkehren die Bahnen häufig. Die umstrittenen Pläne, die Linie Palma–Manacor bis nach Artà zu verlängern, werden jetzt, da die Strecke zu einem Radweg gemacht worden ist, aller Voraussicht nach nicht umgesetzt.

Sprache

Mallorca ist zweisprachig, zumindest auf dem Papier. Seitdem die Insel Anfang der 1980er-Jahre den Status einer autonomen Gemeinschaft erhalten hat, ist neben Spanisch wieder das einheimische Katalanisch (*català*) Amtssprache. Dennoch ist der Inseldialekt *mallorquí* noch lange nicht die Nummer eins unter den Sprachen auf Mallorca und den restlichen Balearen. Spanisch bleibt die Lingua franca, das gilt besonders für die Kommunikation zwischen Mallorquinern und anderen Spaniern oder Ausländern.

Von ihrer Aussprache sind viele Buchstaben ganz ähnlich wie im Deutschen. Das th in unserem Sprachführer muss wie ein gelispeltes „s" und das r mit einem starken Rollen gesprochen werden. Betonte Silben sind im Folgenden kursiv geschrieben.

Es gibt im Spanischen nur zwei grammatische Geschlechter für Substantive: männlich oder weiblich. Feminine Nomen enden in der Regel auf einem *-a*, maskuline auf einem *-o*. Die Endungen von Adjektiven hängen vom Geschlecht des dazugehörigen Substantivs ab. Kommen beide Formen vor, haben wir die Endungen mit einem Schrägstrich getrennt und beginnen mit der maskulinen Form, z. B. *perdido/a* (m/f).

Die informelle Anrede *tú* (du) und die höfliche Anrede *Usted* (Sie) sind mit den Abkürzungen „inf." und „höfl." gekennzeichnet.

GRUNDLAGEN

Hallo./Tschüs.	*Hola./Adiós.*	o·la/a·*djos*
Wie geht's?	*¿Qué tal?*	ke tal
Gut, danke.	*Bien, gracias.*	bjen *gra*·thjas
Entschuldigung.	*Perdón.*	per·*don*
Tut mir leid.	*Lo siento.*	lo *sjen*·to
Ja./Nein.	*Sí./No.*	si/no
Bitte.	*Por favor.*	por fa·*wor*
Danke.	*Gracias.*	*gra*·thjas
Gern geschehen.	*De nada.*	de *na*·da

Ich heiße ...
Me llamo ... — me *lja*·mo ...

Wie heißen Sie/heißt du?
¿Cómo se llama Usted? — *ko*·mo se *lja*·ma *u*·ste (höfl.)
¿Cómo te llamas? — *ko*·mo te *lja*·mas (inf.)

Sprechen Sie/sprichst du (Deutsch)?
¿Habla (alemán)? — *a*·bla (a·le·*man*) (höfl.)
¿Hablas (alemán)? — *a*·blas (a·le·*man*) (inf.)

Ich verstehe (nicht).
Yo (no) entiendo. — jo (no) en·*tjen*·do

ESSEN & TRINKEN

Ich würde gern einen Tisch reservieren.
Quisiera reservar una mesa. — ki·*sje*·ra re·ser·*war u*·na *me*·sa

Was würden Sie empfehlen?
¿Qué recomienda? — ke re·ko·*mjen*·da

Was ist in diesem Gericht?
¿Que lleva ese plato? — ke *lje*·wa *e*·se *pla*·to

Ich esse kein/e/en ...
No como ... — no *ko*·mo ...

Das war lecker!
¡Estaba buenísimo! — es·*ta*·ba bue·*ni*·si·mo

Bitte bringen Sie die Rechnung.
Por favor nos trae la cuenta. — por fa·*wor* nos *tra*·e la *kuen*·ta

Prost/Zum Wohl!
¡Salud! — sa·*lu*

NOCH MEHR SPANISCH?

Wer sich intensiver mit der Sprache beschäftigen möchte, legt sich am besten den praktischen *Sprachführer Spanisch* von Lonely Planet zu, den man z. B. unter **http://shop.lonelyplanet.de** bestellen kann.

Grundwortschatz

Abendessen	*cena*	the·na
Bar	*bar*	bar
Café	*café*	ka·fe
Essen	*comida*	ko·mi·da
Flasche	*botella*	bo·te·lja
Frühstück	*desayuno*	de·sa·ju·no
Gabel	*tenedor*	te·ne·dor
Glas	*vaso*	ba·so
Hauptgericht	*segundo plato*	se·gun·do pla·to
heiß (warm)	*caliente*	ka·ljen·te
Hochstuhl	*trona*	tro·na
kalt	*frío*	fri·o
Kindermenü	*menú infantil*	me·nu in·fan·til
Löffel	*cuchara*	ku·tscha·ra
Markt	*mercado*	mer·ka·do
Messer	*cuchillo*	ku·tschi·ljo
mit/ohne	*con/sin*	kon/sin
Mittagessen	*comida*	ko·mi·da
Restaurant	*restaurante*	res·tau·ran·te
Speisekarte (auf Deutsch/ Englisch)	*menú (en alemán/ inglés)*	me·nu (en a·le·man/ in·gles)
Supermarkt	*supermercado*	su·per·mer·ka·do
Teller	*plato*	pla·to
vegetarische Mahlzeit	*comida vegetariana*	ko·mi·da be·che·ta·rja·na
Vorspeise	*aperitivos*	a·pe·ri·ti·wos

Fisch & Fleisch

Ente	*pato*	pa·to
Fisch	*pescado*	pes·ka·do
Huhn	*pollo*	po·ljo
Kalb	*ternera*	ter·ne·ra
Lamm	*cordero*	kor·de·ro
Rindfleisch	*carne de vaca*	kar·ne de ba·ka
Schwein	*cerdo*	ther·do
Truthahn	*pavo*	pa·wo

Obst & Gemüse

Ananas	*piña*	pi·nja
Apfel	*manzana*	man·tha·na
Aprikose	*albaricoque*	al·ba·ri·ko·ke
Artischocke	*alcachofa*	al·ka·tscho·fa
Banane	*plátano*	pla·ta·no
Bohnen	*judías*	chu·di·as
Erbsen	*guisantes*	gi·san·tes
Erdbeere	*fresa*	fre·sa
Gemüse	*verdura*	ber·du·ra
Gurke	*pepino*	pe·pi·no
Karotte	*zanahoria*	tha·na·o·rja
Kartoffel	*patata*	pa·ta·ta
Kirsche	*cereza*	the·re·tha
Kohl	*col*	kol
Kürbis	*calabaza*	ka·la·ba·tha
Linsen	*lentejas*	len·te·chas
Mais	*maíz*	ma·ith
Nüsse	*nueces*	nue·thes
Obst	*fruta*	fru·ta
Orange	*naranja*	na·ran·cha
(rote/grüne) Paprika	*pimiento (rojo/verde)*	pi·mjen·to (ro·cho/ber·de)
Pfirsich	*melocotón*	me·lo·ko·ton
Pflaume	*ciruela*	thir·ue·la
Pilz	*champiñón*	tscham·pi·njon
Salat	*lechuga*	le·tschu·ga
Spargel	*espárragos*	es·pa·ra·gos
Spinat	*espinacas*	es·pi·na·kas
Tomate	*tomate*	to·ma·te
Traube	*uvas*	u·was
Wassermelone	*sandía*	san·di·a
Zitrone	*limón*	li·mon
Zwiebel	*cebolla*	the·bo·lja

Katalanisch – Grundlagen

Guten Morgen.	*Bon dia.*	bon di·a
Guten Tag.	*Bona tarda.*	bo·na tar·da
Guten Abend.	*Bon vespre.*	bon bes·pra
Tschüs.	*Adéu.*	a·the·u
Bitte.	*Sisplau.*	sis·pla·u
Danke.	*Gràcies.*	gra·si·a
Gern geschehen.	*De res.*	de res
Entschuldigung.	*Perdoni.*	par·tho·ni
Es tut mir leid.	*Ho sento.*	u sen·to
Wie geht's?	*Com estàs?*	kom as·tas
(Sehr) Gut.	*(Molt) Bé.*	(mol) be

Weitere Begriffe

Brot	*pan*	pan
Butter	*mantequilla*	man·te·ki·lja
Ei	*huevo*	ue·wo
Essig	*vinagre*	bi·na·gre
Honig	*miel*	mjel
Käse	*queso*	ke·so
Marmelade	*mermelada*	mer·me·la·da
Öl	*aceite*	a·thej·te
Reis	*arroz*	a·roth

Salz	*sal*	sal
Zucker	*azúcar*	a·thu·kar

Getränke

Bier	*cerveza*	ther·we·tha
Kaffee	*café*	ka·fe
Milch	*leche*	le·tsche
(Orangen-) Saft	*zumo (de naranja)*	thu·mo (de na·ran·cha)
Tee	*té*	te
(Mineral-) Wasser	*agua (mineral)*	a·gua (mi·ne·ral)
(Rot-)Wein	*vino (tinto)*	bi·no (tin·to)
(Weiß-)Wein	*vino (blanco)*	bi·no (blan·ko)

NOTFALL

Hilfe!
¡Socorro! so·ko·ro

Geh weg!
¡Vete! be·te

Rufen Sie einen Arzt!
¡Llame a un médico! lja·me a un me·di·ko

Rufen Sie die Polizei!
¡Llame a la policía! lja·me a la po·li·thi·a

Ich habe mich verlaufen.
Estoy perdido/a. es·toj per·di·do/a (m/f)

SATZMUSTER

Die folgenden Satzteile kann man ganz einfach mit passenden Begriffen kombinieren:

Wann geht (der nächste Flug)?
¿Cuándo sale (el próximo vuelo)? kuan·do sa·le (el prok·si·mo bue·lo)

Wo ist (die Haltestelle)?
¿Dónde está (la estación)? don·de es·ta (la es·ta·thjon)

Wo kann ich (eine Fahrkarte kaufen)?
¿Dónde puedo (comprar un billete)? don·de pue·do (kom·prar un bi·lje·te)

Haben Sie (eine Karte)?
¿Tiene (un mapa)? tje·ne (un ma·pa)

Gibt es (eine Toilette)?
¿Hay (servicios)? ai (ser·wi·thjos)

Ich hätte gern (einen Kaffee).
Quisiera (un café). ki·sje·ra (un ka·fe)

Könnten Sie mir bitte (helfen)?
¿Puede (ayudarme), por favor? pue·de (a·ju·dar·me) por fa·wor

Ich bin krank.
Estoy enfermo/a. es·toj en·fer·mo/a (m/f)

Wo sind die Toiletten?
¿Dónde están los baños? don·de es·tan los ba·njos

SHOPPEN & SERVICE

Ich würde gern ... kaufen.
Quisiera comprar ... ki·sje·ra kom·prar ...

Darf ich das mal sehen?
¿Puedo verlo? pue·do ber·lo

Wie viel kostet das?
¿Cuánto cuesta? kuan·to kues·ta

Das ist zu/sehr teuer.
Es muy caro. es muj ka·ro

Können Sie den Preis senken?
¿Podría bajar un poco el precio? po·dri·a ba·char un po·ko el pre·thjo

In der Rechnung ist ein Fehler.
Hay un error en la cuenta. ai un e·ror en la kuen·ta

Geldautomat	*cajero automático*	ka·che·ro au·to·ma·ti·ko
Kreditkarte	*tarjeta de crédito*	tar·che·ta de kre·di·to
Postamt	*correos*	ko·re·os
Touristen-information	*oficina de turismo*	o·fi·thi·na de tu·ris·mo

UHRZEIT & DATUM

Wie spät ist es?
¿Qué hora es? ke o·ra es

Es ist (10) Uhr.
Son (las diez). son (las djeth)

Es ist halb (zwei).
Es (la una) y media. es (la u·na) i me·dja

Morgen	*mañana*	ma·nja·na
Nachmittag	*tarde*	tar·de
Abend	*noche*	no·tsche
gestern	*ayer*	a·jer
heute	*hoy*	oj
morgen	*mañana*	ma·nja·na

Montag	*lunes*	lu·nes
Dienstag	*martes*	mar·tes
Mittwoch	*miércoles*	mjer·ko·les
Donnerstag	*jueves*	chue·bes
Freitag	*viernes*	bjer·nes
Samstag	*sábado*	sa·ba·do
Sonntag	*domingo*	do·min·go

UNTERKUNFT

Ich möchte ein Zimmer buchen.
Quisiera reservar una habitación. ki·sje·ra re·ser·war u·na a·bi·ta·thjon

Schilder

Abierto	Offen
Cerrado	Geschlossen
Entrada	Eingang
Hombres	Herren
Mujeres	Damen
Prohibido	Verboten
Salida	Ausgang
Servicios/Aseos	Toiletten

Wie viel kostet es pro Nacht/Person?
¿Cuánto cuesta por noche/persona? kuan·to kues·ta por no·tsche/per·so·na

Badezimmer	*baño*	ba·njo
Bett	*cama*	ka·ma
Campingplatz	*terreno de cámping*	te·re·no de kam·ping
Doppelzimmer	*habitación doble*	a·bi·ta·thjon do·ble
Einzelzimmer	*habitación individual*	a·bi·ta·thjon in·di·vi·dual
Fenster	*ventana*	ben·ta·na
Hotel	*hotel*	o·tel
Jugend-herberge	*albergue juvenil*	al·ber·ge chu·we·nil
Klimaanlage	*aire acondicionado*	ai·re a·kon·di·thjo·na·do
Pension	*pensión*	pen·sjon

VERKEHRSMITTEL & -WEGE

Ich möchte nach ...
Quisiera ir a ... ki·sje·ra ir a ...

Um wie viel Uhr fährt er/sie/es ab/ kommt er/sie/es an?
¿A qué hora sale/ llega? a ke o·ra sa·le/ lje·ga

Ich möchte hier aussteigen.
Quiero bajarme aquí. kje·ro ba·char·me a·ki

1. Klasse	*primera clase*	pri·me·ra kla·se
2. Klasse	*segunda clase*	se·gun·da kla·se
Auto	*coche*	ko·tsche
Boot	*barco*	bar·ko
Bus	*autobús*	au·to·bus
einfache Fahrt	*ida*	i·da
Fahrkarte	*billete*	bi·lje·te
Fahrkarten-schalter	*taquilla*	ta·ki·lja
Fahrplan	*horario*	o·ra·rjo
Fahrrad	*bicicleta*	bi·thi·kle·ta
Flugzeug	*avión*	a·wjon
gestrichen	*cancelado*	kan·the·la·do
Hin- & Rückfahrt	*ida y vuelta*	i·da i buel·ta
Motorrad	*moto*	mo·to
verspätet	*retrasado*	re·tra·sa·do
Zug	*tren*	tren

WEGWEISER

Wo ist ...?
¿Dónde está ...? don·de es·ta ...

Wie lautet die Adresse?
¿Cuál es la dirección? kual es la di·rek·thjon

Können Sie das bitte aufschreiben?
¿Puede escribirlo, por favor? pue·de es·kri·bir·lo por fa·wor

Können Sie mir das (auf der Karte) zeigen?
¿Me lo puede indicar (en el mapa)? me lo pue·de in·di·kar (en el ma·pa)

gegenüber ...	*frente a ...*	fren·te a ...
hinter ...	*detrás de ...*	de·tras de ...
links	*izquierda*	ith·kjer·da
nahe	*cerca*	ther·ka
neben ...	*al lado de ...*	al la·do de ...
rechts	*derecha*	de·re·tscha
vor ...	*enfrente de ...*	en·fren·te de ...
weit entfernt	*lejos*	le·chos

ZAHLEN

1	*uno*	u·no
2	*dos*	dos
3	*tres*	tres
4	*cuatro*	kua·tro
5	*cinco*	thin·ko
6	*seis*	sejs
7	*siete*	sje·te
8	*ocho*	o·tscho
9	*nueve*	nue·we
10	*diez*	djeth
20	*veinte*	bejn·te
30	*treinta*	trejn·ta
40	*cuarenta*	kua·ren·ta
50	*cincuenta*	thin·kuen·ta
60	*sesenta*	se·sen·ta
70	*setenta*	se·ten·ta
80	*ochenta*	o·tschen·ta
90	*noventa*	no·ven·ta
100	*cien*	thjen
1000	*mil*	mil

GLOSSAR

Die folgenden Wörter sind fast alle kastilisch, was man überall auf der Insel versteht. Hinter den katalanischen Ausdrücken steht ein „(K)". Spezielle mallorquinische Varianten werden nicht genannt.

agroturisme (K) – ländlicher Tourismus
ajuntament (K) – Rathaus
alquería – Bauernhof aus muslimischer Zeit
avenida – Allee
avinguda (K) – siehe *avenida*

baño completo – voll ausgestattetes Badezimmer mit Toilette, Dusche und/oder Badewanne
Bodega – Weinkeller
bomberos – Feuerwehr

cala – Bucht
call (K) – jüdisches Viertel in Palma, Inca und einigen anderen Städten auf Mallorca
cambio – Wechsel; auch Geldwechsel
caña – kleines Glas Bier
canguro – Babysitter
capilla – Kapelle
carrer (K) – Straße
carretera – Schnellstraße
carta – Speisekarte
castell (K) – Burg
castellano – Kastilisch; beliebterer Ausdruck für die Nationalsprache als „español"
català – Katalanisch/Katalane; Mallorquinisch ist ein Dialekt des Katalanischen
celler – (K) zu einem Restaurant umgebauter Weinkeller
cervecería – Kneipe
comisaría – Polizeiwache
conquistador – Eroberer
converso – spanischer Jude, der sich im Mittelalter taufen ließ
correos – Postamt
cortado – kleiner schwarzer Kaffee mit etwas Milch
costa – Küste
cuenta – Rechnung, Scheck

ensaïmada (K) – mallorquinisches Gebäck
entrada – Eingang, Eintrittskarte
ermita – kleine Einsiedelei oder Kapelle auf dem Land
església (K) – siehe *iglesia*
estació (K) – siehe *estación*
estación – Bahnhof
estanco – Tabakladen

farmacia – Apotheke
faro – Leuchtturm
Fiesta – Fest, Feiertag oder Party
finca – Landgut

gasolina – Benzin
guardía civil – Militärpolizei

habitaciones libres – „Zimmer frei"
hostal – siehe *pensión*

iglesia – Kirche
IVA – *impuesto sobre el valor añadido* (Mehrwertsteuer)

lavabo – Waschbecken
librería – Buchladen
lista de correos – postlagernd
locutorio – Telefoncenter

marisquería – Fischlokal
menú del día – Tagesmenü
mercat (K) – Markt
mirador – Aussichtspunkt
Modernisme – vom Art Nouveau beeinflusster architektonischer und künstlerischer Stil, der auch als katalanischer Jugendstil bezeichnet wird
monestir (K) – Kloster
museo – Museum
museu (K) – siehe *museo*

objetos perdidos – Fundbüro
oficina de turismo – Touristeninformation; auch *oficina de información turística*
palacio – Palast, große Villa oder Adelshaus
palau (K) – siehe *palacio*
pensión – kleine, privat betriebene Unterkunft
plaça (K) – siehe *plaza*
platja (K) – siehe *playa*
playa – Strand
plaza – Platz
port (K) – siehe *puerto*
possessió (K) – typisch mallorquinischer Bauernhof
PP – Partido Popular (Volkspartei)
puente – Brücke
puerto – Hafen
puig (K) – Berggipfel

rambla – Allee oder Flussbett
refugis (K) – Hütten für Wanderer
retablo – Altarbild
retaule (K) – siehe *retablo*
robes de llengües (K) – traditionell gestreifte mallorquinische Stoffe

santuari (K) – Schrein oder Heiligtum, Einsiedelei
según precio del mercado – auf Speisekarten zu finden: „zum Marktpreis" (oft mit „spm" abgekürzt)
Semana Santa – die Karwoche vor Ostern
serra (K) – Bergkette
servicios – Toiletten

tafona (K) – traditionelle Ölpresse, die auf mallorquinischen Bauernhöfen verwendet wird
talayot (K) – prähistorischer Wachturm
tarjeta de crédito – Kreditkarte
tarjeta de residencia – Aufenthaltsgenehmigung
tarjeta telefónica – Telefonkarte
terraza – Terrasse; Straßencafé
torre – Turm
turismo – Limousine

urgencia – Notfall

Hinter den Kulissen

WIR FREUEN UNS ÜBER EIN FEEDBACK

Post von Travellern zu bekommen ist für uns ungemein hilfreich – Kritik und Anregungen halten uns auf dem Laufenden und helfen, unsere Bücher zu verbessern. Unser reiseerfahrenes Team liest alle Zuschriften genau durch, um zu erfahren, was an unseren Reiseführern gut und was schlecht ist. Wir können solche Post zwar nicht individuell beantworten, aber jedes Feedback wird garantiert schnurstracks an die jeweiligen Autoren weitergeleitet, rechtzeitig vor der nächsten Nachauflage.

Wer Ideen, Erfahrungen und Korrekturhinweise zum Reiseführer mitteilen möchte, hat die Möglichkeit dazu auf **www.lonelyplanet.com/contact/guidebook_feedback/new**. Anmerkungen speziell zur deutschen Ausgabe erreichen uns über **www.lonelyplanet.de/kontakt**

Hinweis: Da wir Beiträge möglicherweise in Lonely Planet Produkten (Reiseführer, Websites, digitale Medien) veröffentlichen, ggf. auch in gekürzter Form, bitten wir um Mitteilung, falls ein Kommentar nicht veröffentlicht oder ein Name nicht genannt werden soll. Wer Näheres über unsere Datenschutzpolitik wissen will, erfährt das unter www.lonelyplanet.com/privacy.

UNSERE LESER

Vielen Dank an folgende Traveller, die uns nach der letzten Auflage hilfreiche Tipps, Ratschläge und spannende Anekdoten geschickt haben:

Andrew Gladstone, Anne Winstrup, Esther Hardman, Eva Kristensen, Rocío Mora, Sylvie Dodwell.

DANK DER AUTOREN

Hugh McNaughtan

Ich möchte mich bei Tasmin, Maise und Willa für die Geduld und die Unterstützung bedanken, bei Lauren und dem Lonely Planet Team für die erstklassige redaktionelle und technische Betreuung und natürlich bei den vielen, vielen freundlichen und großzügigen Mallorquinern.

Damian Harper

Herzlichen Dank an Ann Harper, Richard Guy Hayward Harper, Daniel Hands, Emmanuelle Arbona, Robert Landreth, Amanda Godson, Norma Gray, Catalina sowie jeden einzelnen Bewohner von Fornalutx (einschließlich der ehemaligen), außerdem einen großen Applaus für Daisy, Tim und Emma.

QUELLENNACHWEISE

Klimakartendaten von Peel MC, Finlayson BL & McMahon TA (2007) „Updated World Map of the Köppen-Geiger Climate Classification", Hydrology and Earth System Sciences, 11, 1633–44.

Umschlagfoto: Stufen des Kreuzwegs & Pfarrkirche Nostra Senyora dels Angels, Pollenca, Doug Pearson/AWL

DIESES BUCH

Dies ist die 4. deutsche Auflage von *Mallorca*, basierend auf der 4. englischen Auflage, für die Hugh McNaughtan und Damian Harper verantwortlich zeichnen. Die 3. Auflage wurde von Kerry Christiani verfasst, die 2. von Anthony Ham und die 1. von Damien Simonis und Sarah Andrews, mit Beiträgen von Sally Schafer.

Dieser Reiseführer entstand im Auftrag des Lonely Planet Büros in London und wurde von folgenden Personen produziert:

Redaktionsleitung Reiseziel Lauren Keith

Redaktionsleitung Produkt Paul Harding, Catherine Naghten

Chefkartograf Anthony Phelan

Buchgestaltung Virginia Moreno

Redaktionsassistenz Samantha Forge, Victoria Harrison, Anne Mulvaney, Lauren O'Connell, Kristin Odijk, Maja Vatric, Simon Williamson

Umschlagrecherche Naomi Parker

Dank an Jennifer Carey, Jo Cooke, Daniel Corbett, Bruce Evans, Jane Grisman, Liz Heynes, Andi Jones, Alison Lyall, Karyn Noble, Claire Naylor, Kirsten Rawlings, Dianne Schallmeiner, Tom Stainer, Dora Whitaker

Register

Kartenseiten **000**
Fotoseiten **000**

Kartenseiten **000**
Fotoseiten **000**

L

M

N

O

P

R

Z

Kartenlegende

Sehenswertes

- Strand
- Vogelschutzgebiet
- Buddhistisch
- Burg/Festung
- Christlich
- Konfuzianisch
- Hinduistisch
- Islamisch
- Jainistisch
- Jüdisch
- Denkmal
- Museum/Galerie/ Historisches Gebäude
- Ruine
- Sento/Onsen
- Shintoistisch
- Sikhistisch
- Taoistisch
- Weingut/Weinberg
- Zoo/Tierschutzgebiet
- Andere Sehenswürdigkeit

Aktivitäten, Kurse & Touren

- Bodysurfen
- Tauchen
- Kanu-/Kajakfahren
- Kurs/Tour
- Skifahren
- Schnorcheln
- Surfen
- Schwimmen/Pool
- Wandern
- Windsurfen
- Andere Aktivität

Schlafen

- Hotel/Pension
- Campingplatz

Essen

- Restaurant

Ausgehen & Nachtleben

- Bar/Kneipe/Club
- Café

Unterhaltung

- Theater/Kino/Oper

Shoppen

- Geschäft/Einkaufszentrum

Praktisches

- Bank
- Botschaft/Konsulat
- Krankenhaus/Arzt
- Internet
- Polizei
- Post
- Telefon
- Toilette
- Touristeninformation
- Noch mehr Praktisches

Landschaften

- Strand
- Hütte/Unterstand
- Leuchtturm
- Aussichtspunkt
- Berg/Vulkan
- Oase
- Park
- Pass
- Rastplatz
- Wasserfall

Städte

- Hauptstadt
- Landeshauptstadt
- Stadt/Großstadt
- Ort/Dorf

Transport

- Flughafen
- Grenzübergang
- Bus
- Seilbahn/Standseilbahn
- Fahrradweg
- Fähre
- Metro/MRT-Bahnhof
- Einschienenbahn
- Parkplatz
- Tankstelle
- Skytrain-/S-Bahn-Station
- Taxi
- Bahnhof/Eisenbahn
- Straßenbahn
- U-Bahn-Station
- Anderes Verkehrsmittel

Hinweis: Nicht alle Symbole kommen in den Karten dieses Reiseführers vor.

Verkehrswege

- Mautstraße
- Autobahn
- Hauptstraße
- Landstraße
- Verbindungsstraße
- Sonstige Straße
- Unbefestigte Straße
- Straße im Bau
- Platz/Fußgängerzone
- Stufen
- Tunnel
- Fußgängerbrücke
- Spaziergang/Wanderung
- Wanderung mit Abstecher
- Pfad/Wanderweg

Grenzen

- Staatsgrenze
- Bundesstaaten-/Provinzgrenze
- Umstrittene Grenze
- Regionale Grenze/Vorortgrenze
- Meeresschutzgebiet
- Klippen
- Mauer

Gewässer

- Fluss/Bach
- Periodischer Fluss
- Kanal
- Gewässer
- Trocken-/Salz-/ Periodischer See
- Riff

Gebietsformen

- Flughafen/Start- & Landebahn
- Strand/Wüste
- Christlicher Friedhof
- Sonstiger Friedhof
- Gletscher
- Watt
- Park/Wald
- Sehenswertes Gebäude
- Sportanlage
- Sumpf/Mangroven

UNSERER AUTOREN

Hugh McNaughtan

Palma & Badia de Palma, Das Inland, Östliches Mallorca, Südliches Mallorca

Der ehemalige Englischdozent und Kulinarik-Autor Hugh McNaughtan zog 2013 mit seiner jungen Familie ins Vereinigte Königreich, wo er sich komplett dem Reisejournalismus verschrieb. Er hat sich durch Mallorca, Maluku, Litauen, Bulgarien und Großbritannien geschrieben (und gefuttert) und noch immer eine Schwäche für die großartige Küche seiner Heimatstadt Melbourne. Für diese Ausgabe hat er auch den Teil Mallorca verstehen aktualisiert.

Damian Harper

Westliches Mallorca, Nördliches Mallorca

Zehn Jahre in britischen Internatsschulen gaben Damian Harper mehr als genug Anreiz, die Welt abseits der vertrauten Heimat zu erforschen. Mit einem Abschluss in Kunstgeschichte der Leeds University in der Tasche verschlug es Damian nach Paris, wo er in der Buchhandlung Shakespeare & Co lebte, die Regale füllte, Bettwanzen bekämpfte und sich in die Welt der Bücher verliebte. Er ist seit 1997 hauptberuflich als Reisejournalist (und Übersetzer) tätig und hat auch bereits für *National Geographic Traveler*, den *Guardian*, den *Daily Telegraph*, Abbeville Press (Celestial Realm: *The Yellow Mountains of China*), *Lexean*, *Frequent Traveller*, *China Ethos* und viele andere Magazine und Zeitungen geschrieben. Damian brachte für diese Ausgabe auch den Teil Reiseplanung auf den neuesten Stand.

DIE LONELY PLANET STORY

Ein uraltes Auto, ein paar Dollar in den Hosentaschen und Abenteuerlust, mehr brauchten Tony und Maureen Wheeler nicht, als sie 1972 zu der Reise ihres Lebens aufbrachen. Diese führte sie quer durch Europa und Asien bis nach Australien. Nach mehreren Monaten kehrten sie zurück – pleite, aber glücklich –, setzten sich an ihren Küchentisch und verfassten ihren ersten Reiseführer *Across Asia on the Cheap*. Binnen einer Woche verkauften sie 1500 Bücher und Lonely Planet war geboren. Heute unterhält der Verlag Büros in Franklin, London, Melbourne, Oakland, Dublin, Peking und Delhi mit über 600 Mitarbeitern und Autoren. Sie alle teilen Tonys Überzeugung, dass ein guter Reiseführer drei Dinge tun sollte: informieren, bilden und unterhalten.

Lonely Planet Global Limited,
Unit E, Digital Court,
The Digital Hub,
Rainsford Street,
Dublin 8,
Ireland

Verlag der deutschen Ausgabe:
MAIRDUMONT, Marco-Polo-Straße 1, 73760 Ostfildern,
www.lonelyplanet.de, www.mairdumont.com
info@lonelyplanet.de

Chefredakteurin deutsche Ausgabe: Birgit Borowski

Redaktion: Thomas Grimpe, Kai Wieland; Verlagsbüro Wais & Partner, Stuttgart
Mitarbeit: Magdalena Mau
Übersetzung der 3. Auflage: Julie Bacher, Anne Cappel, Britt Maaß
(An früheren Auflagen haben zusätzlich mitgewirkt: Ulrike Bischoff, Birgit Herbst, Ute Mareik, Jutta Ressel, Katja Weber)
Technischer Support: Primustype, Notzingen

Mallorca
4. deutsche Auflage Oktober 2017,
übersetzt von *Mallorca 4rd edition*, Juli 2017
Lonely Planet Publications Pty
Deutsche Ausgabe © Lonely Planet Global Limited, Oktober 2017
Fotos © wie angegeben 2017

Printed in Poland

MIX
Papier aus verantwortungsvollen Quellen
FSC® C018236
FSC www.fsc.org